Análise de Dados Financeiros e Econômicos com o R

Marcelo S. Perlin (marcelo.perlin@ufrgs.br)

2021-03-01

Análise de Dados Financeiros e Econômicos com o R

por **Marcelo Scherer Perlin**

Publicação Independente. Impresso sob demanda por Amazon.com.
Versão Online disponível em *https://www.msperlin.com/adfeR/*

Revisão de texto:	Diversos
Capa:	Rubens Lima - http://capista.com.br/
ISBN (paperback):	9798707107559
ISBN (hardcover):	9798711081821

Histórico de edições:

Primeira edição:	2017-03-01
Segunda edição:	2018-07-01
Terceira edição:	2021-03-01

Sumário

Sobre Nova Edição

Desde a última edição do livro em 2018, muita coisa mudou. O ecossistema do R e RStudio tem evoluído de forma constante. Em um esforço de atualização, tenho enorme prazer em publicar a terceira edição de "Análise de Dados Financeiros e Econômicos com o R". É gratificante perceber que, como um bom vinho, o conteúdo do livro só melhora com o tempo.

O diferencial da terceira edição é o **foco no leitor**. As principais mudanças são:

- Todo o conteúdo do livro agora é disponibilizado via **pacote adfeR**, facilitando muito a reprodução de todos os exemplos de código.

- Uso de **caixas de textos customizadas** para indicar pontos importantes e precauções que os leitores devem ter em cada seção do livro.

- Mais de **100 exercícios de final de capítulo** foram criados e agora possuem gabarito em texto e código, disponível na versão web do livro[1]. Todos os exercícios estão disponíveis no formato exams (Zeileis et al., 2020) e podem ser compilados para um pdf ou então exportados para plataformas de *e-learning*, tal como o *Moodle* ou *Blackboard* (veja seção *Conteúdo para Instrutores* no Prefácio).

- **Quatro novos pacotes** especializados na obtenção de dados financeiros e econômicos estão inclusos na nova edição. São estes: GetDFPData2, GetFREData, GetQuandlData e GetBCBData. Todos são pacotes estáveis, desenvolvidos por mim e serão mantidos ao longo do tempo. Assim, não corremos mais o risco de quebra de código devido a desatualização de um pacote por um autor.

- Um novo capítulo sobre **Otimização de Código em R**, discutindo melhorias na estrutura de código e também minimização do tempo de execução via

---

[1] https://www.msperlin.com/adfeR

estratégias de cacheamento local e processamento paralelo.

- Uso de **template customizado** para o ebook e html via CSS (*Cascading Style Sheets*). Agora, o livro possui, sem dúvida, uma cara própria e consistente entre os diferentes formatos.

Este livro é um projeto vitalício que pretendo atualizar frequentemente. Vejo neste trabalho uma maneira de contribuir para a formação profissional de uma nova geração de pesquisadores e analistas de mercado. Espero que goste da obra e use-a para tornar o R um aliado no seu ciclo de trabalho.

Prefácio

Dado que se interessou por este livro, prevejo que você é um aluno de pós-graduação dando os primeiros passos em pesquisa com dados, ou é um profissional experiente procurando conhecer novas ferramentas para utilizar em seu trabalho. Em ambos os casos, este livro é para você. **A finalidade e objeto deste trabalho é introduzir o leitor ao uso do R como ferramenta de computação e análise de dados, com uma ênfase especial para pesquisa empírica no tópico de Finanças e Economia.** Ao final deste livro você irá aprender como utilizar o R para importar e manipular dados e, por fim, reportar tabelas e figuras de uma pesquisa em um relatório técnico.

Este livro é o resultado do meu trabalho como docente na Escola de Administração da Universidade Federal do Rio Grande do Sul. No programa de pós-graduação em Administração, eu leciono uma disciplina introdutória ao uso do R para resolver problemas de pesquisa na área de Finanças e Economia. Observando os alunos em sala de aula, percebo diariamente o impacto positivo que esse tipo de orientação tem em suas futuras carreiras profissionais, seja como pesquisadores acadêmicos, seja como analistas de dados em organizações públicas e privadas. Este livro é um projeto pessoal para disseminar conhecimento sobre a ferramenta para um público maior e mais diversificado.

Outra motivação que tive para escrever o livro foi minha experiência na utilização de códigos disponibilizados por outros pesquisadores em pesquisas específicas. Na maioria das vezes, esses códigos são desorganizados, pouco claros e, possivelmente, funcionam apenas no computador do pesquisador que os escreveu! Surpreendentemente, devido a desorganização, o trabalho de desvendar o código de outros professores tende a levar mais tempo do que desenvolver eu mesmo o procedimento, por mais complexo que ele fosse. Esses casos, aliás, ferem a ciência, pois um dos princípios básicos da pesquisa é a **replicabilidade** - isto é, uma rotina de pesquisa mal escrita irá reduzir a possibilidade de outras pessoas a utilizarem.

Assim como se espera que um artigo científico esteja bem escrito, também se deve esperar que o código por trás da respectiva pesquisa seja de qualidade. Porém, esse não é o caso na grande maioria das vezes. Com este livro, irei atacar esse problema, formalizando uma estrutura de código voltada à reprodutibilidade científica, focando em organização e usabilidade. Nesse sentido, espero que as futuras gerações de pesquisadores estejam mais bem preparadas para compartilhar o seu trabalho.

Antes de prosseguir, um aviso. Não iremos trabalhar usos avançados do R. O conteúdo será limitado a exemplos simples e práticos de utilização do *software* para a construção de pesquisa baseada em dados financeiros e econômicos. De fato, um dos desafios na escrita deste livro foi definir o limite entre o material introdutório e o avançado. Procurei, sempre que possível, dosar gradualmente o nível de complexidade. Para leitores interessados em conhecer funções avançadas do programa e o seu funcionamento interno, sugiro a leitura do manual oficial do R (Teetor, 2011) e de Wickham (2019a).

Com este livro irás aprender os seguinte tópicos:

Usar o R e RStudio O capítulo 01 apresenta, discute e justifica o uso do R como uma plataforma de programação desenhada para resolver problemas relacionados a dados. No capítulo 02 exploraremos os comandos básicos R e os recursos do RStudio, incluindo criação de objetos, execução de *scripts*, interação com o disco rígido do computador, e muito mais.

Importação de dados financeiros e econômicos Nos capítulos 04 e 05 vamos aprender a importar dados de arquivos locais, tal como uma planilha do Excel, ou então da internet. Aprenderemos a tirar proveito da modularidade do R e, quando necessário, instalar pacotes que permitam o download de dados diversos tal como preços de ações, índices econômicos, curva de juros, dados financeiros de empresas e muito mais.

Limpar, estruturar e analisar dados Nos capítulos 06 e 07 iremos estudar o ecossistema de objetos do R. Aprenderemos a manipular objetos tal como vetores numéricos, datas e tabelas inteiras. Nos capítulo 08 e 09 vamos estudar o uso de ferramentas de programação para resolver problemas com dados incluindo limpeza, reestruturação e também análise.

Visualização de dados No capítulo 10 aprenderemos a usar o pacote `ggplot2` para criar visualizações do conjunto de dados, incluindo os casos mais comuns em finanças e economia, séries temporais e gráficos estatísticos.

Analisar dados com econometria No capítulo 11 aprenderemos a usar os modelos econométricos mais populares em finanças e economia, incluindo o modelo linear, GLM, Arima e outros. Isto inclui simulação, teste de hipóteses e estimação de modelos para diversas séries de dados reais.

Reporte de resultados No capítulo 12 veremos como reportar os resultados de sua pesquisa para um documento externo com a exportação fácil e reproduzível de tabelas e figuras. O conteúdo também inclui uma seção sobre a inovadora tecnologia *RMarkdown*, a qual permite que código e texto sejam compilados conjuntamente.

Melhorando o seu código No último capítulo do livro vamos discutir as melhores práticas de programação, incluindo análise do perfil de execução do código R, destacando pontos de gargalo e melhoria do tempo de execução com estratégias de cacheamento local, uso de código C++ e processamento paralelo.

Material Suplementar

Todo o material usado no livro, incluindo exemplos de código separados por capítulos, está publicamente disponível na Internet e distribuído com um pacote R denominado adfeR. Este inclui arquivos de dados, código em si, e várias funções que irão facilitar a execução dos exemplos do livro. Se você planeja, como sugerido, escrever código enquanto lê o livro, este pacote ajudará muito em sua jornada.

Para instalar este pacote no seu computador, basta executar algumas linhas de comando no R. Veja o código destacado a seguir e copie e cole o mesmo no prompt do RStudio (canto inferior esquerdo da tela, com um sinal ">") e pressione Enter para cada comando. Esteja ciente de que você precisará do R e RStudio instalados em seu computador (consulte a seção 1.4).

```
# install devtools dependency
install.packages('devtools')
```

```
# install book package
devtools::install_github('msperlin/adfeR')
```

O que este código fará é instalar o pacote devtools, uma dependência necessária para instalar código do Github – um repositório de pacotes onde o livro está hospedado. Depois disso, uma chamada para install_github('msperlin/adfeR') irá instalar o pacote em seu computador.

Depois da instalação, todos os arquivos do livro estarão disponíveis localmente, salvos em uma pasta do seu computador. Iremos usar todos estes arquivos futuramente. Opcionalmente, caso quiser olhar os arquivos, podes copiar todo conteúdo para outra pasta com o código a seguir:

```
adfeR::copy_book_files(path_to_copy = '~')
```

Veja que o tilda (~) é um atalho para o diretório "Documentos" no Windows (ou "home" no Linux/Mac). Assim, o código anterior descompactará o arquivo do livro na pasta "Documentos/afedR-files". O pacote também inclui várias outras funções que serão usadas ao longo do livro. Se você preferir a maneira antiga e consagrada de baixar o arquivo e descompactar manualmente, podes encontrar uma cópia no site do livro[2].

Conteúdo para Instrutores

Se você for um instrutor de R, aqui encontrarás muito material para usar em suas aulas:

Exercícios estáticos na internet Cada capítulo deste livro inclui exercícios que seus alunos podem praticar. Todas as soluções estão disponíveis na versão online do livro, disponível em https://www.msperlin.com/adfeR/.

Exercícios exportáveis para pdf ou plataformas de *e-learning* Todos exercícios do livro estão no formato `exams` [R-exams] e são exportáveis para arquivos em pdf ou então para plataformas de *e-learning* tal como o *Moodle* ou *Blackboard*. Veja este post no blog[3] para maiores detalhes.

Acesso ao livro na internet Na versão web do livro, o conteúdo integral está liberado até o capítulo 7, o qual é mais que suficiente para um curso introdutório sobre a plataforma.

Espero que goste deste livro. O conteúdo tem sido compilado por um longo período de tempo, a base de muito suor e, literalmente, litros de café por parte do autor.

Boa leitura!

Marcelo S. Perlin

---

[2]https://www.msperlin.com/blog/static/adfer-files/adfer_files.zip
[3]https://www.msperlin.com/blog/post/2021-02-18-dynamic-exercises-adfer/

Capítulo 1

Introdução

Na era digital, informação é abundante e de fácil acesso. Nota-se, em todas as áreas de conhecimento, um crescimento substancial no registro digital dos mais diversos eventos. A cada segundo, volumosos bancos de dados de diferentes empresas e organizações são alimentados com novas informações. Essa tendência impõe uma alteração significativa na forma como organizações utilizam a análise de dados na tomada de decisões. Sem dúvida, o período atual é bastante prolífico para profissionais com conhecimento e experiência na utilização das ferramentas corretas para a análise computacional de dados.

Em particular, a área de Economia e Finanças oferece grande variedade de informações disponíveis ao público. Instituições de pesquisa como IBGE, IPEA, Bancos Centrais, bolsas de valores e tantas outras, disponibilizam seus dados publicamente, seja por obrigatoriedade legal, seja para o próprio fomento da atividade de pesquisa. Hoje em dia, computadores domésticos já possuem a capacidade de processar quantidades volumosas de dados em pouco tempo. Essa evolução do aparato computacional ocorreu mais rapidamente do que o acréscimo de complexidade das metodologias utilizadas, resultando em uma diminuição significativa do tempo necessário para a execução de uma pesquisa. Ou seja, o volume de dados não é mais uma barreira de entrada para analistas.

Os métodos de processamento também avançaram em termos de complexidade. No passado, uma simples planilha eletrônica poderia dar conta do trabalho de análise. Hoje em dia, é esperado que um analista de dados ou aluno de pós-graduação saiba programar e analisar dados via código, facilitando e acelerando a obtenção de resultados, permitindo a colaboração via reproducibilidade de resultados.

É nesse ambiente que se destaca o papel do R, uma linguagem de programação voltada para a resolução de problemas computacionais envolvendo análise, processamento, visualização e modelagem de dados. Nas próximas seções, explicarei o que é o R e quais são suas vantagens frente a outras alternativas.

1.1   O que é o R

O R é uma linguagem de programação voltada para a resolução de problemas estatísticos e para a visualização gráfica de dados. O código base do R foi inspirado na linguagem *S*, inicialmente criada no laboratório da **Bell/AT&T** por **John Chambers** e seus colegas. Esse código foi reaproveitado por dois acadêmicos, **Ross Ihaka** e **Robert Gentleman**, resultando na plataforma de programação que temos hoje. Para os curiosos, o nome *R* foi escolhido devido ao compartilhamento da primeira letra do nome de seus criadores.

Hoje, R é sinônimo de programação voltada à análise de dados, com uma larga base de usuários e funções bem estabelecidas. É muito provável que pesquisadores de áreas diversas, desde Economia até Biologia, ou mesmo Música, encontrem no R uma quantidade significativa de códigos que facilitem suas análises. No campo empresarial, grandes empresas como *Google* e *Microsoft* já o adotaram como a linguagem interna para a análise de dados. O R é atualmente mantido pelo **R Foundation** e o **R Consortium**, um esforço coletivo para financiar projetos de extensão da linguagem.

E o mais importante: **o R é totalmente livre** e disponível em vários sistemas operacionais. Seja você um usuário do Windows, do Linux/Unix ou do MacOS, existe uma instalação do R para a sua plataforma, e os seus códigos devem rodar entre uma e outra com mínimas alterações.

1.2   Por que Escolher o R

O processo de aprendizado de uma nova linguagem de programação exige muito tempo e esforço. Portanto, é importante entender as razões por trás dessa escolha. Possivelmente você esteja se perguntando por que deve optar pelo R e investir tempo em sua aprendizagem, ao invés de escolher uma outra linguagem.

Em primeiro lugar, **o R é uma plataforma madura, estável, continuamente suportada e intensamente utilizada na indústria.** Ao escolher o R, você terá a bagagem computacional necessária não somente para uma carreira acadêmica em pesquisa científica, mas também para o trabalho em organizações privadas. Nesse sentido, com a escolha de outra linguagem de programação menos popular ou proprietária/comercial, é provável que tal linguagem não seja utilizada em um ambiente empresarial e isso pode limitar as suas oportunidades profissionais futuras. Uma bagagem de conhecimento em R certamente aumenta a sua atratividade como um profissional em Finanças e Economia.

Aprender a linguagem do R é fácil. A experiência que tenho ensinando o R em sala de aula me permite afirmar que os alunos, mesmo aqueles sem experiência em programação, apresentam facilidade em aprender a linguagem e em utilizá-la para criar seus próprios códigos de pesquisa. A linguagem é intuitiva e certas normas e funções podem ser estendidas para diferentes casos. Após entender como o programa funciona, fica fácil descobrir novas funcionalidades partindo de uma lógica anterior. Essa notação compartilhada entre procedimentos facilita o aprendizado.

A interface do R e RStudio torna o uso da ferramenta bastante produtivo. A interface gráfica disponibilizada pelo RStudio facilita o uso do software, assim como a produtividade do usuário. Utilizando o ambiente de trabalho do R e RStudio, têm-se a disposição diversas ferramentas que facilitam e estendem o uso da plataforma.

Os pacotes do R permitem as mais diversas funcionalidades. Logo veremos que o R permite o uso de código de outros usuários, os quais podem ser localmente instalados através de um simples comando. Esses estendem a linguagem básica do R e possibilitam as mais diversas funcionalidades. Podes, por exemplo, utilizar o R para mandar emails estruturados, escrever e publicar um livro, criar provas objetivas com conteúdo dinâmico, contar piadas e poemas (é sério!), acessar e coletar dados da internet, entre diversas outras funcionalidades.

O R tem compatibilidade com diferentes linguagens e sistemas operacionais. Se, por algum motivo, o usuário precisar utilizar código de outra linguagem de programação tal como *C++*, *Python*, *Julia*, é fácil integrar a mesma dentro de um programa do R. Diversos pacotes estão disponíveis para facilitar esse processo. Portanto, o usuário nunca fica restrito a uma única linguagem e tem flexibilidade para escolher as suas ferramentas de trabalho.

O R é totalmente gratuito! O programa e todos os seus pacotes são completamente livres, não tendo custo algum de licença e distribuição. Portanto, você pode utilizá-lo e modificá-lo livremente no seu trabalho ou computador pessoal. Essa é uma razão muito forte para a adoção da linguagem em um ambiente empresarial, onde a obtenção de licenças individuais e coletivas de outros softwares comerciais pode incidir um alto custo financeiro.

1.3 Usos do R

O R é uma linguagem de programação completa e qualquer problema computacional pode ser resolvido com base nela. Dada a adoção do R por diferentes áreas de conhecimento, a lista de possibilidades é extensa. Para o caso de Finanças e Economia, destaco abaixo possíveis utilizações do programa:

- Substituir e melhorar tarefas intensivas e repetitivas dentro de ambientes corporativos, geralmente realizadas em planilhas eletrônicas;

- Desenvolvimento de rotinas para administrar portfolios de investimentos e executar ordens financeiras;

- Criação de ferramentas para controle, avaliação e divulgação de índices econômicos sobre um país ou região;

- Execução de diversas possibilidades de pesquisa científica através da estimação de modelos econométricos e testes de hipóteses;

- Criação e manutenção de *websites* dinâmicos ou estáticos através do pacotes `shiny`, `blogdown` ou `distill`;

- Organização de um processo automatizado de criação e divulgação de relatórios técnicos com o pacote `knitr` e a tecnologia *RMarkdown*.

Além dos usos destacados anteriormente, o acesso público a pacotes desenvolvidos por usuários expande ainda mais essas funcionalidades. O site da CRAN (*Comprehensive R Archive Network*)[1] oferece um *Task Views* do software para o tópico de Finanças[2] e Econometria[3]. Nos links é possível encontrar os principais pacotes disponíveis para cada tema. Isso inclui a importação de dados financeiros da internet, a estimação de um modelo econométrico específico, cálculos de diferentes estimativas de risco, entre várias outras possibilidades. A leitura dessa página e o conhecimento desses pacotes são essenciais para aqueles que pretendem trabalhar com Finanças e Economia. Vale destacar, porém, que essa lista é moderada e apresenta apenas os principais itens. A lista completa de pacotes é muito maior do que o apresentado no *Task Views*.

1.4   Como Instalar o R

O R é instalado no seu sistema operacional como qualquer outro programa. A maneira mais direta e funcional de instalá-lo é ir ao website do R em https://www.r-project.org/ e clicar no *link CRAN* do painel *Download*, conforme mostrado na figura a seguir.

A próxima tela apresenta a escolha do espelho para baixar os arquivos de instalação. O repositório do CRAN é espelhado em diversas partes do mundo, permitindo acesso rápido para os usuários. Para a grande maioria dos leitores deste livro, essa localidade deve ser o Brasil. Portanto, você pode escolher um dos links da instituição mais próxima, tal como o da UFPR (Universidade Federal do Paraná). Em

---

[1]https://cran.r-project.org/web/views
[2]https://cran.r-project.org/web/views/Finance.html
[3]https://cran.r-project.org/web/views/Econometrics.html

The R Project for Statistical Computing

[Home]

Download

CRAN

R Project

About R
Logo
Contributors
What's New?
Reporting Bugs
Conferences
Search
Get Involved: Mailing Lists
Developer Pages
R Blog

Getting Started

R is a free software environment for statistical computing and graphics. It compiles and runs on a wide variety of UNIX platforms, Windows and MacOS. To download R, please choose your preferred CRAN mirror.

If you have questions about R like how to download and install the software, or what the license terms are, please read our answers to frequently asked questions before you send an email.

News

- R version 4.0.4 (Lost Library Book) prerelease versions will appear starting Friday 2021-02-05. Final release is scheduled for Monday 2021-02-15.
- R version 4.0.3 (Bunny-Wunnies Freak Out) has been released on 2020-10-10.
- Thanks to the organisers of useR! 2020 for a successful online conference. Recorded tutorials and talks from the conference are available on the R Consortium YouTube channel.
- R version 3.6.3 (Holding the Windsock) was released on 2020-02-29.
- You can support the R Foundation with a renewable subscription as a supporting member

Figura 1.1: Página inicial para o download do R

caso de dúvida, escolha o repositório do RStudio 0-Cloud (veja Figura 1.2), o qual automaticamente direciona para o local mais próximo.

CRAN Mirrors

The Comprehensive R Archive Network is available at the following URLs, please choose a location close to you. Some statistics on the status of the mirrors can be found here: main page, windows release, windows old release.

If you want to host a new mirror at your institution, please have a look at the CRAN Mirror HOWTO.

0-Cloud

https://cloud.r-project.org/	Automatic redirection to servers worldwide, currently sponsored by Rstudio
http://cloud.r-project.org/	Automatic redirection to servers worldwide, currently sponsored by Rstudio

Algeria

https://cran.usthb.dz/	University of Science and Technology Houari Boumediene
http://cran.usthb.dz/	University of Science and Technology Houari Boumediene

Argentina

http://mirror.fcaglp.unlp.edu.ar/CRAN/	Universidad Nacional de La Plata

Australia

https://cran.csiro.au/	CSIRO
http://cran.csiro.au/	CSIRO
https://mirror.aarnet.edu.au/pub/CRAN/	AARNET
https://cran.ms.unimelb.edu.au/	School of Mathematics and Statistics, University of Melbourne
https://cran.curtin.edu.au/	Curtin University of Technology

Figura 1.2: Tela com a escolha do espelho para o download

O próximo passo é selecionar o sistema operacional do computador. Devido à maior popularidade da plataforma *Windows*, a partir de agora daremos enfoque à instalação do R nesse sistema. As instruções de instalação nos demais sistemas operacio-

nais podem ser facilmente encontradas na internet. Destaca-se que, independente
da plataforma, o modo de uso do R é o mesmo. Existem, porém, algumas exceções,
principalmente quando o R interage com o sistema de arquivos. Essas exceções serão
destacadas no decorrer do livro. Assim, mesmo que você esteja utilizando Linux ou
MacOS, poderá tirar proveito do material aqui apresentado.

The Comprehensive R Archive Network

Download and Install R

Precompiled binary distributions of the base system and contributed
packages, **Windows and Mac** users most likely want one of these
versions of R:

- Download R for Linux
- Download R for (Mac) OS X
- Download R for Windows

R is part of many Linux distributions, you should check with your
Linux package management system in addition to the link above.

Source Code for all Platforms

Windows and Mac users most likely want to download the
precompiled binaries listed in the upper box, not the source code. The
sources have to be compiled before you can use them. If you do not
know what this means, you probably do not want to do it!

- The latest release (2020-10-10, Bunny-Wunnies Freak Out) R-
  4.0.3.tar.gz, read what's new in the latest version.

- Sources of R alpha and beta releases (daily snapshots, created
  only in time periods before a planned release).

CRAN
Mirrors
What's new?
Task Views
Search

About R
R Homepage
The R Journal

Software
R Sources
R Binaries
Packages
Other

Documentation
Manuals
FAQs
Contributed

Figura 1.3: Tela com a escolha do sistema operacional

Após clicar no link *Download R for Windows*, a próxima tela irá mostrar as seguintes opções de *download*: *base, contrib, old.contrib* e *RTools*. Dentre as opções de
download, a primeira (*base*) deve ser selecionada. O *link* acessa a instalação básica
do R para *Windows*. O link *contrib* e *old.contrib* acessa os pacotes/módulos disponíveis para o R. Não precisas acessar estes últimos links, existe uma maneira muito
mais fácil de instalar pacotes, como veremos em seguida.

O último link, *RTools*, serve para instalar dependências necessárias no caso do usuário desenvolver e distribuir os seus próprios pacotes de R. Este não é uma instalação
necessária para usuários iniciantes. Porém, saiba que alguns pacotes externos ao
CRAN podem exigir a instalação do *RTools* para compilação de código. Minha
sugestão é que já instale este software e assim evite qualquer problema futuro.

Após clicar no link *base*, a próxima tela mostrará o link para o *download* do arquivo
de instalação do R no *Windows*.

Subdirectories:

base — Binaries for base distribution. This is what you want to **install R for the first time**.

contrib — Binaries of contributed CRAN packages (for R >= 2.13.x; managed by Uwe Ligges). There is also information on third party software available for CRAN Windows services and corresponding environment and make variables.

old contrib — Binaries of contributed CRAN packages for outdated versions of R (for R < 2.13.x; managed by Uwe Ligges).

Rtools — Tools to build R and R packages. This is what you want to build your own packages on Windows, or to build R itself.

CRAN
Mirrors
What's new?
Task Views
Search

About R
R Homepage
The R Journal

Software
R Sources
R Binaries
Packages
Other

Documentation
Manuals
FAQs
Contributed

Please do not submit binaries to CRAN. Package developers might want to contact Uwe Ligges directly in case of questions / suggestions related to Windows binaries.

You may also want to read the R FAQ and R for Windows FAQ.

Note: CRAN does some checks on these binaries for viruses, but cannot give guarantees. Use the normal precautions with downloaded executables.

Figura 1.4: Tela com opções de instalação

Download R 4.0.3 for Windows (85 megabytes, 32/64 bit)
Installation and other instructions
New features in this version

CRAN
Mirrors
What's new?
Task Views
Search

About R
R Homepage
The R Journal

Software
R Sources
R Binaries
Packages
Other

If you want to double-check that the package you have downloaded matches the package distributed by CRAN, you can compare the md5sum of the .exe to the fingerprint on the master server. You will need a version of md5sum for windows: both graphical and command line versions are available.

Frequently asked questions

- Does R run under my version of Windows?
- How do I update packages in my previous version of R?
- Should I run 32-bit or 64-bit R?

Please see the R FAQ for general information about R and the R Windows FAQ for Windows-specific information.

Other builds

Figura 1.5: Tela para o download do R

Após baixar o arquivo, abra-o e siga os passos da tela de instalação do R. Escolha a língua inglesa em todas etapas do processo. O uso da língua inglessa não é acidental. Este é a melhor forma, mesmo para iniciantes, de se aprender a usar o R. É possível instalar uma versão em português porém isso limita o potencial da ferramenta. Caso não for fluente em inglês, não se preocupe, o vocabulário necessário é básico. Neste momento, nenhuma outra configuração especial é necessária. Sugiro manter todas as escolhas padrão selecionadas e simplesmente ir aceitando as telas de diálogo. Após a instalação do R, partimos para a instalação do RStudio.

 A cada quatro meses uma nova versão do R é lançada, corrigindo *bugs* e implementando novas soluções. Temos dois tipos principais de versões, *major* e *minor*. Por exemplo, hoje, 05/02/2021, a última versão do R é 4.0.3. O primeiro dígito ("4") indica a versão *major* e todos os demais são do tipo *minor*. Geralmente, as mudanças *minor* são bem específicas e, possivelmente, terão pouco impacto no seu trabalho.

Porém, ao contrário de mudanças _minor, mudanças do tipo *major* refletem totalmente no ecossistema de pacotes do R. Toda vez que instalar uma nova versão *major* do R, terás que reinstalar todos os pacotes utilizados. O problema é que não é incomum problemas de incompatibilidade de pacotes com a nova versão.

Minha dica é: toda vez que uma nova versão *major* do R sair, espere alguns meses antes de instalar na sua máquina. Assim, o autores dos pacotes terão mais tempo para atualizar os seus códigos, minimizando a possibilidade de problemas de compatibilidade.

1.5 Instalando o RStudio

A instalação do R inclui a sua própria interface gráfica, um programa que facilita a edição e execução de nossos *scripts*. Essa, porém, possui várias limitações. O RStudio é um *software* que torna o uso e o visual do R muito mais prático e eficiente. Uma forma de entender essa relação é com uma analogia com carros. Enquanto o R é o motor da linguagem de programação, o RStudio é a carroceria e o painel de instrumentos, os quais melhoram significativamente a experiência de uso. Além de apresentar um visual mais atrativo, o RStudio também é acrescido de várias funcionalidades que facilitam a vida do usuário, possibilitando a construção de projetos e pacotes do próprio R, a criação de documentos dinâmicos (*Sweave/knitr*) e a interface com edição de textos em *LaTeX*, entre várias outras. Assim como o R, **o RStudio também é gratuito** e pode ser utilizado no ambiente empresarial.

A instalação do RStudio é mais simples do que a do R. Os arquivos estão disponíveis no endereço disponibilizado no site do livro. Após acessar a página, clique em *Download RStudio* e depois em *Download Rstudio Desktop*. Logo após, basta selecionar o arquivo relativo ao sistema operacional em que você irá trabalhar. Provavelmente, essa opção será *Windows Vista/7/8/10*. Note que, assim como o R, o RStudio também está disponível para diferentes plataformas.

Destaco que o uso do RStudio não é essencial para desenvolver programas no R. Outros softwares de interface estão disponíveis e podem ser utilizados. Porém, dada minha experiência atual, o RStudio é o programa de interface que oferece a maior variedade de funcionalidades para essa linguagem, além de ser amplamente utilizado, o que justifica a sua escolha.

1.6 Recursos na Internet

A comunidade R é viva e envolvente. Na internet é possível encontrar uma diversidade de material sobre o uso do R. Diversos usuários, assim como o próprio autor do livro, publicam material sobre o uso R em seus blogs. Isso inclui anúncios de pacotes, publicações sobre análise de dados na vida real, curiosidades, novidades e tutoriais. **R-Bloggers** é um site internacional que agrega esses blogs em um único local, tornando mais fácil para qualquer um acessar e participar. O conteúdo do R-Bloggers, porém, é todo em inglês.

Recentemente, uma lista de blogs locais sobre o R está compilada e organizada por Marcos Vital em https://marcosvital.github.io/blogs-de-R-no-Brasil/. Eu recomendo a inscrição no feed do R-Bloggers, além dos blogs nacionais. Não só você será informado sobre o que está acontecendo no universo do R, mas também aprenderá muito lendo artigos e os códigos de outros usuários.

Aprender e usar R pode ser uma experiência social. Várias conferências e grupos de usuários estão disponíveis em muitos países, incluindo o Brasil. O grupo *R Brasil - Programadores* no Facebook é bastante ativo, com um grande número de participantes. Recomendo fortemente a inscrição neste grupo e o acompanhamento das discussões relacionadas ao uso do R. Diversas conferências locais sobre o R são divulgadas nesse grupo.

1.7 Organização e Material do Livro

Este livro tem uma abordagem prática no uso do R e será acompanhado por uma série de códigos que irão exemplificar e mostrar para o leitor as funcionalidades do programa. Para tirar o máximo de proveito do material, sugiro que você primeiro busque entender o código mostrado e, somente então, tente utilizá-lo em seu próprio computador. O índice remissivo disponibilizado no final do livro serve como uma mapa de uso das funções. Toda vez que uma função é chamada no livro, um registro do número da página é criado no índice remissivo. Esse indica, também, o pacote que a função pertence. Podes utilizar este mapa para localizar o uso de qualquer função ou pacote no decorrer do livro.

Sugiro também o uso da versão web do livro[4], a qual permite que os código de exemplo sejam copiados direto para a sua sessão do R. Assim, perderás menos tempo digitando código, sobrando tempo para o estudo.

Aprender a programar em uma nova linguagem é como aprender uma língua estrangeira: o uso no dia-a-dia é de extrema importância para criar fluência. Sempre que possível, teste o código no seu computador e *brinque* com o mesmo, modificando os exemplos dados e verificando o efeito das modificações nas saídas do programa. Procure sempre entender como a rotina estudada pode ajudar na solução de um problema seu. Cada capítulo apresenta no seu final uma lista de exercícios, incluindo questões do tipo desafio. Podes testar as suas habilidades de programação resolvendo as atividades propostas. Vale relembrar que todo o código deste livro está disponibilizado na internet. Não precisas, portanto, escrever o código diretamente do livro. Podes copiar e colar do código fonte disponibilizado no site.

No decorrer da obra, toda demonstração de código terá duas partes: o código em si e sua saída do R. Essa saída nada mais é do que o resultado dos comandos na tela do programa. Todas as entradas e saídas de código serão sinalizadas no texto com um formato especial. Veja o exemplo a seguir:

```
# create a list
L <- list(var1 = 'abc', var2 = 1:5)

# print to prompt
print(L)

R> $var1
R> [1] "abc"
R>
R> $var2
R> [1] 1 2 3 4 5
```

No caso anterior, os textos L <- list(var1 = 'abc', var2 = 1:5) e print(L) são os códigos de entrada. A saída do programa é a apresentação na tela dos elementos de x, com o símbolo antecessor R>. Por enquanto não se preocupe em entender e reproduzir o código utilizado acima. Iremos tratar disso no próximo capítulo.

Note que faço uso da língua inglesa no código, tanto para a nomeação de objetos quanto para os comentários. Isso não é acidental. O uso da língua inglesa facilita o desenvolvimento de código ao evitar caracteres latinos, além de ser uma das línguas mais utilizadas no mundo. Portanto, é importante já ir se acostumando com esse

---

[4]https://www.msperlin.com/adfeR

formato. O vocabulário necessário, porém, é limitado. De forma alguma precisarás ter fluência em inglês para entender o código.

O código também pode ser espacialmente organizado usando novas linhas. Esse é um procedimento comum em torno de argumentos de funções. O próximo pedaço de código é equivalente ao anterior, e executará exatamente da mesma maneira. Observe como usei uma nova linha para alinhar verticalmente os argumentos da função `list`. Você verá em breve que, ao longo do livro, esse tipo de alinhamento vertical é constantemente usado em códigos longos. Afinal, o código tem que necessariamente caber na página do livro.

```
# create a list
L <- list(var1 = 'abc',
          var2 = 1:5)

# print to prompt
print(L)

R> $var1
R> [1] "abc"
R>
R> $var2
R> [1] 1 2 3 4 5
```

O código também segue uma estrutura bem definida. Uma das decisões a ser feita na escrita de códigos de computação é a forma de nomear os objetos e como lidar com a estrutura do texto do código em geral. É recomendável seguir um padrão limpo de código, de forma que o mesmo seja fácil de ser mantido ao longo do tempo e de ser entendido por outros usuários. Para este livro, foi utilizado uma mistura de escolhas pessoais do autor com o estilo de código sugerido pelo Google. O usuário, porém, é livre para escolher a estrutura que achar mais eficiente. Voltaremos a discutir estrutura de código no capítulo 13.

1.8 Exercícios

Todas soluções de exercícios estão disponíveis em https://www.msperlin.com/adfeR.

01 - A linguagem R foi desenvolvida com base em qual outra linguagem de programação?

   a) Python
   b) C++
   c) Julia
   d) Javascript
   e) S

02 - Qual o nome dos dois autores do R?

a) Linus Torvalds e Richard Stallman
b) Ross Ihaka e Robert Gentleman
c) Guido van Rossum e Bjarne Stroustrup
d) John Chambers e Robert Engle
e) Roger Federer e Rafael Nadal

03 - Qual o principal diferencial do R em relação a outras linguagens de programação, tal como Python, C++, javascript e demais?

a) Desenvolvimento mobile
b) Facilita a análise de dados
c) Facilidade de uso geral
d) Facilita o desenvolvimento de aplicativos web
e) Execução rápida de códigos

04 - Qual a razão para o nome da linguagem de programação ser R?

a) R = Reausable code.
b) Compartilhamento da letra R por seus autores.
c) Uma letra foi sorteada e o resultado foi R.
d) A mãe de um dos autores se chamada Renata e, por isso, ele homenageou-a com o nome R.
e) Era a única letra ainda não usada como linguagem de programação.

05 - Sobre o R, considere as seguintes alternativas:

I - O R foi desenvolvido em 2018 e é um projeto inovador e instável;

II - O RStudio é uma linguagem de programação alternativa ao R;

III - O R não tem compatibilidade com diferentes linguagens de programação;

Quais alternativas estão corretas?

a) FALSE, FALSE, TRUE
b) TRUE, FALSE, TRUE
c) TRUE, TRUE, TRUE
d) FALSE, FALSE, FALSE
e) TRUE, FALSE, FALSE

06 - Assim que tiver R e RStudio instalado, dirija-se ao site de pacotes do CRAN[5] e procure por tecnologias que usas no seu trabalho. Por exemplo, se usas Planilhas do Google (Sheets)[6] ostensivamente no seu trabalho, logo descobrirá que existe um pacote no CRAN que interage com planilhas na nuvem.

---

[5]https://cloud.r-project.org/web/packages/available_packages_by_date.html
[6]https://www.google.com/sheets/about/

07 - No site de instalação do R no Windows é possível instalar também o aplicativo Rtools. Para que ele serve?

a) Compilar relatórios técnicos!
b) Criar gráficos.
c) Compilação de pacotes.
d) Construir páginas na web.
e) Fazer café (?).

08 - Use o Google para pesquisar por grupos de R em sua região. Verifique se os encontros são frequentes e, caso não tiver um impedimento maior, vá para um desses encontros e faça novos amigos.

09 - Dirija-se ao site do RBloggers[7] e procure por um tópico do seu interesse, tal como futebol (*soccer*) ou investimentos (*investments*). Leia pelo menos três artigos encontrados.

10 - Caso trabalhe em uma instituição com infrainstrutura de dados, converse com o encarregado do IT e busque entender quais são as tecnologias empregadas. Verifique se, através do R, é possível ter acesso a todas tabelas dos bancos de dados. Por enquanto não existe necessidade de escrever código, ainda. Apenas verifique se esta possibilidade existe.

---

[7]https://www.r-bloggers.com/

Capítulo 2

Operações Básicas no R

Antes de começar a desenvolver o seu código, é necessário entender a forma de trabalhar com o R e o RStudio. Isso inclui os componentes da linguagem, os diferentes tipos de objetos e as operações que podem ser realizadas com base nos comandos existentes.

Neste capítulo iremos percorrer os passos iniciais sobre o ponto de vista de alguém que nunca trabalhou com o R e, possivelmente, nunca teve contato com outra linguagem de programação. Aqueles já familiarizados com o programa irão encontrar pouca informação nova e, portanto, sugiro a leitura da próxima seção. É recomendado, porém, que no mínimo esse usuário verifique os temas tratados para confirmar ou não o seu conhecimento sobre as funcionalidades do programa. Muitas das sugestões apresentadas aqui tem potencial de aumentar significativamente a sua produtividade no RStudio.

2.1 Como o R Funciona?

A maior dificuldade que um usuário iniciante possui ao começar a desenvolver rotinas com o R é a forma de trabalho. A nossa interação com computadores foi simplificada ao longo dos anos e atualmente estamos confortáveis com o formato de interação do tipo *aponte e clique*. Isto é, caso se queira efetuar alguma operação no computador, basta apontar o *mouse* para o local específico na tela e clicar um botão que realize tal operação. Uma série de passos nesse sentido permite a execução de tarefas complexas no computador. Mas não se engane, essa forma de interação no formato *aponte e clique* é apenas uma camada por cima do que realmente acontece no computador. Por trás de todo *clique* existe um comando sendo executado, seja na abertura de um arquivo *pdf*, direcionamento do *browser* para uma página na internet ou qualquer outra operação cotidiana de trabalho.

Enquanto esse formato de interação visual e motora tem seus benefícios ao facilitar e popularizar o uso de computadores, é pouco flexível e eficaz quando se trabalha com procedimentos computacionais. Ao conhecer os possíveis comandos disponíveis ao usuário, é possível criar um arquivo contendo alguns comandos em sequência e, futuramente, simplesmente pedir que o computador **execute** esse arquivo com os nossos procedimentos. **Uma rotina de computador é nada mais do que um texto que instrui, de forma clara e sequencial, o que o computador deve fazer**. Investe-se certo tempo para a criação do programa, porém, no futuro, esse irá executar sempre da mesma maneira o procedimento gravado. No médio e longo prazo, existe um ganho significativo de tempo entre o uso de uma rotina do computador e uma interface do tipo *aponte e clique*.

Além disso, o **risco de erro humano na execução do procedimento é quase nulo**, pois os comandos e a sua sequência estão registrados no arquivo texto e irão ser executados sempre da mesma maneira. Da mesma forma, esse aglomerado de comandos pode ser compartilhado com outras pessoas, as quais podem replicar os resultados em seus computadores. Essa é uma das grandes razões que justificam a popularização de programação na realização de pesquisa em dados. Todos os procedimentos executados podem ser replicados pelo uso de um *script*.

No uso do R, o ideal é mesclar o uso do mouse com a utilização de comandos. O R e o RStudio possuem algumas funcionalidades através do *mouse*, porém a sua capacidade é otimizada quando os utilizamos via inserção de comandos específicos. Quando um grupo de comandos é realizado de uma maneira inteligente, temos um *script* do R que deve preferencialmente produzir algo importante para nós no final de sua execução. Em Finanças e Economia, isso pode ser o valor atualizado de um portfólio de investimento, o cálculo de um índice de atividade econômica, a performance histórica de uma estratégia de investimento, o resultado de uma pesquisa acadêmica, entre diversas outras possibilidades.

O R também possibilita a exportação de arquivos, tal como figuras a serem inseridas em um relatório técnico ou informações em um arquivo texto. De fato, o próprio relatório técnico pode ser dinamicamente criado dentro do R através da tecnologia *RMarkdown*. Por exemplo, este livro que estás lendo foi escrito utilizando o pacote `bookdown` (Xie, 2021), o qual é baseado em *RMarkdown*. O conteúdo do livro é compilado com a execução dos códigos e as suas saídas são registradas em texto. Todas as figuras e os dados do livro podem ser atualizados com a execução de um simples comando.

O produto final de trabalhar com R e RStudio será um script que produz elementos para um relatório de dados. Um bom exemplo de um código simples e polido pode ser encontrado neste link[1]. Abra-o e você verá o conteúdo de um arquivo com extensão *.R* que fará o download dos preços das ações de duas empresas e criará

---

[1]https://github.com/msperlin/adfeR/raw/master/inst/extdata/others/S_Example_Script.R

um gráfico e uma tabela. Ao terminar de ler o livro, você irá entender o que está acontecendo no código e como ele realiza o trabalho. Melhor ainda, você poderá melhorá-lo com novas funcionalidades e novas saídas. Caso esteja curioso em ver o script rodar, faça o seguinte: 1) instale R e RStudio no computador, 2) copie o conteúdo de texto do link para um novo script ("File" -> "New File" -> "R Script"), 3) salve-o com um nome qualquer e, finalizando, 4) pressione `control + shift + enter` para executar o *script* inteiro.

2.2 Objetos e Funções

No R, **tudo é um objeto, e cada tipo de objeto tem suas propriedades**. Por exemplo, o valor de um índice de inflação ao longo do tempo – em vários meses e anos – pode ser representado como um objeto do tipo vetor numérico. As datas em si, no formato YYYY-MM-DD (ano-mês-dia), podem ser representadas como texto (*character*) ou a própria classe `Date`. Por fim, podemos representar conjuntamente os dados de inflação e as datas armazenando-os em um objeto único do tipo *dataframe*, o qual nada mais é do que uma **tabela** com linhas e colunas. Todos esses objetos fazem parte do ecossistema do R e é através da manipulação destes que tiramos o máximo proveito do *software*.

Enquanto representamos informações do mundo real como diferentes classes no R, um tipo especial de objeto é a função, a qual representa um procedimento preestabelecido que está disponível para o usuário. O R possui uma grande quantidade de funções, as quais possibilitam que o usuário realize uma vasta gama de procedimentos. Por exemplo, os comandos básicos do R, não incluindo demais pacotes, somam um total de 1244 funções. Com base neles e outros iremos importar dados, calcular médias, testar hipóteses, limpar dados, e muito mais.

Cada função possui um próprio nome. Por exemplo, a função `sort()` é um procedimento que ordena valores valores utilizados como *input*. Caso quiséssemos ordnear os valores *2, 1, 3, 0*, basta inserir no *prompt* o seguinte comando e apertar *enter*:

```
sort(c(2, 1, 3, 0), decreasing = TRUE)
```

```
R> [1] 3 2 1 0
```

O comando `c(2, 1, 3, 0)` combina os valores em um vetor (maiores detalhes sobre comando `c` serão dados em seção futura). Observe que a função `sort` é utilizada com parênteses de início e fim. Esses parênteses servem para destacar as entradas (*inputs*), isto é, as informações enviadas para a função produzir alguma coisa. Observe que cada entrada (ou opção) da função é separada por uma vírgula, tal como em `MinhaFuncao(entrada01, entrada02, entrada03, ...)`. No caso do código anterior, note que usamos a opção `decreasing = TRUE`. Essa é uma instrução específica para a função `sort` ordenar de forma decrescente os elementos do vetor de entrada. Veja a diferença:

```
sort(c(2, 1, 3, 0), decreasing = FALSE)
```

```
R> [1] 0 1 2 3
```

O uso de funções está no coração do R e iremos dedicar grande parte do
livro a elas. Por enquanto, essa breve introdução já serve o seu propósito. O
principal é entender que uma função usa suas entradas para produzir algo de volta.
Nos próximos capítulos iremos utilizar funções já existentes para as mais diferentes
finalidades: baixar dados da internet, ler arquivos, realizar testes estatísticos e muito
mais. No capítulo 8 iremos tratar deste assunto com maior profundidade, incluindo
a forma de escrevermos nossas próprias funções.

2.3   O Formato Brasileiro

Antes de começar a explicar o uso do R e RStudio, é importante ressaltar algumas
regras de formatação de números e códigos para o caso brasileiro.

Decimal: O decimal no R é definido pelo ponto (.), tal como em 2.5 e não vírgula,
como em 2,5. Esse é o padrão internacional, e a diferença para a notação brasileira
gera muita confusão. Alguns softwares, por exemplo o Microsoft Excel, fazem essa
conversão automaticamente no momento da importação dos dados. Porém isso não
ocorre na maioria dos casos. Como regra geral, utilize vírgulas apenas para separar
os termos de entradas em uma função (veja exemplo de seção anterior com função
sort). Em nenhuma situação deve-se utilizar a vírgula como separador de casas
decimais. Mesmo quando estiver exportando dados, sempre dê prioridade para o
formato internacional, pois esse será compatível com a grande maioria dos dados e
facilitará o uso do *software*.

Caracteres latinos: Devido ao seu padrão internacional, o R apresenta problemas
para entender caracteres latinos, tal como cedilha e acentos. Caso possa evitar, não
utilize esses tipos de caracteres no código para nomeação de variáveis ou arquivos.
Nos objetos de classe texto (character), é possível utilizá-los desde que a codificação
do objeto esteja correta (*UTF-8* ou *Latin1*). Assim, recomenda-se que o código do
R seja escrito na língua inglesa. Isso automaticamente elimina o uso de caracteres
latinos e facilita a usabilidade do código por outras pessoas que não entendam a
língua portuguesa. Destaca-se que essa foi a escolha utilizada para o livro. Os
nomes dos objetos nos exemplos estão em inglês, assim como também todos os
comentários do código.

Formato das datas: Datas no R são formatadas de acordo com a norma ISO 8601,
seguindo o padrão YYYY-MM-DD, onde YYYY é o ano em quatro números, MM é o mês
e DD é o dia. Por exemplo, uma data em ISO 8601 é 2021-02-20. No Brasil, as
datas são formatadas como DD/MM/YYYY. Reforçando a regra, sempre dê preferência

ao padrão internacional. Vale salientar que a conversão entre um formato e outro é
bastante fácil e será apresentada em capítulo futuro.

No momento de instalação do R, diversas informações sobre o formato local do seu
computador são importadas do seu sistema operacional. Para saber qual o formato
que o R está configurado localmente, digite o seguinte comando no *prompt* (canto
esquerdo inferior do RStudio) e aperte *enter*:

```
# get local format
Sys.localeconv()
```

```
R>     decimal_point      thousands_sep            grouping
R>              "."                   ""                  ""
R>   int_curr_symbol    currency_symbol mon_decimal_point
R>            "BRL "                "R$"                 ","
R> mon_thousands_sep       mon_grouping       positive_sign
R>              "."           "\003\003"                  ""
R>     negative_sign     int_frac_digits          frac_digits
R>              "-"                  "2"                 "2"
R>     p_cs_precedes      p_sep_by_space       n_cs_precedes
R>              "1"                  "1"                 "1"
R>    n_sep_by_space        p_sign_posn         n_sign_posn
R>              "1"                  "1"                 "1"
```

A saída de `Sys.localeconv()` mostra como o R interpreta pontos decimais e o separador de milhares, entre outras coisas. Como você pode ver no resultado anterior,
este livro foi compilado usando a notação brasileira de moeda (BRL/R$), mas usa
a formatação internacional – o ponto (.) – para decimais.

 Muito cuidado ao modificar o formato que o R interpreta os diferentes
símbolos e notações. Como regra de bolso, caso precisar usar algum
formato específico, faça-o isoladamente dentro do contexto do código.
Evite mudanças permanentes pois nunca se sabe onde tais formatos estão
sendo usados. Evite, assim, surpresas desagradáveis no futuro.

2.4 Tipos de Arquivos

Assim como outros programas, o R possui um ecossistema de arquivos e cada extensão tem uma finalidade diferente. A seguir apresenta-se uma descrição de diversas
extensões de arquivos. Os itens da lista estão ordenados por ordem de importância
e uso. Note que omitimos arquivos de figuras tal como *.png*, *.jpg*, *.gif* entre outros,
pois estes não são exclusivos do R.

Arquivos com extensão .R: Representam arquivos do tipo texto contendo diversas instruções para o R. Esses são os arquivos que conterão o código da pesquisa e onde passaremos a maior parte do tempo. Também pode ser chamado de um *script* ou rotina de pesquisa. Como sugestão, pode-se dividir toda uma pesquisa em etapas e, para cada, nomear *script* correspondente. Exemplos: *01-Get-Data.R, 02-Clean-data.R, 03_Estimate_Models.R.*

Arquivos com extensão *.RData* **e** *.rds*: armazenam dados nativos do R. Esses arquivos servem para salvar objetos do R em um arquivo no disco rígido do computador para, em sessão futura, serem novamente carregados. Por exemplo, podes guardar o resultado de uma pesquisa em uma tabela, a qual é salva em um arquivo com extensão *.RData* ou *.rds*. Exemplos: *Raw-Data.RData, Table-Results.rds.*

Arquivos com extensão *.Rmd, .md* **e** *.Rnw*: São arquivos relacionados a tecnologia *Rmarkdown*. O uso desses arquivos permite a criação de documentos onde texto e código são integrados.

Arquivos com extensão *.Rproj*: Contém informações para a edição de projetos no RStudio. O sistema de projetos do RStudio permite a configuração customizada do projeto e também facilita a utilização de ferramentas de controle de código, tal como controle de versões. O seu uso, porém, não é essencial. Para aqueles com interesse em conhecer esta funcionalidade, sugiro a leitura do manual do RStudio[2]. Uma maneira simples de entender os tipos de projetos disponíveis é, no RStudio, clicar em "File", "New project", "New Folder" e assim deve aparecer uma tela com todos os tipos possíveis de projetos no RStudio. Exemplo: *My-Dissertation-Project.Rproj.*

2.5   Explicando a Tela do RStudio

Após instalar os dois programas, R e RStudio, Procure o ícone do RStudio na área de trabalho ou via menu *Iniciar*. Note que a instalação do R inclui um programa de interface e isso muitas vezes gera confusão. Verifique que estás utilizado o *software* correto. A janela resultante deve ser igual a figura 2.1, apresentada a seguir.

Observe que o RStudio automaticamente detectou a instalação do R e inicializou a sua tela no lado esquerdo. Caso não visualizar uma tela parecida ou chegar em uma mensagem de erro indicando que o R não foi encontrado, repita os passos de instalação do capítulo anterior (seção 1.4).

Como um primeiro exercício, clique em *File, New File* e *R Script*. Após, um editor de texto deve aparecer no lado esquerdo da tela do RStudio. É nesse editor que iremos inserir os nossos comandos, os quais são executados de cima para baixo, na mesma direção em que normalmente o lemos. Note que essa direção de execução introduz uma dinâmica de recursividade: cada comando depende do comando executado nas

---

[2]https://support.rstudio.com/hc/en-us/articles/200526207-Using-Projects

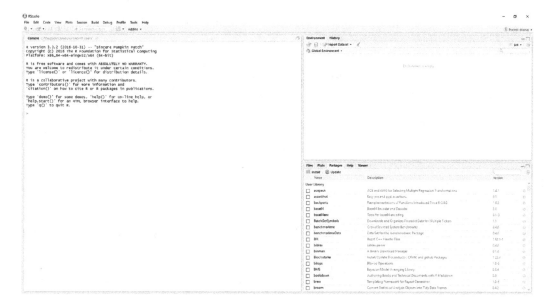

Figura 2.1: A tela do RStudio

linhas anteriores. Após realizar os passos definidos anteriormente, a tela resultante deve ser semelhante à apresentada na figura 2.2.

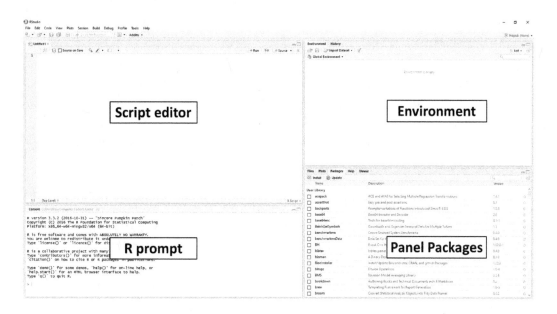

Figura 2.2: Explicando a tela do RStudio

Uma sugestão importante aqui é modificar o esquema de cores do RStudio para uma configuração de **tela escura**. Não é somente uma questão estética mas sim de prevenção e melhoria de sua saúde física. Possivelmente irás passar demasiado tempo na frente do computador. Assim, vale a pena modificar as cores da interface para aliviar seus olhos do constante brilho da tela. Dessa forma, conseguirás trabalhar por mais tempo, sem forçar a sua visão. Podes configurar o esquema de cores do RStudio indo na opção *Tools*, *Global Options* e então em *Appearance*. Um esquema de cores escuras que pessoalmente gosto e sugiro é o *Ambience*.

Após os passos anteriores, a tela do RStudio deve estar semelhante a Figura 2.2, com os seguintes itens/painéis:

Editor de scripts (*Script editor*): localizado no lado esquerdo e acima da tela. Esse painel é utilizado para escrever código e é onde passaremos a maior parte do tempo.

Console do R (*R prompt*): localizado no lado esquerdo e abaixo do editor de *scripts*. Apresenta o *prompt* do R, o qual também pode ser utilizado para executar comandos. A principal função do *prompt* é testar código e apresentar os resultados dos comandos inseridos no editor de *scripts*.

Área de trabalho (*Environment*): localizado no lado direito e superior da tela. Mostra todos os objetos, incluindo variáveis e funções atualmente disponíveis para o usuário. Observe também a presença do painel *History*, o qual mostra o histórico dos comandos já executados.

Pacotes (*Panel Packages*): mostra os pacotes instalados e carregados pelo R. Um pacote é nada mais que um módulo no R, cada qual com sua finalidade específica. Observe a presença de quatro abas: *Files*, para carregar e visualizar arquivos do sistema; *Plots*, para visualizar figuras; *Help*, para acessar o sistema de ajuda do R e *Viewer*, para mostrar resultados dinâmicos e interativos, tal como uma página da internet.

Como um exercício introdutório, vamos inicializar duas variáveis. Dentro do console do R (lado esquerdo inferior), digite os seguintes comandos e aperte *enter* ao final de cada linha. O símbolo <- é nada mais que a junção de < com -. O símbolo ' representa uma aspa simples e sua localização no teclado Brasileiro é no botão abaixo do *escape* (*esc*), lado esquerdo superior do teclado.

```
# set x and y
x <- 1
y <- 'my text'
```

Após a execução, dois objetos devem aparecer no painel *Environment*, um chamado x com o valor 1, e outro chamado y com o conjunto de caracteres 'my text'. O histórico de comandos na aba *History* também foi atualizado com os comandos utilizados anteriormente.

Agora, vamos mostrar na tela os valores de x. Para isso, digite o seguinte comando no *prompt* e aperte *enter* novamente:

```
# print x
print(x)
```

```
R> [1] 1
```

A função print é uma das principais funções para mostrarmos valores no *prompt* do R. O texto apresentado como [1] indica o índice do primeiro número da linha. Para verificar isso, digite o seguinte comando, o qual irá mostrar vários números na tela:

```
# print vector from 50 to 100
print(50:100)
```

```
R>  [1]  50  51  52  53  54  55  56  57  58  59  60  61  62  63
R> [15]  64  65  66  67  68  69  70  71  72  73  74  75  76  77
R> [29]  78  79  80  81  82  83  84  85  86  87  88  89  90  91
R> [43]  92  93  94  95  96  97  98  99 100
```

Nesse caso, utilizamos o símbolo : em 50:100 para criar uma sequência iniciando em 50 e terminando em 100. Observe que temos valores encapsulados por colchetes ([]) no lado esquerda da tela. Esses representam os índices do primeiro elemento apresentado na linha. Por exemplo, o décimo quinto elemento do vetor criado é o valor 64.

2.6 Pacotes do R

Um dos grandes benefícios do uso do R é o seu acervo de pacotes. Esses representam um conjunto de procedimentos agrupados em uma coleção de funções e voltados para a resolução de um problema qualquer. O R tem em sua essência uma filosofia de colaboração. Usuários disponibilizam os seus códigos para outras pessoas utilizarem. E, mais importante, **todos os pacotes são gratuitos**, assim como o R. Por exemplo, considere um caso em que está interessado em baixar dados da internet sobre o desemprego histórico no Brasil. Para isso, basta procurar e instalar o pacote específico que realiza esse procedimento.

Esses pacotes podem ser instalados de diferentes fontes, com as principais sendo **CRAN** (*The Comprehensive R Archive Network*) e **Github**. A cada dia aumenta a quantidade e diversidade de pacotes existentes para o R. O próprio autor deste livro possui diversos pacotes disponíveis no CRAN, cada um para resolver algum problema diferente. Na grande maioria, são pacotes para importar e organizar dados financeiros.

O CRAN é o repositório oficial do R e é livre. Qualquer pessoa pode enviar um pacote e todo código enviado está disponível na internet. Existe, porém, um processo de avaliação que o código passa e certas normas rígidas devem ser respeitadas sobre o formato do código, o manual do usuário e a forma de atualização do pacote. Para quem tiver interesse, um tutorial claro e fácil de seguir é apresentado no site http://r-pkgs.had.co.nz/intro.html. As regras completas estão disponíveis no site do CRAN - https://cran.r-project.org/web/packages/policies.html. A adequação do código a essas normas é responsabilidade do desenvolvedor e gera um trabalho significativo, principalmente na primeira submissão.

A lista completa de pacotes disponíveis no CRAN, juntamente com uma breve descrição, pode ser acessada no link *packages* do site do R - https://cran.r-project.org/. Uma maneira prática de verificar a existência de um pacote para um procedimento específico é carregar a página anterior e procurar no seu navegador de internet a palavra-chave que define o seu procedimento. Caso existir o pacote com a palavra-chave, a procura acusará o encontro do termo na descrição do pacote.

Outra fonte importante para o encontro de pacotes é o *Task Views*, em que são destacados os principais pacotes de acordo com a área e o tipo de uso. Veja a tela do *Task Views* na Figura 2.3.

CRAN Task Views

Bayesian	Bayesian Inference
ChemPhys	Chemometrics and Computational Physics
ClinicalTrials	Clinical Trial Design, Monitoring, and Analysis
Cluster	Cluster Analysis & Finite Mixture Models
DifferentialEquations	Differential Equations
Distributions	Probability Distributions
Econometrics	Econometrics
Environmetrics	Analysis of Ecological and Environmental Data
ExperimentalDesign	Design of Experiments (DoE) & Analysis of Experimental Data
ExtremeValue	Extreme Value Analysis
Finance	Empirical Finance
Genetics	Statistical Genetics
Graphics	Graphic Displays & Dynamic Graphics & Graphic Devices & Visualization
HighPerformanceComputing	High-Performance and Parallel Computing with R
MachineLearning	Machine Learning & Statistical Learning
MedicalImaging	Medical Image Analysis
MetaAnalysis	Meta-Analysis
Multivariate	Multivariate Statistics
NaturalLanguageProcessing	Natural Language Processing
NumericalMathematics	Numerical Mathematics
OfficialStatistics	Official Statistics & Survey Methodology
Optimization	Optimization and Mathematical Programming
Pharmacokinetics	Analysis of Pharmacokinetic Data
Phylogenetics	Phylogenetics, Especially Comparative Methods
Psychometrics	Psychometric Models and Methods
ReproducibleResearch	Reproducible Research
Robust	Robust Statistical Methods

Figura 2.3: Tela do Task Views

Ao contrário do CRAN, o *Github* não possui restrição quanto ao código enviado e, devido a isso, tende a ser escolhido como ambiente de compartilhamento de código. A responsabilidade de uso, porém, é do próprio usuário. Na prática, é muito comum os desenvolvedores manterem uma versão em desenvolvimento no *Github* e outra oficial no CRAN. Quando a versão em desenvolvimento atinge um estágio de maturidade, a mesma é enviada ao CRAN.

O mais interessante no uso de pacotes é que estes podem ser acessados e instalados diretamente no R via a internet. Para saber qual é a quantidade atual de pacotes no CRAN, digite e execute os seguintes comandos no *prompt*:

```r
# find current available packages
df_cran_pkgs <- available.packages()

# get size of matrix
n_cran_pkgs <- nrow(df_cran_pkgs)

# print it
print(n_cran_pkgs)
```

```
R> [1] 17143
```

Atualmente, 2021-02-20 09:00:59, existem 17143 pacotes disponíveis nos servidores do CRAN.

Também se pode verificar a quantidade de pacotes localmente instalados com o comando `installed.packages()`:

```r
# get number of local (installed) packages
n_local_pkgs <- nrow(installed.packages())

# print it
print(n_local_pkgs)
```

```
R> [1] 501
```

Nesse caso, o computador em que o livro foi escrito possui 501 pacotes do R instalados. Note que, apesar do autor ser um experiente programador do R, apenas uma pequena fração dos pacotes disponíveis no CRAN está sendo usada! A diversidade dos pacotes é gigantesca.

2.6.1 Instalando Pacotes do CRAN

Para instalar um pacote, basta utilizar o comando `install.packages`. Como exemplo, vamos instalar um pacote que será utilizado nos capítulos futuros, o `readr`:

```r
# install pkg readr
install.packages('readr')
```

Copie e cole este comando no *prompt* e pronto! O R irá baixar os arquivos necessários e instalar o pacote `readr` e suas dependências. Após isto, as funções relativas ao pacote estarão prontas para serem usadas após o carregamento do módulo (detalhes a seguir). Observe que definimos o nome do pacote na instalação como se fosse texto, com o uso das aspas ("). Caso o pacote instalado seja dependente de outros pacotes, o R automaticamente instala todos módulos faltantes. Assim, todos os requerimentos para o uso do respectivo pacote já serão satisfeitos e tudo funcionará perfeitamente. É possível, porém, que um pacote tenha uma dependência externa. Como um exemplo, o pacote `RndTexExams` depende da existência de uma instalação do LaTex. Geralmente essa é anunciada na sua descrição e um erro é sinalizado na execução do programa quando o LaTex não é encontrado. Fique atento, portanto, a esses casos.

Aproveitando o tópico, sugiro que o leitor já instale todos os pacotes do `tidyverse` com o seguinte código:

```
# install pkgs from tidyverse
install.packages('tidyverse')
```

O `tidyverse` é um conjunto de pacotes voltados a *data science* e com uma sintaxe própria e consistente, voltada a praticabilidade. Verás que, em uma instalação nova do R, o `tidyverse` depende de uma grande quantidade de pacotes.

2.6.2   Instalando Pacotes do Github

Para instalar um pacote diretamente do Github, é necessário instalar antes o pacote *devtools*, disponível no CRAN:

```
# install devtools
install.packages('devtools')
```

Após isto, utilize função `devtools::install_github` para instalar um pacote diretamente do Github. Note que o símbolo `::` indica que função `install_github` pertence ao pacote `devtools`. Com esta particular sintaxe, não precisamos carregar todo o pacote para utilizar apenas uma função.

No exemplo a seguir instalamos a versão em desenvolvimento do pacote `ggplot2`, cuja versão oficial também está disponível no CRAN:

```
# install ggplot2 from github
devtools::install_github("hadley/ggplot2")
```

Observe que o nome do usuário do repositório também é incluído. No caso anterior, o nome *hadley* pertence ao desenvolvedor do `ggplot2`, Hadley Wickham. No decorrer

do livro notará que esse nome aparecerá diversas vezes, dado que Hadley é um
prolífico e competente desenvolvedor de diversos pacotes do R e do `tidyverse`.

 | Um aviso aqui é importante. **Os pacotes do github não são modera-**
dos. Qualquer pessoa pode enviar código para lá e o conteúdo
não é checado de forma independente. Nunca instale pacotes do
github sem conhecer os autores. Apesar de improvável – nunca aconteceu comigo por exemplo – é possível que esses possuam algum código
malicioso.

2.6.3   Carregando Pacotes

Dentro de uma rotina de pesquisa, utilizamos a função `library` para carregar um
pacote na nossa sessão do R. Ao fecharmos o RStudio ou então iniciar uma nova
sessão do R, os pacotes são descarregados. Vale salientar que alguns pacotes, tal
como o `base` e o `stats`, são inicializados automaticamente a cada nova sessão. A
grande maioria, porém, deve ser carregada no início dos *scripts*. Veja o exemplo a
seguir:

```
# load dplyr
library(dplyr)
```

A partir disso, todas as funções do pacote estarão disponíveis para o usuário. Note
que não é necessário utilizar aspas (`"`) ao carregar o pacote. Caso utilize uma função
específica do pacote e não deseje carregar todo ele, pode fazê-lo através do uso do
símbolo especial `::`, conforme o exemplo a seguir.

```
# call fct fortune() from pkg fortune
fortunes::fortune(10)
```

```
R>
R> Overall, SAS is about 11 years behind R and S-Plus in
R> statistical capabilities (last year it was about 10 years
R> behind) in my estimation.
R>     -- Frank Harrell (SAS User, 1969-1991)
R>        R-help (September 2003)
```

Nesse caso, utilizamos a função `fortune` do próprio pacote `fortunes`, o qual mostra
na tela uma frase possivelmente engraçada escolhida do *mailing list* do R. Nesse
caso, selecionamos a mensagem número 10. Se não tiver disponível o pacote, o R
mostrará a seguinte mensagem de erro:

```
R> Error in library("fortune") : there is no package called "fortune"
```

Para resolver, utilize o comando `install.packages("fortunes")` para instalar o pacote no seu computador. Execute o código `fortunes::fortune(10)` no *prompt* para confirmar a instalação. Toda vez que se deparar com essa mensagem de erro, deves instalar o pacote que está faltando.

Outra maneira de carregar um pacote é através da função `require`. Essa tem um comportamento diferente da função `library` e deve ser utilizada dentro da definição de funções ou no teste do carregamento do pacote. Caso o usuário crie uma função customizada que necessite de procedimentos de um pacote em particular, o mesmo deve carregar o pacote no escopo da função. Por exemplo, veja o código a seguir, em que criamos uma função dependente do pacote `quantmod`:

```
my_fct <- function(x){
  require(quantmod)

  df <- getSymbols(x, auto.assign = F)
  return(df)
}
```

Nesse caso, a função `getSymbols` faz parte do pacote `quantmod`. Não se preocupe agora com a estrutura utilizada para criar uma função no R. Essa será explicada em capítulo futuro.

> Uma precaucão que deve sempre ser tomada quando se carrega um pacote é um possível **conflito de funções**. Por exemplo, existe uma função chamada `filter` no pacote `dplyr` e também no pacote `stats`. Caso carregarmos ambos pacotes e chamarmos a função `filter` no escopo do código, qual delas o R irá usar? Pois bem, a **preferência é sempre para o último pacote carregado**. Esse é um tipo de problema que pode gerar muita confusão. Felizmente, note que o próprio R acusa um conflito de nome de funções no carregamento do pacote. Para testar, inicie uma nova sessão do R e carregue o pacote `dplyr`. Verás que uma mensagem indica haver dois conflitos com o pacote `stats` e quatro com pacote o `base`.

2.6.4   Atualizando Pacotes

Ao longo do tempo, é natural que os pacotes disponibilizados no CRAN sejam atualizados para acomodar novas funcionalidades ou se adaptar a mudanças em suas dependências. Assim, é recomendável que os usuários atualizem os seus pacotes instalados para uma nova versão através da internet. Esse procedimento é bastante fácil. Uma maneira direta de atualizar pacotes é clicar no botão *update* no painel de pacotes no canto direito inferior do RStudio, conforme mostrado na figura 2.4.

A atualização de pacotes através do *prompt* também é possível. Para isso, basta

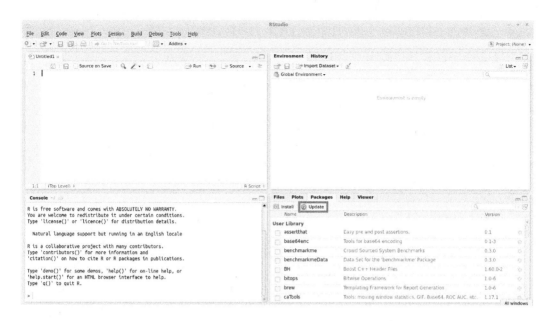

Figura 2.4: Atualizando pacotes no R

utilizar o comando **update.packages**, conforme mostrado a seguir.

```
update.packages()
```

O comando **update.packages()** compara a versão dos pacotes instalados em relação a versão disponível no CRAN. Caso tiver alguma diferença, a nova versão é instalada. Após a execução do comando, todos os pacotes estarão atualizados com a versão disponível nos servidores do CRAN.

 Versionamento de pacotes é extremamente importante para manter a reproducibilidade do código. Apesar de ser raro de acontecer, é possível que a atualização de um pacote no R modifique, para os mesmos dados, resultados já obtidos anteriormente. Tenho uma experiência particularmente memorável quando um artigo científico retornou da revisão e, devido a atualização de um dos pacotes, não consegui reproduzir os resultados apresentados no artigo. No final deu tudo certo, mas o trauma fica.

Uma solução para este problema é congelar as versões dos pacotes para cada projeto usando a ferramenta **packrat** do RStudio. Em resumo, o **packrat** faz cópias locais dos pacotes utilizados no projeto, os quais têm preferência aos pacotes do sistema. Assim, se um pacote for atualizado no sistema, mas não no projeto, o código R vai continuar usando a versão mais antiga e seu código sempre rodará nas mesmas condições.

2.7   Executando Códigos em um *Script*

Agora, vamos juntar todos os códigos digitados anteriormente e colar na tela do editor (lado esquerdo superior), assim como mostrado a seguir:

```
# set objects
x <- 1
y <- 'my text'

# print it
print(x)
print(1:50)
```

Após colar todos os comandos no editor, salve o arquivo .*R* em alguma pasta pessoal. Esse arquivo, o qual no momento não faz nada de especial, registrou os passos de um algoritmo simples que cria dois objetos e mostra os seus valores. Futuramente esse irá ter mais forma, com a importação de dados, manipulação e modelagem dos mesmos e saída de tabelas e figuras.

No RStudio existem alguns atalhos predefinidos para executar códigos que economizam bastante tempo. Para executar um *script* inteiro, basta apertar **control + shift + s**. Esse é o comando *source*. Com o RStudio aberto, sugiro testar essa combinação de teclas e verificar como o código digitado anteriormente é executado, mostrando os valores no *prompt* do R. Visualmente, o resultado deve ser próximo ao apresentado na figura 2.5.

Figura 2.5: Exemplo de Rotina no R

Outro comando muito útil é a execução por linha. Nesse caso não é executado todo o arquivo, mas somente a linha em que o cursor do *mouse* se encontra. Para isto, basta apertar `control+enter`. Esse atalho é bastante útil no desenvolvimento de rotinas pois permite que cada linha seja testada antes de executar o programa inteiro. Como um exemplo de uso, aponte o cursor para a linha `print(x)` e pressione `control + enter`. Verás que o valor de `x` é mostrado na tela do *prompt*. A seguir destaco esses e outros atalhos do RStudio, os quais também são muito úteis.

- **control+shift+s** executa o arquivo atual do RStudio, sem mostrar comandos no *prompt* (sem eco – somente saída);
- **control+shift+enter**: executa o arquivo atual, mostrando comandos na tela (com eco – código e saída);
- **control+enter**: executa a linha selecionada, mostrando comandos na tela;
- **control+shift+b**: executa os códigos do início do arquivo até a linha atual onde o cursor se encontra;
- **control+shift+e**: executa os códigos da linha onde o cursor se encontra até o final do arquivo.

Sugere-se que esses atalhos sejam memorizados e utilizados. Isso facilita bastante o uso do programa. Para aqueles que gostam de utilizar o *mouse*, uma maneira alternativa para rodar o código do *script* é apertar o botão *source*, localizado no canto direito superior do editor de rotinas. Isto é equivalente ao atalho `control+shift+s`.

Porém, no mundo real de programação, poucos são os casos em que uma análise de dados é realizada por um *script* apenas. Como uma forma de organizar o código, pode-se dividir o trabalho em N *scripts* diferentes, onde um deles é o "mestre", responsável por rodar os demais.

Neste caso, para executar os *scripts* em sequência, basta chamá-los no *script* mestre com o comando `source`, como no código a seguir:

```
# Import all data
source('01-import-data.R')

# Clean up
source('02-clean-data.R')

# Build tables
source('03-build-table.R')
```

Nesse caso, o código anterior é equivalente a abrirmos e executarmos (*control + shift + s*) cada um dos *scripts* sequencialmente.

Como podemos ver, existem diversas maneiras de executar uma rotina de pesquisa. Na prática, porém, iras centralizar o uso em dois comandos apenas: `control+shift+s` para rodar o *script* inteiro e `control+enter` para rodar por linha.

2.8   Testando Código

O desenvolvimento de códigos em R segue um conjunto de etapas. Primeiro você escreverá uma nova linha de comando em uma rotina. Essa linha será testada com o atalho `control + enter`, verificando-se a ocorrência de erros e as saídas na tela. Caso não houver erro e o resultado for igual ao esperado, parte-se para a próxima linha de código.

Um ciclo de trabalho fica claro, a escrita do código da linha atual é seguida pela execução, seguido da verificação de resultados, modificação caso necessário e assim por diante. Esse é um processo normal e esperado. Dado que uma rotina é lida e executada de cima para baixo, você precisa ter certeza de que cada linha de código está corretamente especificada antes de passar para a próxima.

Quando você está tentando encontrar um erro em um *script* preexistente, o R oferece algumas ferramentas para controlar e avaliar sua execução. Isso é especialmente útil quando você possui um código longo e complicado. A ferramenta de teste mais simples e fácil de utilizar que o RStudio oferece é o ponto de interrupção do código. No RStudio, você pode clicar no lado esquerdo do editor e aparecerá um círculo vermelho, como na Figura 2.6.

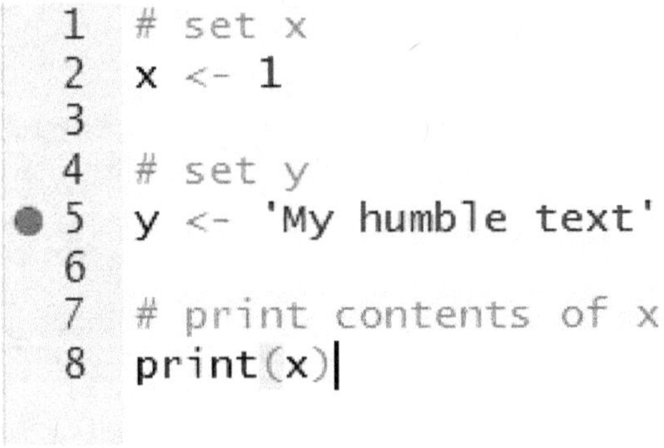

```
1   # set x
2   x <- 1
3
4   # set y
5   y <- 'My humble text'
6
7   # print contents of x
8   print(x)|
```

Figura 2.6: Exemplo de debug

O círculo vermelho indica um ponto de interrupção do código que forçará o R a pausar a execução nessa linha. Quando a execução atinge o ponto de interrupção, o *prompt* mudará para `browser[1]>` e você poderá verificar o conteúdo dos objetos. No console, você tem a opção de continuar a execução para o próximo ponto de interrupção ou interrompê-la. O mesmo resultado pode ser alcançado usando a função `browser`. Dê uma olhada:

```
# set x
x <- 1

# set y
browser()
y <- 'My humble text'

# print contents of x
print(x)
```

O resultado prático do código anterior é o mesmo que utilizar o círculo vermelho do RStudio, figura 2.6. Porém, o uso do `browser` permite mais controle sobre onde a execução deve ser pausada. Como um teste, copie e cole o código anterior no RStudio, salve em um novo *script* e execute com *Control + Shift + S*. Para sair do ambiente de depuramento (*debug*), aperte *enter* no *prompt* do RStudio.

2.9 Criando Objetos Simples

Um dos comandos mais básicos no R é a definição de objetos. Como foi mostrado nas seções anteriores, pode-se definir um objeto com o uso do comando `<-`, o qual, para o português, é traduzido para o verbo *defina* (*assign* em inglês). Considere o seguinte código:

```
# set x
my_x <- 123

# set x, y and z in one line
my_x <- 1 ; my_y <- 2; my_z <- 3
```

Lê-se esse código como *x é definido como 123*. A direção da seta define onde o valor será armazenado. Por exemplo, utilizar `123 -> my_x` também funcionaria, apesar de ser uma sintaxe pouco utilizada ou recomendada. Note que também é possível escrever diversos comandos na mesma linha com o uso da semi-vírgula (`;`).

O uso do símbolo `<-` para a definição de objetos é específico do R. Na época da concepção da linguagem *S*, de onde o R foi baseado, existiam teclados com uma tecla específica que definia diretamente o símbolo de seta. Teclados contemporâneos, porém, não possuem mais esta configuração. Uma alternativa é utilizar o atalho para o símbolo, o qual, no Windows, é definido por `alt + -`.

É possível também usar o símbolo = para definir objetos assim como o <-. Saliento que esta é prática comum em outras linguagens de programação. Porém, no ecosistema do R, a utilização do = com esse fim específico não é recomendada. O símbolo de igualdade tem o seu uso especial e resguardado na definição de argumentos de uma função tal como sort(x = 1:10, decreasing = TRUE).

O nome dos objetos é importante no R. Tirando alguns casos específicos, o usuário pode nomear os objetos como quiser. Essa liberdade, porém, pode ser um problema. É desejável sempre dar nomes curtos que façam sentido ao conteúdo do objeto e que sejam simples de entender. Isso facilita o entendimento do código por outros usuários e faz parte das normas sugeridas para a estruturação do código. Observe que todos os objetos criados nesse livro possuem nomenclatura em inglês e formatação específica, onde espaços entre substantivos e verbos são substituídos por traço baixo, tal como em my_x e my_csv_file. Aqui, o mais importante é a consistência do formato. Sempre mantenha o mesmo padrão em todo o código. No capítulo 13 vamos ir mais a fundo nesta questão de estrutura de código.

O R executa o código procurando objetos e funções disponíveis no seu ambiente de trabalho (*enviromnent*). Se tentarmos acessar um objeto que não existe, o R irá retornar uma mensagem de erro:

```
print(z)
```

```
R> Error: object 'z2' not found
```

Isso ocorre pois o objeto z não existe na sessão atual do R. Se criarmos uma variável z como z <- 123 e repetirmos o comando print(z), não teremos a mesma mensagem de erro.

Um ponto importante aqui é a definição de objetos de classes diferentes com o uso de símbolos específicos. O uso de aspas duplas (" ") ou simples (' ') define objetos da classe texto enquanto números são definidos pelo próprio valor. Conforme será mostrado, cada objeto no R tem uma classe e cada classe tem um comportamento diferente. Portanto, objetos criados com o uso de aspas pertencem à classe *character*. Podemos confirmar isso via código:

```
# set vars
x <- 1
y <- '1'

# display classes
class(x)
```

```
R> [1] "numeric"
```

```
class(y)
```

```
R> [1] "character"
```

As saídas anteriores mostram que a variável x é do tipo numérico, enquanto a variável y é do tipo texto (*character*). Ambas fazem parte das classes básicas de objetos no R. Por enquanto, este é o mínimo que deves saber para avançar nos próximos capítulos. Iremos estudar este assunto mais profundamente no capítulo 7.

2.10 Criando Vetores

Nos exemplos anteriores criamos objetos simples tal como x <- 1 e x <- 'abc'. Enquanto isso é suficiente para demonstrar os comandos básicos do R, na prática tais comandos são bastante limitados, uma vez que um problema real de análise de dados certamente irá ter um maior volume de informações do mundo real.

Um dos procedimentos mais utilizados no R é a criação de vetores atômicos. Esses são objetos que guardam uma série de elementos. Todos os elementos de um vetor atômico devem possuir a mesma classe, o que justifica a sua propriedade *atômica*. Um exemplo seria representar no R uma série de preços diários de uma ação. Tal série possui vários valores numéricos que formam um vetor da classe numérica.

Vetores atômicos são criados no R através do uso do comando c, o qual é oriundo do verbo em inglês *combine*. Por exemplo, caso eu quisesse *combinar* os valores 1, 2 e 3 em um objeto/vetor, eu poderia fazê-lo através do seguinte comando:

```
# set vector
x <- c(1, 2, 3)

# print it
print(x)
```

```
R> [1] 1 2 3
```

Esse comando funciona da mesma maneira para qualquer número de elementos. Caso necessário, poderíamos criar um vetor com mais elementos simplesmente adicionando valores após o 3, tal como em x <- c(1, 2, 3, 4, 5).

O uso do comando c não é exclusivo para vetores numéricos. Por exemplo, poderíamos criar um vetor de outra classe de dados, tal como *character*:

```
y <- c('text 1', 'text 2', 'text 3', 'text 4')
print(y)
```

```
R> [1] "text 1" "text 2" "text 3" "text 4"
```

A única restrição no uso do comando c é que todos os itens do vetor **tenham a mesma classe**. Se inserirmos dados de classes diferentes, o R irá tentar transformar os itens para a mesma classe seguindo uma lógica própria, onde a classe mais complexa sempre tem preferência. Caso ele não consiga transformar todos os elementos para uma classe só, uma mensagem de erro será retornada. Observe no próximo exemplo como os valores numéricos no primeiro e segundo elemento de x são transformados para a classe de caracteres.

```
# numeric class
x <- c(1, 2)
class(x)
```

```
R> [1] "numeric"
```
```
# character class
x <- c(1, 2, '3')
class(x)
```

```
R> [1] "character"
```

Outra utilização do comando c é a combinação de vetores. De fato, isto é exatamente o que fizemos ao executar o código c(1, 2, 3). Neste caso, cada vetor possuía um elemento. Podemos realizar o mesmo com vetores maiores. Veja a seguir:

```
# set x and y
x <- c(1, 2, 3)
y <- c(4, 5)
```

```
# print concatenation between x and y
print(c(x, y))
```

```
R> [1] 1 2 3 4 5
```

Portanto, o comando c possui duas funções principais: criar e combinar vetores.

2.11   Conhecendo os Objetos Criados

Após a execução de diversos comandos no editor ou *prompt*, é desejável saber quais são os objetos criados pelo código. É possível descobrir essa informação simplesmente olhando para o lado direito superior do RStudio, na aba da área de trabalho. Porém, existe um comando que sinaliza a mesma informação no *prompt*. Com o fim de saber quais são as variáveis atualmente disponíveis na memória do R, pode-se utilizar o comando ls. Observe o exemplo a seguir:

```
# set vars
x <- 1
```

```
y <- 2
z <- 3

# show current objects
ls()
```

```
R> [1] "x" "y" "z"
```

Os objetos x, y e z foram criados e estavam disponíveis no ambiente de trabalho atual, juntamente com outros objetos. Para descobrir os valores dos mesmos, basta digitar os nomes dos objetos e apertar **enter** no *prompt*:

```
x
```

```
R> [1] 1
```

```
y
```

```
R> [1] 2
```

```
z
```

```
R> [1] 3
```

Destaca-se que digitar o nome do objeto na tela tem o mesmo resultado que utilizar a função **print**. De fato, ao executar o nome de uma variável, internamente o R passa esse objeto para a função **print**.

No R, conforme já mostrado, todos os objetos pertencem a alguma classe. Para descobrir a classe de um objeto, basta utilizar a função **class**. Observe no exemplo a seguir que x é um objeto da classe numérica e y é um objeto da classe de texto (*character*).

```
# set vars
x <- 1
y <- 'a'

# check classes
class(x)
```

```
R> [1] "numeric"
```

```
class(y)
```

```
R> [1] "character"
```

Outra maneira de conhecer melhor um objeto é verificar a sua representação em texto. Todo objeto no R possui uma representação textual e a verificação desta é realizada através da função **str**:

```
# print textual representation of a vector
x <- 1:10
print(str(x))
```

```
R>  int [1:10] 1 2 3 4 5 6 7 8 9 10
R> NULL
```

Essa função é particularmente útil quando se está tentando entender os detalhes de um objeto mais complexo, tal como uma tabela. A utilidade da representação textual é que nela aparece o tamanho do objeto e suas classes internas. Nesse caso, o objeto x é da classe *integer* e possui dez elementos.

2.12 Mostrando e Formatando Informações na Tela

Como já vimos, é possível mostrar o valor de uma variável na tela de duas formas, digitando o nome dela no *prompt* ou então utilizando a função `print`. Explicando melhor, a função `print` é voltada para a apresentação de objetos e pode ser customizada para qualquer tipo. Por exemplo, caso tivéssemos um objeto de classe chamada `MyTable` que representasse um objeto tabular, poderíamos criar uma função chamada `print.MyTable` que irá mostrar uma tabela na tela com um formato especial tal como número de linhas, nomes das colunas, etc. A função `print`, portanto, pode ser customizada para cada classe de objeto.

Porém, existem outras funções específicas para apresentar texto (e não objetos) no *prompt*. A principal delas é `message`. Essa toma como *input* um texto, processa-o para símbolos específicos e o apresenta na tela. Essa função é muito mais poderosa e personalizável do que `print`.

Por exemplo, caso quiséssemos mostrar na tela o texto `'O valor de x é igual a 2'`, poderíamos fazê-lo da seguinte forma:

```
# set var
x <- 2
```

```
# print with message()
message('The value of x is', x)
```

```
R> The value of x is2
```

Função `message` também funciona para vetores:

```
# set vec
x <- 2:5
```

```
# print with message()
```

```r
message('The values in x are: ', x)
```

```
R> The values in x are: 2345
```

A customização da saída da tela é possível através de comandos específicos. Por exemplo, se quiséssemos quebrar a linha da tela, poderíamos fazê-lo através do uso do caractere reservado \n:

```r
# set char
my_text <- 'First line,\nSecond Line,\nThird Line'

# print with new lines
message(my_text)
```

```
R> First line,
R> Second Line,
R> Third Line
```

Observe que o uso do **print** não resultaria no mesmo efeito, uma vez que esse comando apresenta o texto como ele é, sem processar para efeitos específicos:

```r
print(my_text)
```

```
R> [1] "First line,\nSecond Line,\nThird Line"
```

Outro exemplo no uso de comandos específicos para texto é adicionar um espaçamento *tab* no texto apresentado com o símbolo \t. Veja a seguir:

```r
# set char with \t
my_text_1 <- 'A and B'
my_text_2 <- '\tA and B'
my_text_3 <- '\t\tA and B'

# print with message()
message(my_text_1)
```

```
R> A and B
```

```r
message(my_text_2)
```

```
R>   A and B
```

```r
message(my_text_3)
```

```
R>       A and B
```

Vale destacar que, na grande maioria dos casos de pesquisa, será necessário apenas o uso de \n para formatar textos de saída. Outras maneiras de manipular a saída de texto no *prompt* com base em símbolos específicos são encontradas no manual oficial do R.

Parte do processo de apresentação de texto na tela é a customização do mesmo. Para isto, existem duas funções muito úteis: `paste` e `format`.

A função `paste` *cola* uma série de caracteres juntos. É uma função muito útil, a qual será utilizada intensamente para o resto dos exemplos deste livro. Observe o código a seguir:

```
# set chars
my_text_1 <- 'I am a text'
my_text_2 <- 'very beautiful'
my_text_3 <- 'and informative.'

# using paste and message
message(paste(my_text_1, my_text_2, my_text_3))
```

```
R> I am a text very beautiful and informative.
```

O resultado anterior não está muito longe do que fizemos no exemplo com a função `print`. Note, porém, que a função `paste` adiciona um espaço entre cada texto. Caso não quiséssemos esse espaço, poderíamos usar a função `paste0`:

```
# using paste0
message(paste0(my_text_1, my_text_2, my_text_3))
```

```
R> I am a textvery beautifuland informative.
```

 Uma alternativa a função `message` é `cat` (*concatenate and print*). Não é incomum encontrarmos códigos onde mensagens para o usuário são transmitidas via `cat` e não `message`. Como regra, dê preferência a `message` pois esta é mais fácil de controlar. Por exemplo, caso o usuário quiser silenciar uma função, omitindo todas saídas da tela, bastaria usar o comando `suppressMessages`.

Outra possibilidade muito útil no uso do `paste` é modificar o texto entre a junção dos itens a serem colados. Por exemplo, caso quiséssemos adicionar uma vírgula e espaço (`,`) entre cada item, poderíamos fazer isso através do uso do argumento `sep`, como a seguir:

```
# using custom separator
message(paste(my_text_1, my_text_2, my_text_3, sep = ', '))
```

```
R> I am a text, very beautiful, and informative.
```

Caso tivéssemos um vetor atômico com os elementos da frase em um objeto apenas, poderíamos atingir o mesmo resultado utilizando **paste** o argumento *collapse*:

```
# using paste with collapse argument
my_text <-c('Eu sou um texto', 'muito bonito', 'e charmoso.')
message(paste(my_text, collapse = ', '))
```

R> Eu sou um texto, muito bonito, e charmoso.

Prosseguindo, o comando **format** é utilizado para formatar números e datas. É especialmente útil quando formos montar tabelas e buscarmos apresentar os números de uma maneira visualmente atraente. Por definição, o R apresenta uma série de dígitos após a vírgula:

```
# message without formatting
message(1/3)
```

R> 0.333333333333333

Caso quiséssemos apenas dois dígitos aparecendo na tela, utilizaríamos o seguinte código:

```
# message with format and two digits
message(format(1/3, digits=2))
```

R> 0.33

Tal como, também é possível mudar o símbolo de decimal:

```
# message with format and two digits
message(format(1/3, decimal.mark = ','))
```

R> 0,3333333

Tal flexibilidade é muito útil quando devemos reportar resultados respeitando algum formato local tal como o Brasileiro.

Uma alternativa recente e muito interessante para o comando **base::paste** é **stringr::str_c** e **stringr::str_glue**. Enquanto a primeira é quase idêntica a **paste0**, a segunda tem uma maneira peculiar de juntar objetos. Veja um exemplo a seguir:

```
library(stringr)

# define some vars
my_name <- 'Pedro'
my_age <- 23
```

```r
# using base::paste0
my_str_1 <- paste0('My name is ', my_name, ' and my age is ', my_age)

# using stringr::str_c
my_str_2 <- str_c('My name is ', my_name, ' and my age is ', my_age)

# using stringr::str_glue
my_str_3 <- str_glue('My name is {my_name} and my age is {my_age}')

identical(my_str_1, my_str_2)
```

```
R> [1] TRUE
```

```r
identical(my_str_1, my_str_3)
```

```
R> [1] FALSE
```

```r
identical(my_str_2, my_str_3)
```

```
R> [1] FALSE
```

Como vemos, temos três alternativas para o mesmo resultado final. Note que str_glue usa de chaves para definir as variáveis dentro do próprio texto. Esse é um formato muito interessante e prático.

2.13   Conhecendo o Tamanho dos Objetos

Na prática de programação com o R, é muito importante saber o tamanho das variáveis que estão sendo utilizadas. Isso serve não somente para auxiliar o usuário na verificação de possíveis erros do código, mas também para saber o tamanho necessário em certos procedimentos de iteração tal como *loops*, os quais serão tratados em capítulo futuro.

No R, o tamanho do objeto pode ser verificado com o uso de quatro principais funções: length, nrow, ncol e dim.

A função length é destinada a objetos com uma única dimensão, tal como vetores atômicos:

```r
# set x
x <- c(2,3,3,4,2,1)

# get length x
n <- length(x)
```

```
# display message
message(paste('The length of x is', n))
```

```
R> The length of x is 6
```

Para objetos com mais de uma dimensão, por exemplo matrizes e dataframes, utilizam-se as funções **nrow**, **ncol** e **dim** para descobrir o número de linhas (primeira dimensão) e o número de colunas (segunda dimensão). Veja a diferença a seguir.

```
# set matrix and print it
x <- matrix(1:20, nrow = 4, ncol = 5)
print(x)
```

```
R>      [,1] [,2] [,3] [,4] [,5]
R> [1,]    1    5    9   13   17
R> [2,]    2    6   10   14   18
R> [3,]    3    7   11   15   19
R> [4,]    4    8   12   16   20
# find number of rows, columns and elements
my_nrow <- nrow(x)
my_ncol <- ncol(x)
my_length <- length(x)
```

```
# print message
message(paste('\nThe number of lines in x is ', my_nrow))
```

```
R>
R> The number of lines in x is  4
```

```
message(paste('\nThe number of columns in x is ', my_ncol))
```

```
R>
R> The number of columns in x is  5
```

```
message(paste('\nThe number of elements in x is ', my_length))
```

```
R>
R> The number of elements in x is  20
```

Já a função **dim** mostra a dimensão do objeto, resultando em um vetor numérico como saída. Essa deve ser utilizada quando o objeto tiver mais de duas dimensões. Na prática, esses casos são raros. Um exemplo para a variável **x** é dado a seguir:

```
print(dim(x))
```

```
R> [1] 4 5
```

Para o caso de objetos com mais de duas dimensões, podemos utilizar a função `array` para criá-los e `dim` para descobrir o seu tamanho:

```
# set array with dimension
my_array <- array(1:9, dim = c(3,3,3))

# print it
print(my_array)
```

```
R> , , 1
R>
R>      [,1] [,2] [,3]
R> [1,]    1    4    7
R> [2,]    2    5    8
R> [3,]    3    6    9
R>
R> , , 2
R>
R>      [,1] [,2] [,3]
R> [1,]    1    4    7
R> [2,]    2    5    8
R> [3,]    3    6    9
R>
R> , , 3
R>
R>      [,1] [,2] [,3]
R> [1,]    1    4    7
R> [2,]    2    5    8
R> [3,]    3    6    9
```

```
# print its dimension
print(dim(my_array))
```

```
R> [1] 3 3 3
```

Uma observação importante aqui é que as funções `length`, `nrow`, `ncol` e `dim` não servem para descobrir o número de letras em um texto. Esse é um erro bastante comum. Por exemplo, caso tivéssemos um objeto do tipo texto e usássemos a função `length`, o resultado seria o seguinte:

```
# set char object
my_char <- 'abcde'
```

```
# find its length (and NOT number of characters)
print(length(my_char))
```

R> [1] 1

Isso ocorre pois a função `length` retorna o número de elementos. Nesse caso, `my_char` possui apenas um elemento. Para descobrir o número de caracteres no objeto, utilizamos a função `nchar`, conforme a seguir:

```
# using nchar for number of characters
print(nchar(my_char))
```

R> [1] 5

Reforçando, cada objeto no R tem suas propriedades e funções específicas para manipulação.

2.14 Selecionando Elementos de um Vetor Atômico

Após a criação de um vetor atômico de qualquer classe, é possível que se esteja interessado em apenas um ou alguns elementos desse mesmo vetor. Por exemplo, caso estivéssemos buscando atualizar o valor de um portfólio de investimento, o nosso interesse dentro de um vetor contendo preços de uma ação é somente para o preço mais recente. Todos os demais preços não seriam relevantes para a nossa análise e, portanto, poderiam ser ignorados.

Esse processo de seleção de *pedaços* de um vetor atômico é chamado de indexação e é executado através do uso de colchetes `[]`. Observe o exemplo de código a seguir:

```
# set my_x
my_x <- c(1, 5, 4, 3, 2, 7, 3.5, 4.3)
```

Se quiséssemos apenas o terceiro elemento de `my_x`, utilizaríamos o operador de colchete da seguinte forma:

```
# get third element of my_x
elem_x <- my_x[3]
print(elem_x)
```

R> [1] 4

Também podemos utilizar o comando `length`, apresentado anteriormente, para acessar o último elemento do vetor:

```
# get last element of my_x
last_elem <- my_x[length(my_x)]
```

```
# print it
print(last_elem)
```

R> [1] 4.3

No caso de estarmos interessado apenas no último e penúltimo valor de my_x utilizaríamos o operador de sequência (:):

```
# get last and second last elements
piece_x_1 <- my_x[ (length(my_x)-1):length(my_x) ]
```

```
# print it
print(piece_x_1)
```

R> [1] 3.5 4.3

Uma propriedade única da linguagem R é que, caso for acessado uma posição que não existe no vetor, o programa retorna o valor NA (*not available*). Veja a seguir, onde tenta-se obter o quarto valor de um vetor com apenas três elementos.

```
# set vec
my_vec <- c(1,2,3)
```

```
# find fourth element (NA returned!)
print(my_vec[4])
```

R> [1] NA

É importante conhecer esse comportamento do R, pois o não tratamento desses erros pode gerar problemas difíceis de identificar em um código mais complexo. Em outras linguagens de programação, a tentativa de acesso a elementos não existentes geralmente retorna um erro e cancela a execução do resto do código. No caso do R, dado que o acesso a elementos inexistentes não gera erro, é possível que isso gere um problema em outras partes do *script*.

 Geralmente, a ocorrência de NAs (*Not Available*) sugere a existência de problema no código. Saiba que NA indicam a falta de dados e são contagiosos: tudo que interagir com objeto do tipo NA, seja uma soma ou multiplicação, irá também virar NA. **O usuário deve prestar atenção toda vez que surgirem valores NA de forma inesperada nos objetos criados.** Uma inspeção nos índices dos vetores pode ser necessária.

O uso de indexadores é muito útil quando se está procurando por itens de um vetor que satisfaçam alguma condição. Por exemplo, caso quiséssemos todos os valores de my_x que são maiores que 3, utilizaríamos o seguinte comando:

```
# get all values higher than 3
piece_x_2 <- my_x[my_x>3]

# print it
print(piece_x_2)
```

R> [1] 5.0 4.0 7.0 3.5 4.3

É possível também indexar por mais de uma condição através dos operadores de lógica & (*e*) e | (*ou*). Por exemplo, caso quiséssemos os valores de my_x maiores que 2 e menores que 4, usaríamos o seguinte comando:

```
# get all values higher than 2 AND lower than 4
piece_x_3 <- my_x[ (my_x>2) & (my_x<4) ]

# print it
print(piece_x_3)
```

R> [1] 3.0 3.5

Da mesma forma, havendo interesse nos itens que são menores que 3 ou maiores que 6, teríamos:

```
# get all values lower than 3 OR higher than 6
piece_x_4 <- my_x[ (my_x<3)|(my_x>6) ]

# print it
print(piece_x_4)
```

R> [1] 1 2 7

A indexação lógica também funciona com a interação de diferentes variáveis, isto é, podemos utilizar uma condição lógica em uma variável para selecionar itens em outra:

```
# set my_x and my_y
my_x <- c(1, 4, 6, 8, 12)
my_y <- c(-2, -3, 4, 10, 14)

# find elements in my_x where my_y are positive
my_piece_x <- my_x[ my_y > 0 ]

# print it
print(my_piece_x)
```

```
R> [1]   6   8 12
```

Olhando mais de perto o processo de indexação, vale salientar que, quando utilizamos uma condição de indexação dos dados, esta-se criando uma variável do tipo lógica. Essa toma apenas dois valores: TRUE (verdadeiro) ou FALSE (falso). É fácil perceber isso quando criamos o teste lógico em um objeto e o mostramos na tela:

```
# set logical object
my_logical <- my_y > 0

# print it
print(my_logical)
```

```
R> [1] FALSE FALSE  TRUE  TRUE  TRUE
```

```
# show its class
class(my_logical)
```

```
R> [1] "logical"
```

As demais propriedades e operações com vetores lógicos serão explicadas em capítulo futuro.

2.15 Limpando a Memória

Após a criação de diversas variáveis, o ambiente de trabalho do R pode ficar cheio de conteúdo já utilizado e dispensável. Nesse caso, é desejável limpar a memória do programa. Geralmente isso é realizado no começo de um *script*, de forma que toda vez que o script for executado, a memória estará totalmente limpa antes de qualquer cálculo. Além de desocupar a memória do computador, isso ajuda a evitar possíveis erros no código. Na grande maioria dos casos, porém, a limpeza do ambiente de trabalho deve ser realizada apenas uma vez.

Por exemplo, dada uma variável x, podemos excluí-la da memória com o comando rm, conforme mostrado a seguir:

```
# set x and y
x <- 1
y <- 2

# print all existing objects
ls()

# remove x from memory
rm('x')
```

```
# print objects again
ls()
```

Observe que o objeto **x** não estará mais mais disponível após o uso do comando `rm('x')`.

Entretanto, em situações práticas é desejável limpar toda a memória utilizada por todos os objetos disponíveis no R. Pode-se atingir esse objetivo com o seguinte código:

```
# clean up workspace (all existing objects)
rm(list = ls())
```

O termo `list` é um argumento da função `rm`, o qual define quais objetos serão eliminados. Já o comando `ls()` mostra todas os objetos disponíveis atualmente. Portanto, ao encadear ambos os comandos, limpamos da memória **todos** os objetos disponíveis para o R. Como comentado, uma boa política de programação é sempre iniciar o *script* limpando a memória do R. .

 A limpeza da memória em *scripts* é uma estratégia controversa. Alguns autores argumentam que é melhor não limpar a memória pois isso pode apagar resultados importantes. Na minha opinião, acho fundamental limpar a memória, desde que todos resultados sejam reproduzíveis. Ao iniciar um código sempre do mesmo estado, isto é, nenhuma variável criada, fica mais fácil de entender e capturar possíveis *bugs*.

2.16 Mostrando e Mudando o Diretório de Trabalho

Assim como outros softwares, **o R sempre trabalha em algum diretório**. É com base nesse diretório que o R procura arquivos para importar dados. É nesse mesmo diretório que o R salva arquivos, caso não definirmos um endereço no computador explicitamente. Essa saída pode ser um arquivo de uma figura, um arquivo de texto ou uma planilha eletrônica. **Como boa prática de criação e organização de *scripts*, deve-se sempre mudar o diretório de trabalho para onde o arquivo do *script* está localizado.**

Em sua inicialização, o R possui como diretório *default* a pasta de documentos do usuário cujo atalho é o tilda ('~').

Para mostrar o diretório atual de trabalho, basta utilizar a função `getwd`:

```
# get current directory
my_dir <- getwd()
```

```
# print it
print(my_dir)
```

```
R> [1] home/msperlin/adfeR/01-Book Content
```

O resultado do código anterior mostra a pasta onde este livro foi escrito. Esse é o diretório onde os arquivos do livro foram compilados dentro do ambiente Linux.

A mudança de diretório de trabalho é realizada através do comando setwd. Por exemplo, caso quiséssemos mudar o nosso diretório de trabalho para *C:/Minha pesquisa/*, basta digitar no *prompt*:

```
# set dir
my_d <- 'C:/Minha Pesquisa/'
setwd(my_d)
```

Enquanto para casos simples, como o anterior, lembrar o nome do diretório é fácil, em casos práticos o diretório de trabalho pode ser em um lugar mais profundo da raiz de diretórios do sistema de arquivos. Nessa situação, uma estratégia eficiente para descobrir a pasta de trabalho é utilizar um explorador de arquivos, tal como o *Explorer* no Windows. Abra esse aplicativo e vá até o local onde quer trabalhar com o seu *script*. Após isso, coloque o cursor na barra de endereço e selecione todo o endereço. Aperte *control+c* para copiar o endereço para a área de transferência. Volte para o seu código e cole o mesmo no código. **Atenção nesta etapa, o Windows utiliza a barra invertida para definir endereços no computador, enquanto o R utiliza a barra normal**. Caso tente utilizar a barra invertida, um erro será mostrado na tela. Veja o exemplo a seguir.

```
my_d <- 'C:\Minha pesquisa\'
setwd(my_d)
```

O erro terá a seguinte mensagem:

```
Error: '\M' is an unrecognized escape in character string..."
```

A justificativa para o erro é que a barra invertida \ é um caractere reservado no R e não pode ser utilizado isoladamente. Caso precises, podes defini-lo no objeto de texto com dupla barra, tal como em \\. Veja no exemplo a seguir, onde a dupla barra é substituída por uma barra única:

```
# set char with \
my_char <- 'using \\'
```

```
# print it
message(my_char)
```

```
R> using \
```

A solução do problema é simples. Após copiar o endereço, modifique todas as barras para a barra normal, assim como no código a seguir:

```
my_d <- 'C:/Minha pesquisa/'
setwd(my_d)
```

É possível também utilizar barras invertidas duplas \\ na definição de diretórios, porém não se recomenda essa formatação, pois não é compatível com outros sistemas operacionais.

Outro ponto importante aqui é o uso de endereços relativos. Por exemplo, caso esteja trabalhando em um diretório que contém um subdiretório chamado `Data`, podes entrar nele com o seguinte código:

```
# change to subfolder
setwd('Data')
```

Outra possibilidade pouco conhecida no uso de `setwd` é que é possível entrar em níveis inferiores do sistema de diretórios com `..`, tal como em:

```
# change to previous level
setwd('..')
```

Portanto, caso estejas trabalhando no diretório `C:/My Research/` e executar o comando `setwd('..')`, o diretório atual de trabalho viraria `C:/`, um nível inferior a `C:/My Research/`.

Uma maneira mais moderna e pouco conhecida de definir o diretório de trabalho é usar as funções internas do RStudio. Este é um conjunto de funções que só funcionam dentro do RStudio e fornecem diversas informações sobre o arquivo sendo editado. Para descobrir o caminho do arquivo atual que está sendo editado no RStudio e configurar o diretório de trabalho para lá, você pode escrever:

```
my_path <- dirname(rstudioapi::getActiveDocumentContext()$path)
setwd(my_path)
```

Dessa forma, o *script* mudará o diretório para sua própria localização. Apesar de não ser um código exatamente elegante, ele é bastante funcional. Caso copie o arquivo para outro diretório, o valor de `my_path` muda para o novo diretório. Esteja ciente, no entanto, de que esse truque só funciona no editor de rotinas do RStudio e dentro de um arquivo salvo. O código não funcionará a partir do *prompt*.

Outro truque bastante útil para definir diretórios de trabalho no R é usar o símbolo ~. Esse define a pasta `'Documentos'` no *Windows*, a qual é única para cada usuário. Portanto, ao executar `setwd('~')`, irás direcionar o R a uma pasta de fácil acesso e livre modificação pelo usuário atual do computador.

2.17 Comentários no Código

Comentários são definidos usando o símbolo #. Qualquer texto a direita desse símbolo não será processado pelo R. Note que até a cor do código a direita do *hashtag* muda no RStudio. Isso dá liberdade para escrever o que for necessário dentro do *script*. Um exemplo:

```
# This is a comment
# This is another comment
x <- 'abc' # this is another comment, but mixed with code


my_l <- list(var1 = 1:10,    # set var 1
             var2 = 2:5)      # another var
```

Os comentários são uma eficiente maneira de comunicar qualquer informação importante que não pode ser inferida diretamente do código. O uso correto de comentários é tão importante quanto o código em si. Quando bem feitos, aumentam a reproducibilidade, organização e entendimento do código. Em geral, você deve evitar o uso de comentários que são muito óbvios ou muito genéricos. Por exemplo:

```
# read a csv file
df <- read.csv ('MyDataFile.csv')
```

Como você pode ver, é bastante óbvio que a linha `df <- read.csv('MyDataFile.csv')` está lendo um arquivo .csv. O nome da função, `read.csv` já afirma isso. Então, o comentário não foi bom pois não adicionou novas informações ao usuário. Uma melhor abordagem seria definir o autor, a descrição da funcionalidade do *script* e explicar melhor a origem e a última atualização do arquivo de dados. Vamos dar uma olhada:

```
# Script for reproducing results of JOHN (2018)
# Author: Mr Researcher (dontspamme@emailprovider.com)
# Last script update: 2018-01-10
#
# File downloaded from www.sitewithdatafiles.com/data-files/
# The description of the data goes here
#
```

```
# Last file update: 2017-12-05
df <- read.csv('MyDataFile.csv')
```

Com esses comentários, o usuário saberá o propósito do *script*, quem o escreveu e a data da última edição. A origem do arquivo e a data de atualização mais recente também estão disponíveis. Se o usuário quiser atualizar os dados, tudo o que ele tem a fazer é ir ao mencionado site e baixar o novo arquivo. Isso facilitará o uso futuro e o compartilhamento do *script*.

Outro uso de comentários é **definir seções no código**, como em:

```
# Script for reproducing results of JOHN (2018)
# Author: Mr Researcher (dontspamme@emailprovider.com)
# Last script update: 2018-01-10
#
# File downloaded from www.sitewithdatafiles.com/data-files/
# The description of the data goes here
#
# Last file update: 2017-12-05

# Clean data ------------------------
# - remove outliers
# - remove unnecessary columns

# Create descriptive tables ----------



# Estimate models --------------------



# Report results ---------------------
```

O uso de uma longa linha de traços (-) é intencional. Isto faz com que o RStudio identifique as seções do código e apresente no espaço abaixo do editor de rotinas um atalho para acessar as correspondentes linhas de cada seção. Teste você mesmo, copie e cole o código acima em um novo script do RStudio, salve o mesmo, e verás que as seções aparecem em um botão entre o editor e o *prompt*. Desta forma, uma vez que você precisa mudar uma parte específica do código, você pode se dirigir rapidamente a seção desejada.

Quando começar a compartilhar código com outras pessoas, logo perceberás que os comentários são essenciais e esperados. Eles ajudam a transmitir informações que não estão disponíveis no código. Uma nota aqui, ao longo do livro você verá que os comentários do código são, na maior parte do tempo, bastante óbvios. Isso foi intencional, pois mensagens claras e diretas são importantes para novos usuários, os quais fazem parte da audiência.

2.18   Cancelando a Execução de um Código

Toda vez que o R estiver executando algum código, uma sinalização visual no formato de um pequeno círculo vermelho no canto direito do *prompt* irá aparecer. Caso conseguir ler (o símbolo é pequeno em monitores modernos), o texto indica o termo *stop*. Esse símbolo não somente indica que o programa ainda está rodando mas também pode ser utilizado para cancelar a execução de um código. Para isso, basta clicar no referido botão. Outra maneira de cancelar uma execução é apontar o mouse no *prompt* e pressionar a tecla *Esc* no teclado.

Para testar o cancelamento de código, copie e cole o código a seguir em um *script* do RStudio. Após salvar, rode o mesmo com `control+shift+s`.

```
for (i in 1:100) {
  message('\nRunning code (please make it stop by hitting esc!)')
  Sys.sleep(1)
}
```

O código anterior usa um comando especial do tipo `for` para mostrar a mensagem a cada segundo. Neste caso, o código demorará 100 segundos para rodar. Caso não desejes esperar, aperte `esc` para cancelar a execução. Por enquanto, não se preocupe com as funções utilizadas no exemplo. Iremos discutir o uso do comando `for` no capítulo 8.

2.19   Procurando Ajuda

Uma tarefa muito comum no uso do R é procurar ajuda. A quantidade de funções disponíveis para o R é gigantesca e memorizar todas peculariedades é quase impossível. Assim, até mesmo usuários avançados comumente procuram ajuda sobre tarefas específicas no programa, seja para entender detalhes sobre algumas funções ou estudar um novo procedimento. Portanto, saibas que o uso do sistema de ajuda do R faz parte do cotidiano.

É possível buscar ajuda utilizando tanto o painel de *help* do RStudio como diretamente do *prompt*. Para isso, basta digitar o ponto de interrogação junto ao objeto sobre o qual se deseja ajuda, tal como em **?mean**. Nesse caso, o objeto **mean** é uma função e o uso do comando irá abrir o painel de ajuda sobre ela.

No R, toda tela de ajuda de uma função é igual, conforme se vê na Figura 2.7 apresentada a seguir. Esta mostra uma descrição da função **mean**, seus argumentos de entrada explicados e também o seu objeto de saída. A tela de ajuda segue com referências e sugestões para outras funções relacionadas. Mais importante, os **exemplos de uso da função** aparecem por último e podem ser copiados e colados para acelerar o aprendizado no uso da função.

mean {base}   R Documentation

Arithmetic Mean

Description

Generic function for the (trimmed) arithmetic mean.

Usage

```
mean(x, ...)

## Default S3 method:
mean(x, trim = 0, na.rm = FALSE, ...)
```

Arguments

x   An R object. Currently there are methods for numeric/logical vectors and date, date-time and time interval objects. Complex vectors are allowed for trim = 0, only.

trim   the fraction (0 to 0.5) of observations to be trimmed from each end of x before the mean is computed. Values of trim outside that range are taken as the nearest endpoint.

na.rm   a logical value indicating whether NA values should be stripped before the computation proceeds.

Figura 2.7: Tela de ajuda da função mean

Caso quiséssemos procurar um termo nos arquivos de ajuda, bastaria utilizar o comando **??"standard deviation"**. Essa operação irá procurar a ocorrência do termo em todos os pacotes do R e é muito útil para aprender como realizar alguma operação, nesse caso o cálculo de desvio padrão.

Como sugestão, o ponto inicial e mais direto para aprender uma nova função é observando o seu exemplo de uso, localizada no final da página de ajuda. Com isto, podes verificar quais tipos de objetos de entrada a mesma aceita e qual o formato e o tipo de objeto na sua saída. Após isso, leia atentamente a tela de ajuda para entender se a mesma faz exatamente o que esperas e quais são as suas opções de uso nas respectivas entradas. Caso a função realizar o procedimento desejado, podes copiar e colar o exemplo de uso para o teu próprio *script*, ajustando onde for necessário.

Outra fonte muito importante de ajuda é a própria internet. Sites como *stackover-flow.com* e *mailing lists* específicos do R, cujo conteúdo também está na internet, são fontes preciosas de informação. Havendo alguma dúvida que não foi possível solucionar via leitura dos arquivos de ajuda do R, vale o esforço de procurar uma solução via mecanismo de busca na internet. Em muitas situações, o seu problema, por mais específico que seja, já ocorreu e já foi solucionado por outros usuários.

Caso estiver recebendo uma mensagem de erro enigmática, outra dica é copiar e colar a mesma para uma pesquisa no Google. Aqui apresenta-se outro benefício do uso da língua inglesa. É mais provável que encontres a solução se o erro for escrito em inglês, dado o maior número de usuários na comunidade global. Caso não encontrar uma solução desta forma, podes inserir uma pergunta no stackoverflow ou no grupo Brasileiro do R no Facebook.

 Toda vez que for pedir ajuda na internet, procure sempre 1) descrever claramente o seu problema e 2) adicionar um código reproduzível do seu problema. Assim, o leitor pode facilmente verificar o que está acontecendo ao rodar o exemplo no seu computador. Não tenho dúvida que, se respeitar ambas regras, logo uma pessoa caridosa lhe ajudará com o seu problema.

2.20   Utilizando *Code Completion* com a Tecla *tab*

Um dos recursos mais úteis do RStudio é o preenchimento automático de código (*code completion*). Essa é uma ferramenta de edição que facilita o encontro de nomes de objetos, nome de pacotes, nome de arquivos e nomes de entradas em funções. O seu uso é muito simples. Após digitar um texto qualquer, basta apertar a tecla *tab* e uma série de opções aparecerá. Veja a Figura 2.8 apresentada a seguir, em que, após digitar a letra *f* e apertar *tab*, aparece uma janela com uma lista de objetos que iniciam com a respectiva letra.

Essa ferramenta também funciona para pacotes. Para verificar, digite `library(r)` no *prompt* ou no editor, coloque o cursor entre os parênteses e aperte *tab*. O resultado deve ser algo parecido com a figura 2.9.

Observe que uma descrição do pacote ou objeto também é oferecida. Isso facilita bastante o dia a dia, pois a memorização das funcionalidades e dos nomes dos pacotes e os objetos do R não é uma tarefa fácil. O uso do *tab* diminui o tempo de investigação dos nomes e evita possíveis erros de digitação na definição destes.

O uso dessa ferramenta torna-se ainda mais benéfico quando os objetos são nomeados com algum tipo de padrão. No restante do livro observarás que os objetos tendem a ser nomeados com o prefixo *my*, como em `my_x`, `my_num`. O uso desse padrão facilita

```
R version 4.0.3 (2020-10-10) -- "Bunny-Wunnies Freak Out"
Copyright (C) 2020 The R Foundation for Statistical Computing
Platform: x86_64-pc-linux-gnu (64-bit)

R is free software and comes with ABSOLUTELY NO WARRANTY.
You are welcome to redistribute it under certain conditions.
Type 'license()' or 'licence()' for distribution details.

  Natural language support but running in an English locale

R is a collaborative project with many contributors.
Type 'contributors()' for more information and
'citation()' on how to cite R or R packages in publications.

Type 'demo()' for some demos, 'help()' for on-line help, or
'help.start()' for an HTML browser interface to help.
Type 'q()' to quit R.

> f
```

Figura 2.8: Uso do autocomplete para objetos

```
R version 4.0.3 (2020-10-10) -- "Bunny-Wunnies Freak Out"
Copyright (C) 2020 The R Foundation for Statistical Computing
Platform: x86_64-pc-linux-gnu (64-bit)

R is free software and comes with ABSOLUTELY NO WARRANTY.
You are welcome to redistribute it under certain conditions.
Type 'license()' or 'licence()' for distribution details.

  Natural language support but running in an English locale
```

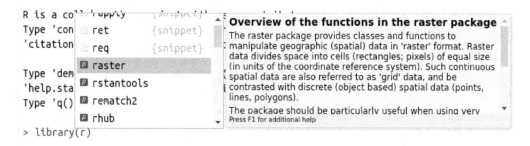

```
> library(r)
```

Figura 2.9: Uso do autocomplete para pacotes

o encontro futuro do nome dos objetos, pois basta digitar *my*, apertar *tab* e uma lista de todos os objetos criados pelo usuário aparecerá.

Outro uso do *tab* é no encontro de arquivos e pastas no computador. Basta criar uma variável como `my_file <- " "`, apontar o cursor para o meio das aspas e apertar a tecla *tab*. Uma tela com os arquivos e pastas do diretório atual de trabalho aparecerá, conforme mostrado na figura 2.10. Nesse caso específico, o R estava direcionado para a minha pasta de códigos, em que é possível enxergar diversos trabalhos realizados no passado.

```
R version 4.0.3 (2020-10-10) -- "Bunny-Wunnies Freak Out"
Copyright (C) 2020 The R Foundation for Statistical Computing
Platform: x86_64-pc-linux-gnu (64-bit)

R is free software and comes with ABSOLUTELY NO WARRANTY.
You are welcome to redistribute it under certain conditions.
Type 'license()' or 'licence()' for distribution details.

  Natural language support but running in an English locale

R is a collaborative project with many contributors.
Type 'contributors()' for more information and
'citation()' on how to cite R or R packages in publications.

Type 'demo()' for some demos, 'help()' for on-line help, or
'help.start()' for an HTML browser interface to help.
Type 'q()' to quit R.

> my_file <- ''
```

Figura 2.10: Uso do autocomplete para arquivos

Uma dica aqui é utilizar o *tab* com a raiz do computador. Assumindo que o disco do seu computador está alocado para `C:/`, digite `my_file <- "C:/"` e pressione *tab* após o símbolo /. Uma tela com os arquivos da raiz do computador aparecerá no RStudio. Podes facilmente navegar o sistema de arquivos utilizando as setas e *enter*.

O *autocomplete* também funciona para encontrar e definir as entradas de uma função.

Por se tratar de um tópico mais avançado, deixamos o seu uso e demonstração para o capítulo 8.

 O *autocomplete* é uma das ferramentas mais importantes do RStudio, funcionando para encontro de objetos, locais no disco rígido, pacotes e funções. Acostume-se a utilizar a tecla *tab* o quanto antes e logo verá como fica mais fácil escrever código rapidamente, e sem erros de digitação.

2.21 Interagindo com Arquivos e o Sistema Operacional

Em muitas situações de uso do R será necessário interagir com os arquivos do computador, seja criando novas pastas, descompactando e compactando arquivos, listando e removendo arquivos do disco rígido do computador ou qualquer outro tipo de operação. Na grande maioria dos casos, o interesse é na manipulação de arquivos contendo dados.

2.21.1 Listando Arquivos e Pastas

Para listar arquivos do computador, basta utilizar o função `list.files`. O argumento `path` define o diretório para listar os arquivos. Na construção deste livro foi criado um diretório chamado *00-text-resources/data*, onde alguns dados são salvos. Pode-se verificar os arquivos nessa pasta com o seguinte código:

```
my_f <- list.files(path = "00-text-resources/data", full.names = TRUE)
print(my_f[1:5])
```

```
R> [1] "00-text-resources/data/AdjustedPrices-InternacionalIndices.RDATA"
R> [2] "00-text-resources/data/BGS_Cache"
R> [3] "00-text-resources/data/BovStocks_2011-12-01_2016-11-29.csv"
R> [4] "00-text-resources/data/BovStocks_2011-12-01_2016-11-29.RData"
R> [5] "00-text-resources/data/example_gethfdata.RDATA"
```

Observe que nesse diretório encontram-se vários arquivos *.csv*, *.rds* e *.xlsx*. Esses contêm dados que serão utilizados em capítulos futuros. Recomenda-se utilizar o argumento `full.names` como `TRUE`, o qual faz com que o retorno da função `list.files` contenha o caminho completo do arquivo. Isso facilita, por exemplo, uma possível importação de dados em que é necessário indicar não somente o nome do arquivo, mas a sua localização completa no computador. Destaca-se que também é possível listar os arquivos de forma recursiva, isto é, listar os arquivos de subpastas do endereço original. Para verificar, tente utilizar o seguinte código no seu computador:

```
# list all files recursively
list.files(path = getwd(), recursive = T, full.names = TRUE)
```

O comando anterior irá listar todos os arquivos existentes na pasta atual e subpastas de trabalho. Dependendo de onde o comando foi executado, pode levar um certo tempo para o término do processo. Caso precisar cancelar a execução, aperte *esc* no teclado.

Para listar pastas (diretórios) do computador, basta utilizar o comando `list.dirs`. Veja a seguir.

```
# list directories
my_dirs <- list.dirs(recursive = F)
print(my_dirs)
```

```
R>  [1] "./_book"             "./_bookdown_files"
R>  [3] "././.Rproj.user"     "./00-code-resources"
R>  [5] "./00-text-resources" "./adfeR_pt_ed03_cache"
R>  [7] "./adfeR_pt_ed03_files" "./gcvmd_cache"
R>  [9] "./gdfpd2_cache"      "./gfred_cache"
R> [11] "./many_datafiles"    "./quandl_cache"
R> [13] "./tabs"              "./TD Files"
```

No caso anterior, o comando lista todos os diretórios do trabalho atual sem recursividade. A saída do comando mostra os diretórios que utilizei para escrever este livro. Isso inclui o diretório de saída do livro (`./_book`), entre diversos outros. Nesse mesmo diretório, encontram-se os capítulos do livro, organizados por arquivos e baseados na linguagem *RMarkdown* (`.Rmd`). Para listar somente os arquivos com extensão `.Rmd`, utiliza-se o argumento **pattern** da função `list.files`, como a seguir:

```
list.files(path = getwd(), pattern = "*.Rmd$")
```

```
R>  [1] "_BemVindo.Rmd"
R>  [2] "00a-Sobre-NovaEdicao.Rmd"
R>  [3] "00b-Prefacio.Rmd"
R>  [4] "01-Introducao.Rmd"
R>  [5] "02-Operacoes-Basicas.Rmd"
R>  [6] "03-Scripts-Pesquisa.Rmd"
R>  [7] "04-Importacao-Exportacao-Local.Rmd"
R>  [8] "05-Importacao-Internet.Rmd"
R>  [9] "06-Objetos-Armazenamento.Rmd"
R> [10] "07-Objetos-Basicos.Rmd"
R> [11] "08-Programacao-com-R.Rmd"
R> [12] "09-Limpando-Estruturando-Dados.Rmd"
```

```
R> [13] "10-Figuras.Rmd"
R> [14] "11-Modelagem.Rmd"
R> [15] "12-Reportando-resultados.Rmd"
R> [16] "13-Otimizacao-código.Rmd"
R> [17] "14-Referencias.Rmd"
R> [18] "adfeR_pt_ed03.Rmd"
R> [19] "index.Rmd"
```

O texto *.Rmd$ orienta o R a procurar todos arquivos que terminam o seu nome com o texto *.Rmd*. Os símbolos '*'' e '$' são operadores específicos para o encontro de padrões em texto em uma linguagem chamada regex (*regular expressions*) e, nesse caso, indicam que o usuário quer encontrar todos arquivos com extensão *.Rmd*. O símbolo '*' diz para ignorar qualquer texto anterior a '.Rmd' e '$' indica o fim do nome do arquivo. Os arquivos apresentados anteriormente contêm todo o conteúdo deste livro, incluindo este próprio parágrafo, localizado no arquivo 02-OperacoesBasicas.Rmd!

2.21.2 Apagando Arquivos e Diretórios

A remoção de arquivos é realizada através do comando file.remove:

```
# create temporary file
my_file <- 'MyTemp.csv'
write.csv(x = data.frame(x=1:10),
          file = my_file)

# delete it
file.remove(my_file)
```

```
R> [1] TRUE
```

Lembre-se que deves ter permissão do seu sistema operacional para apagar um arquivo. Para o nosso caso, o retorno TRUE mostra que a operação teve sucesso.

Para deletar diretórios e todos os seus elementos, utilizamos unlink:

```
# create temp dir
dir.create('temp')

# fill it with file
my_file <- 'temp/tempfile.csv'
write.csv(x = data.frame(x=1:10),
          file = my_file)

unlink(x = 'temp', recursive = TRUE)
```

A função, neste caso, não retorna nada. Podes checar se o diretório existe com
`dir.exists`:

```
dir.exists('temp')
```

```
R> [1] FALSE
```

 Não preciso nem dizer, **tenha muito cuidado** com comandos
`file.remove` e `unlink`, principalmente quando utilizar a recursividade
(`recursive = TRUE`). Uma execução errada e partes importantes do seu
disco rídigo podem ser apagadas, deixando o seu computador inoperável.
Vale salientar que o R **realmente apaga** os arquivos e não somente
manda para a lixeira. Portanto, ao apagar diretórios com `unlink`, não
poderás recuperar os arquivos.

2.21.3   Utilizando Arquivos e Diretórios Temporários

Um aspecto interessante do R é que ele possui uma pasta temporária que é criado
na inicialização do programa. Esse diretório serve para guardar quaisquer arquivos
descartáveis gerados pelo R. A cada nova sessão do R, um novo diretório temporário
é criado. Ao inicializarmos o computador, essa pasta temporária é deletada.

O endereço do diretório temporário de uma sessão do R é verificado com `tempdir`:

```
my_tempdir <- tempdir()
message(str_glue('My tempdir is {my_tempdir}'))
```

```
R> My tempdir is /tmp/RtmpDUtxIM
```

O último texto do diretório, neste caso RtmpDUtxIM é aleatóriamente definido e
irá trocar a cada nova sessão do R.

A mesma dinâmica é encontrada para nomes de arquivos. Caso queira, por algum
motivo, utilizar um nome temporário e aleatório para algum arquivo com extensão
.txt, utilize `tempfile` e defina a entrada `fileext`:

```
my_tempfile <- tempfile(fileext = '.txt')
message(my_tempfile)
```

```
R> /tmp/RtmpDUtxIM/file18fb21a12bf0.txt
```

Note que o nome do arquivo – file18fb21a12bf0.txt – é totalmente aleatório e mudará
a cada chamada de `tempfile`.

2.21.4 Baixando Arquivos da Internet

O R pode baixar arquivos da Internet diretamente no código. Isso é realizado com a função `download.file`. Veja o exemplo a seguir, onde baixamos uma planilha de Excel do site da Microsoft para um arquivo temporário:

```
# set link
link_dl <- 'go.microsoft.com/fwlink/?LinkID=521962'
local_file <- tempfile(fileext = '.xlsx') # name of local file

download.file(url = link_dl,
              destfile = local_file)
```

O uso de `download.file` é bastante prático quando se está trabalhando com dados da Internet que são constantemente atualizados. Basta baixar e atualizar o arquivo com dados no início do *script*. Poderíamos continuar a rotina lendo o arquivo baixado e realizando a nossa análise dos dados disponíveis.

Um exemplo nesse caso é a tabela de empresas listadas na bolsa divulgada pela CVM (comissão de valores mobiliários). A tabela está disponível em um arquivo zipado no site. Podemos baixar o arquivo, descompactá-lo e depois ler a tabela para analisar os dados.

```
library(readr)
library(dplyr)

# set destination link and file
my_link <- 'http://sistemas.cvm.gov.br/cadastro/SPW_CIA_ABERTA.ZIP'
my_destfile <- tempfile(fileext = '.zip')

# download file
download.file(my_link,
              destfile = my_destfile,
              mode="wb")

# read it
df_cvm <- read_delim(my_destfile,
                     delim = '\t',
                     locale = locale(encoding = 'Latin1'),
                     col_types = cols())

# check available columns
print(names(df_cvm))

R>  [1] "CD_CVM"              "DENOM_SOCIAL"
```

```
R>   [3]  "DENOM_COMERC"        "SETOR_ATIV"
R>   [5]  "PF_PJ"               "CNPJ"
R>   [7]  "DT_REG"              "DT_CONST"
R>   [9]  "DT_CANCEL"           "MOTIVO_CANCEL"
R>  [11]  "SIT_REG"             "DT_INI_SIT"
R>  [13]  "SIT_EMISSOR"         "DT_INI_SIT_EMISSOR"
R>  [15]  "CATEG_REG"           "DT_INI_CATEG"
R>  [17]  "AUDITOR"             "CNPJ_AUDITOR"
R>  [19]  "TP_ENDER"            "LOGRADOURO"
R>  [21]  "COMPL"               "BAIRRO"
R>  [23]  "CIDADE"              "UF"
R>  [25]  "PAIS"                "CD_POSTAL"
R>  [27]  "TEL"                 "FAX"
R>  [29]  "EMAIL"               "TP_RESP"
R>  [31]  "RESP"                "DT_INI_RESP"
R>  [33]  "LOGRADOURO_RESP"     "COMPL_RESP"
R>  [35]  "BAIRRO_RESP"         "CIDADE_RESP"
R>  [37]  "UF_RESP"             "PAIS_RESP"
R>  [39]  "CEP_RESP"            "TEL_RESP"
R>  [41]  "FAX_RESP"            "EMAIL_RESP"
R>  [43]  "TP_MERC"
```

Existem diversas informações interessantes nestes dados incluindo nome e CNPJ de empresas listadas (ou deslistadas) da bolsa de valores Brasileira. E, mais importante, o arquivo está sempre atualizado. O código anterior estará sempre buscando os dados mais recentes a cada execução.

2.22   Exercícios

Todas soluções de exercícios estão disponíveis em https://www.msperlin.com/adfeR.

01 - Crie um novo *script*, salve o mesmo em uma pasta pessoal. Agora, escreva os comandos no script que definam dois objetos: um contendo uma sequência entre 1 e 100 e outro com o texto do seu nome (ex. `'Ricardo'`). Execute o código com os atalhos no teclado.

02 - No *script* criado anteriormente, use função `message` para mostrar a seguinte frase no *prompt* do R: "My name is ....".

03 - Dentro do mesmo script, mostre o diretório atual de trabalho (veja função `getwd`, tal como em `print(getwd())`). Agora, modifique o seu diretório de trabalho para o *Desktop* (*Área de Trabalho*) e mostre a seguinte mensagem na tela do *prompt*: `'My desktop address is ....'`. Dica: use e abuse da ferramenta *autocomplete* do RStudio para rapidamente encontrar a pasta do *desktop*.

04 - Utilize o R para baixar o arquivo compactado com o material do livro, disponível nesse link[3]. Salve o mesmo como um arquivo na pasta temporária da sessão (veja função `tempfile`).

05 - Utilize a função `unzip` para descompactar o arquivo baixado na questão anterior para um diretório chamado `'adfeR-Files'` dentro da pasta do "Desktop". Quantos arquivos estão disponíveis na pasta resultante? Dica: use o argumento `recursive = TRUE` com `list.files` para procurar também todos subdiretórios disponíveis.

06 - Toda vez que o usuário instala um pacote do R, os arquivos particulares ao pacote são armazenados localmente em uma pasta específica do computador. Utilizando comando `Sys.getenv('R_LIBS_USER')` e `list.dirs`, liste todos os diretórios desta pasta. Quantos pacotes estão disponíveis nesta pasta do seu computador?

07 - No mesmo assunto do exercício anterior, liste todos os arquivos em todas as subpastas do diretório contendo os arquivos dos diferentes pacotes. Em média, quantos arquivos são necessários para cada pacote?

08 - Use função `install.packages` para instalar o pacote `BatchGetSymbols` no seu computador. Após a instalação, use função `BatchGetSymbols::BatchGetSymbols` para baixar dados de preços para a ação da Petrobrás – PETR3 (PETR3.SA no Yahoo finance) – nos últimos 15 dias. Dicas: 1) use função `Sys.Date()` para definir data atual e `Sys.Date()` - 15 para calcular a data localizada 15 dias no passado; 2) note que a saída de `BatchGetSymbols` é uma lista, um tipo especial de objeto, e o que os dados de preços estão localizados no segundo elemento dessa lista.

09 - O pacote `cranlogs` permite o acesso a estatísticas de *downloads* de pacotes do CRAN. Após instalar o `cranlogs` no seu computador, use função `cranlogs::cran_top_downloads` para verificar quais são os 10 pacotes mais instalados pela comunidade global no último mês. Qual o pacote em primeiro lugar? Dica: Defina a entrada da função `cran_top_downloads` como sendo `when = 'last-month'`. Também note que a resposta aqui pode não ser a mesma que obteve pois esta depende do dia em que foi executado o código.

a) tibble
b) xfun
c) lifecycle
d) vctrs
e) rlang

10 - Utilizando pacote `devtools`, instale a versão de desenvolvimento do pacote `ggplot2`, disponível no repositório de Hadley Hickman. Carregue o pacote usando `library` e crie uma figura simples com o código `qplot(y = rnorm(10), x = 1:10)`.

---

[3]https://www.msperlin.com/blog/files/adfer-files/adfeR-code-and-data.zip

11 - Utilizando sua capacidade de programação, verifique no seu computador qual pasta, a partir do diretório de "Documentos" (atalho = ~), possui o maior número de arquivos. Apresente na tela do R as cinco pastas com maior número de arquivos.

Capítulo 3

Desenvolvendo Rotinas de Pesquisa

No capítulo anterior aprendemos a utilizar o R e RStudio para operações básicas tal como a criação de *scripts*, manipulação de objetos no R, mudança de diretório de trabalho, entre outras. Antes de passarmos para a importação de dados, é necessário discutirmos como organizar uma rotina de pesquisa no seu computador.

Neste capítulo iremos tratar das etapas de pesquisa e a organização de arquivos no computador, incluindo dados e rotinas. O principal objetivo aqui é mostrar e justificar um formato de trabalho que facilite o desenvolvimento e compartilhamento de código. Por exemplo, ao abrir um diretório de projeto antigo, a própria estrutura dos arquivos e pastas já indicará como o mesmo funciona e quais as suas entradas e saídas.

3.1 Etapas de uma Pesquisa

Um *script* de pesquisa pode ser organizado em quatro etapas consecutivas:

1. **Importação dos dados**: Dados crus (originais) do mundo real são importados para a sua sessão do R, seja de arquivo local ou da internet. Neste momento, nenhum tipo de manipulação de dados ou reformatação manual deve acontecer. Como regra de bolso, **dados crus nunca devem ser tocados**. Deixe toda e qualquer manipulação para a etapa seguinte.

2. **Limpeza e estruturação dos dados**: Dados importados na fase anterior são processados em uma etapa de limpeza e estruturação. Registros anormais e erros em observações são eliminados ou tratados das tabelas originais. Novas variáveis de interesse são criadas com base nos dados importados. A estrutura dos dados originais também pode ser refeita de acordo com a necessidade. O

resultado final dessa etapa deve ser, preferencialmente, uma tabela final com todos os dados necessários para a análise do problema.

3. **Visualização de dados e teste de hipóteses**: Após limpar e estruturar os dados, o próximo passo é realizar a análise em si, a qual será visual, através da criação de diversas figuras, ou então com a estimação de modelos e testes de hipótese. Essa etapa refere-se ao próprio problema da pesquisa. Na grande maioria dos casos, essa é a fase que exigirá maior trabalho, visto que representa o coração da pesquisa. Essa etapa termina com a criação de arquivos, tal como uma figura com extensão *.png*, que serão utilizados na etapa seguinte.

4. **Reportando os resultados**: A última etapa é a criação dos objetos de interesse a serem reportados no artigo ou relatório. Esses objetos geralmente referem-se a tabelas e figuras, que podem ser exportados como arquivos externos e futuramente importados em um relatório.

Cada uma das etapas anteriores pode ser estruturada em um único arquivo *.R* ou em vários arquivos separados. O uso de vários arquivos é preferível quando as etapas de cada pesquisa demandarem muito tempo de processamento. Por exemplo, na importação e organização de uma base de dados de grande volume, vale a pena separar os procedimentos em arquivos diferentes. Isto facilita o encontro de erros e manutenção do código.

Um caso prático seria a análise de dados volumosos de transações financeiras no mercado de capitais. A importação e limpeza desses dados leva muito tempo. Uma organização inteligente da estrutura da pesquisa seria dividir as etapas em diferentes *scripts* do R e, usando arquivos locais de dados como "pontes", lincar um script com outro. Assim, a rotina de importação e limpeza de dados salva um arquivo *.rds* no final de sua execução, o qual é importando no *script* de teste de hipóteses. Desta forma, uma mudança na modelagem do problema não exige que todo o processo de limpeza dos dados seja refeito. Essa simples organização de arquivos economiza bastante tempo. A lógica é clara: isole as partes da pesquisa que exigem muito tempo de execução – e pouco de desenvolvimento –, e conecte as mesmas com o resto do código usando arquivos externos de dados, tal como arquivos *.rds* e *.csv*.

Caso você for trabalhar com diversos arquivos, uma sugestão é criar uma estrutura de nomenclatura que defina as etapas da pesquisa. Um exemplo seria nomear o código de importação de dados como `01-Import-and-clean-data.R`, o código de modelagem como `02-build-report-models.R` e assim sucessivamente. O efeito prático é que o uso de um contador na primeira letra do nome do arquivo faz com que a ordem de execução do programa fique clara. Indo além, você pode criar um *script* mestre chamado `00-run-it-all.R` que roda (comando `source`) todos as outras rotinas. Assim, toda vez que realizar uma atualização nos dados originais, você pode simplesmente executar `00-run-it-all.R` e terá os novos resultados, sem necessitar rodar cada *script* individualmente.

3.2 A Estrutura de Diretórios

Uma estrutura de organização de diretórios também beneficia a reprodutibilidade e organização da pesquisa. Para rotinas simples, com uma base de dados única e um baixo número de procedimentos, não é necessário dispender muito tempo pensando na organização dos arquivos nos diretórios. Para programas mais complexos, onde existem diversas etapas de pesquisa e diversas bases de dados, uma segmentação dos diretórios é não somente recomendada como essencial.

Uma estrutura de diretórios que considero eficiente é criar um diretório único para a pesquisa e, dentro dele, criar subdiretórios para cada elemento de entrada e saída. Por exemplo, você pode criar um subdiretório chamado `data`, onde todos os dados originais serão guardados, um diretório `figs` e um `tables`, para onde figuras e tabelas com resultados de interesse serão exportadas. Para funções utilizadas na pesquisa, você pode também criar um diretório chamado `R-Fcts`. Todos os *scripts* principais da pesquisa, e nada mais, devem ficar na raiz do diretório de pesquisa. Um exemplo da estrutura de arquivos seria:

```
/Capital Markets and Inflation/
    /data/
        stock_indices.csv
        inflation_data.csv
    /figs/
        SP500_and_inflation.png
    /tables/
        Table1_descriptive_table.tex
        Table2_model_results.tex
    /R-Fcts/
        fct_models.R
        fct_clean_data.R
    0-run-it-all.R
    1-import-and-clean-data.R
    2-run-research.R
```

O código de pesquisa também deve ser independente, com todos os arquivos disponíveis em uma subpasta do diretório raiz. Se você estiver usando muitos pacotes diferentes, é aconselhável adicionar um comentário nas primeiras linhas de `0-run-it-all.R` que indica quais pacotes são necessários para executar o código. A forma mais amigável de informar é adicionando uma linha comentada que instala todos os pacotes necessários, como em `# install.packages ('pkg1', 'pkg2',` `...)`. Portanto, quando alguém recebe o código pela primeira vez, tudo o que ele (ou ela) precisa fazer é retirar o símbolo de comentário e executar a rotina. Dependências externas e etapas para a instalação correta do software também devem ser informadas.

Os benefícios deste formato de diretório são os seguintes. Se você precisar compartilhar o código com outros pesquisadores, basta compactar o diretório em um único arquivo e enviá-lo ao destinatário. Após descompactar o arquivo, a estrutura da pasta informa imediatamente ao usuário onde deve alterar os dados originais, a ordem de execução dos scripts na pasta raiz e onde as saídas são salvas. O mesmo benefício acontece quando você reutiliza seu código no futuro, digamos, daqui a três anos. Ao trabalhar de forma mais inteligente, você será mais produtivo, gastando menos tempo com etapas repetitivas e desnecessárias.

Seguindo a sugestão de um *script* mestre, um exemplo comentado para o conteúdo do arquivo 00-run-it-all.R seria:

```r
# clean up workspace
rm(list=ls())

# close all figure windows created with x11()
graphics.off()

# load packages
library(pkg1)
library(pkg2)
library(pkg3)

# change directory
my_dir <- dirname(rstudioapi::getActiveDocumentContext()$path)
setwd(my.d)

# list  functions in 'R-Fcts'
my_R_files <- list.files(path='R-Fcts',
                         pattern = '*.R',
                         full.names=TRUE)

# Load all functions in R
sapply(my_R_files,source)

# Import data script
source('01-import-and-clean-data.R')

# run models and report results
source('02-run-research.R')
```

Essa é a primeira vez que usamos as funções graphics.off e sapply. A primeira fecha todas janelas de gráficos abertas. Essas tendem a acumular no decorrer do trabalho e devem ser fechadas no início de um novo *script*. O comando sapply aplica uma função, nesse caso `source`, para uma série de elementos. O efeito prático em `sapply(my_R_files, source)` é que todos arquivos com extensão *.R* localizados na pasta `R-Fct` serão executados. Ou seja, todas funções que escrevermos nos arquivos `fct_models.R` e `fct_clean_data.R` serão carregadas em nossa sessão de trabalho. Futuramente, capítulos 10 e 8, iremos voltar ao assunto de uso de funções customizadas.

Note que, assumindo que todos os pacotes já estão instalados no computador, o script `00-run-it-all.R` é facilmente compartilhável e irá rodar em outro computador com nenhum problema. Caso o leitor quiser ir um passo além, pode também utilizar a função `file.copy` para copiar todos os arquivos de figuras para a pasta de escrita do artigo ou documento acadêmico. A partir disso, crie um link no texto para cada arquivo copiado anteriormente. Como exemplo, no LaTex você pode incluir um arquivo de figura com o comando `\includegraphics{filenamehere}`. Pode também criar um link direto entre o arquivo de escrita e a figura da pesquisa, apesar de esse método não ser recomendado, uma vez que ele cria uma dependência externa ao arquivo de escrita. Em ambas as formas, todas as figuras da pesquisa serão automaticamente atualizadas no texto e estarão sincronizadas com os arquivos provenientes do código da pesquisa. Para tabelas, a importação não é tão simples, pois uma tabela pode ser escrita em diversos formatos. Existem, porém, pacotes específicos para lidar com isso. No capítulo 12 estudaremos uma forma eficiente de reportar resultados utilizando os pacotes `xtable` (Dahl et al., 2019), `texreg` (Leifeld, 2020), entre outros.

3.3 Pontos Importantes em uma Pesquisa

Aproveitando o tópico de execução de pesquisa, vou colocar aqui algumas sugestões para a realização de pesquisas com o R. Deixo claro que essas são posições pessoais, oriundas das minha experiência de trabalho. Muitos pontos levantados aqui são específicos para o ambiente acadêmico, porém podem ser facilmente estendíveis para a prática de pesquisa fora das universidades.

Em primeiro lugar, conheça os seus dados! Entendo que o primeiro instinto ao se deparar com uma nova base de dados é instantaneamente importá-la no R e sair realizando análises. Aqui, um certo nível de cautela é necessário. Toda vez que se deparar com um conjunto de dados novos, se pergunte o quanto você **realmente** conhece esses dados:

- Como os dados foram coletados? Para que fim?
- Como estes dados se comparam com dados já utilizados em outros trabalhos?
- Existe alguma possibilidade de viés na forma de coleta dos dados?

Lembre-se que o propósito final de qualquer pesquisa é a comunicação. Certamente irás reportar os resultados para pessoas que irão ter algum tipo de opinião informada sobre a pesquisa. É provável que os avaliadores terão mais experiência que você no assunto, incluindo sobre as fontes e individualidades dos dados. Não desejo para ninguém estar em uma situação onde um esforço de pesquisa, com investimento de 3 a 6 meses de trabalho entre programação e escrita, é anulado por um simples lapso na checagem dos dados. Infelizmente, isso não é incomum.

Portanto, **seja muito cauteloso sobre os dados que estás utilizando**. Um detalhe que passa despercebido pode invalidar toda uma pesquisa. Caso tiver sorte e a base de dados vier acompanhada de um manual escrito, destrinche o mesmo até os últimos detalhes. Elenque as principais dúvidas em relação aos dados e, em caso das informações não estarem claras, não seja tímido em enviar os questionamentos para o responsável.

O segundo ponto é o código. Após terminar de ler este livro, o seu computador se tornará um poderoso aliado em fazer realidade as suas ideias de pesquisa, por mais gigantescas e mirabolantes que forem. Porém, **um grande poder vem acompanhado de grande responsabilidade**. Um erro de código pode facilmente inviabilizar ou tendenciar a sua pesquisa.

Lembre que analisar dados é a sua profissão e a **sua reputação é o seu maior ativo**. Caso não tenhas confiança no código produzido, não publique ou comunique os seus resultados. O código de sua pesquisa é de total responsabilidade sua e de mais ninguém. Verifique e questione o mesmo quantas vezes for necessário. Seja, sempre, o avaliador mais criterioso do seu trabalho:

- As estatísticas descritivas das variáveis relatam fielmente a base de dados?
- Existe alguma relação entre as variáveis que pode ser verificada na tabela descritiva?
- Os resultados encontrados fazem sentido para a literatura atual do assunto? Caso não, como explicá-los?
- É possível que um *bug* no código tenha produzido o resultado encontrado?

Ainda me surpreendo como pesquisas submetidas a respeitados periódicos podem ser negadas a publicação baseado em uma simples análise da tabela descritiva dos dados construídos. Erros básicos de cálculos de variáveis são facilmente encontrados para um olho treinado, que sabe onde procurar. Esse processo de avaliação contínua da sua pesquisa não somente o deixará mais forte como pesquisador(a) mas também servirá de treino para a prática de avaliação de pares, muito utilizada na pesquisa acadêmica. Caso não tenhas confiança suficiente para reportar os resultados, teste o seu código ostensivamente. Caso já o tenha feito e ainda não estás confiante, identifique as linhas de código que tens mais dificuldade e busque ajuda com um colega ou o seu orientador, caso existir. Este último é um forte aliado que pode ajudá-lo com a sua maior experiência.

Todo o trabalho de pesquisa é, de certa forma, baseado em trabalhos já existentes.

Atualmente é extremamente difícil realizar algum tipo de pesquisa que seja totalmente inovadora. O conhecimento é construído na forma de blocos, um sobre o outro. Sempre existe uma parcela de literatura que deve ser consultada. Particularmente para o caso de pesquisa em dados, deves sempre comparar os seus resultados com os resultados já apresentados na literatura do assunto, principalmente quando é um estudo replicado. Caso os resultados principais não forem semelhantes aos encontrados na literatura, questione-se o porquê disso. Será que um erro de código pode ter criado esse resultado?

Deixo claro que é possível sim que resultados de uma pesquisa sejam diferentes dos da literatura, porém, o contrário é mais provável. O conhecimento disso demanda cuidado com o seu código. *Bugs* e erros de código são bastante comuns, principalmente nas primeiras versões das rotinas. É importante reconhecer este risco e saber administrá-lo.

3.4 Exercícios

Todas soluções de exercícios estão disponíveis em https://www.msperlin.com/adfeR.

01 - Imagine uma pesquisa envolvendo a análise do seu orçamento doméstico ao longo do tempo. Dados estão disponíveis em planilhas eletrônicas separadas por mês, durante 10 anos. O objetivo da pesquisa é entender se é possível a compra de um imóvel daqui a cinco anos. A partir disso, detalhe em texto os elementos em cada etapa do estudo, desde importação dos dados até a construção do relatório.

02 - Com base no estudo proposto anteriormente, crie uma estrutura de diretórios em seu computador para acomodar a pesquisa. Em um arquivo texto na pasta raiz da pesquisa, assinale arquivos fictícios para cada subdiretório (veja estrutura de diretórios no início da seção 3.2). Note que a criação dos diretórios pode ser realizada pelo próprio R.

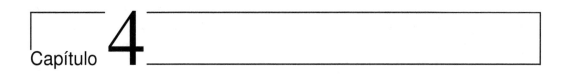

Capítulo 4

Importação e Exportação de Dados Locais

Sem dúvida, a primeira etapa de um *script* de pesquisa é carregar os seus dados em uma sessão do R. Neste capítulo iremos aprender a importar e exportar dados contidos em arquivos locais. Apesar de não ser uma tarefa particularmente difícil, um analista de dados deve entender as diferentes características de cada formato de arquivo e como tirar vantagem deste conhecimento em cada situação. Enquanto algumas facilitam a colaboração e troca de dados, outras podem oferecer um ganho significativo em tempo de execução na leitura e gravação.

Aqui iremos traçar uma lista abrangente com os seguintes formatos e extensões de arquivos:

- Dados delimitados em texto (*csv*);
- Microsoft Excel (*xls*, *xlsx*);
- Arquivos de dados nativos do R (*RData* e *rds*)
- Formato **fst** (*fst*)
- SQLite (*SQLITE*)
- Texto não estruturado (*txt*).

A primeira lição na importação de dados para o R é que o local do arquivo deve ser indicado explicitamente no código. Este endereço é passado para a função que irá ler o arquivo. Veja a definição a seguir:

```
my_file <- 'C:/Data/MyData.csv'
```

Note o uso de barras (/) para designar o diretório do arquivo. Referências relativas também funcionam, tal como em:

```
my_file <- 'Data/MyData.csv'
```

Neste caso, assume-se que na pasta atual de trabalho existe um diretório chamado `Data` e, dentro desse, um arquivo denominado `MyData.csv`. Se o endereço do arquivo é simplesmente o seu nome, assume-se que o mesmo encontra-se na raiz da pasta de trabalho. Para verificar o endereço atual de trabalho, utilize a função `getwd`.

 Aqui novamente reforço o uso do *tab* e *autocomplete* do RStudio. É muito mais **fácil e prático** encontrar arquivos do disco rígido do computador usando a navegação via *tab* do que copiar e colar o endereço do seu explorador de arquivos. Para usar, abra aspas no RStudio, coloque o cursor do *mouse* entre as aspas e aperte *tab*.

Um ponto importante aqui é que os **dados serão importados e exportados no R como objetos do tipo `dataframe`**. Isto é, uma tabela contida em um arquivo Excel ou *.csv* se transformará em um objeto do tipo `dataframe` no ambiente de trabalho do R. Quando exportarmos dados, o formato mais comum é esse mesmo tipo de objeto. Convenientemente, `dataframes` são nada mais que tabelas, com linhas e colunas.

Cada coluna do `dataframe` importado terá a sua própria classe, sendo as mais comuns numérica (*numeric*), texto (*character*), fator (*factor*) e data (*Date*). Quando realizando a importação, **é de fundamental importância que os dados sejam representados na classe correta**. Uma vasta quantidade de erros podem ser evitados pela simples checagem das classes das colunas no `dataframe` resultante do processo de importação. Por enquanto somente é necessário entender esta propriedade básica de `dataframes`. Estudaremos esse objeto mais profundamente no capítulo 6

4.1   Pacote `adfeR`

Nas seções futuras iremos utilizar o pacote do livro – `adfeR` – para carregar diversos exemplos de arquivos. Se você seguiu as instruções da seção *Material Suplementar* localizada no prefácio do livro, já deves ter o pacote instalado. Caso contrário, execute o seguinte código:

```
# install devtools (if not installed)
if (!require(devtools)) install.packages ('devtools')

# install book package
devtools::install_github ('msperlin/adfeR')
```

Uma vez que você instalou o pacote `adfeR`, todos os arquivos de dados usados no livro foram baixados. Podemos verificar os cinco primeiros arquivos disponíveis com o comando `adfeR::list_available_data`:

```
# list available data files
print(adfeR::list_available_data()[1:5])
```

```
R> [1] "batchgetsymbols_parallel_example.rds"
R> [2] "Brazil_footbal_games.csv"
R> [3] "example_tsv.csv"
R> [4] "FileWithLatinChar_Latin1.txt"
R> [5] "FileWithLatinChar_UTF-8.txt"
```

Os arquivos anteriores estão salvos na pasta de instalação dos pacote `adfeR`. Para ter o caminho completo, basta usar função `adfeR::get_data_file` tendo o nome do arquivo como entrada:

```
# get location of file
my_f <- adfeR::get_data_file('grunfeld.csv')

# print it
print(my_f)
```

A partir de agora iremos usar a função `adfeR::get_data_file` para obter o caminho dos arquivos utilizados nos exemplos. Note que, desde que tenha o pacote `adfeR` instalado, podes facilmente reproduzir todos os exemplos do livro no seu computador.

4.2 Arquivos *csv*

Considere o arquivo de dados no formato `csv` chamado `'Ibov.csv'`, pertencente ao repositório do livro. Vamos copiar o mesmo para a pasta "Meus Documentos" com o uso do tilda (~):

```
# get location of file
my_f <- adfeR::get_data_file('Ibov.csv')

# copy to ~
file.copy(from = my_f,
          to = '~' )
```

```
R> [1] TRUE
```

```
R> [1] TRUE
```

Caso seja a primeira vez trabalhando com arquivos do tipo *.csv*, sugiro usar o explorador de arquivos do Windows e abrir Ibov.csv com qualquer editor de texto instalado, tal como o *Notepad* (veja figura 4.1). Observe que as primeiras linhas do arquivo definem os nomes das colunas: "ref.date" e "price.close". Conforme notação internacional, as linhas são definidas pela quebra do texto e as colunas pelo uso da vírgula (,).

```
 Ibov - Notepad

 File   Edit   Format   View   Help
"ref.date","price.close"
2010-01-04,70045
2010-01-05,70240
2010-01-06,70729
2010-01-07,70451
2010-01-08,70263
2010-01-11,70433
2010-01-12,70076
2010-01-13,70385
2010-01-14,69801
2010-01-15,68978
2010-01-18,69401
```

Figura 4.1: Ibov.csv no Notepad

 Quando trabalhando com dados brasileiros, a notação internacional pode gerar uma confusão desnecessária. Dados locais tendem a usar a vírgula para indicar valores decimais em números. Assim, é comum que dados locais do Brasil sejam exportados usando a semi-vírgula (;) como separador de colunas e a própria vírgula como símbolo de decimais. Como regra de bolso, **nunca mude o formato no arquivo de texto original**. Deixe esse serviço para o próprio R e seus pacotes.

O conteúdo de Ibov.csv é bastante conservador e não será difícil importar o seu conteúdo. Porém, saiba que muitas vezes o arquivo *.csv* vem com informações extras de cabeçalho – o chamado *metadata* – ou diferentes formatações que exigem adaptações. Como sugestão para evitar problemas, antes de prosseguir para a importação de dados em um arquivo *.csv*, abra o arquivo em um editor de texto qualquer e siga os seguintes passos:

1) Verifique a existência de texto antes dos dados e a necessidade de ignorar

algumas linhas iniciais. A maioria dos arquivos .csv não contém cabeçalho, porém deves sempre checar. No R, a função de leitura de arquivos .*csv* possui uma opção para ignorar um definido número de linhas antes de começar a leitura do arquivo;

2) Verifique a existência ou não dos nomes das colunas na primeira linha com os dados. Em caso negativo, verifique com o autor qual o nome (e significado) das colunas;

3) Verifique qual o símbolo de separador de colunas. Comumente, seguindo notação internacional, será a vírgula, porém nunca se tem certeza sem checar;

4) Para dados numéricos, verifique o símbolo de decimal, o qual deve ser o ponto (.) tal como em 2.5. Caso necessário, podes ajustar o símbolo na própria função de leitura;

5) Verifique a codificação do arquivo de texto. Normalmente é UTF-8, Latin1 (ISO-8859) ou windows1252. Esses são formatos amplos e devem ser suficientes para a maioria dos idiomas. Sempre que você encontrar símbolos estranhos nas colunas de texto do `dataframe` resultante, o problema é devido a uma diferença na codificação entre o arquivo e o R. Os usuários do Windows podem verificar a codificação de um arquivo de texto abrindo-o no software Notepad++[1]. As informações sobre a codificação estarão disponíveis no canto inferior direito do editor. No entanto, você precisa estar ciente de que o Notepad++ não faz parte da instalação do Windows e pode ser necessário instalá-lo em seu computador. Os usuários de Linux e Mac podem encontrar as mesmas informações em qualquer software editor de texto avançado, como o Kate[2].

 Sempre que você encontrar uma estrutura de texto inesperada em um arquivo .*csv*, use os argumentos da função de leitura *csv* para importar as informações corretamente. Repetindo, **nunca modifique dados brutos manualmente**. É muito mais eficiente usar o código R para lidar com diferentes estruturas de arquivos em .*csv*. Pode parecer mais trabalhoso, mas essa política vai economizar muito tempo no futuro, pois, em algumas semanas, você provavelmente esquecerá como limpou manualmente aquele arquivo .*csv* utilizado em pesquisa passada. Com o uso de código para a adaptação da importação de dados, sempre que você precisar atualizar o arquivo de dados, o código irá resolver todos os problemas, automatizando o processo.

---

[1]https://notepad-plus-plus.org/
[2]https://kate-editor.org/

4.2.1   Importação de Dados

O R possui uma função nativa chamada `base::read.csv` para importar dados
de arquivos *.csv*.   Porém, esse é um dos muitos casos em que a alternativa do
`tidyverse` – `readr::read_csv` – é mais eficiente e mais fácil de trabalhar.   Resumindo, `readr::read_csv` lê arquivos mais rapidamente que `base::read.csv`, além
de usar regras mais inteligentes para definir as classes das colunas importadas.

Este é a primeira vez que usamos um pacote do `tidyverse`, neste caso o `readr`.
Antes de fazer isso, é necessário instalá-lo em sua sessão R. Uma maneira simples de
instalar todos os pacotes pertencentes ao `tidyverse` é instalar o módulo de mesmo
nome:

```
install.packages('tidyverse')
```

Após executar o código anterior, todos os pacotes `tidyverse` serão instalados em seu
computador.   Você também deve ter em mente que alguns aspectos dessa instalação
podem demorar um pouco.   Assim que terminar, carregue o conjunto de pacotes
`tidyverse`.

```
# load library
library(tidyverse)
```

De volta à importação de dados de arquivos *.csv*, use a função `readr::read_csv`
para carregar o conteúdo do arquivo Ibov.csv no R:

```
# set file to read
my_f <- adfeR::get_data_file('Ibov.csv')

# read data
my_df_ibov <- read_csv(my_f)
```

```
R>
R> -- Column specification ------------------------------------
R> cols(
R>   ref.date = col_date(format = ""),
R>   price.close = col_double()
R> )
```

O conteúdo do arquivo importado é convertido para um objeto do tipo `dataframe`
no R. Conforme mencionado no capítulo anterior, cada coluna de um `dataframe` tem
uma classe. Podemos verificar as classes de `my_df_ibov` usando a função `glimpse`
do pacote `dplyr`, que também faz parte do `tidyverse`:

```
# check content
glimpse(my_df_ibov)
```

```
R> Rows: 2,716
R> Columns: 2
R> $ ref.date    <date> 2010-01-04, 2010-01-05, 2010-01-06...
R> $ price.close <dbl> 70045, 70240, 70729, 70451, 70263, ...
```

Observe que a coluna de datas (ref.date) foi importada como um vetor Date e os preços de fechamento como numéricos (dbl, precisão dupla). Isso é exatamente o que esperávamos. Internamente, a função read_csv identifica as classes das colunas de acordo com seu conteúdo.

Observe também como o código anterior apresentou a mensagem "Parsed with column specification: ...". Essa mensagem mostra como a função identifica as classes das colunas lendo as primeiras 1000 linhas do arquivo. Regras inteligentes tentam prever a classe com base no conteúdo importado. Podemos usar essas informações em nosso próprio código copiando o texto e atribuindo-o a uma variável:

```
# set cols from readr import message
my_cols <- cols(
  price.close = col_double(),
  ref.date = col_date(format = "")
)


# read file with readr::read_csv
my_df_ibov <- read_csv(my_f,
                       col_types = my_cols)
```

Como um exercício, vamos importar os mesmos dados, porém usando a classe character (texto) para colunas ref.date:

```
# set cols from readr import message
my_cols <- cols(
  price.close = col_double(),
  ref.date = col_character()
)


# read file with readr::read_csv
my_df_ibov <- read_csv(my_f,
                       col_types = my_cols)


# check content
glimpse(my_df_ibov)
```

```
R> Rows: 2,716
R> Columns: 2
R> $ ref.date    <chr> "2010-01-04", "2010-01-05", "2010-0...
```

```
R> $ price.close <dbl> 70045, 70240, 70729, 70451, 70263, ...
```

Como esperado, a coluna de datas – `ref.date` – agora foi importada como texto. Assim, o uso de `readr::read_csv` pode ser resumido em duas etapas: 1) leia o arquivo sem argumentos em `read_csv`; 2) copie o texto das classes de coluna padrão da mensagem de saída e adicione como entrada `col_types`. O conjunto de passos anterior é suficiente para a grande maioria dos casos. O uso da mensagem com as classes das colunas é particularmente útil quando o arquivo importado tem várias colunas e a definição manual de cada classe exige muita digitação.

Uma alternativa mais prática no uso do `read_csv` é confiar na heurística da função e usar a definição padrão das colunas automaticamente. Para isto, basta definir a entrada `col_types` como `cols()`. Veja a seguir:

```
# read file with readr::read_csv
my_df_ibov <- read_csv(my_f,
                       col_types = cols())
```

Agora, vamos estudar um caso mais anormal de arquivo *.csv*. No pacote do livro temos um arquivo chamado **funky_csv_file.csv** onde:

- o cabeçalho possui texto com informações dos dados;
- o arquivo usará a vírgula como decimal;
- o texto do arquivo conterá caracteres latinos.

As primeiras 10 linhas dos arquivos contém o seguinte conteúdo:

```
R> Exemplo de arquivo .csv com formato alternativo: .
R> - colunas separadas por ";"
R> - decimal como ","
R>
R> Dados retirados em 2021-01-13
R> Origem: www.funkysite.com.br
R>
R> COD.UF;COD;NOME;state;SIGLA;number_col
R> 35;3546306;Santa Cruz das Palmeiras;São Paulo; SP;1,90208656713367
R> 21;2103109;Cedral;Maranhão; MA;69,8087496915832
```

Note a existência do cabeçalho até linha de número 7 e as colunas sendo separadas pela semi-vírgula (";").

Ao importar os dados com opções padrões (e erradas), teremos o resultado a seguir:

```
my_f <- adfeR::get_data_file('funky_csv_file.csv')

df_funky <- read_csv(my_f,
                     col_types = cols())
```

```
glimpse(df_funky)
```

```
R> Rows: 2
R> Columns: 1
R> $ `Exemplo de arquivo .csv com formato alternativo:` <chr> ...
```

Claramente a importação deu errado, com a emissão de diversas mensagens de *warning*. Para resolver, utilizamos o seguinte código, estruturando todas as particularidades do arquivo:

```
df_not_funky <- read_delim(file = my_f,
                           skip = 7, # how many lines do skip
                           delim = ';', # column separator
                           col_types = cols(), # column types
                           locale = locale(decimal_mark = ',')# locale
)
```

```
glimpse(df_not_funky)
```

```
R> Rows: 100
R> Columns: 6
R> $ COD.UF     <dbl> 35, 21, 35, 35, 41, 31, 31, 21, 29, ...
R> $ COD        <dbl> 3546306, 2103109, 3514700, 3538105, ...
R> $ NOME       <chr> "Santa Cruz das Palmeiras", "Cedral"...
R> $ state      <chr> "São Paulo", "Maranhão", "São Paulo"...
R> $ SIGLA      <chr> " SP", " MA", " SP", " SP", " PR", "...
R> $ number_col <dbl> 1.902087, 69.808750, 81.509312, 56.8...
```

Veja que agora os dados foram corretamente importados, com as classes corretas das colunas. Para isso, usamos a função alternativa `readr::read_delim`. O pacote `readr` também possui várias outras funções para situações específicas de importação. Caso a função `read_csv` não resolva o seu problema na leitura de algum arquivo de dados estruturado em texto, certamente outra função desse pacote resolverá.

4.2.2 Exportação de Dados

Para exportar tabelas em um arquivo *.csv*, basta utilizar a função `readr::write_csv`. No próximo exemplo iremos criar dados artificiais, salvar em um dataframe e exportar para um arquivo *.csv* temporário. Veja a seguir:

```
library(readr)

# set number of observations
N <- 100
```

```
# create dataframe with random data
my_df <- data.frame(y = runif(N),
                     z = rep('a', N))

# write to file
f_out <- tempfile(fileext = '.csv')
write_csv(x = my_df, file = f_out)
```

No exemplo anterior, salvamos o `dataframe` chamado `my_df` para o arquivo file18fb1d625998.csv, localizado na pasta temporária do computador. Podemos verificar o arquivo importando o seu conteúdo:

```
my_df <- read_csv(f_out,
                  col_types = cols(y = col_double(),
                                   z = col_character() ) )
print(head(my_df))

R> # A tibble: 6 x 2
R>        y z
R>    <dbl> <chr>
R> 1 0.392 a
R> 2 0.911 a
R> 3 0.243 a
R> 4 0.555 a
R> 5 0.859 a
R> 6 0.218 a
```

O resultado está conforme o esperado, um dataframe com duas colunas, a primeira com números e a segunda com texto.

Note que toda exportação com função `write_csv` irá ser formatada, por padrão, com a notação internacional. Caso quiser algo diferentes, verifique as opções disponíveis na função `write_delim`, a qual é muito mais flexível.

4.3   Arquivos *Excel* (*xls* e *xlsx*)

Em Finanças e Economia, é bastante comum encontrarmos dados salvos em arquivos do tipo Microsoft Excel, com extensão *.xls* ou *.xlsx*. Apesar de não ser um formato de armazenamento de dados eficiente, esse é um programa de planilhas bastante popular devido às suas funcionalidades. É muito comum que informações sejam armazenadas e distribuídas dessa forma. Por exemplo, dados históricos do Tesouro Direto são disponibilizados como arquivos *.xls* no site do tesouro nacional. A CVM (Comissão de Valores Mobiliários) e ANBIMA (Associação Brasileira das Entidades dos Mercados Financeiro e de Capitais) também tem preferência por esse tipo de formato em alguns dados publicados em seu *site*.

A desvantagem de usar arquivos do Excel para armazenar dados é sua baixa portabilidade e o maior tempo necessário para leitura e gravação. Isso pode não ser um problema para tabelas pequenas, mas ao lidar com um grande volume de dados, o uso de arquivos Excel é frustrante e não aconselhável. Se possível, evite o uso de arquivos do Excel em seu ciclo de trabalho.

4.3.1 Importação de Dados

O R não possui uma função nativa para importar dados do Excel e, portanto, deve-se instalar e utilizar certos pacotes para realizar essa operação. Existem diversas opções, porém, os principais pacotes são **XLConnect** (Mirai Solutions GmbH, 2020), **xlsx** (Dragulescu and Arendt, 2020), **readxl** (Wickham and Bryan, 2019) e **tidyxl** (Garmonsway, 2020). .

Apesar de os pacotes anteriores terem objetivos semelhantes, cada um tem suas peculiaridades. Caso a leitura de arquivos do Excel seja algo importante no seu trabalho, aconselho-o fortemente a estudar as diferenças entre esses pacotes. Por exemplo, pacote **tidyxl** permite a leitura de dados não-estruturados de um arquivo Excel, enquanto **XLConnect** possibilita a abertura de uma conexão ativa entre o R e o Excel, onde o usuário pode transmitir dados entre um e o outro, formatar células, criar gráficos no Excel e muito mais.

Nesta seção, daremos prioridade para funções do pacote **readxl**, que é um dos mais fáceis e diretos de se utilizar, além de não necessitar de outros softwares instalados (tal como o *Java*). Para instalar o referido pacote, basta utilizar a função `install.packages`:

```
install.packages('readxl')
```

Imagine agora a existência de um arquivo chamado **Ibov_xls.xlsx** que contenha os mesmos dados do Ibovespa que importamos na seção anterior. A importação das informações contidas nesse arquivo para o R será realizada através da função `read_excel`:

```
library(readxl)
library(dplyr)

# set file
my_f <- '00-text-resources/data/Ibov_xlsx.xlsx'

# read xlsx into dataframe
my_df <- read_excel(my_f, sheet = 'Sheet1')
```

```
# glimpse contents
glimpse(my_df)
```

```
R> Rows: 2,721
R> Columns: 2
R> $ ref.date    <dttm> 2010-01-04, 2010-01-05, 2010-01-06...
R> $ price.close <dbl> 70045, 70240, 70729, 70451, 70263, ...
```

Observe que, nesse caso, as datas já foram importadas com a formatação correta na classe dttm (*datetime*). Essa é uma vantagem ao utilizar arquivos do Excel: a classe dos dados do arquivo original é levada em conta no momento da importação. O lado negativo desse formato é a baixa portabilidade dos dados e o maior tempo necessário para a execução da importação. Como regra geral, dados importados do Excel apresentarão um tempo de carregamento mais alto do que dados importados de arquivos .*csv*.

4.3.2   Exportação de Dados

A exportação para arquivo Excel também é fácil. Assim como para a importação, não existe uma função nativa do R que execute esse procedimento. Para tal tarefa, temos pacotes xlsx e writexl (Ooms, 2020). Uma diferença aqui é que o pacote xlsx oferece mais funcionalidade mas exige a instalação do Java JDK no sistema operacional. No caso do Windows, basta visitar o site do Java e instalar o software na versão 64 bits (opção *Windows Off-line (64 bits)*). Logo após, instale o pacote xlsx normalmente no R com o comando **install.packages('xlsx')**.

Vamos começar com um exemplo para xlsx

```
library(xlsx)
```

```
# set number of rows
N <- 50
```

```
# create random dataframe
my_df <- data.frame(y = seq(1,N),
                    z = rep('a',N))
```

```
# write to xlsx
f_out <- tempfile(fileext = '.xlsx')
write.xlsx(x = my_df,
           file = f_out,
           sheetName = "my df")
```

Note que uma diferença nos argumentos da função **write.xlsx** é que é necessário incluir o nome da aba do arquivo Excel onde os dados da tabela serão exportados. Para exportar várias informações para um mesmo arquivo, é necessário utilizar o argumento `append` da função `write.xlsx`. Caso contrário, a função irá criar um novo arquivo em cada chamada da mesma. Veja o exemplo a seguir, onde exportamos dois dataframes para duas abas diferentes do mesmo arquivo Excel:

```r
# set number of rows
N <- 25

# create random dfs
my_df_A <- data.frame(y = seq(1,N),
                      z = rep('a',N))

my_df_B <- data.frame(z = rep('b',N))

# write both df to single file
f_out <- tempfile(fileext = '.xlsx')
write.xlsx(x = my_df_A,
           file = f_out,
           sheetName = "Tabela A")

write.xlsx(x = my_df_B,
           file = f_out,
           sheetName = "Tabela B",
           append = TRUE )
```

Após a exportação, podes verificar as abas disponíveis no arquivo exportado com função `xlsx::getSheets`:

```r
readxl::excel_sheets(f_out)
```

```r
R> [1] "Tabela A" "Tabela B"
```

O diferencial do pacote `writexl` em relação a `xlsx` é a não necessidade do Java, e a rapidez de execução. O lado negativo é que, na versão atual (1.3.1 – 2021-02-20), não permite a escrita em arquivos já existentes. Veja a seguir:

```r
library(writexl)
# set number of rows
N <- 25

# create random dfs
my_df_A <- data.frame(y = seq(1,N),
                      z = rep('a',N))
```

```
write_xlsx(x = my_df_A,
           file = f_out)
```

Para comparar o desempenho, vamos verificar a diferença de tempo de execução entre um e outro:

```
library(writexl)
library(readxl)
library(xlsx)

# set number of rows
N <- 2500

# create random dfs
my_df_A <- data.frame(y = seq(1,N),
                      z = rep('a',N))

# set files
my_file_1 <- '00-text-resources/data/temp_writexl.xlsx'
my_file_2 <- '00-text-resources/data/temp_xlsx.xlsx'

# test export
time_write_writexl <- system.time(write_xlsx(x = my_df_A,
                                              path = my_file_1))

time_write_xlsx <- system.time(write.xlsx(x = my_df_A,
                                          file = my_file_2))

# test read
time_read_readxl <- system.time(read_xlsx(path = my_file_1 ))
time_read_xlsx <- system.time(read.xlsx(file = my_file_2,
                                        sheetIndex = 1 ))
```

Após a execução, vamos verificar a diferença de tempo:

```
# results
my_formats <- c('xlsx', 'readxl')
results_read <- c(time_read_xlsx[3], time_read_readxl[3])
results_write<- c(time_write_xlsx[3], time_write_writexl[3])

# print text
my_text <- paste0('\nTime to WRITE dataframe with ',
                  my_formats, ': ',
```

```
                    format(results_write, digits = 4),
                    ' seconds', collapse = '')
message(my_text)

R>
R> Time to WRITE dataframe with xlsx: 1.518 seconds
R> Time to WRITE dataframe with readxl: 0.050 seconds

my_text <- paste0('\nTime to READ dataframe with ',
                  my_formats, ': ',
                  format(results_read, digits = 4),
                  ' seconds', collapse = '')
message(my_text)

R>
R> Time to READ dataframe with xlsx: 2.554 seconds
R> Time to READ dataframe with readxl: 0.016 seconds
```

Como podemos ver, mesmo para dados de pouco volume, um dataframe com 2500 linhas e 2 colunas, a diferença de tempo de execução é significativa. Caso estiveres trabalhando com grandes planilhas, o uso de pacotes `readxl` e `writexl` é fortemente recomendado. Porém, como já mostrado anteriormente, as funções de `xlsx` oferecem algumas funcionalidades extras.

4.4 Formato *.RData* e *.rds*

O R possui dois formatos nativos para salvar objetos de sua área de trabalho para um arquivo local com extensão *RData* ou *rds*. O grande benefício, em ambos os casos, é que o arquivo resultante é compacto e o seu acesso é muito rápido. A desvantagem é que os dados perdem portabilidade para outros programas. A diferença entre um formato e outro é que arquivos *RData* podem salvar mais de um objeto, enquanto o formato *.rds* salva apenas um. Na prática, porém, essa não é uma restrição forte. No R existe um objeto do tipo *lista* que incorpora outros. Portanto, caso salvarmos uma *lista* em um arquivo *.rds*, podemos gravar no disco quantos objetos forem necessário.

4.4.1 Importação de Dados

Para carregar os dados de um aquivo `RData`, utilizamos a função `load`:

```
# set a object
my_x <- 1:100

# set temp name of RData file
my_file <- adfeR::get_data_file('temp.RData')
```

```
# load it
load(file = my_file)
```

O arquivo temp.RData possui dois objetos, `my_x` e `my_y`, os quais se tornam disponíveis na área de trabalho depois da chamada de `load`.

O processo de importação para arquivos *.rds* é muito semelhante. A diferença é no uso da função `readr::read_rds`:

```
# set file path
my_file <- adfeR::get_data_file('temp.rds')

# load content into workspace
my_x <- readr::read_rds(file = my_file)
```

Comparando o código entre o uso de arquivos `.RData` e `.rds`, note que um benefício no uso de `.rds` é a explícita definição do objeto na área de trabalho. Isto é, o conteúdo de `my_file` em `readr::read_rds` é explicitamente salvo em `my_x`. Quando usamos a função `load`, no código não fica claro qual o nome do objeto que foi importado. Isso é particularmente inconveniente quando é necessário modificar o nome do objeto importado.

 Como sugestão, dê preferência ao uso do formato *.rds*, o qual resulta em códigos mais transparentes. A diferença de velocidade de acesso e gravação entre um e outro é mínima. O benefício de importar vários objetos em um mesmo arquivo com o formato `RData` torna-se irrelevante quando no uso de objetos do tipo lista, os quais podem incorporar outros objetos no seu conteúdo.

4.4.2 Exportação de Dados

Para criar um novo arquivo *RData*, utilizamos a função `save`. Veja o exemplo a seguir, onde criamos um arquivo *RData* com dois objetos:

```
# set vars
my_x <- 1:100
my_y <- 1:100

# write to RData
my_file <- tempfile(fileext = '.RData')
save(list = c('my_x', 'my_y'),
     file = my_file)
```

Podemos verificar a existência do arquivo com a função `file.exists`:

```
file.exists(my_file)
```

```
R> [1] TRUE
```

Observe que o arquivo file18fb1b01a132.RData está disponível na pasta temporária.

Já para arquivos *.rds*, salvamos o objeto com função `saveRDS`:

```
# set data and file
my_x <- 1:100
my_file <- '00-text-resources/data/temp.rds'

# save as .rds
saveRDS(object = my_x,
        file = my_file)

# read it
my_x2 <- readRDS(file = my_file)

# test equality
print(identical(my_x, my_x2))
```

```
R> [1] TRUE
```

O comando `identical` testa a igualdade entre os objetos e, como esperado, verificamos que `my_x` e `my_x2` são exatamente iguais.

4.5 Arquivos *fst* (pacote `fst`)

O formato *fst* foi especialmente desenhado para possibilitar a gravação e leitura de dados tabulares de forma rápida e com mínimo uso do espaço no disco. O uso deste formato é particularmente benéfico quando se está trabalhando com volumosas bases de dados em computadores potentes. **O grande truque do formato *fst* é usar todos núcleos do computador para importar e exportar dados**, enquanto todos os demais formatos se utilizam de apenas um. Como logo veremos, o ganho em velocidade é bastante significativo.

4.5.1 Importação de Dados

O uso do formato *fst* é bastante simples. Utilizamos a função `read_fst` para ler arquivos:

```
library(fst)
```

```r
my_file <- adfeR::get_data_file('temp.fst')
my_df <- read_fst(my_file)

glimpse(my_df)

R> Rows: 1,000
R> Columns: 1
R> $ x <dbl> 0.70968891, 0.83903044, 0.70026554, 0.7812002...
```

Assim como para os demais casos, os dados estão disponíveis na área de trabalho após a importação.

4.5.2 Exportação de Dados

Utilizamos a função `write_fst` para gravar arquivos no formato *fst*, :

```r
library(fst)

# create dataframe
N <- 1000
my_file <- tempfile(fileext = '.fst')
my_df <- data.frame(x = runif(N))

# write to fst
write_fst(x = my_df, path = my_file)
```

4.5.3 Testando o Tempo de Execução do formato *fst*

Como um teste do potencial do pacote `fst`, a seguir vamos cronometrar o tempo de leitura e gravação entre *fst* e *rds* para um dataframe com grande quantidade de dados: 5,000,000 linhas e 2 colunas. Iremos reportar também o tamanho do arquivo resultante.

```r
library(fst)

# set number of rows
N <- 5000000

# create random dfs
my_df <- data.frame(y = seq(1,N),
                    z = rep('a',N))

# set files
my_file_1 <- '00-text-resources/data/temp_rds.rds'
```

```r
my_file_2 <- '00-text-resources/data/temp_fst.fst'

# test write
time_write_rds <- system.time(write_rds(my_df, my_file_1 ))
time_write_fst <- system.time(write_fst(my_df, my_file_2 ))

# test read
time_read_rds <- system.time(readRDS(my_file_1))
time_read_fst <- system.time(read_fst(my_file_2))

# test file size (MB)
file_size_rds <- file.size(my_file_1)/1000000
file_size_fst <- file.size(my_file_2)/1000000
```

Após a execução, vamos verificar o resultado:

```r
# results
my_formats <- c('.rds', '.fst')
results_read <- c(time_read_rds[3], time_read_fst[3])
results_write<- c(time_write_rds[3], time_write_fst[3])
results_file_size <- c(file_size_rds , file_size_fst)

# print text
my_text <- paste0('\nTime to WRITE dataframe with ',
                  my_formats, ': ',
                  results_write, ' seconds', collapse = '')
message(my_text)
```

```
R>
R> Time to WRITE dataframe with .rds: 1.42500000000018 seconds
R> Time to WRITE dataframe with .fst: 0.130000000000109 seconds
```

```r
my_text <- paste0('\nTime to READ dataframe with ',
                  my_formats, ': ',
                  results_read, ' seconds', collapse = '')
message(my_text)
```

```
R>
R> Time to READ dataframe with .rds: 1.12900000000036 seconds
R> Time to READ dataframe with .fst: 0.0979999999999563 seconds
```

```r
my_text <- paste0('\nResulting FILE SIZE for ',
                  my_formats, ': ',
                  results_file_size, ' MBs', collapse = '')
```

```
message(my_text)
```

```
R>
R> Resulting FILE SIZE for .rds: 65.01011 MBs
R> Resulting FILE SIZE for .fst: 14.791938 MBs
```

A diferença é gritante! O formato `fst` não somente lê e grava com mais rapidez mas o arquivo resultante também é menor. Porém, saiba que os resultados anteriores foram compilados em um computador com 16 núcleos. É possível que a diferença de tempo para um computador mais modesto não seja tão significativa.

> Devido ao uso de todos os núcleos do computador, o formato *fst* é altamente recomendado quando estiver trabalhando com dados volumosos em um computador potente. Não somente os arquivos resultantes serão menores, mas o processo de gravação e leitura será consideravelmente mais rápido.

4.6   Arquivos *SQLite*

O uso de arquivos *csv*, *rds* e *fst* para armazenar conjuntos de dados tem seus limites a medida que o tamanho dos arquivos aumenta e os dados fragmentam-se em várias tabelas. Se você está esperando muito tempo para ler apenas uma tabela de um arquivo com várias tabelas, deves procurar alternativas mais eficientes. Da mesma forma, se você estiver trabalhando em uma rede de computadores e muitas pessoas estão usando os mesmos dados, faz sentido manter e distribuir as informações de um servidor central. Dessa forma, cada usuário pode ter acesso à mesma informação, simultaneamente.

Isso nos leva ao tópico de programas de armazenamento e distribuição de banco de dados. Esses programas específicos geralmente funcionam com uma linguagem de consulta chamada *SQL* (*Structured Query Language*), e permitem ao usuário ler partes dos dados e mesmo manipulá-lo de forma eficiente. Existem muitas opções de software de banco de dados que se integra muito bem com R. A lista inclui **mySQL**, **SQLite** e **MariaDB**. Aqui, forneceremos um tutorial rápido sobre esse tópico usando o SQLite, que é o mais fácil de usar, uma vez que não precisa de nenhuma configuração do servidor e todos dados estão contidos em um único arquivo.

Antes de irmos para os exemplos, precisamos entender como se usa o *software* de banco de dados. Primeiro, um banco de dados deve existir em seu computador ou rede. Segundo, o R se conectará ao banco de dados e retornará um objeto de conexão. Com base nessa conexão, enviaremos consultas para importar dados desse banco de dados usando a linguagem *SQL*. A principal vantagem é que podemos ter um grande

banco de dados de, digamos, 10 GB e carregar apenas uma pequena porção dele na
área de trabalho do R. Essa operação também é muito rápida, permitindo um acesso
eficiente às tabelas disponíveis.

4.6.1 Importação de Dados

Assumindo a existência de um arquivo com formato SQLite, podemos importar suas
tabelas com o pacote RSQLite:

```r
library(RSQLite)

# set name of SQLITE file
f_sqlite <- adfeR::get_data_file('SQLite_db.SQLITE')

# open connection
my_con <- dbConnect(drv = SQLite(), f_sqlite)

# read table
my_df <- dbReadTable(conn = my_con,
                     name = 'MyTable1') # name of table in sqlite

# print with str
glimpse(my_df)
```

```
R> Rows: 1,000,000
R> Columns: 2
R> $ x <dbl> 0.007504194, 0.439465174, 0.178387480, 0.9857...
R> $ G <chr> "B", "B", "B", "B", "A", "B", "A", "B", "B", ...
```

Outro exemplo do uso do SQLITE é com instruções de um comando *SQL*. Observe
que, no código anterior, usamos função dbReadTable para obter o conteúdo de todas
as linhas da tabela MyTable1. Agora, vamos usar o comando dbGetQuery para obter
dados da tabela myTable2 apenas quando a coluna G é igual a A:

```r
# set sql statement
my_SQL_statement <- "select * from myTable2 where G='A'"

# get query
my_df_A <- dbGetQuery(conn = my_con,
                      statement = my_SQL_statement)

# disconnect from db
dbDisconnect(my_con)
```

```
# print with str
print(str(my_df_A))

R> 'data.frame':    499522 obs. of  2 variables:
R>  $ x: num  0.0637 0.1982 0.2894 0.7389 0.0669 ...
R>  $ G: chr  "A" "A" "A" "A" ...
R> NULL
```

Nesse exemplo simples podemos ver como é fácil criar uma conexão com um banco de dados, recuperar tabelas e desconectar. Se você estiver trabalhando com dados volumosos e diversas tabelas, vale a pena utilizar um software de banco de dados apropriado. Caso existir um servidor de banco de dados disponível em seu local de trabalho, eu recomendo fortemente aprender a conectar-se a ele e carregar dados diretamente de uma sessão do R.

4.6.2   Exportação de Dados

Como exemplo, vamos criar dois dataframes com dados aleatórios e salvar ambos em um arquivo SQLite usando pacote `RSQLite`.

```
library(RSQLite)

# set number of rows in df
N = 10^6

# create simulated dataframe
my_large_df_1 <- data.frame(x=runif(N),
                            G= sample(c('A','B'),
                                      size = N,
                                      replace = TRUE))

my_large_df_2 <- data.frame(x=runif(N),
                            G = sample(c('A','B'),
                                       size = N,
                                       replace = TRUE))

# set name of SQLITE file
f_sqlite <- tempfile(fileext = '.SQLITE')

# open connection
my_con <- dbConnect(drv = SQLite(), f_sqlite)

# write df to sqlite
```

```
dbWriteTable(conn = my_con, name = 'MyTable1',
        value = my_large_df_1)
dbWriteTable(conn = my_con, name = 'MyTable2',
        value = my_large_df_2)

# disconnect
dbDisconnect(my_con)
```

A saída TRUE de dbWriteTable indica que tudo ocorreu bem. Uma conexão foi aberta usando a função dbConnect e os dataframes foram escritos em um arquivo SQLITE temporário chamado file18fb31284a21.SQLITE. É boa política de programação sempre se desconectar do banco de dados após a utilização. Fizemos isso com a função dbDisconnect.

4.7 Dados Não-Estruturados e Outros Formatos

Os pacotes e formatos anteriores são suficientes para resolver o problema de importação de dados na grande maioria das situações. Apesar disso, vale destacar que o R possui outras funções específicas para diferentes formatos. Isso inclui arquivos exportados de outros softwares, tal como SPSS, Matlab, entre vários outros. Se esse for o seu caso, sugiro um estudo aprofundado do pacote foreign (R Core Team, 2020).

Em alguns casos nos deparamos com dados armazenados de uma forma não estruturada, tal como um texto qualquer. Pode-se importar o conteúdo de um arquivo de texto linha por linha através da função readr::read_lines. Veja o exemplo a seguir, onde importamos o conteúdo inteiro do livro *Pride and Prejudice*:

```
# set file to read
my_f <- afedR::afedR_get_data_file('pride_and_prejudice.txt')

# read file line by line
my_txt <- read_lines(my_f)

# print 50 characters of first fifteen lines
print(str_sub(string = my_txt[1:15],
        start = 1,
        end = 50))
```

```
R>  [1] "The Project Gutenberg EBook of Pride and Prejudice"
R>  [2] ""
R>  [3] "This eBook is for the use of anyone anywhere at no"
R>  [4] "almost no restrictions whatsoever.  You may copy i"
```

```
R>    [5] "re-use it under the terms of the Project Gutenberg"
R>    [6] "with this eBook or online at www.gutenberg.org"
R>    [7] ""
R>    [8] ""
R>    [9] "Title: Pride and Prejudice"
R>   [10] ""
R>   [11] "Author: Jane Austen"
R>   [12] ""
R>   [13] "Posting Date: August 26, 2008 [EBook #1342]"
R>   [14] "Release Date: June, 1998"
R>   [15] "Last Updated: March 10, 2018"
```

Neste exemplo, arquivo pride_and_prejudice.txt contém todo o conteúdo do livro *Pride and Prejudice* de Jane Austen, disponível gratuitamente pelo projeto Gutenberg[3]. Importamos todo o conteúdo do arquivo como um vetor de texto denominado `my_txt`. Cada elemento de `my_txt` é uma linha do arquivo do texto original. Com base nisso, podemos calcular o número de linhas do livro e o número de vezes que o nome `'Bennet'`, um dos protagonistas, aparece no texto:

```r
# count number of lines
n_lines <- length(my_txt)

# set target text
name_to_search <- 'Bennet'

# set function for counting words
fct_count_bennet <- function(str_in, target_text) {

  require(stringr)


  n_words <- length(str_locate_all(string = str_in,
                                    pattern = target_text)[[1]])

  return(n_words)
}

# use fct for all lines of Pride and Prejudice
n_times <- sum(sapply(X = my_txt,
                      FUN = fct_count_bennet,
                      target_text = name_to_search))
```

---

[3]http://www.gutenberg.org/

```
# print results
my_msg <- paste0('The number of lines found in the file is ',
                 n_lines, '.\n',
                 'The word "', name_to_search, '" appears ',
                 n_times, ' times in the book.')
message(my_msg)
```

```
R> The number of lines found in the file is 13427.
R> The word "Bennet" appears 664 times in the book.
```

No exemplo, mais uma vez usamos `sapply`. Neste caso, a função nos permitiu usar outra função para cada elemento de `my_txt`. Neste caso, procuramos e contamos o número de vezes que a palavra "Bennet" foi encontrada no texto. Observe que poderíamos simplesmente mudar `name_to_search` por qualquer outro nome, caso quiséssemos.

4.7.1 Exportando de Dados Não-Estruturados

Em algumas situações, é necessário exportar algum tipo de texto para um arquivo. Por exemplo: quando se precisa salvar o registro de um procedimento em um arquivo de texto; ou quando se precisa gravar informações em um formato específico não suportado pelo R. Esse procedimento é bastante simples. Junto à função `readr::write_lines`, basta indicar um arquivo de texto para a saída com o argumento `file`. Veja a seguir:

```
# set file
my_f <- tempfile(fileext = '.txt')
```

```
# set some string
my_text <- paste0('Today is ', Sys.Date(), '\n',
                  'Tomorrow is ', Sys.Date()+1)
```

```
# save string to file
write_lines(x = my_text, file = my_f, append = FALSE)
```

No exemplo, criamos um objeto de texto com uma mensagem sobre a data atual e gravamos a saída no arquivo temporário file18fb406e9415.txt. Podemos checar o resultado com a função `readr::read_lines`:

```
print(read_lines(my_f))
```

```
R> [1] "Today is 2021-02-20"    "Tomorrow is 2021-02-21"
```

4.8   Selecionando o Formato

Após entendermos a forma de salvar e carregar dados de arquivos locais em diferentes formatos, é importante discutirmos sobre a escolha do formato. O usuário deve levar em conta três pontos nessa decisão:

- velocidade de importação e exportação;
- tamanho do arquivo resultante;
- compatibilidade com outros programas e sistemas.

Na grande maioria das situações, o uso de arquivos *csv* satisfaz esses quesitos. Ele nada mais é do que um arquivo de texto que pode ser aberto, visualizado e importado em qualquer programa. Desse modo, fica muito fácil compartilhar dados compatíveis com outros usuários. Além disso, o tamanho de arquivos *csv* geralmente não é exagerado em computadores modernos. Caso necessário, podes compactar o arquivo .csv usando o programa *7zip*, por exemplo, o qual irá diminuir consideravelmente o tamanho do arquivo. Por esses motivos, **o uso de arquivos *csv* para importações e exportações é preferível na grande maioria das situações**.

Existem casos, porém, onde a velocidade de importação e exportação pode fazer diferença. Caso abrir mão de portabilidade não faça diferença ao projeto, o formato *rds* é ótimo e prático. Se este não foi suficiente, então a melhor alternativa é partir para o *fst*, o qual usa maior parte do *hardware* do computador para importar os dados. Como sugestão, caso puder, apenas **evite o formato do Excel**, o qual é o menos eficiente de todos.

4.9   Exercícios

Todas soluções de exercícios estão disponíveis em https://www.msperlin.com/adfeR.

01 - Crie um dataframe com o código a seguir:

```
library(dplyr)

my_N <- 10000
my_df <- tibble(x = 1:my_N,
                y = runif(my_N))
```

Exporte o dataframe resultante para cada um dos cinco formatos: csv, rds, xlsx, fst. Qual dos formatos ocupou maior espaço na memória do computador? Dica: `file.size` calcula o tamanho de arquivos dentro do próprio R.

02 - Melhore o código anterior com a mensuração do tempo de execução necessário para gravar os dados nos diferentes formatos. Qual formato teve a gravação mais rápida? Dica: use função `system.time` ou pacote `tictoc` para calcular os tempos de execução.

03 - Para o código anterior, redefina o valor de `my_N` para 1000000. Esta mudança modifica as respostas das duas últimas perguntas?

04 - Use função `adfeR::get_data_file` para acessar o arquivo `SP500.csv` no repositório de dados do livro. Importe o conteúdo do arquivo no R com função `readr::read_csv`. Quantas linhas existem no **dataframe** resultante?

05 - No link https://eeecon.uibk.ac.at/~zeileis/grunfeld/Grunfeld.csv você encontrará um arquivo *.csv* para os dados *Grunfeld*. Esta é uma tabela particularmente famosa devido ao seu uso como dados de referência em modelos econométricos. Usando função `readr::read_csv`, leia este arquivo usando o link direto como entrada em `read_csv`. Quantas colunas você encontra no **dataframe** resultante?

06 - Use função `adfeR::get_data_file` para acessar o arquivo `example_tsv.csv` no repositório de dados do livro. Note que as colunas dos dados estão separadas pelo símbolo de tabulação (`'\t'`). Após ler o manual do `readr::read_delim`, importe as informações deste arquivo para o seu computador. Quantas linhas o arquivo contém?

07 - No pacote do livro existe um arquivo de dados chamado `'funky_csv2.csv'`. Este possui um formato particularmente bizarro para os dados. Abra o mesmo em um editor de texto e procure entender como as colunas são separadas e qual o símbolo para o decimal. Após isso, veja as entradas da função `read.table` e importe a tabela na sessão do R. Caso somarmos o número de linhas com o número de colunas da tabela importada, qual o resultado?

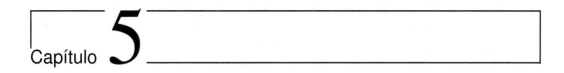

Capítulo 5

Importação de Dados via Pacotes

Uma das grandes vantagens de se utilizar o R é a quantidade de dados que podem ser importados através da internet. Isso é especialmente prático pois uma base de dados pode ser atualizada através de um simples comando, evitando o tedioso trabalho de coleta manual. Ao usarmos pacotes para importar dados, esta etapa da pesquisa se torna reproduzível e mais rápida, facilitando o compartilhamento e futura execução do nosso código.

Neste capítulo vou descrever e dar exemplos de importação de dados para os mais importantes e estáveis pacotes especializados na importação de para dados financeiros e econômicos no Brasil e exterior. A lista inclui:

GetQuandlData (Perlin, 2021b) Importa dados econômicos e financeiros do vasto repositório de dados da plataforma *Quandl*.

BatchGetSymbols (Perlin, 2020a) Importa dados de preços diários de ações e índices do *Yahoo Finance*.

GetTDData (Perlin, 2019) Importa dados de títulos de dívida pública do Brasil diretamente do site do Tesouro Direto.

GetBCBData (Perlin, 2021a) Importa dados do grande repositório de séries temporais do Banco Central do Brasil, local obrigatório para qualquer economista que trabalha com dados.

GetDFPData2 (Perlin and Kirch, 2020a) Importa dados do sistema DFP – Demonstrativos Financeiros Padronizados – de empresas negociadas na B3, a bolsa Brasileira. O repositório inclui documentos financeiros tal como o balanço patrimonial, demonstrativos de resultados, entre vários outros.

GetFREData (Perlin and Kirch, 2020b) Importa dados do sistema FRE – Formulário de Referência – da bolsa Brasileira. Esta inclui diversos eventos e informações corporativas tal como composição do conselho e diretoria, remuneração dos conselheiros, entre outras.

5.1   Pacote `GetQuandlData`

Quandl é um repositório de dados abrangente, fornecendo acesso a uma série de tabelas gratuitas e pagas disponibilizadas por diversas instituições de pesquisa. Como ponto inicial, recomendo fortemente que você navegue nas tabelas disponíveis no site da Quandl[1]. Verás que uma grande proporção dos repositórios de dados abertos em economia e finanças também estão disponíveis no Quandl.

Pacote `Quandl` (Raymond McTaggart et al., 2019) é a extensão oficial oferecida pela empresa e disponível no CRAN. No entanto, o pacote tem alguns problemas quanto a estrutura de dados de saída[2] e, para resolver, escrevi o meu próprio pacote `GetQuandlData` (Perlin, 2021b). O diferencial de `GetQuandlData` é a saída de dados já estruturados, prontos para uma posterior análise.

A **primeira e obrigatória** etapa no uso de `GetQuandlData` é registrar o usuário no site. Logo em seguida, vá para *Account Settings* e procure pela seção *You API Key*. Este local deve mostrar uma senha, tal como `Asv8Ac7zuZzJSCGxynfG`. Copie o texto para a área de transferência (*control + c*) e, no R, defina um objeto de contendo o conteúdo copiado da seguinte maneira:

```
# set FAKE api key to quandl
my_api_key <- 'Asv8Ac7zuZzJSCGxynfG'
```

Essa chave API é exclusiva para cada usuário e a apresentada aqui **não funcionará no seu computador**. Você precisará obter sua própria chave de API para executar os exemplos do livro. Depois de encontrar e definir sua chave, vá para o site do Quandl e use a caixa de pesquisa para procurar o símbolo da série temporal de interesse.

Como exemplo, usaremos dados do preço do ouro no mercado Londrino. O código para esta série no Quandl é `'LBMA/GOLD'`. Observe que a estrutura de um identificador de tabelas no Quandl é sempre a mesma, com o nome do banco de dados primeiro e o nome da tabela depois, separados por uma barra (/).

Agora, com a chave API e o identificador da tabela, usamos a função `get_Quandl_series` para baixar os dados de 1980-01-01 a 2021-01-01:

```
library(GetQuandlData)
library(tidyverse)

# set symbol and dates
```

---

[1]https://www.quandl.com/
[2]Veja postagem no blog

```
my_symbol <- c('GOLD' = 'LBMA/GOLD')
first_date <- '1980-01-01'
last_date <- '2021-01-01'

# get data!
df_quandl <- get_Quandl_series(id_in = my_symbol,
                               api_key = my_api_key,
                               first_date = first_date,
                               last_date = last_date)

# check it
glimpse(df_quandl)
```

```
R> Rows: 10,363
R> Columns: 9
R> $ `USD (AM)`  <chr> "1891.1", "1877.55", "1873.9", "187...
R> $ `USD (PM)`  <chr> NA, "1887.6", "1874.3", NA, "1875",...
R> $ `GBP (AM)`  <chr> "1382.58", "1381.31", "1388.93", "1...
R> $ `GBP (PM)`  <chr> NA, "1387.39", "1389.42", NA, "1382...
R> $ `EURO (AM)` <chr> "1539.92", "1528.89", "1529.66", "1...
R> $ `EURO (PM)` <chr> NA, "1535.19", "1528.49", NA, "1535...
R> $ series_name <chr> "GOLD", "GOLD", "GOLD", "GOLD", "GO...
R> $ ref_date    <date> 2020-12-31, 2020-12-30, 2020-12-29...
R> $ id_quandl   <chr> "LBMA/GOLD", "LBMA/GOLD", "LBMA/GOL...
```

Observe como definimos o nome da série temporal em linha `id_in =  c('GOLD' = 'LBMA/GOLD')`. O nome do elemento – GOLD – se torna uma coluna chamada `series_name` no **dataframe** de saída. Se tivéssemos mais séries temporais, elas seriam empilhadas na mesma tabela.

Para verificar os dados, vamos criar um gráfico com os preços do ouro ao longo do tempo. Aqui, usaremos o pacote **ggplot2** para criar a figura. Por enquanto você não precisa se preocupar com o código de criação de gráficos. Teremos o capítulo 10 inteiro dedicado ao tópico.

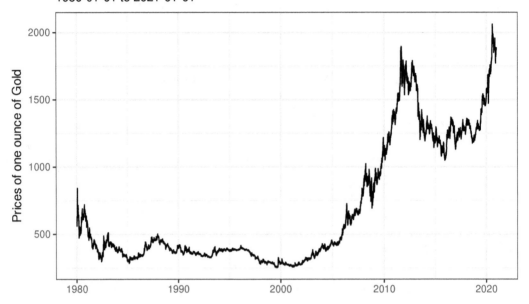

Data from Quandl -- London Bullion Market Association

De modo geral, os preços do ouro permaneceram relativamente estáveis entre 1980 e 2000, atingindo um pico após 2010. Uma possível explicação é a maior demanda por ativos mais seguros, como o ouro, após a crise financeira de 2009. No entanto, o ouro nunca foi um investimento eficiente a longo prazo. Para mostrar isso, vamos calcular seu retorno anual composto de 1980-01-02 a 2020-12-31:

```
# sort the rows
df_quandl <- df_quandl %>%
  mutate(USD = as.numeric(`USD (AM)`)) %>%
  arrange(ref_date)

total_ret <- last(df_quandl$USD)/first(df_quandl$USD) - 1
total_years <- as.numeric(max(df_quandl$ref_date) -
                          min(df_quandl$ref_date) )/365

comp_ret_per_year <- (1 + total_ret)^(1/total_years) - 1

print(comp_ret_per_year)

R> [1] 0.03015378
```

Encontramos o resultado de que os preços do ouro em USD apresentam um retorno composto equivalente a 3,02% ao ano. Este não é um resultado de investimento impressionante de forma alguma. Como comparação, a inflação anual para os EUA no mesmo período é de 3,21% ao ano. Isso significa que, ao comprar ouro em 1980, o investidor recebeu menos que a inflação como retorno nominal, resultando em perda de poder de compra.

5.1.1 Importando Múltiplas Séries

Ao solicitar várias séries temporais do Quandl, pacote `GetQuandlData` empilha todos os dados em um único `dataframe`, tornando mais fácil trabalhar com as ferramentas do `tidyverse`. Como exemplo, vamos olhar para o banco de dados `RATEINF`, o qual contém séries temporais das taxas de inflação ao redor do mundo. Primeiro, precisamos ver quais são os conjuntos de dados disponíveis:

```
library(GetQuandlData)
library(tidyverse)

# databse to get info
db_id <- 'RATEINF'

# get info
df_db <- get_database_info(db_id, my_api_key)

glimpse(df_db)
```

```
R> Rows: 26
R> Columns: 8
R> $ code         <chr> "CPI_ARG", "CPI_AUS", "CPI_CAN", "...
R> $ name         <chr> "Consumer Price Index - Argentina"...
R> $ description  <chr> "Please visit <a href=http://www.r...
R> $ refreshed_at <dttm> 2020-10-10 02:03:32, 2021-02-20 0...
R> $ from_date    <date> 1988-01-31, 1948-09-30, 1989-01-3...
R> $ to_date      <date> 2013-12-31, 2020-12-31, 2021-01-3...
R> $ quandl_code  <chr> "RATEINF/CPI_ARG", "RATEINF/CPI_AU...
R> $ quandl_db    <chr> "RATEINF", "RATEINF", "RATEINF", "...
```

Coluna `name` contém a descrição das tabelas com os seguintes nomes:

```
print(unique(df_db$name))
```

```
R>  [1] "Consumer Price Index - Argentina"
R>  [2] "Consumer Price Index - Australia"
R>  [3] "Consumer Price Index - Canada"
R>  [4] "Consumer Price Index - Switzerland"
R>  [5] "Consumer Price Index - Germany"
R>  [6] "Consumer Price Index - Euro Area"
```

```
R>  [7] "Consumer Price Index - France"
R>  [8] "Consumer Price Index - UK"
R>  [9] "Consumer Price Index - Italy"
R> [10] "Consumer Price Index - Japan"
R> [11] "Consumer Price Index - New Zealand"
R> [12] "Consumer Price Index - Russia"
R> [13] "Consumer Price Index - USA"
R> [14] "Inflation YOY - Argentina"
R> [15] "Inflation YOY - Australia"
R> [16] "Inflation YOY - Canada"
R> [17] "Inflation YOY - Switzerland"
R> [18] "Inflation YOY - Germany"
R> [19] "Inflation YOY - Euro Area"
R> [20] "Inflation YOY - France"
R> [21] "Inflation YOY - UK"
R> [22] "Inflation YOY - Italy"
R> [23] "Inflation YOY - Japan"
R> [24] "Inflation YOY - New Zealand"
R> [25] "Inflation YOY - Russia"
R> [26] "Inflation YOY - USA"
```

O que estamos buscando são as séries 'Inflation YOY - *', as quais contém a inflação ano-ao-ano (*Year On Year – YOY*) de diferentes países. Vamos agora filtrar o dataframe para manter apenas as séries de inflação anual para quatro países selecionados:

```
selected_series <- c('Inflation YOY - USA',
                     'Inflation YOY - Canada',
                     'Inflation YOY - Euro Area',
                     'Inflation YOY - Australia')

# filter selected countries
idx <- df_db$name %in% selected_series
df_db <- df_db[idx, ]
```

Agora importamos as séries usando get_Quandl_series:

```
my_id <- df_db$quandl_code
names(my_id) <- df_db$name
first_date <- '2010-01-01'
last_date <- '2021-01-01'

df_inflation <- get_Quandl_series(id_in = my_id,
                                  api_key = my_api_key,
```

```
                                    first_date = first_date,
                                    last_date = last_date)

glimpse(df_inflation)


R> Rows: 440
R> Columns: 4
R> $ series_name <chr> "Inflation YOY - Australia", "Infla...
R> $ ref_date    <date> 2020-12-31, 2020-09-30, 2020-06-30...
R> $ value       <dbl> 0.9, 0.7, -0.3, 2.2, 1.8, 1.7, 1.6,...
R> $ id_quandl   <chr> "RATEINF/INFLATION_AUS", "RATEINF/I...
```

Por fim, construimos um gráfico para vizualizar as séries de inflação:

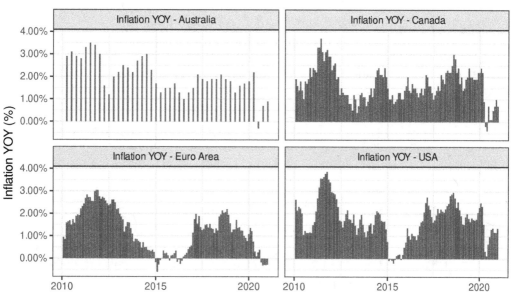

Como podemos ver, com algumas linhas de código do R conseguimos importar dados atualizados da inflação de diferentes regiões do mundo. O retorno de um `dataframe` no formato empilhado facilitou o processo de análise pois essa é a estrutura de dados que o `ggplot2` espera.

5.2   Pacote `BatchGetSymbols`

Pacote `BatchGetSymbols` faz a comunicação do R com os dados financeiros disponíveis no *Yahoo Finance*. Essa gigantesca base de dados inclui valores agregados de preços e volumes negociados de ações na B3 e outras bolsas internacionais na frequência diária. Tudo que se precisa saber para acessar a base de dados são os identificadores das ações (*tickers*) e um período de tempo.

Os diferenciais do `BatchGetSymbols` são:

Limpeza e organização: todos os dados financeiros de diferentes *tickers* são mantidos no mesmo `dataframe`, facilitando a análise futura com as ferramentas do `tidyverse`.

Controle de erros de importação: todos erros de *download* são registrados na saída do programa. Caso uma ação em particular não exista no *Yahoo Finance*, esta será ignorada e apenas as demais disponíveis serão retornadas na saída do código;

Comparação de datas a um *benchmark*: os dados de ativos individuais são comparados com dados disponíveis para um ativo *benchmark*, geralmente um índice de mercado. Caso o número de datas faltantes seja maior que um determinado limite imposto pelo usuário, a ação é retirada do `dataframe` final.

Uso de sistema de cache: no momento de acesso aos dados, os mesmos são salvos localmente no computador do usuário e são persistentes para cada sessão. Caso o usuário requisitar os mesmos dados na mesma sessão do R, o sistema de cache será utilizado. Se os dados desejados não estão disponíveis no cache, a função irá comparar e baixar apenas as informações que faltam. Isso aumenta significativamente a velocidade de acesso aos dados, ao mesmo tempo em que minimiza o uso da conexão a Internet;

 Desde versão 2.6 (2020-11-22) de `BatchGetSymbols` a pasta *default* de cache do `BatchGetSymbols` se localiza no diretório temporário da sessão do R. Assim, o cache é persistente apenas para a sessão do usuário. Esta mudança foi motivada por quebras estruturais nos dados do *Yahoo Finance*, onde os dados passados registrados em cache não mais estavam corretos devido a eventos coporativos. O usuário, porém, pode trocar a pasta de cache usando a entrada `cache.folder`.

Acesso a *tickers* em índices de mercado: O pacote inclui funções para baixar a composição dos índices Ibovespa, SP500 e FTSE100. Isso facilita a importação de dados para uma grande quantidade de ações. Podes, por exemplo, baixar cotações de todas as ações que fazem parte de certo índice.

Processamento paralelo: Caso o usuário estiver baixando um grande volume de dados do *Yahoo Finance*, uma opção para execução paralela está disponível. Isto é, ao invés de usar apenas um núcleo na requisição dos dados, usamos vários ao mesmo tempo. O efeito prático é, dependendo do número de núcleos do computador, uma diminuição significativa no tempo total de importação.

Flexibilidade de formato: O pacote também oferece funções para modificar o formato dos dados. Caso o usuário deseje uma saída do dataframe no formato largo, onde *tickers* são colunas e as linhas os preços/retornos, basta chamar função BatchGetSymbols::reshape.wide. Da mesma forma, uma transformação temporal também é possível. Se o usuário desejar dados na frequência semanal, mensal ou anual, basta indicar na entrada freq.data da função.

Como exemplo de uso, vamos baixar dados financeiros referentes a quatro ações no último ano (360 dias) usando a função de mesmo nome do pacote. Os *tickers* de cada ação podem ser encontrados nos próprios sites do *Yahoo Finance*. Note que adicionamos texto .SA a cada um deles. Essa é uma notação específica do site e vale para qualquer ação Brasileira.

Na chamada da função BatchGetSymbols, utilizamos um valor de 0.95 (95%) para o *input* thresh.bad.data e '^BVSP' para bench.ticker. Isso faz com que a função compare as datas obtidas para cada ativo em relação ao nosso *benchmark*, o índice Ibovespa, cujo *ticker* no *Yahoo Finance* é ^BVSP. Se, durante o processo de importação, uma ação individual não apresenta mais de 95% de casos válidos em relação ao *benchmark*, esta é retirada da saída.

```
library(BatchGetSymbols)
library(dplyr)

# set tickers
my_tickers <- c('PETR4.SA', 'CIEL3.SA',
                'GGBR4.SA', 'GOAU4.SA')

# set dates and other inputs
first_date <- Sys.Date()-360
last_date <- Sys.Date()
thresh_bad_data <- 0.95    # sets percent threshold for bad data
bench_ticker <- '^BVSP'    # set benchmark as ibovespa

l_out <- BatchGetSymbols(tickers = my_tickers,
                         first.date = first_date,
                         last.date = last_date,
                         bench.ticker = bench_ticker,
                         thresh.bad.data = thresh_bad_data)
```

A saída de `BatchGetSymbols` é um objeto do tipo lista, ainda não visto no livro. Por enquanto, tudo que precisas saber é que uma lista é um objeto flexível, acomodando outros objetos em sua composição. O acesso a cada elemento de uma lista pode ser feito pelo operador `$`. No capítulo 6 iremos estudar melhor esta classe de objetos.

 Note que as entradas da função `BatchGetSymbols::BatchGetSymbols` usam o "." em seus nomes, tal como `thresh.bad.data`, e `bench.ticker`, enquanto o livro está escrito usando o traço baixo (`_`), tal como `thresh_bad_data`, e `bench_ticker`. Esta diferença pode resultar em problemas se, na falta de atenção, o usuário trocar um pelo outro. Como regra, procure dar prioridade para o uso de traço baixo nos nomes de objetos. Infelizmente algumas funções escritas no passado acabaram ficando com a estrutura antiga e, para não prejudicar os usuários, os nomes das entradas foram mantidos.

Voltando ao nosso exemplo, função `BatchGetSymbols` retorna uma lista com dois elementos: um `dataframe` com o resultado do processo de importação – `df_control` – e outro `dataframe` com os dados das ações – `df_tickers`. Vamos checar o conteúdo do primeiro dataframe.

```
# print result of download process
print(l_out$df.control)
```

```
R> # A tibble: 4 x 6
R>   ticker src   download.status total.obs perc.benchmark.~
R>   <chr>  <chr> <chr>                 <int>          <dbl>
R> 1 PETR4~ yahoo OK                      241          0.996
R> 2 CIEL3~ yahoo OK                      241          0.996
R> 3 GGBR4~ yahoo OK                      241          0.996
R> 4 GOAU4~ yahoo OK                      241          0.996
R> # ... with 1 more variable: threshold.decision <chr>
```

Objeto `df.control` mostra que todos *tickers* foram válidos, com um total de 241 observações para cada ativo. Note que as datas batem 100% com o Ibovespa (coluna `perc.benchmark.dates`).

Quanto aos dados financeiros, esses estão contidos em `l_out$df.tickers`:

```
# print df_tickers
glimpse(l_out$df.tickers)
```

```
R> Rows: 964
R> Columns: 10
R> $ price.open        <dbl> 25.72, 25.16, 25.50, 26.57,...
```

```
R> $ price.high         <dbl> 26.53, 25.56, 26.75, 27.48,...
R> $ price.low          <dbl> 24.89, 24.62, 25.48, 25.76,...
R> $ price.close        <dbl> 25.30, 25.34, 26.53, 26.05,...
R> $ volume             <dbl> 100112100, 89095300, 715964...
R> $ price.adjusted     <dbl> 25.29812, 25.33812, 26.5280...
R> $ ref.date           <date> 2020-02-27, 2020-02-28, 20...
R> $ ticker             <chr> "PETR4.SA", "PETR4.SA", "PE...
R> $ ret.adjusted.prices <dbl> NA, 0.001581106, 0.04696129...
R> $ ret.closing.prices  <dbl> NA, 0.001581067, 0.04696136...
```

Como esperado, a informação sobre preços, retornos e volumes está lá, com as devidas classes de colunas: *dbl* (*double*) para valores numéricos e *date* para as datas. Observe que uma coluna chamada `ticker` também está incluída. Essa indica em que linhas da tabela os dados de uma ação começam e terminam. Mais tarde, no capítulo 9, usaremos essa coluna para fazer diversos cálculos para cada ação.

5.2.1 Baixando Dados da Composição do Ibovespa

Outra função útil do pacote é `BatchGetSymbols::GetIbovStocks`, a qual importa a composição atual do índice Ibovespa diretamente do site da B3. Esse índice é um termômetro do mercado local e as ações que o compõem são selecionadas devido sua alta negociabilidade. Portanto, sequenciando o uso de `GetIbovStocks` e `BatchGetSymbols`, podemos facilmente baixar uma volumosa quantidade de dados de ações para o mercado Brasileiro. Considere o seguinte fragmento de código, onde realizamos essa operação:

```
library(BatchGetSymbols)

# set tickers
df_ibov <- GetIbovStocks()
my_tickers <- paste0(df_ibov$tickers,'.SA')


# set dates and other inputs
first_date <- Sys.Date()-30
last_date <- Sys.Date()
thresh_bad_data <- 0.95    # sets percent threshold for bad data
bench_ticker <- '^BVSP'    # set benchmark as ibovespa
cache_folder <- 'data/BGS_Cache' # set folder for cache


l_out <- BatchGetSymbols(tickers = my_tickers,
                         first.date = first_date,
                         last.date = last_date,
```

```
                        bench.ticker = bench_ticker,
                        thresh.bad.data = thresh_bad_data,
                        cache.folder = cache_folder)
```

Note que utilizamos a função **paste0** para adicionar o texto '**.SA**' para cada *ticker* em **df_ibov$tickers**. A saída do código anterior não foi mostrada para não encher páginas e páginas com as mensagens do processamento. Destaco que, caso necessário, poderíamos facilmente exportar os dados em **l_out** para um arquivo **.rds** e futuramente carregá-los localmente para realizar algum tipo de análise.

 Saiba que **os preços do Yahoo Finance não são ajustados a dividendos**. O ajuste realizado pelo sistema é apenas para desdobramentos das ações. Isso significa que, ao olhar séries de preços em um longo período, existe um viés de retorno para baixo. Ao comparar com outro software que faça o ajustamento dos preços por dividendos, verás uma grande diferença na rentabilidade total das ações. Como regra, em uma pesquisa formal, **evite usar dados de ações individuais no Yahoo Finance para períodos longos**. A excessão é para índices financeiros, tal como o Ibovespa, onde os dados do Yahoo Finance são bastante confiáveis uma vez que índices não sofrem os mesmos ajustamentos que ações individuais.

5.3　Pacote GetTDData

Arquivos com informações sobre preços e retornos de títulos emitidos pelo governo brasileiro podem ser baixados manualmente no site do Tesouro Nacional. O tesouro direto é um tipo especial de mercado onde pessoa física pode comprar e vender dívida pública. Os contratos de dívida vendidos na plataforma são bastante populares devido a atratividade das taxas de retorno e a alta liquidez oferecida ao investidor comum.

Pacote **GetTDData** importa os dados das planilhas em Excel do site do Tesouro Nacional e os organiza. O resultado é um **dataframe** com dados empilhados. Como exemplo, vamos baixar dados de um título prefixado do tipo LTN com vencimento em 2021-01-01. Esse é o tipo de contrato de dívida mais simples que o governo brasileiro emite, não pagando nenhum cupom[3] durante sua validade e, na data de vencimento, retorna 1.000 R$ ao comprador. Para baixar os dados da internet, basta usar o código a seguir:

---

[3]O cupom é um pagamento intermediário pago periodicamente durante a validade do contrato financeiro.

```
library(GetTDData)

asset_codes <- 'LTN'    # Identifier of assets
maturity <- '010121'    # Maturity date as string (ddmmyy)

# download
my_flag <- download.TD.data(asset.codes = asset_codes)

# read files
df_TD <- read.TD.files(asset.codes = asset_codes,
                       maturity = maturity)
```

Vamos checar o conteúdo do dataframe:

```
# check content
glimpse(df_TD)
```

```
R> Rows: 1,445
R> Columns: 5
R> $ ref.date   <date> 2015-03-10, 2015-03-11, 2015-03-12,...
R> $ yield.bid  <dbl> 0.1324, 0.1310, 0.1304, 0.1354, 0.13...
R> $ price.bid  <dbl> 487.04, 490.78, 492.53, 480.37, 485....
R> $ asset.code <chr> "LTN 010121", "LTN 010121", "LTN 010...
R> $ matur.date <date> 2021-01-01, 2021-01-01, 2021-01-01,...
```

Temos informações sobre data de referência (ref.date), retorno contratado (yield.bid), preço do contrato na data (price.bid), nome do contrato (asset.code) e dia de maturidade (matur.date). No gráfico a seguir checamos os dados:

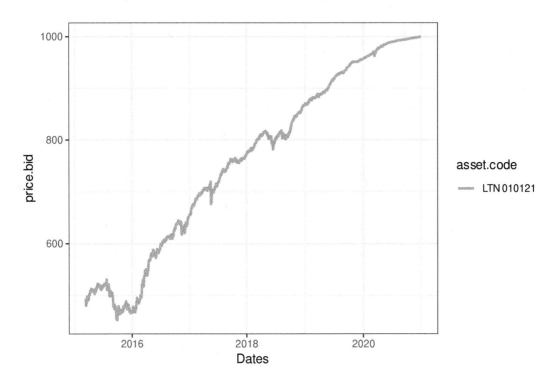

Como esperado de um título de dívida pré-fixado, os preços possuem uma tendência positiva ao longo do tempo, chegando ao valor esperado de 1000 R$ no vencimento em 2021-01-01. Podemos também visualizar as mudanças do *yield* do título:

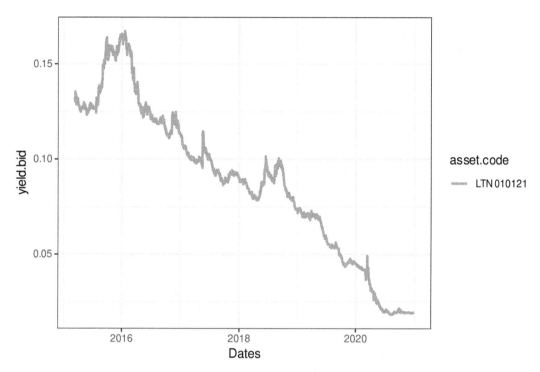

Os retornos do título tiveram forte queda ao longo dos anos. Este resultado é esperado pois o juros do mercado – taxa SELIC – caiu bastante nos últimos cinco anos.

As funções do `GetTDData` também funcionam com vários argumentos como `asset.codes` e `maturity`. Suponhamos que desejamos visualizar todos os preços de todos os prazos disponíveis para títulos do tipo LTN a partir de 2010. Tudo o que precisamos fazer é adicionar o valor `NULL` ao argumento `maturity` e filtrar as datas:

```
library(GetTDData)

asset_codes <- 'LTN'    # Name of asset
maturity <- NULL        # = NULL, downloads all maturities

# download data
my_flag <- download.TD.data(asset.codes = asset_codes,
                            do.clean.up = F)

# reads data
df_TD <- read.TD.files(asset.codes = asset_codes,
                       maturity = maturity)

# remove data prior to 2010
```

```
df_TD <- dplyr::filter(df_TD,
                      ref.date >= as.Date('2010-01-01'))
```

Após a importação das informações, plotamos os preços dos diferentes ativos:

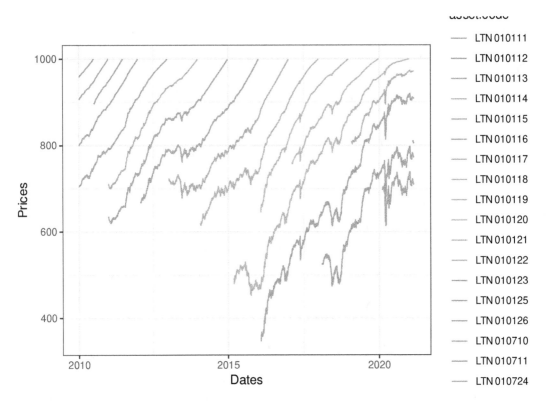

Note como todos contratos do tipo LTN terminam com valor R$ 1.000 em sua data de expiração e possuem uma dinâmica linear de crescimento de preço ao longo do tempo.

Outra funcionalidade do pacote GetTDData é o acesso a curva de juros atual do sistema financeiro brasileiro diretamente do site da Anbima. Para isso, basta utilizar a função get.yield.curve:

```
library(GetTDData)

# get yield curve
df_yield <- get.yield.curve()

# check result
dplyr::glimpse(df_yield)

R> Rows: 105
```

```
R> Columns: 5
R> $ n.biz.days    <dbl> 126, 252, 378, 504, 630, 756, 882,...
R> $ type          <chr> "real_return", "real_return", "rea...
R> $ value         <dbl> -3.1108, -1.1291, 0.2089, 0.9760, ...
R> $ ref.date      <date> 2021-06-25, 2021-10-29, 2022-03-0...
R> $ current.date  <date> 2021-02-19, 2021-02-19, 2021-02-1...
```

Os dados incluem a curva de juros nominal, juros real e da inflação. Para melhor visualizar as informações, vamos plotá-las em um gráfico:

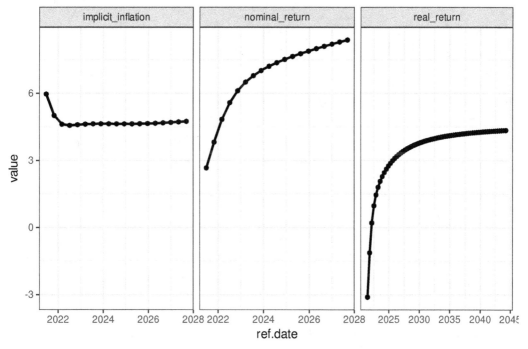

A curva de juros é uma ferramente utilizada no mercado financeiro com o propósito de representar graficamente a expectatica do mercado sobre juros futuro. Baseada nos preços dos títulos públicos, calcula-se e extrapola-se o juros implícito para cada período futuro. Uma curva ascendente, o formato esperado, indica que é mais caro (maior o juro) tomar dinheiro emprestado no longo prazo.

5.4   Pacote `GetBCBData`

O Banco Central Brasileiro (BCB) disponibiliza em seu Sistema de Séries Temporais (SGS) uma vasta quantidade de tabelas relativas a economia do Brasil. Mais importante, estas tabelas são atualizadas constantemente e o acesso é gratuito e sem necessidade de registro.

Como um exemplo, vamos usar o pacote para estudar a inadimplência de crédito no sistema financeiro Brasileiro. O primeiro passo no uso de `GetBCBData` é procurar o símbolo da série de interesse. Acessando o sistema de séries temporais do BCB, vemos que o código identificador para o percentual total de inandimplência no Brasil é 21082.

No código, basta indicar a série de interesse e o período de tempo desejado:

```r
library(GetBCBData)
library(dplyr)

# set ids and dates
id_series <- c(perc_default = 21082)
first_date = '2010-01-01'

# get series from bcb
df_cred <- gbcbd_get_series(id = id_series,
                            first.date = first_date,
                            last.date = Sys.Date(),
                            use.memoise = FALSE)


R>
R> Fetching perc_default [21082] from BCB-SGS from Online API
R>    Found 118 observations
# check it
glimpse(df_cred)


R> Rows: 118
R> Columns: 4
R> $ ref.date    <date> 2011-03-01, 2011-04-01, 2011-05-01...
R> $ value       <dbl> 3.17, 3.24, 3.37, 3.32, 3.42, 3.45,...
R> $ id.num      <dbl> 21082, 21082, 21082, 21082, 21082, ...
R> $ series.name <chr> "perc_default", "perc_default", "pe...
```

Note que indicamos o nome da coluna na própria definição da entrada `id`. Assim, coluna `series.name` toma o nome de `perc.default`. Esta configuração é importante pois irá diferenciar os dados no caso da importação de diversas séries diferentes. O gráfico apresentado a seguir mostra o valor da série no tempo:

Source: SGS - BCB (by GetBCBData)

Como podemos ver, a percentagem de inadimplência aumentou a partir de 2015. Para ter uma idéia mais clara do problema, vamos incluir no gráfico a percentagem para pessoa física e pessoa jurídica. Olhando novamente o sistema do BCB, vemos que o símbolos de interesse são 21083 e 21084, respectivamente. O próximo código baixa os dados das duas séries.

```
# set ids
id.series <- c(credit_default_people = 21083,
               credit_default_companies = 21084)
first.date = '2010-01-01'

# get series from bcb
df_cred <- gbcbd_get_series(id = id.series,
                            first.date = first.date,
                            last.date = Sys.Date(),
                            use.memoise = FALSE)

R>
R> Fetching credit_default_people [21083] from BCB-SGS from Online API
R>    Found 118 observations
R> Fetching credit_default_companies [21084] from BCB-SGS from Online API
R>    Found 118 observations
```

```
# check output
glimpse(df_cred)
```

```
R> Rows: 236
R> Columns: 4
R> $ ref.date    <date> 2011-03-01, 2011-04-01, 2011-05-01...
R> $ value       <dbl> 1.96, 2.04, 2.15, 2.09, 2.18, 2.15,...
R> $ id.num      <dbl> 21083, 21083, 21083, 21083, 21083, ...
R> $ series.name <chr> "credit_default_people", "credit_de...
```

A diferença na saída do código anterior é que agora temos duas séries temporais empilhadas no mesmo `dataframe`. Partimos então para a visualização das séries

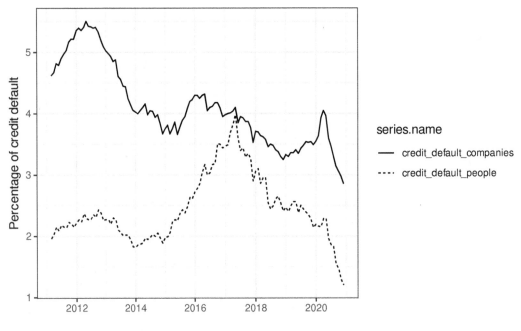

Source: SGS - BCB (by GetBCBData)

Como podemos ver, a inadimplência de crédito para pessoa física aumentou muito mais do que a para pessoa jurídica (empresas) nos últimos anos. Poderíamos, facilmente, integrar o código anterior para uma análise mais completa dos dados em algum problema de pesquisa.

 O sistema BCB-SGS é local obrigatório para qualquer economista sério. A quantidade e variedade de dados é imensa. Podes usar os dados do sistema para automatizar qualquer tipo de relatório econômico.

5.5 Pacote `GetDFPData2`

Pacote `GetDFPData2` (Perlin and Kirch, 2020a) é uma evolução do pacote
`GetDFPData` (Perlin, 2020b) e fornece uma interface aberta para todas as demons-
trações financeiras distribuídas pela B3 e pela CVM nos sistemas DFP (dados
anuais) e ITR (dados trimestrais). Ele não só faz o *download* dos dados, mas
também ajusta à inflação e torna as tabelas prontas para pesquisa dentro de um
formato tabular. Os diferenciais do pacote em relação a outros distribuidores de
dados comerciais são: livre acesso, facilidade para baixar dados em larga escala e a
variedade de dados disponíveis.

Uma versão web de `GetDFPData2` foi desenvolvida e publicada na internet
como um aplicativo *shiny* em http://www.msperlin.com/shiny/Get
DFPData/. Esse fornece uma interface gráfica direta e simples para
as principais funcionalidade do pacote. Usuários podem selecionar as
empresas disponíveis, o intervalo de datas e baixar os dados como uma
planilha do Excel ou um arquivo compactado com vários arquivos *csv*.
Saiba também que dados históricos completos e atualizados a partir de
2010 do DFP e ITR estão disponibilizados na seção Data do meu site
pessoal.

O ponto de partida no uso de `GetDFPData2` é baixar informações atuais sobre empresas disponíveis. O acesso a tabela é possível com a função `get_info_companies`:

```
library(GetDFPData2)

# get info for companies in B3
df_info <- get_info_companies()

R> Fetching info on B3 companies

R>  Found cache file. Loading data..

R>  Got 2325 lines for 2284 companies [Actives = 645 Inactives = 1651]
# check it
names(df_info)

R>  [1] "CD_CVM"          "DENOM_SOCIAL"
R>  [3] "DENOM_COMERC"    "SETOR_ATIV"
R>  [5] "PF_PJ"           "CNPJ"
R>  [7] "DT_REG"          "DT_CONST"
R>  [9] "DT_CANCEL"       "MOTIVO_CANCEL"
```

```
R> [11] "SIT_REG"              "DT_INI_SIT"
R> [13] "SIT_EMISSOR"          "DT_INI_SIT_EMISSOR"
R> [15] "CATEG_REG"            "DT_INI_CATEG"
R> [17] "AUDITOR"              "CNPJ_AUDITOR"
R> [19] "TP_ENDER"             "LOGRADOURO"
R> [21] "COMPL"                "BAIRRO"
R> [23] "CIDADE"               "UF"
R> [25] "PAIS"                 "CD_POSTAL"
R> [27] "TEL"                  "FAX"
R> [29] "EMAIL"                "TP_RESP"
R> [31] "RESP"                 "DT_INI_RESP"
R> [33] "LOGRADOURO_RESP"      "COMPL_RESP"
R> [35] "BAIRRO_RESP"          "CIDADE_RESP"
R> [37] "UF_RESP"              "PAIS_RESP"
R> [39] "CEP_RESP"             "TEL_RESP"
R> [41] "FAX_RESP"             "EMAIL_RESP"
R> [43] "TP_MERC"              "cnpj_number"
```

Essa tabela disponibiliza os identificadores numéricos das empresas, setores de atividades, atual segmento de governança, *tickers* negociados na bolsa e situação atual (ativa ou não). O número atual de empresas ativas e inativas, a partir de 2021-02-20, está disponível na coluna `SIT_REG`. Observa-se 646 empresas ativas e 1670 canceladas. Essa é uma excelente fonte de informação para um estudo exploratório. Pode-se facilmente filtrar empresas para datas, setores, *tickers* ou segmentos de governança corporativa.

Toda empresa no banco de dados é identificada pelo seu número único da CVM. Função `search_company` permite que o usuário procure o identificador de uma empresa através de seu nome. Dado um texto de entrada – o nome da empresa –, a função procurará uma correspondência parcial com os nomes de todas as empresas disponíveis no banco de dados. Em seu uso, caracteres latinos e maiúsculas e minúsculas são ignorados. Vamos encontrar o nome oficial nome da Grendene, uma das maiores empresas do Brasil. Para isso, basta usar o comando `search_company('grendene')`.

```
df_search <- search_company('grendene')

print(df_search)

R> # A tibble: 1 x 44
R>   CD_CVM DENOM_SOCIAL DENOM_COMERC SETOR_ATIV PF_PJ CNPJ
R>    <dbl> <chr>        <chr>        <chr>      <chr> <chr>
R> 1  19615 GRENDENE SA  GRENDENE SA  TEXTIL E ~ PJ    8985~
R> # ... with 38 more variables: DT_REG <chr>, DT_CONST <chr>,
R> #   DT_CANCEL <chr>, MOTIVO_CANCEL <chr>, SIT_REG <chr>,
```

```
R> #    DT_INI_SIT <chr>, SIT_EMISSOR <chr>,
R> #    DT_INI_SIT_EMISSOR <chr>, CATEG_REG <chr>,
R> #    DT_INI_CATEG <chr>, AUDITOR <chr>, CNPJ_AUDITOR <dbl>,
R> #    TP_ENDER <chr>, LOGRADOURO <chr>, COMPL <chr>,
R> #    BAIRRO <chr>, CIDADE <chr>, UF <chr>, PAIS <chr>,
R> #    CD_POSTAL <lgl>, TEL <chr>, FAX <chr>, EMAIL <chr>,
R> #    TP_RESP <chr>, RESP <chr>, DT_INI_RESP <chr>,
R> #    LOGRADOURO_RESP <chr>, COMPL_RESP <chr>,
R> #    BAIRRO_RESP <chr>, CIDADE_RESP <chr>, UF_RESP <chr>,
R> #    PAIS_RESP <chr>, CEP_RESP <dbl>, TEL_RESP <chr>,
R> #    FAX_RESP <chr>, EMAIL_RESP <chr>, TP_MERC <chr>,
R> #    cnpj_number <dbl>
```

Vemos que existe um registro para a Grendene: "GRENDENE SA", com código identificador equivalente a 19615.

Com o identificador da empresa disponível, usamos a função principal do pacote, get_dfp_data, para baixar os dados. Definimos o nome oficial da empresa como entrada companies_cvm_codes e o período de tempo como entradas first_year e last_year.

```
library(GetDFPData2)
library(dplyr)

# set options
id_companies <- 19615
first_year <- 2017
last_year  <- 2018

# download data
l_dfp <- get_dfp_data(companies_cvm_codes = id_companies,
                      type_docs = '*', # get all docs
                      type_format = 'con', # consolidated
                      first_year = first_year,
                      last_year = last_year)
```

As mensagens de GetDFPData2::get_dfp_data relatam os estágios do processo, desde a aquisição de dados da tabela de referência ao download e leitura dos arquivos da B3. Observe que os arquivos de três sistemas são acessados: DFP (*Demostrativos Financeiros Padronizados*), FRE (*Formulário de Referência*) e FCA (*Formulário Cadastral*). Observe também o uso de um sistema de cache, o qual acelera significativamente o uso do software ao salvar localmente as informações importadas.

Explicando as demais entradas da função GetDFPData2::get_dfp_data:

companies_cvm_codes Código numérico das empresas (encontrado via `GetDFPData2::search_company('ambev')`)

type_docs Símbolo do tipo de documento financeiro a ser retornado. Definições: '*' = retorna todos documentos, 'BPA' = Ativo, 'BPP' = passivo, 'DRE' = demonstrativo de resultados do exercício, 'DFC_MD' = fluxo de caixa pelo metodo direto, 'DFC_MI' = fluxo de caixa pelo metodo indireto, 'DMPL' = mutacoes do patrimonio liquido, 'DVA' = demonstrativo de valor agregado.

type_format Tipo de formato dos documentos: consolidado ('con') ou individual ('ind'). Como regra, dê preferência ao tipo consolidado, o qual incluirá dados completos de subsidiárias.

first_year Primeiro ano para os dados

last_year Último ano para os dados

O objeto resultante de `get_dfp_data` é uma `lista` com diversas tabelas. Vamos dar uma olhada no conteúdo de `l_dfp` ao buscar os nomes dos itens da lista, limitando o número de caracteres:

```
stringr::str_sub(names(l_dfp), 1, 40)
```

```
R> [1] "DF Consolidado - Balanço Patrimonial Ati"
R> [2] "DF Consolidado - Balanço Patrimonial Pas"
R> [3] "DF Consolidado - Demonstração das Mutaçõ"
R> [4] "DF Consolidado - Demonstração de Valor A"
R> [5] "DF Consolidado - Demonstração do Fluxo d"
R> [6] "DF Consolidado - Demonstração do Resulta"
```

Como podemos ver, os dados retornados são vastos. Cada item da lista em `l_dfp` é um tabela indexada ao tempo. A explicação de cada coluna não cabe aqui mas, para fins de exemplo, vamos dar uma olhada no balanço patrimonial da empresa, disponível em `l_dfp$"DF Consolidado - Balanço Patrimonial Ativo"`:

```
# save assets in df
fr_assets <- l_dfp$`DF Consolidado - Balanço Patrimonial Ativo`

# check it
dplyr::glimpse(fr_assets)
```

```
R> Rows: 122
R> Columns: 16
R> $ CNPJ_CIA     <chr> "89.850.341/0001-60", "89.850.341/...
R> $ CD_CVM       <dbl> 19615, 19615, 19615, 19615, 19615,...
R> $ DT_REFER     <date> 2017-12-31, 2017-12-31, 2017-12-3...
R> $ DT_INI_EXERC <date> NA, NA, NA, NA, NA, NA, NA, NA, N...
R> $ DT_FIM_EXERC <date> 2017-12-31, 2017-12-31, 2017-12-3...
R> $ DENOM_CIA    <chr> "GRENDENE S.A.", "GRENDENE S.A.", ...
```

```
R> $ VERSAO        <dbl> 1, 1, 1, 1, 1, 1, 1, 1, 1, 1, 1, 1...
R> $ GRUPO_DFP     <chr> "DF Consolidado - Balanço Patrimon...
R> $ MOEDA         <chr> "REAL", "REAL", "REAL", "REAL", "R...
R> $ ESCALA_MOEDA  <chr> "MIL", "MIL", "MIL", "MIL", "MIL",...
R> $ ORDEM_EXERC   <chr> "ÚLTIMO", "ÚLTIMO", "ÚLTIMO", "ÚLT...
R> $ CD_CONTA      <chr> "1", "1.01", "1.01.01", "1.01.02",...
R> $ DS_CONTA      <chr> "Ativo Total", "Ativo Circulante",...
R> $ VL_CONTA      <dbl> 3576008, 2846997, 30119, 1537477, ...
R> $ COLUNA_DF     <chr> NA, NA, NA, NA, NA, NA, NA, NA, NA...
R> $ source_file   <chr> "dfp_cia_aberta_BPA_con_2017.csv",...
```

A exportação dos dados para o Excel também é fácil, basta usar função
GetDFPData2::export_xlsx:

```
temp_xlsx <- tempfile(fileext = '.xlsx')


export_xlsx(l_dfp = l_dfp, f_xlsx = temp_xlsx)
```

O arquivo Excel resultante conterá cada tabela de l_dpf em uma aba diferente da
planilha, com uma truncagem nos nomes. Podemos checar o resultado com função
readxl::excel_sheets:

```
readxl::excel_sheets(temp_xlsx)


R> [1] "DF Consolidado - Balanço Pat"
R> [2] "DF Consolidado - Balanço Pat_1"
R> [3] "DF Consolidado - Demonstraçã"
R> [4] "DF Consolidado - Demonstraçã_1"
R> [5] "DF Consolidado - Demonstraçã_2"
R> [6] "DF Consolidado - Demonstraçã_3"
```

5.6 Pacote `GetFREData`

O pacote `GetFREData` importa dados do sistema FRE – Formulário de Referência –
da bolsa Brasileira, incluindo eventos e informações corporativas tal como composição do conselho e diretoria, remuneração dos conselhos, entre outras.

A estrutura de uso e a saída das funções de `GetFREData` são muito semelhante as
do pacote `GetDFPData2`. Veja a seguir um exemplo de uso.

```
library(GetFREData)


# set options
id_companies <- 23264
first_year <- 2017
```

```
last_year  <- 2018

# download data
l_fre <- get_fre_data(companies_cvm_codes = id_companies,
                      first_year = first_year,
                      last_year = last_year)
```

Note que o tempo de execução de get_fre_data é significativo. Isto deve-se ao *download* e leitura dos arquivos do sistema FRE direto da bolsa. Cada tabela do FRE é importada na lista de saída:

```
names(l_fre)
```

```
R>   [1] "df_stockholders"
R>   [2] "df_capital"
R>   [3] "df_stock_values"
R>   [4] "df_mkt_value"
R>   [5] "df_increase_capital"
R>   [6] "df_capital_reduction"
R>   [7] "df_compensation"
R>   [8] "df_compensation_summary"
R>   [9] "df_transactions_related"
R>  [10] "df_other_events"
R>  [11] "df_stock_repurchases"
R>  [12] "df_debt_composition"
R>  [13] "df_board_composition"
R>  [14] "df_committee_composition"
R>  [15] "df_family_relations"
R>  [16] "df_family_related_companies"
R>  [17] "df_auditing"
R>  [18] "df_responsible_docs"
R>  [19] "df_stocks_details"
R>  [20] "df_dividends_details"
R>  [21] "df_intangible_details"
```

Por exemplo, vamos verificar conteúdo da tabela df_board_composition, a qual contém informações sobre os componentes dos conselhos das empresas:

```
glimpse(l_fre$df_board_composition)
```

```
R> Rows: 59
R> Columns: 22
R> $ CNPJ_CIA            <chr> "07.526.557/0001-00", ...
R> $ DENOM_CIA           <chr> "AMBEV S.A.", "AMBEV S...
```

```
R> $ DT_REFER              <date> 2017-01-01, 2017-01-0...
R> $ CD_CVM                <dbl> 23264, 23264, 23264, 2...
R> $ ID_DOC                <dbl> 74969, 74969, 74969, 7...
R> $ VERSAO                <dbl> 10, 10, 10, 10, 10, 10...
R> $ person.name           <chr> "Paula Nogueira Linden...
R> $ person.cpf            <dbl> 26712117836, 256612158...
R> $ person.profession     <chr> "Administradora", "Eng...
R> $ person.cv             <chr> "Nos últimos 5 anos, o...
R> $ person.dob            <date> NA, NA, NA, NA, NA, N...
R> $ code.type.board       <chr> "1", "1", "1", "1", "1...
R> $ desc.type.board       <chr> "Director", "Director"...
R> $ desc.type.board2      <chr> "Diretora de Marketing...
R> $ code.type.job         <chr> "19", "19", "19", "19"...
R> $ desc.job              <chr> "Não aplicável, uma ve...
R> $ date.election         <date> 2016-05-11, 2016-05-1...
R> $ date.effective        <date> 2016-05-11, 2016-05-1...
R> $ mandate.duration      <chr> "11/05/2019", "30/06/2...
R> $ ellected.by.controller <lgl> TRUE, TRUE, TRUE, TRUE...
R> $ qtd.consecutive.mandates <dbl> 2, 2, 2, 2, 2, 1, 2, 1...
R> $ percentage.participation <dbl> 0, 0, 0, 0, 0, 0, 0, 0...
```

Como podemos ver, para um pesquisador de finanças corporativas, o sistema FRE oferece uma série de informações interessantes. Discutir o conteúdo de cada tabela, porém, vai muito além do propósito dessa seção. Aos interessados, mais detalhes sobre as tabelas do FRE estão disponíveis em Perlin et al. (2018).

 Note que a importação dos dados do FRE inclui uma versão dos arquivos. Toda vez que uma empresa modifica as informações oficiais no sistema da B3, uma nova versão do FRE é criada. Devido a isso, é bastante comum que os dados de um ano para uma empresa possua diferentes versões. Para resolver este problema, o código do GetFREData, por *default*, importa a versão mais antiga para cada ano. Caso o usuário queira mudar, basta utilizar a entrada fre_to_read.

5.7 Outros Pacotes

Nas seções anteriores destacamos os principais pacotes gratuitos para aquisição de dados financeiros e econômicos no Brasil. Muitos desses foram escritos pelo próprio autor do livro e representam uma pequena parcela da totalidade. Não seria justo ignorar o trabalho de outros autores. Assim, reporto abaixo uma seleção de pacotes que vale a pena conhecer:

5.7.1 Pacotes de Acesso Gratuito

BETS (Ferreira et al., 2018) Pacote construído e mantido pela equipe da FGV. Permite o acesso aos dados do BCB (Banco Central do Brasil) e IBGE (Instituto Brasileiro de Geografia e Estatística). Também inclui ferramentas para a administração, análise e manipulação dos dados em relatórios técnicos.

simfinR (Perlin, 2020c) Pacote para acesso ao projeto simfin, incluindo dados financeiros de diversas empresas internacionais. O acesso livre é restrito a um número de chamadas diárias.

TFX (See, 2012) Permite acesso aos dados do mercado de câmbio via True FX.

5.7.2 Pacotes Comerciais

Rblpapi (Armstrong et al., 2019) Permite acesso aos dados da Bloomberg, sendo necessário uma conta comercial.

IBrokers (Ryan, 2014) API para o acesso aos dados da Interactive Brokers. Também é necessário uma conta comercial.

No CRAN você encontrará muitos outros. A interface para fontes de dados comerciais também é possível. Várias empresas fornecem APIs para facilitar o envio de dados aos seus clientes. Se a empresa de fornecimento de dados que você usa no trabalho não for apresentada aqui, a lista de pacotes CRAN pode ajudá-lo a encontrar uma alternativa viável.

5.8 Acessando Dados de Páginas na Internet (*Webscraping*)

Os pacotes destacados anteriormente são muito úteis pois facilitam a importação de dados específicos diretamente da internet. Em muitos casos, porém, os dados de interesse não estão disponíveis via API formal, mas sim em uma página na internet - geralmente no formato de uma tabela. O processo de extrair informações de páginas da internet chama-se *webscraping* (raspagem de dados). Dependendo da estrutura e da tecnologia da página da *web* acessada, importar essas informações diretamente para o R pode ser um procedimento trivial – mas também pode se tornar um processo extremamente trabalhoso. Como um exemplo, a seguir vamos raspar dados do Wikipedia sobre a composição do índice SP500.

5.8.1 Raspando Dados do Wikipedia

Em seu site, a Wikipedia oferece uma seção[4] com os componentes do Índice SP500. Essas informações são apresentadas em um formato tabular, Figura 5.1.

---

[4]https://en.wikipedia.org/wiki/List_of_S%26P_500_companies

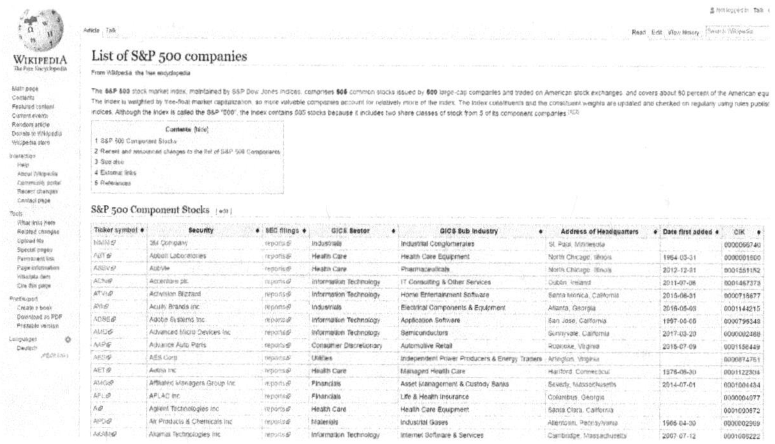

Figura 5.1: Imagem da página do Wikipedia

As informações desta página são constantemente atualizadas, e podemos utilizá-las para importar informações sobre as ações pertencentes ao índice SP500. Antes de nos aprofundarmos no código R, precisamos entender como uma página da web funciona. Resumidamente, uma página da web nada mais é do que uma árvore com nódulos, representada por um código HTML (*Hypertext Markup Language*) extenso interpretado pelo seu navegador. Um valor numérico ou texto apresentado no site geralmente pode ser encontrado dentro do próprio código. Este código tem uma estrutura particular em forma de árvore com ramificações, classes, nomes e identificadores. Além disso, cada elemento de uma página da web possui um endereço, denominado *xpath*. Nos navegadores Chrome e Firefox, você pode ver o código HTML de uma página da web usando o mouse. Para isto, basta clicar com o botão direito em qualquer parte da página e selecionar *View Page Source* (ou "Ver Código Fonte").

A primeira etapa do processo de raspagem de dados é descobrir a localização das informações de que você precisa. No navegador Chrome, você pode fazer isso clicando com o botão direito no local específico do número/texto no site e selecionando *inspect*. Isso abrirá uma janela extra no navegador a direita. Depois de fazer isso, clique com o botão direito na seleção e escolha *copy* e *copy xpath*. Na Figura 5.2, vemos um espelho do que você deve estar vendo em seu navegador.

Aqui, o texto copiado é:

```
'//*[@id="mw-content-text"]/table[1]/thead/tr/th[2]'
```

Este é o endereço do cabeçalho da tabela. Para todo o conteúdo da tabela, incluindo cabeçalho, linhas e colunas, precisamos definir um nível superior da árvore. Isso é equivalente ao endereço `//*[@id=" mw-content-text"]/table[1]`.

Figura 5.2: Encontrando o xpath da tabela

Agora que temos a localização do que queremos, vamos carregar o pacote **rvest** (Wickham, 2020b) e usar as funções `read_html`, `html_nodes` e`html_table` para importar a tabela desejada para o R:

```r
library(rvest)

# set url and xpath
my_url <- 'https://en.wikipedia.org/wiki/List_of_S%26P_500_companies'
my_xpath <- '//*[@id="mw-content-text"]/div/table[1]'

# get nodes from html
out_nodes <- html_nodes(read_html(my_url),
                        xpath = my_xpath)

# get table from nodes (each element in
# list is a table)
df_SP500_comp <- html_table(out_nodes)

# isolate it
df_SP500_comp <- df_SP500_comp[[1]]

# change column names (remove space)
names(df_SP500_comp) <- make.names(names(df_SP500_comp))

# print it
glimpse(df_SP500_comp)

R> Rows: 505
R> Columns: 9
```

```
R> $ Symbol                <chr> "MMM", "ABT", "ABBV"...
R> $ Security              <chr> "3M Company", "Abbot...
R> $ SEC.filings           <chr> "reports", "reports"...
R> $ GICS.Sector           <chr> "Industrials", "Heal...
R> $ GICS.Sub.Industry     <chr> "Industrial Conglome...
R> $ Headquarters.Location <chr> "St. Paul, Minnesota...
R> $ Date.first.added      <chr> "1976-08-09", "1964-...
R> $ CIK                   <int> 66740, 1800, 1551152...
R> $ Founded               <chr> "1902", "1888", "201...
```

O objeto df_SP500_comp contém um espelho dos dados do site da Wikipedia. Os nomes das colunas requerem algum trabalho de limpeza, mas o principal está ali. Observe como a saída é semelhante aos dados da função BatchGetSymbols::GetSP500Stocks. A razão é simples, ambas buscaram a informação na mesma origem. A diferença é que função GetSP500Stocks vai um passo além, limpando os dados importados.

5.9 Exercícios

Todas soluções de exercícios estão disponíveis em https://www.msperlin.com/adfeR.

01 - Utilizando pacote BatchGetSymbols, baixe os dados diários da ação MDIA3 no *Yahoo Finance* para o período entre 2019 e 2020. Qual o preço **não ajustado de fechamento (coluna price.close)** mais baixo no período analisado? Dica: todas ações brasileiras tem o prefixo ".SA" em seu ticker do Yahoo Finance. Portanto, as ações ordinárias da fabricante de massas MDias são representadas pelo símbolo MDIA3.SA.

02 - Caso não o tenha feito, crie um perfil no site do Quandl e baixe os dados de preços de café arábica no banco de dados do CEPEA (Centro de Estudos Avançados em Economia Aplicada) entre 2010-01-01 e 2020-12-31. Qual é o valor do preço mais recente?

03 - Utilize pacote GetBCBData para baixar dados do IPCA mensal entre 2010-01-01 e 2020-12-31. Para os dados importados, qual é a data com o maior valor mensal de inflação?

a) 2020-12-01
b) 2016-07-01
c) 2013-10-01
d) 2020-05-01
e) 2019-01-01

04 - Utilizando função GetDFPData2::get_info_companies, baixe informações sobre as ações negociadas na B3. Qual é a empresa **ativa** (veja coluna SIT_REG) mais

antiga da amostra de acordo com sua data de registro (coluna `DT_REG`)?

a) INVEST.E PART.EM INFRA-ESTR.S/A-INVEPAR
b) INDÚSTRIAS ROMI S.A.
c) GRENDENE SA
d) PORTO SEGURO SA
e) FIACAO E TECELAGEM SAO JOSE S/A - EM RECUPERAÇÃO JUDI-
CIAL

05 - Usando pacote `GetDFPData2`, baixe os demostrativos financeiros consolidados da empresa Petrobrás para o ano de 2019. Qual foi o seu lucro líquido no final do exercício (x1000)?

a) R$63.410.685
b) R$71.701.579
c) R$46.828.897
d) R$55.119.791
e) R$40.970.000

06 - Com base no pacote `GetTDData`, baixe dados para títulos do tipo LTN (Letras Financeiras do Tesouro). Qual o preço mais baixo para o título LTN 010121?

Capítulo 6

Dataframes e outros Objetos

No R, tudo é um objeto. Sempre que chamamos uma função, tal como nos exemplos dos capítulos anteriores, ela nos retorna um objeto. Cada tipo ou classe de objeto terá uma série de propriedades diferentes. Por exemplo, um `dataframe` pode ser incrementado com novas colunas ou linhas. Uma coluna numérica de um `dataframe` pode interagir com outros valores numéricos através de operações de multiplicação, divisão e soma. Para colunas com textos, porém, tal propriedade não é válida, uma vez que não faz sentido somar um valor numérico a um texto ou dividir um texto por outro. Entretanto, a classe de texto tem outras propriedades, como a que permite procurar uma determinada sequência textual dentro de um texto maior, a manipulação de partes do texto e a substituição de caracteres específicos, dentre tantas outras possibilidades. **Um dos aspectos mais importantes no trabalho com o R é o aprendizado das classes de objetos e as suas funcionalidades.**

As classes básicas de objetos no R inclui valores numéricos, caracteres (texto), fatores, datas, entre vários outros casos. Na prática, porém, as classes básicas são armazenadas em estruturas de dados mais complexas, tal como `dataframes` e listas. Isso organiza e facilita o trabalho. Imagine realizar um estudo sobre as *63* ações que compõem o índice Ibovespa, onde a base de dados é composta por preços e volumes negociados ao longo de um ano. Caso fôssemos criar um vetor numérico de preços e de volumes para cada ação, teríamos uma quantidade de *126* objetos para lidar no nosso *enviromnent*. Apesar de ser possível trabalhar dessa forma, o código resultante seria desorganizado, difícil de entender e passível de uma série de erros.

Uma maneira mais simples de organizar os nossos dados é criar um objeto com o nome `my_data` e alocar todos os preços e volumes ali. Todas as informações necessárias para executar a pesquisa estariam nesse objeto, facilitando a importação e exportação dos dados. Esses objetos que armazenam outros objetos de classe básica

149

constituem a classe de estrutura de dados. Nessa classificação, estão incluídas listas (`list`), matrizes (`matrix`) e tabelas (`dataframes`).

6.1 Dataframes

Traduzindo para o português, `dataframe` significa "estrutura ou organização de dados". Grosso modo, um objeto da classe dataframe nada mais é do que uma tabela com linhas e colunas. Sem dúvida, **o `dataframe` é o principal objeto utilizado no trabalho com o R e o mais importante de se estudar.** Dados externos são, grande maioria dos casos, importados para o R no formato de tabelas. É na manipulação desses que gastará maior parte do tempo realizando a sua análise. Internamente, um `dataframe` é um tipo especial de lista, onde cada coluna é um vetor atômico com o mesmo número de elementos, porém com sua própria classe. Podemos organizar em um dataframe dados de texto juntamente com números, por exemplo.

Note que o formato tabular força a sincronização dos dados no sentido de linhas, isto é, cada caso de cada variável deve ser pareado com casos de outras variáveis. Apesar de simples, esse tipo de estruturação de dados é intuitiva e pode acomodar uma variedade de informações. Cada acréscimo de dados (informações) incrementa as linhas e cada novo tipo de informação incrementa as colunas da tabela.

Um dos pontos positivos na utilização do dataframe para a acomodação de dados é que funções de diferentes pacotes irão funcionar a partir dessa classe de objetos. Por exemplo, o pacote de manipulação de dados `dplyr`, assim como o pacote de criação de figuras `ggplot2`, funcionam a partir de um `dataframe`. Esse objeto, portanto, está no centro de uma série de funcionalidades do R e, sem dúvida, é uma classe de objeto extremamente importante para aprender a utilizar corretamente.

O objeto dataframe é uma das classes nativas do R e vem implementado no pacote `base`. Entretanto, o universe `tidyverse` oferece sua própria versão de um `dataframe`, chamada `tibble`, a qual é utilizada sistematicamente em todos pacotes do `tidyverse`. A conversão de um dataframe para `tibble` é interna e automática. O `tibble` possui propriedades mais flexíveis que `dataframes` nativos, facilitando de forma significativa o seu uso. Seguindo a nossa preferência para o `tidyverse`, a partir de agora iremos utilizar `tibbles` como representantes de `dataframes`.

6.1.1 Criando `dataframes`

A criação de um dataframe do tipo `tibble` ocorre a partir da função `tibble`. Note que a criação de um `dataframe` nativo ocorre com a função `base::data.frame`, enquanto a criação do `tibble` parte da função `tibble::tibble` ou `dplyr::tibble`. Para manter o código mais limpo, iremos dar preferência a `dplyr::tibble` e utilizar o nome *dataframe* para se referir a um `tibble`. Veja o exemplo a seguir, onde criamos uma tabela correspondente a dados financeiros de diferentes ações.

```r
library(tibble)

# set tickers
ticker <- c(rep('ABEV3',4),
            rep('BBAS3', 4),
            rep('BBDC3', 4))

# set dates
ref_date <- as.Date(rep(c('2010-01-01', '2010-01-04',
                          '2010-01-05', '2010-01-06'),
                        3) )

# set prices
price <- c(736.67, 764.14, 768.63, 776.47,
           59.4  , 59.8  , 59.2  , 59.28,
           29.81 , 30.82 , 30.38 , 30.20)

# create tibble/dataframe
my_df <- tibble(ticker, ref_date , price)

# print it
print(my_df)
```

```
R> # A tibble: 12 x 3
R>    ticker ref_date    price
R>    <chr>  <date>      <dbl>
R>  1 ABEV3  2010-01-01 737.
R>  2 ABEV3  2010-01-04 764.
R>  3 ABEV3  2010-01-05 769.
R>  4 ABEV3  2010-01-06 776.
R>  5 BBAS3  2010-01-01  59.4
R>  6 BBAS3  2010-01-04  59.8
R>  7 BBAS3  2010-01-05  59.2
R>  8 BBAS3  2010-01-06  59.3
R>  9 BBDC3  2010-01-01  29.8
R> 10 BBDC3  2010-01-04  30.8
R> 11 BBDC3  2010-01-05  30.4
R> 12 BBDC3  2010-01-06  30.2
```

Observe que utilizamos a função `rep` para replicar e facilitar a criação dos dados do `dataframe` anterior. Assim, não é necessário repetir os valores múltiplas vezes. Destaca-se que, no uso dos `dataframes`, podemos salvar todos os nossos dados em um único objeto, facilitando o acesso e a organização do código resultante.

 O conteúdo de `dataframes` também pode ser visualizado no próprio RStudio. Para isso, basta clicar no nome do objeto na aba *environment*, canto superior direito da tela. Após isso, um visualizador aparecerá na tela principal do programa. Essa operação é nada mais que uma chamada a função `utils::View`. Portanto, poderíamos visualizar o `dataframe` anterior executando o comando `View(my_df)`.

6.1.2   Inspecionando um `dataframe`

Após a criação do `dataframe`, o segundo passo é conhecer o seu conteúdo. Particularmente, é importante tomar conhecimento dos seguintes itens em ordem de importância:

Número de linhas e colunas O número de linhas e colunas da tabela resultante indicam se a operação de importação foi executada corretamente. Caso os valores forem diferentes do esperado, deve-se checar o arquivo de importação dos dados e se as opções de importação fazem sentido para o arquivo.

Nomes das colunas É importante que a tabela importada tenha nomes que façam sentido e que sejam fáceis de acessar. Portanto, o segundo passo na inspeção de um `dataframe` é analisar os nomes das colunas e seus respectivos conteúdos. Confirme que cada coluna realmente apresenta um nome intuitivo.

Classes das colunas Cada coluna de um `dataframe` tem sua própria classe. É de suma importância que as classes dos dados estejam corretamente especificadas. Caso contrário, operações futuras podem resultar em um erro. Por exemplo, caso um vetor de valores numéricos seja importado com a classe de texto (`character`), qualquer operação matemática nesse vetor irá resultar em um erro no R.

Existência de dados omissos (`NA`) Devemos também verificar o número de valores `NA` (*not available*) nas diferentes colunas. Sempre que você encontrar uma grande proporção de valores `NA` na tabela importada, você deve descobrir o que está acontecendo e se a informação está sendo importada corretamente. Conforme mencionado no capítulo anterior, os valores `NA` são contagiosos e transformarão qualquer objeto que interagir com um `NA`, também se tornará um `NA`.

Uma das funções mais recomendadas para se familiarizar com um `dataframe` é `dplyr::glimpse`. Essa mostra na tela o nome e a classe das colunas, além do número de linhas/colunas. Abusamos dessa função nos capítulos anteriores. Veja um exemplo simples a seguir:

```
library(dplyr)

# check content of my_df
glimpse(my_df)
```

```
R> Rows: 12
R> Columns: 3
R> $ ticker   <chr> "ABEV3", "ABEV3", "ABEV3", "ABEV3", "B...
R> $ ref_date <date> 2010-01-01, 2010-01-04, 2010-01-05, 2...
R> $ price    <dbl> 736.67, 764.14, 768.63, 776.47, 59.40,...
```

Em muitas situações, o uso de glimpse é suficiente para entender se o processo de importação de dados ocorreu de forma satisfatória. Porém, uma análise mais profunda é entender qual a variação de cada coluna nos dados importados. Aqui entra o papel da função base::summary:

```
# check variation my_df
summary(my_df)
```

```
R>     ticker             ref_date              price
R> Length:12         Min.   :2010-01-01   Min.   : 29.81
R> Class :character  1st Qu.:2010-01-03   1st Qu.: 30.71
R> Mode  :character  Median :2010-01-04   Median : 59.34
R>                   Mean   :2010-01-04   Mean   :283.73
R>                   3rd Qu.:2010-01-05   3rd Qu.:743.54
R>                   Max.   :2010-01-06   Max.   :776.47
```

Note que summary interpreta cada coluna de forma diferente. Para o primeiro caso, coluna ticker, mostra apenas o tamanho do vetor. No caso de datas e valores numéricos, essa apresenta o máximo, mínimo, mediana e quartis. Por exemplo, uma observação extrema (*outlier*) poderia ser facilmente identificada na análise da saída textual de summary.

 Toda vez que se deparar com um novo dataframe no R, pegue o hábito de verificar o seu conteúdo com funções dplyr::glimpse e base::summary. Assim, poderá perceber problemas de importação e/ou conteúdo dos arquivos lidos. Com experiência irás perceber que muitos erros futuros em código podem ser sanados por uma simples inspeção das tabelas importadas.

6.1.3 Operador de *pipeline* (%>%)

Uma característica importante do universo `tidyverse` é o uso extensivo do operador de *pipeline*, primeiro proposto por Bache and Wickham (2020) e definido pelo símbolo `%>%`. Esse comando permite que operações de dados sejam realizadas de forma sequencial e modular, como em uma *tubulação*, facilitando a otimização e legibilidade do código resultante.

Imagine uma situação onde temos três funções para aplicar nos dados salvos em um `dataframe`. Cada função depende da saída de outra função. Isso requer o encadeamento de suas chamadas. Usando o operador de *pipeline*, podemos escrever o procedimento de manipulação `dataframe` com o seguinte código:

```
my_tab <- my_df %>%
  fct1(arg1) %>%
  fct2(arg2) %>%
  fct3(arg3)
```

Usamos símbolo `%>%` no final de cada linha para vincular as operações. As funções `fct*` são operações realizadas em cada etapa. O resultado de cada linha é passado para a próxima função de forma sequencial. Assim, não há necessidade de criar objetos intermediários. Veja a seguir duas formas alternativas de realizar a mesma operação sem o operador de *pipeline*:

```
# version 1
my_tab <- fct3(fct2(fct1(my_df,
                         arg1),
                arg2),
           arg1)

# version 2
temp1 <- fct1(my_df, arg1)
temp2 <- fct2(temp1, arg2)
my_tab <- fct3(temp1, arg3)
```

Observe como as alternativas formam um código com estrutura estranha e passível a erros. Provavelmente não deves ter notado, mas ambos os códigos possuem erros de digitação. Para o primeiro, o último `arg1` deveria ser `arg3` e, no segundo, a função `fct3` está usando o `dataframe` `temp1` e não `temp2`. Este exemplo deixa claro como o uso de *pipelines* torna o código mais elegante e legível. A partir de agora iremos utilizar o operador `%>%` de forma extensiva.

6.1.4 Acessando Colunas

Um objeto do tipo `dataframe` utiliza-se de diversos comandos e símbolos que também são usados em matrizes e listas. Para descobrir os nomes das colunas de um `dataframe`, temos duas funções: `names` ou `colnames`:

```
# check names of df
names(my_df)
```

```
R> [1] "ticker"    "ref_date" "price"
colnames(my_df)
```

```
R> [1] "ticker"    "ref_date" "price"
```

Ambas também podem ser usadas para modificar os nomes das colunas:

```
# set temp df
temp_df <- my_df
```

```
# check names
names(temp_df)
```

```
R> [1] "ticker"    "ref_date" "price"
# change names
names(temp_df) <- paste0('Col', 1:ncol(temp_df))
```

```
# check names
names(temp_df)
```

```
R> [1] "Col1" "Col2" "Col3"
```

Destaca-se que a forma de usar `names` é bastante distinta das demais funções do R. Nesse caso, utilizamos a função ao lado esquerdo do símbolo de `assign` (`<-`). Internamente, o que estamos fazendo é definindo um atributo do objeto `temp_df`, o nome de suas colunas.

Para acessar uma determinada coluna, podemos utilizar o nome da mesma:

```
# isolate columns of df
my_ticker <- my_df$ticker
my_prices <- my_df[['price']]
```

```
# print contents
print(my_ticker)
```

```
R>  [1] "ABEV3" "ABEV3" "ABEV3" "ABEV3" "BBAS3" "BBAS3" "BBAS3"
```

```
R>   [8] "BBAS3" "BBDC3" "BBDC3" "BBDC3" "BBDC3"
print(my_prices)
```

```
R>   [1] 736.67 764.14 768.63 776.47  59.40  59.80  59.20  59.28
R>   [9]  29.81  30.82  30.38  30.20
```

Note o uso do duplo colchetes ([[]]) para selecionar colunas. Vale apontar que, no R, **um objeto da classe dataframe é representado internamente como uma lista**, onde cada elemento é uma coluna. Isso é importante saber, pois alguns comandos de listas também funcionam para **dataframes**. Um exemplo é o uso de duplo colchetes ([[]]) para selecionar colunas por posição:

```
print(my_df[[2]])
```

```
R>   [1] "2010-01-01" "2010-01-04" "2010-01-05" "2010-01-06"
R>   [5] "2010-01-01" "2010-01-04" "2010-01-05" "2010-01-06"
R>   [9] "2010-01-01" "2010-01-04" "2010-01-05" "2010-01-06"
```

Para acessar linhas e colunas específicas de um **dataframe**, basta utilizar colchetes simples:

```
print(my_df[1:5,2])
```

```
R> # A tibble: 5 x 1
R>   ref_date
R>   <date>
R> 1 2010-01-01
R> 2 2010-01-04
R> 3 2010-01-05
R> 4 2010-01-06
R> 5 2010-01-01
```

```
print(my_df[1:5,c(1,2)])
```

```
R> # A tibble: 5 x 2
R>   ticker ref_date
R>   <chr>  <date>
R> 1 ABEV3  2010-01-01
R> 2 ABEV3  2010-01-04
R> 3 ABEV3  2010-01-05
R> 4 ABEV3  2010-01-06
R> 5 BBAS3  2010-01-01
```

```
print(my_df[1:5, ])
```

```
R> # A tibble: 5 x 3
```

```
R>   ticker ref_date    price
R>   <chr>  <date>      <dbl>
R> 1 ABEV3  2010-01-01 737.
R> 2 ABEV3  2010-01-04 764.
R> 3 ABEV3  2010-01-05 769.
R> 4 ABEV3  2010-01-06 776.
R> 5 BBAS3  2010-01-01  59.4
```

Essa seleção de colunas também pode ser realizada utilizando o nome das mesmas da seguinte forma:

```
print(my_df[1:3, c('ticker','price')])
```

```
R> # A tibble: 3 x 2
R>   ticker price
R>   <chr>  <dbl>
R> 1 ABEV3   737.
R> 2 ABEV3   764.
R> 3 ABEV3   769.
```

ou, pelo operador de *pipeline* e a função dplyr::select:

```
library(dplyr)
```

```
my.temp <- my_df %>%
  select(ticker, price) %>%
  glimpse()
```

```
R> Rows: 12
R> Columns: 2
R> $ ticker <chr> "ABEV3", "ABEV3", "ABEV3", "ABEV3", "BBA...
R> $ price  <dbl> 736.67, 764.14, 768.63, 776.47, 59.40, 5...
```

6.1.5   Modificando um dataframe

Para criar novas colunas em um dataframe, basta utilizar a função mutate. Aqui iremos abusar do operador de *pipeline* (%>%) para sequenciar as operações:

```
library(dplyr)
```

```
# add columns with mutate
my_df <- my_df %>%
  mutate(ret = price/lag(price) -1,
         my_seq1 = 1:nrow(my_df),
         my_seq2 =  my_seq1 +9) %>%
  glimpse()
```

```
R> Rows: 12
R> Columns: 6
R> $ ticker   <chr> "ABEV3", "ABEV3", "ABEV3", "ABEV3", "B...
R> $ ref_date <date> 2010-01-01, 2010-01-04, 2010-01-05, 2...
R> $ price    <dbl> 736.67, 764.14, 768.63, 776.47, 59.40,...
R> $ ret      <dbl> 0, 0, 0, 0, 0, 0, 0, 0, 0, 0, 0, 0
R> $ my_seq1  <int> 1, 2, 3, 4, 5, 6, 7, 8, 9, 10, 11, 12
R> $ my_seq2  <dbl> 10, 11, 12, 13, 14, 15, 16, 17, 18, 19...
```

Note que precisamos indicar o `dataframe` de origem dos dados, nesse caso o objeto `my_df`, e as colunas são definidas como argumentos em `dplyr::mutate`. Observe também que usamos a coluna `price` na construção de `ret`, o retorno aritmético dos preços. Um caso especial é a construção de `my_seq2` com base em `my_seq1`, isto é, antes mesmo dela ser explicitamente calculada já é possível utilizar a nova coluna para criar outra. Vale salientar que a nova coluna deve ter exatamente o mesmo número de elementos que as demais. Caso contrário, o R retorna uma mensagem de erro.

A maneira mais tradicional, e comumente encontrada em código, para criar novas colunas é utilizar o símbolo `$`:

```
# add new column with base R
my_df$my_seq3 <- 1:nrow(my_df)

# check it
glimpse(my_df)
```

```
R> Rows: 12
R> Columns: 7
R> $ ticker   <chr> "ABEV3", "ABEV3", "ABEV3", "ABEV3", "B...
R> $ ref_date <date> 2010-01-01, 2010-01-04, 2010-01-05, 2...
R> $ price    <dbl> 736.67, 764.14, 768.63, 776.47, 59.40,...
R> $ ret      <dbl> 0, 0, 0, 0, 0, 0, 0, 0, 0, 0, 0, 0
R> $ my_seq1  <int> 1, 2, 3, 4, 5, 6, 7, 8, 9, 10, 11, 12
R> $ my_seq2  <dbl> 10, 11, 12, 13, 14, 15, 16, 17, 18, 19...
R> $ my_seq3  <int> 1, 2, 3, 4, 5, 6, 7, 8, 9, 10, 11, 12
```

Portanto, o operador `$` vale tanto para acessar quanto para criar novas colunas.

Para remover colunas de um `dataframe`, basta usar `dplyr::select` com operador negativo para o nome das colunas indesejadas:

```
# removing columns
my_df_temp <- my_df %>%
```

```
select(-my_seq1, -my_seq2, -my_seq3) %>%
glimpse()
```

```
R> Rows: 12
R> Columns: 4
R> $ ticker   <chr> "ABEV3", "ABEV3", "ABEV3", "ABEV3", "B...
R> $ ref_date <date> 2010-01-01, 2010-01-04, 2010-01-05, 2...
R> $ price    <dbl> 736.67, 764.14, 768.63, 776.47, 59.40,...
R> $ ret      <dbl> 0, 0, 0, 0, 0, 0, 0, 0, 0, 0, 0, 0
```

No uso de funções nativas do R, a maneira tradicional de remover colunas é alocar o valor nulo (NULL):

```
# set temp df
temp_df <- my_df
```

```
# remove cols
temp_df$price <- NULL
temp_df$ref_date  <- NULL
```

```
# check it
glimpse(temp_df)
```

```
R> Rows: 12
R> Columns: 5
R> $ ticker  <chr> "ABEV3", "ABEV3", "ABEV3", "ABEV3", "BB...
R> $ ret     <dbl> 0, 0, 0, 0, 0, 0, 0, 0, 0, 0, 0, 0
R> $ my_seq1 <int> 1, 2, 3, 4, 5, 6, 7, 8, 9, 10, 11, 12
R> $ my_seq2 <dbl> 10, 11, 12, 13, 14, 15, 16, 17, 18, 19,...
R> $ my_seq3 <int> 1, 2, 3, 4, 5, 6, 7, 8, 9, 10, 11, 12
```

6.1.6   Filtrando um dataframe

Uma operação bastante comum no R é filtrar linhas de uma tabela de acordo com uma ou mais condições. Por exemplo, caso quiséssemos apenas os dados da ação ABEV3, poderíamos utilizar a função dplyr::filter para filtrar a tabela:

```
library(dplyr)
```

```
# filter df for single stock
my_df_temp <- my_df %>%
  filter(ticker == 'ABEV3') %>%
  glimpse()
```

```
R> Rows: 4
R> Columns: 7
R> $ ticker   <chr> "ABEV3", "ABEV3", "ABEV3", "ABEV3"
R> $ ref_date <date> 2010-01-01, 2010-01-04, 2010-01-05, 2...
R> $ price    <dbl> 736.67, 764.14, 768.63, 776.47
R> $ ret      <dbl> 0, 0, 0, 0
R> $ my_seq1  <int> 1, 2, 3, 4
R> $ my_seq2  <dbl> 10, 11, 12, 13
R> $ my_seq3  <int> 1, 2, 3, 4
```

A função também aceita mais de uma condição. Veja a seguir onde filtramos os dados para 'ABEV3' em datas após ou igual a '2010-01-05':

```
library(dplyr)
# filter df for single stock and date
my_df_temp <- my_df %>%
  filter(ticker == 'ABEV3',
         ref_date >= as.Date('2010-01-05')) %>%
  glimpse()
```

```
R> Rows: 2
R> Columns: 7
R> $ ticker   <chr> "ABEV3", "ABEV3"
R> $ ref_date <date> 2010-01-05, 2010-01-06
R> $ price    <dbl> 768.63, 776.47
R> $ ret      <dbl> 0, 0
R> $ my_seq1  <int> 3, 4
R> $ my_seq2  <dbl> 12, 13
R> $ my_seq3  <int> 3, 4
```

Aqui utilizamos o símbolo == para testar uma igualdade. Iremos estudar mais profundamente a classe de testes lógicos no capítulo 7.

6.1.7 Ordenando um dataframe

Após a criação ou importação de um dataframe, pode-se ordenar seus componentes de acordo com os valores de alguma coluna. Um caso bastante comum em que é necessário realizar uma ordenação explícita é quando importamos dados financeiros em que as datas não estão em ordem crescente. Na grande maioria das situações, dados temporais devem estar ordenados de acordo com a antiguidade, isto é, dados mais recentes são alocados na última linha da tabela. Essa operação é realizada através do uso da função base::order ou dplyr::arrange.

Como exemplo, considere a criação de um dataframe com os valores a seguir:

```
library(tidyverse)

# set df
my_df <- tibble(col1 = c(4,1,2),
                col2 = c(1,1,3),
                col3 = c('a','b','c'))

# print it
print(my_df)
```

```
R> # A tibble: 3 x 3
R>    col1  col2 col3
R>   <dbl> <dbl> <chr>
R> 1     4     1 a
R> 2     1     1 b
R> 3     2     3 c
```

A função `order` retorna os índices relativos à ordenação dos valores dados como entrada. Para o caso da primeira coluna de `my_df`, os índices dos elementos formadores do novo vetor, com seus valores ordenados em forma crescente, são:

```
idx <- order(my_df$col1)
print(idx)
```

```
R> [1] 2 3 1
```

Portanto, ao utilizar a saída da função `order` como indexador do `dataframe`, acaba-se ordenando o mesmo de acordo com os valores da coluna `col1`. Veja a seguir:

```
my_df_2 <- my_df[order(my_df$col1), ]
print(my_df_2)
```

```
R> # A tibble: 3 x 3
R>    col1  col2 col3
R>   <dbl> <dbl> <chr>
R> 1     1     1 b
R> 2     2     3 c
R> 3     4     1 a
```

Essa operação de ordenamento também pode ser realizada levando em conta mais de uma coluna. Veja o exemplo a seguir, onde se ordena o `dataframe` pelas colunas `col2` e `col1`.

```
idx <- order(my_df$col2, my_df$col1)
my_df_3 <- my_df[idx, ]
```

```
print(my_df_3)

R> # A tibble: 3 x 3
R>   col1  col2 col3
R>   <dbl> <dbl> <chr>
R> 1    1    1 b
R> 2    4    1 a
R> 3    2    3 c
```

No tidyverse, a forma de ordenar dataframes é pelo uso da função arrange. No caso de ordenamento decrescente, encapsulamos o nome das colunas com desc:

```
# sort ascending, by col1 and col2
my_df <- my_df %>%
  arrange(col1, col2) %>%
  print()

R> # A tibble: 3 x 3
R>   col1  col2 col3
R>   <dbl> <dbl> <chr>
R> 1    1    1 b
R> 2    2    3 c
R> 3    4    1 a
# sort descending, col1 and col2
my_df <- my_df %>%
  arrange(desc(col1), desc(col2)) %>%
  print()

R> # A tibble: 3 x 3
R>   col1  col2 col3
R>   <dbl> <dbl> <chr>
R> 1    4    1 a
R> 2    2    3 c
R> 3    1    1 b
```

O resultado prático no uso de arrange é o mesmo de order. Um dos seus benefícios é a possibilidade de encadeamento de operações através do uso do *pipeline*.

6.1.8   Combinando e Agregando dataframes

Em muitas situações de análise de dados será necessário juntar dataframes distintos em um único objeto. Tabelas diferentes são importadas no R e, antes de analisar os dados, precisamos combinar as informações em um único objeto. Nos casos mais simples, onde as tabelas a serem agregadas possuem o mesmo formato, nós as juntamos de acordo com as linhas, verticalmente, ou colunas, horizontalmente. Para esse fim, temos as funções dplyr::bind_rows e dlyr::bind_cols no tidyverse e base::rbind e base::cbind nas funções nativas do R. Observe o exemplo a seguir.

```
library(dplyr)

# set dfs
my_df_1 <- tibble(col1 = 1:5,
                  col2 = rep('a', 5))

my_df_2 <- tibble(col1 = 6:10,
                  col2 = rep('b', 5),
                  col3 = rep('c', 5))

# bind by row
my_df <- bind_rows(my_df_1, my_df_2) %>%
  glimpse()


R> Rows: 10
R> Columns: 3
R> $ col1 <int> 1, 2, 3, 4, 5, 6, 7, 8, 9, 10
R> $ col2 <chr> "a", "a", "a", "a", "a", "b", "b", "b", "b...
R> $ col3 <chr> NA, NA, NA, NA, NA, "c", "c", "c", "c", "c"
```

Note que, no exemplo anterior, os nomes das colunas são os mesmos. De fato, a função dplyr::bind_rows procura os nomes iguais em ambos os objetos para fazer a junção dos dataframes corretamente. As colunas que não ocorrem em ambos objetos, tal como col3 no exemplo, saem como NA no objeto final. Já para o caso de bind_cols, os nomes das colunas devem ser diferentes, porém o número de linhas deve ser o mesmo.

```
# set dfs
my_df_1 <- tibble(col1 = 1:5, col2 = rep('a', 5))
my_df_2 <- tibble(col3 = 6:10, col4 = rep('b', 5))

# bind by column
my_df <- bind_cols(my_df_1, my_df_2) %>%
  glimpse()


R> Rows: 5
R> Columns: 4
R> $ col1 <int> 1, 2, 3, 4, 5
R> $ col2 <chr> "a", "a", "a", "a", "a"
```

```
R> $ col3 <int> 6, 7, 8, 9, 10
R> $ col4 <chr> "b", "b", "b", "b", "b"
```

Para casos mais complexos, onde a junção deve ser realizada de acordo com algum índice tal como uma data, é possível juntar **dataframes** diferentes com o uso das funções da família dplyr::join* tal como dplyr::inner_join dplyr::left_join, dplyr::full_join, entre outras. A descrição de todas elas não cabe aqui. Iremos descrever apenas o caso mais provável, inner_join. Essa combina os dados, mantendo apenas os casos onde existe o índice em ambos.

```
# set df
my_df_1 <- tibble(date = as.Date('2016-01-01')+0:10,
                  x = 1:11)


my_df_2 <- tibble(date = as.Date('2016-01-05')+0:10,
                  y = seq(20,30, length.out = 11))
```

Note que os **dataframes** criados possuem uma coluna em comum, **date**. A partir desta coluna que agregamos as tabelas com **inner_join**:

```
# aggregate tables
my_df <- inner_join(my_df_1, my_df_2)


R> Joining, by = "date"

glimpse(my_df)


R> Rows: 7
R> Columns: 3
R> $ date <date> 2016-01-05, 2016-01-06, 2016-01-07, 2016-...
R> $ x    <int> 5, 6, 7, 8, 9, 10, 11
R> $ y    <dbl> 20, 21, 22, 23, 24, 25, 26
```

O R automaticamente verifica a existência de colunas com mesmo nome nos **dataframes** e realiza a junção por essas. Caso quiséssemos juntar **dataframes** onde os nomes das colunas para utilizar o índice não são iguais, temos duas soluções: modificar os nomes das colunas ou então utilizar argumento by em dplyr::inner_join. Veja a seguir:

```
# set df
my_df_3 <- tibble(ref_date = as.Date('2016-01-01')+0:10,
                  x = 1:11)


my_df_4 <- tibble(my_date = as.Date('2016-01-05')+0:10,
                  y = seq(20,30, length.out = 11))
```

```
# join by my_df_3$ref_date and my_df_4$my_date
my_df <- inner_join(my_df_3, my_df_4,
                    by = c('ref_date' = 'my_date'))

glimpse(my_df)

R> Rows: 7
R> Columns: 3
R> $ ref_date <date> 2016-01-05, 2016-01-06, 2016-01-07, 2...
R> $ x        <int> 5, 6, 7, 8, 9, 10, 11
R> $ y        <dbl> 20, 21, 22, 23, 24, 25, 26
```

Para o caso de uso da função nativa de agregação de `dataframes`, `base::merge`, temos que indicar explicitamente o nome da coluna com argumento `by`:

```
# aggregation with base R
my_df <- merge(my_df_1, my_df_2, by = 'date')

glimpse(my_df)

R> Rows: 7
R> Columns: 3
R> $ date <date> 2016-01-05, 2016-01-06, 2016-01-07, 2016-...
R> $ x    <int> 5, 6, 7, 8, 9, 10, 11
R> $ y    <dbl> 20, 21, 22, 23, 24, 25, 26
```

Note que, nesse caso, o `dataframe` resultante manteve apenas as informações compartilhadas entre ambos os objetos, isto é, aquelas linhas onde as datas em `date` eram iguais. Esse é o mesmo resultado quando no uso do `dplyr::inner_join`.

As demais funções de agregação de tabelas – `left_join`, `right_join`, `outer_join` e `full_join` – funcionam de forma muito semelhante a `inner_join`, exceto na escolha da saída. Por exemplo, `full_join` retorna todos os casos/linhas entre tabela 1 e 2, incluindo aqueles onde não tem o índice compartilhado. Para estes casos, a coluna do índice sairá como `NA`. Veja o exemplo a seguir:

```
# set df
my_df_5 <- tibble(ref_date = as.Date('2016-01-01')+0:10,
                  x = 1:11)

my_df_6 <- tibble(ref_date = as.Date('2016-01-05')+0:10,
                  y = seq(20,30, length.out = 11))

# combine with full_join
my_df <- full_join(my_df_5, my_df_6)
```

```
R> Joining, by = "ref_date"
# print it
print(my_df)

R> # A tibble: 15 x 3
R>     ref_date       x     y
R>     <date>      <int> <dbl>
R>  1 2016-01-01      1    NA
R>  2 2016-01-02      2    NA
R>  3 2016-01-03      3    NA
R>  4 2016-01-04      4    NA
R>  5 2016-01-05      5    20
R>  6 2016-01-06      6    21
R>  7 2016-01-07      7    22
R>  8 2016-01-08      8    23
R>  9 2016-01-09      9    24
R> 10 2016-01-10     10    25
R> 11 2016-01-11     11    26
R> 12 2016-01-12     NA    27
R> 13 2016-01-13     NA    28
R> 14 2016-01-14     NA    29
R> 15 2016-01-15     NA    30
```

6.1.9   Extensões ao `dataframe`

Como já foi relatado nos capítulos anteriores, um dos grandes benefícios no uso do R é a existência de pacotes para lidar com os problemas específicos dos usuários. Enquanto um objeto tabular do tipo `tibble` é suficiente para a maioria dos casos, existem benefícios no uso de uma classe alternativa. Ao longo do tempo, diversas soluções foram disponibilizadas por desenvolvedores.

Por exemplo, é muito comum trabalharmos com dados exclusivamente numéricos que são indexados ao tempo. Isto é, situações onde cada informação pertence a um índice temporal - um objeto da classe data/tempo. As linhas dessa tabela representam um ponto no tempo, enquanto as colunas indicam variáveis numéricas de interesse. Nesse caso, faria sentido representarmos os nossos dados como objetos do tipo `xts` (Ryan and Ulrich, 2020). O grande benefício dessa opção é que a agregação e a manipulação de variáveis em função do tempo é muito fácil. Por exemplo, podemos transformar dados de frequência diária para a frequência semanal com apenas uma linha de comando. Além disso, diversas outras funções reconhecem automaticamente que os dados são indexados ao tempo. Um exemplo é a criação de uma figura com esses dados. Nesse caso, o eixo horizontal da figura é automaticamente organizado com as datas.

Veja um caso a seguir, onde carregamos os dados anteriores como um objeto `xts`:

```r
library(xts)

# set data
ticker <- c('ABEV3', 'BBAS3','BBDC3')

date <- as.Date(c('2010-01-01', '2010-01-04',
                  '2010-01-05', '2010-01-06'))

price_ABEV3 <- c(736.67, 764.14, 768.63, 776.47)
price_BBAS3 <- c(59.4, 59.8, 59.2, 59.28)
price_BBDC3 <- c(29.81, 30.82, 30.38, 30.20)

# build matrix
my_mat <- matrix(c(price_BBDC3, price_BBAS3, price_ABEV3),
                 nrow = length(date) )

# set xts object
my_xts <- xts(my_mat,
              order.by = date)

# set correct colnames
colnames(my_xts) <- ticker

# check it!
print(my_xts)
```

```
R>            ABEV3 BBAS3  BBDC3
R> 2010-01-01 29.81 59.40 736.67
R> 2010-01-04 30.82 59.80 764.14
R> 2010-01-05 30.38 59.20 768.63
R> 2010-01-06 30.20 59.28 776.47
```

O código anterior pode dar a impressão de que o objeto `my_xts` é semelhante a um `dataframe`, porém, não se engane. Por estar indexado a um vetor de tempo, objeto `xts` pode ser utilizado para uma série de procedimentos temporais, tal como uma agregação por período temporal. Veja o exemplo a seguir, onde agregamos duas variáveis de tempo através do cálculo de uma média a cada semana.

```r
N <- 500

my_mat <- matrix(c(seq(1, N), seq(N, 1)), nrow=N)
```

```
my_xts <- xts(my_mat, order.by = as.Date('2016-01-01')+1:N)

my_xts.weekly.mean <- apply.weekly(my_xts, mean)

print(head(my_xts.weekly.mean))
```

```
R>                X.1   X.2
R> 2016-01-03   1.5 499.5
R> 2016-01-10   6.0 495.0
R> 2016-01-17  13.0 488.0
R> 2016-01-24  20.0 481.0
R> 2016-01-31  27.0 474.0
R> 2016-02-07  34.0 467.0
```

Em Finanças e Economia, as agregações com objetos xts são extremamente úteis quando se trabalha com dados em frequências de tempo diferentes. Por exemplo, é muito comum que se agregue dados de transação no mercado financeiro em alta frequência para intervalos maiores. Assim, dados que ocorrem a cada segundo são agregados para serem representados de 15 em 15 minutos. Esse tipo de procedimento é facilmente realizado no R através da correta representação dos dados como objetos xts. Existem diversas outras funcionalidades desse pacote. Encorajo os usuários a ler o manual e aprender o que pode ser feito.

Indo além, existem diversos outros tipos de **dataframes** customizados. Por exemplo, o **dataframe** proposto pelo pacote **data.table** (Dowle and Srinivasan, 2020) prioriza o tempo de operação nos dados e o uso de uma notação compacta para acesso e processamento. O **tibbletime** (Vaughan and Dancho, 2020) é uma versão orientada pelo tempo para **tibbles**. Caso o usuário esteja necessitando realizar operações de agregação de tempo, o uso deste pacote é fortemente recomendado.

6.1.10 Outras Funções Úteis

head - Retorna os primeiros n elementos de um **dataframe**.

```
my_df <- tibble(col1 = 1:5000, col2 = rep('a', 5000))
head(my_df, 5)
```

```
R> # A tibble: 5 x 2
R>    col1 col2
R>   <int> <chr>
R> 1     1 a
R> 2     2 a
R> 3     3 a
R> 4     4 a
```

```
R> 5        5 a
```

tail - Retorna os últimos **n** elementos de um `dataframe`.

```
tail(my_df, 5)
```

```
R> # A tibble: 5 x 2
R>    col1 col2
R>    <int> <chr>
R> 1  4996 a
R> 2  4997 a
R> 3  4998 a
R> 4  4999 a
R> 5  5000 a
```

complete.cases - Retorna um vetor lógico que testa se as linhas contêm apenas valores existentes e nenhum NA.

```
my_x <- c(1:5, NA, 10)
my_y <- c(5:10, NA)
my_df <- tibble(my_x, my_y)

print(my_df)
```

```
R> # A tibble: 7 x 2
R>    my_x  my_y
R>    <dbl> <int>
R> 1   1     5
R> 2   2     6
R> 3   3     7
R> 4   4     8
R> 5   5     9
R> 6   NA    10
R> 7   10    NA
```

```
print(complete.cases(my_df))
```

```
R> [1]  TRUE  TRUE  TRUE  TRUE  TRUE FALSE FALSE
```

```
print(which(!complete.cases(my_df)))
```

```
R> [1] 6 7
```

na.omit - Retorna um `dataframe` sem as linhas onde valores NA são encontrados.

```
print(na.omit(my_df))
```

```
R> # A tibble: 5 x 2
R>    my_x  my_y
R>    <dbl> <int>
R> 1    1    5
R> 2    2    6
R> 3    3    7
R> 4    4    8
R> 5    5    9
```

unique - Retorna um `dataframe` onde todas as linhas duplicadas são eliminadas e somente os casos únicos são mantidos.

```
my_df <- tibble(col1 = c(1,1,2,3,3,4,5),
                col2 = c('A','A','A','C','C','B','D'))

print(my_df)
```

```
R> # A tibble: 7 x 2
R>    col1 col2
R>    <dbl> <chr>
R> 1    1 A
R> 2    1 A
R> 3    2 A
R> 4    3 C
R> 5    3 C
R> 6    4 B
R> 7    5 D
```

```
print(unique(my_df))
```

```
R> # A tibble: 5 x 2
R>    col1 col2
R>    <dbl> <chr>
R> 1    1 A
R> 2    2 A
R> 3    3 C
R> 4    4 B
R> 5    5 D
```

6.2   Listas

Uma lista (`list`) é uma classe de objeto extremamente flexível e já tivemos contato com ela nos capítulos anteriores. Ao contrário de vetores atômicos, a lista não apresenta restrição alguma em relação aos tipos de elementos nela contidos. Podemos agrupar valores numéricos com caracteres, fatores com datas e até mesmo listas dentro de listas. Quando agrupamos vetores, também não é necessário que os mesmos tenham um número igual de elementos. Além disso, podemos dar um nome a cada elemento. Essas propriedades fazem da lista o objeto mais flexível para o armazenamento e estruturação de dados no R. Não é acidental o fato de que listas são muito utilizadas como retorno de funções.

6.2.1 Criando Listas

Uma lista pode ser criada através do comando `base::list`, seguido por seus elementos separados por vírgula:

```
library(dplyr)

# create list
my_l <- list(c(1, 2, 3),
             c('a', 'b'),
             factor('A', 'B', 'C'),
             tibble(col1 = 1:5))

# use base::print
print(my_l)

R> [[1]]
R> [1] 1 2 3
R>
R> [[2]]
R> [1] "a" "b"
R>
R> [[3]]
R> [1] <NA>
R> Levels: C
R>
R> [[4]]
R> # A tibble: 5 x 1
R>     col1
R>    <int>
R> 1      1
R> 2      2
R> 3      3
R> 4      4
R> 5      5
```

```
# use dplyr::glimpse
glimpse(my_l)
```

```
R> List of 4
R>  $ : num [1:3] 1 2 3
R>  $ : chr [1:2] "a" "b"
R>  $ : Factor w/ 1 level "C": NA
R>  $ : tibble [5 x 1] (S3: tbl_df/tbl/data.frame)
R>   ..$ col1: int [1:5] 1 2 3 4 5
```

Note que juntamos no mesmo objeto um vetor atômico numérico, outro de texto, um fator e um `tibble`. A apresentação de listas com o comando **print** é diferente dos casos anteriores. Os elementos são separados verticalmente e os seus índices aparecem com duplo colchete ([[ ]]). Conforme será explicado logo a seguir, é dessa forma que os elementos de uma lista são armazenados e acessados.

Assim como para os demais tipos de objeto, os elementos de uma lista também podem ter nomes, o que facilita o entendimento e a interpretação das informações do problema em análise. Por exemplo, considere o caso de uma base de dados com informações sobre determinada ação negociada na bolsa. Nesse caso, podemos definir uma lista como:

```
# set named list
my_named_l <- list(ticker = 'TICK4',
                   market = 'Bovespa',
                   df_prices = tibble(P = c(1,1.5,2,2.3),
                                      ref_date = Sys.Date()+0:3))
```

```
# check content
glimpse(my_named_l)
```

```
R> List of 3
R>  $ ticker   : chr "TICK4"
R>  $ market   : chr "Bovespa"
R>  $ df_prices: tibble [4 x 2] (S3: tbl_df/tbl/data.frame)
R>   ..$ P       : num [1:4] 1 1.5 2 2.3
R>   ..$ ref_date: Date[1:4], format: "2021-02-20" ...
```

 Toda vez que for trabalhar com listas, facilite a sua vida ao nomear todos os elementos de forma intuitiva. Isso facilita o acesso e evito possíveis erros no código.

6.2.2 Acessando os Elementos de uma Lista

Os elementos de uma lista podem ser acessados através do uso de duplo colchete ([[ ]]), tal como em:

```
# accessing elements from list
print(my_named_l[[2]])
```

```
R> [1] "Bovespa"
```

```
print(my_named_l[[3]])
```

```
R> # A tibble: 4 x 2
R>       P ref_date
R>   <dbl> <date>
R> 1   1   2021-02-20
R> 2   1.5 2021-02-21
R> 3   2   2021-02-22
R> 4   2.3 2021-02-23
```

Também é possível acessar os elementos com um colchete simples ([ ]), porém, tome cuidado com essa operação, pois o resultado não vai ser o objeto em si, mas uma outra lista. Esse é um equívoco muito fácil de passar despercebido, resultando em erros no código. Veja a seguir:

```
# set list
my_l <- list('a',
            c(1,2,3),
            factor('a','b'))
```

```
# check classes
class(my_l[[2]])
```

```
R> [1] "numeric"
```

```
class(my_l[2])
```

```
R> [1] "list"
```

Caso tentarmos somar um elemento a `my_l[2]`, teremos uma mensagem de erro:

```
my_l[2] + 1
```

```
R> Error in my_l[2] + 1: non-numeric argument to binary operator
```

Esse erro ocorre devido ao fato de que uma lista não tem operador de soma. Para corrigir, basta utilizar o duplo colchete, tal como em `my_l[[2]]+1`. O acesso a elementos de uma lista com colchete simples somente é útil quando estamos procurando uma sublista dentro de uma lista maior. No exemplo anterior, caso quiséssemos obter o primeiro e o segundo elemento da lista `my_l`, usaríamos:

```
# set new list
my_new_l <- my_l[c(1,2)]

# check contents
print(my_new_l)
```

```
R> [[1]]
R> [1] "a"
R>
R> [[2]]
R> [1] 1 2 3
```

```
class(my_new_l)
```

```
R> [1] "list"
```

No caso de listas com elementos nomeados, os mesmos podem ser acessados por seu nome através do uso do símbolo `$` tal como em `my_named_l$df_prices` ou `[['nome']]`, tal como em `my_named_l[['df_prices']]`. Em geral, essa é uma forma mais eficiente e recomendada de interagir com os elementos de uma lista. Como regra geral no uso do R, sempre dê preferência ao acesso de elementos através de seus nomes, seja em listas, vetores ou `dataframes`. Isso evita erros, pois, ao modificar os dados e adicionar algum outro objeto na lista, é possível que o ordenamento interno mude e, portanto, a posição de determinado objeto pode acabar sendo modificada.

 Saiba que a ferramenta de *autocomplete* do RStudio também funciona para listas. Para usar, digite o nome da lista seguido de `$` e aperte *tab*. Uma caixa de diálogo com todos os elementos disponíveis na lista irá aparecer. A partir disso, basta selecionar apertando *enter*.

Veja os exemplos a seguir, onde são apresentadas as diferentes formas de se acessar uma lista.

```
# different ways to access a list
my_named_l$ticker
my_named_l$price
my_named_l[['ticker']]
my_named_l[['price']]
```

Vale salientar que também é possível acessar diretamente os elementos de um vetor que esteja dentro de uma lista através de colchetes encadeados. Veja a seguir:

```
# accessing elements of a vector in a list
my_l <- list(c(1,2,3),
              c('a', 'b'))

print(my_l[[1]][2])
```

```
R> [1] 2
```

```
print(my_l[[2]][1])
```

```
R> [1] "a"
```

Tal operação é bastante útil quando interessa apenas um elemento dentro de um objeto maior criado por alguma função.

6.2.3 Adicionando e Removendo Elementos de uma Lista

A remoção, adição e substituição de elementos de uma lista também são procedimentos fáceis. Para adicionar ou substituir, basta definir um novo objeto na posição desejada da lista:

```
# set list
my_l <- list('a', 1, 3)
glimpse(my_l)
```

```
R> List of 3
R>  $ : chr "a"
R>  $ : num 1
R>  $ : num 3
```

```
# add new elements to list
my_l[[4]] <- c(1:5)
my_l[[2]] <- c('b')
```

```
# print result
glimpse(my_l)
```

```
R> List of 4
R>  $ : chr "a"
R>  $ : chr "b"
R>  $ : num 3
R>  $ : int [1:5] 1 2 3 4 5
```

A operação também é possível com o uso de nomes e operador **$**:

```
# set list
my_l <- list(elem1 = 'a', name1=5)
```

```
# set new element
my_l$name2 <- 10
glimpse(my_l)
```

```
R> List of 3
R>  $ elem1: chr "a"
R>  $ name1: num 5
R>  $ name2: num 10
```

Para remover elementos de uma lista, basta definir o elemento para o símbolo reservado NULL (nulo):

```
# set list
my_l <- list(text = 'b', num1 = 2, num2 = 4)
glimpse(my_l)
```

```
R> List of 3
R>  $ text: chr "b"
R>  $ num1: num 2
R>  $ num2: num 4
```
```
# remove elements
my_l[[3]] <- NULL
glimpse(my_l)
```

```
R> List of 2
R>  $ text: chr "b"
R>  $ num1: num 2
```
```
my_l$num1 <- NULL
glimpse(my_l)
```

```
R> List of 1
R>  $ text: chr "b"
```

Outra maneira de retirar elementos de uma lista é utilizando um índice negativo para os elementos indesejados. Observe a seguir, onde eliminamos o segundo elemento de uma lista:

```
# set list
my_l <- list(a = 1, b = 'texto')
```

```
# remove second element
```

```
glimpse(my_l[[-2]])
```

```
R>  num 1
```

Assim como no caso de vetores atômicos, essa remoção também pode ser realizada por condições lógicas. Veja a seguir:

```
# set list
my_l <- list(1, 2, 3, 4)

# remove elements by condition
my_l[my_l > 2] <- NULL
glimpse(my_l)
```

```
R> List of 2
R>  $ : num 1
R>  $ : num 2
```

Porém, note que esse atalho só funciona porque todos os elementos de `my_l` são numéricos.

6.2.4 Processando os Elementos de uma Lista

Um ponto importante a ser destacado a respeito de listas é que os seus elementos podem ser processados e manipulados individualmente através de funções específicas. Este é um tópico particular de programação com o R, mas que vale a apresentação aqui.

Por exemplo, imagine uma lista com vetores numéricos de diferentes tamanhos, tal como a seguir:

```
# set list
my_l_num <- list(c(1, 2, 3),
                 seq(1:50),
                 seq(-5, 5, by = 0.5))
```

Caso quiséssemos calcular a média de cada elemento de `my_l_num` e apresentar o resultado na tela como um vetor, poderíamos fazer isso através de um procedimento simples, processando cada elemento individualmente:

```
# calculate mean of vectors
mean_1 <- mean(my_l_num[[1]])
mean_2 <- mean(my_l_num[[2]])
mean_3 <- mean(my_l_num[[3]])
```

```
# print it
print(c(mean_1, mean_2, mean_3))
```

```
R> [1]  2.0 25.5  0.0
```

O código anterior funciona, porém não é recomendado devido sua falta de escabilidade. Isto é, caso aumentássemos o volume de dados ou objetos, o código não funcionaria corretamente. Se, por exemplo, tivéssemos um quarto elemento em `my_l_num` e quiséssemos manter essa estrutura do código, teríamos que adicionar uma nova linha `mean_4 <- mean(my_l_num[[4]])` e modificar o comando de saída na tela para `print(c(mean_1, mean_2, mean_3, mean_4))`.

Uma maneira mais fácil, elegante e inteligente seria utilizar a função `sapply`. Nela, basta indicar o nome do objeto de tipo lista e a função que queremos utilizar para processar cada elemento. Internamente, os cálculos são realizados automaticamente. Veja a seguir:

```
# using sapply
my_mean <- sapply(my_l_num, mean)
```

```
# print result
print(my_mean)
```

```
R> [1]  2.0 25.5  0.0
```

O uso da função `sapply` é preferível por ser mais compacto e eficiente do que a alternativa – a criação de `mean_1`, `mean_2` e `mean_3`. Note que o primeiro código, com médias individuais, só funciona para uma lista com três elementos. A função `sapply`, ao contrário, funcionaria da mesma forma em listas de qualquer tamanho. Caso tivéssemos mais elementos, nenhuma modificação seria necessária no código anterior, o que o torna extensível a chegada de novos dados.

Essa visão e implementação de código voltado a procedimentos genéricos é um dos lemas para tornar o uso do R mais eficiente. **A regra é simples: sempre escreva códigos que sejam adaptáveis a chegada de novos dados.** Em inglês, isso é chamado de regra *DRY* (*don't repeat yourself*). Caso você esteja repetindo códigos e abusando do *control + c/control + v*, como no exemplo anterior, certamente existe uma solução mais elegante e flexível que poderia ser utilizada. No R, existem diversas outras funções da família `apply` para esse objetivo. Essas funções serão explicadas com maiores detalhes no capítulo 8.

6.2.5   Outras Funções Úteis

unlist - Retorna os elementos de uma lista em um único vetor atômico.

```
my_named_l <- list(ticker = 'XXXX4',
                   price = c(1,1.5,2,3),
                   market = 'Bovespa')
my_unlisted <- unlist(my_named_l)
print(my_unlisted)
```

```
R>     ticker    price1    price2    price3    price4    market
R>    "XXXX4"       "1"     "1.5"       "2"       "3" "Bovespa"
```

```
class(my_unlisted)
```

```
R> [1] "character"
```

as.list - Converte um objeto para uma lista, tornando cada elemento um elemento da lista.

```
my_x <- 10:13
my_x_as_list <- as.list(my_x)
print(my_x_as_list)
```

```
R> [[1]]
R> [1] 10
R>
R> [[2]]
R> [1] 11
R>
R> [[3]]
R> [1] 12
R>
R> [[4]]
R> [1] 13
```

names - Retorna ou define os nomes dos elementos de uma lista. Assim como para o caso de nomear elementos de um vetor atômico, usa-se a função **names** alocada ao lado esquerdo do símbolo <-.

```
my_l <- list(value1 = 1, value2 = 2, value3 = 3)
print(names(my_l))
```

```
R> [1] "value1" "value2" "value3"
```

```
my_l <- list(1,2,3)
names(my_l) <- c('num1', 'num2', 'num3')
print(my_l)
```

```
R> $num1
```

```
R> [1] 1
R>
R> $num2
R> [1] 2
R>
R> $num3
R> [1] 3
```

6.3 Matrizes

Como você deve lembrar das aulas de matemática, uma matriz é uma representação bidimensional de diversos valores, arranjados em linhas e colunas. O uso de matrizes é uma poderosa maneira de representar dados numéricos em duas dimensões e, em certos casos, funções matriciais podem simplificar operações matemáticas complexas.

No R, matrizes são objetos com duas dimensões, onde todos os elementos devem ser da mesma classe. Além disso, as linhas e colunas também podem ter nomes. Assim como para listas e `dataframes`, isso facilita a interpretação e contextualização dos dados.

Um claro exemplo do uso de matrizes em Finanças seria a representação dos preços de diferentes ações ao longo do tempo. Nesse caso, teríamos as linhas representando as diferentes datas e as colunas representando cada ativo, tal como a seguir:

Data	ABEV3	BBAS3	BBDC3
2010-01-01	736.67	59.4	29.81
2010-01-04	764.14	59.8	30.82
2010-01-05	768.63	59.2	30.38
2010-01-06	776.47	59.28	30.20

A matriz anterior poderia ser criada da seguinte forma no R:

```
# create matrix
data <- c(736.67, 764.14, 768.63, 776.47,
          59.4, 59.8, 59.2, 59.28,
          29.81, 30.82, 30.38, 30.20)

my_mat <- matrix(data, nrow = 4, ncol = 3)

# set names of cols and rows
colnames(my_mat) <- c('ABEV3', 'BBAS3', 'BBDC3')
```

```
rownames(my_mat) <- c('2010-01-01', '2010-01-04',
                      '2010-01-05', '2010-01-06')

print(my_mat)

R>           ABEV3 BBAS3 BBDC3
R> 2010-01-01 736.67 59.40 29.81
R> 2010-01-04 764.14 59.80 30.82
R> 2010-01-05 768.63 59.20 30.38
R> 2010-01-06 776.47 59.28 30.20
```

Observe que, na construção da matriz, definimos o número de linhas e colunas explicitamente com os argumentos `nrow = 4` e `ncol = 3`. Já os nomes das linhas e colunas são definidos pelos comandos `colnames` e `rownames`. Destaca-se, novamente, que a forma de utilizá-los é bastante distinta das demais funções do R. Nesse caso, utilizamos a função ao lado esquerdo do símbolo de `assign` (`<-`). Poderíamos, porém, recuperar os nomes das linhas e colunas com as mesmas funções. Veja a seguir:

```
colnames(my_mat)

R> [1] "ABEV3" "BBAS3" "BBDC3"

rownames(my_mat)

R> [1] "2010-01-01" "2010-01-04" "2010-01-05" "2010-01-06"
```

No momento em que temos essa nossa matriz criada, podemos utilizar todas as suas propriedades numéricas. Um exemplo simples é o cálculo do valor de um portfólio de investimento ao longo do tempo. Caso um investidor tenha 200 ações da ABEV3, 300 da BBAS3 e 100 da BBDC3, o valor do seu portfólio ao longo do tempo poderá ser calculado assim:

$$V_t = \sum_{i=1}^{3} N_i P_{i,t}$$

Onde N_i é o número de ações compradas para ativo i e P_{it} é o preço da ação i na data t. Essa é uma operação bastante simples de ser efetuada com uma multiplicação matricial. Traduzindo o procedimento para o R, temos:

```
my.w <- as.matrix(c(200, 300, 100), nrow = 3)
my_port <- my_mat %*% my.w
print(my_port)

R>           [,1]
R> 2010-01-01 168135
```

```
R> 2010-01-04 173850
R> 2010-01-05 174524
R> 2010-01-06 176098
```

Nesse último exemplo, utilizamos o símbolo %*%, o qual permite a multiplicação matricial entre os objetos. O objeto my_port indica o valor desse portfólio ao longo das datas, resultando em um leve lucro para o investidor.

Um ponto importante a ressaltar é que uma matriz no R não precisa necessariamente ser composta por valores. É possível, também, criar matrizes de caracteres (texto). Veja o exemplo a seguir:

```
my_mat_char <- matrix(rep(c('a','b','c'), 3) ,
                      nrow = 3,
                      ncol = 3)
print(my_mat_char)
```

```
R>      [,1] [,2] [,3]
R> [1,] "a"  "a"  "a"
R> [2,] "b"  "b"  "b"
R> [3,] "c"  "c"  "c"
```

Essa flexibilidade dos objetos matriciais possibilita a fácil representação e visualização de seus dados em casos específicos.

6.3.1 Selecionando Valores de uma Matriz

Tal como no caso dos vetores atômicos, também é possível selecionar pedaços de uma matriz através de indexação. Uma diferença aqui é que os objetos de matrizes possuem duas dimensões, enquanto vetores possuem apenas uma.[1] Essa dimensão extra requer a indexação não apenas de linhas mas também de colunas. Os elementos de uma matriz podem ser acessados pela notação [i,j], onde i representa a linha e j a coluna. Veja o exemplo a seguir:

```
my_mat <- matrix(1:9, nrow = 3)
print(my_mat)
```

```
R>      [,1] [,2] [,3]
R> [1,]    1    4    7
R> [2,]    2    5    8
R> [3,]    3    6    9
```

---

[1]Para evitar confusão, vale salientar que, no R, vetores atômicos não possuem dimensão no sentido estrito da função. Ao usar a função dim em um vetor atômico, tal como em dim(c(1,2,4)), o resultado é nulo (NULL). Fora do ambiente computacional, porém, vetores atômicos podem ser entendidos como unidimensionais pois se expandem em apenas um sentido.

```
print(my_mat[1,2])
```

```
R> [1] 4
```

Para selecionar colunas ou linhas inteiras, basta deixar o índice vazio, tal como no exemplo a seguir:

```
print(my_mat[ , 2])
```

```
R> [1] 4 5 6
```
```
print(my_mat[1, ])
```

```
R> [1] 1 4 7
```

Observe que a indexação retorna um vetor atômico da classe dos dados. Caso quiséssemos que o pedaço da matriz mantivesse a sua classe e orientação vertical ou horizontal, poderíamos forçar essa conversão pelo uso de `matrix`:

```
print(as.matrix(my_mat[ ,2]))
```

```
R>      [,1]
R> [1,]   4
R> [2,]   5
R> [3,]   6
```
```
print(matrix(my_mat[1, ], nrow=1))
```

```
R>      [,1] [,2] [,3]
R> [1,]   1    4    7
```

Pedaços da matriz também podem ser selecionados via indexadores. Caso quiséssemos uma matriz formada a partir da seleção dos elementos da segunda linha e primeira coluna até a terceira linha e segunda coluna, usaríamos o seguinte código:

```
print(my_mat[2:3,1:2])
```

```
R>      [,1] [,2]
R> [1,]   2    5
R> [2,]   3    6
```

Por fim, o uso de testes lógicos para selecionar valores de matrizes também é possível. Veja a seguir:

```
my_mat <- matrix(1:9, nrow = 3)
print(my_mat >5)
```

```
R>        [,1]  [,2]  [,3]
R> [1,] FALSE FALSE TRUE
```

```
R> [2,] FALSE FALSE TRUE
R> [3,] FALSE  TRUE TRUE

print(my_mat[my_mat >5])


R> [1] 6 7 8 9
```

6.3.2 Outras Funções Úteis

as.matrix - Transforma dados para a classe `matrix`.

```
my_mat <- as.matrix(1:5)
print(my_mat)


R>      [,1]
R> [1,]   1
R> [2,]   2
R> [3,]   3
R> [4,]   4
R> [5,]   5
```

t - Retorna a transposta da matriz.

```
my_mat <- matrix(seq(10,20, length.out = 6), nrow = 3)
print(my_mat)


R>      [,1] [,2]
R> [1,]   10   16
R> [2,]   12   18
R> [3,]   14   20

print(t(my_mat))


R>      [,1] [,2] [,3]
R> [1,]   10   12   14
R> [2,]   16   18   20
```

rbind - Retorna a junção (cola) vertical de matrizes, orientando-se pelas linhas.

```
my_mat_1 <- matrix(1:5, nrow = 1)
print(my_mat_1)


R>      [,1] [,2] [,3] [,4] [,5]
R> [1,]   1    2    3    4    5

my_mat_2 <- matrix(10:14, nrow = 1)
print(my_mat_2)
```

```
R>        [,1] [,2] [,3] [,4] [,5]
R> [1,]   10   11   12   13   14

my.rbind.mat <- rbind(my_mat_1, my_mat_2)
print(my.rbind.mat)
```

```
R>        [,1] [,2] [,3] [,4] [,5]
R> [1,]    1    2    3    4    5
R> [2,]   10   11   12   13   14
```

cbind - Retorna a junção (cola) horizontal de matrizes, orientando-se pelas colunas.

```
my_mat_1 <- matrix(1:4, nrow = 2)
print(my_mat_1)
```

```
R>        [,1] [,2]
R> [1,]    1    3
R> [2,]    2    4

my_mat_2 <- matrix(10:13, nrow = 2)
print(my_mat_2)
```

```
R>        [,1] [,2]
R> [1,]   10   12
R> [2,]   11   13

my_cbind_mat <- cbind(my_mat_1, my_mat_2)
print(my_cbind_mat)
```

```
R>        [,1] [,2] [,3] [,4]
R> [1,]    1    3   10   12
R> [2,]    2    4   11   13
```

6.4 Exercícios

Todas soluções de exercícios estão disponíveis em https://www.msperlin.com/adfeR.

01 - Utilizando função `dplyr::tibble`, crie um `dataframe` chamado `my_df` com uma coluna chamada `x` contendo uma sequência de -100 a 100 e outra coluna chamada `y` com o valor da coluna `x` adicionada de 5. Para a tabela `my_df`, qual a quantidade de valores na coluna `x` maiores que 10 e menores que 25?

02 - Crie uma nova coluna em `my_df` chamada `cumsum_x`, contendo a soma cumulativa de `x` (função `cumsum`). Desta nova coluna, quantos valores são maiores que -3500?

03 - Use função `dplyr::filter` e o operador de pipeline para filtrar `my_df`, mantendo apenas as linhas onde o valor da coluna `y` é maior que 0. Qual o número de linhas da tabela resultante?

04 - Caso não o tenha feito, repita os exercícios 1, 2 e 3 utilizando as funções do `tidyverse` e o operador de *pipeline*.

05 - Utilize pacote `BatchGetSymbols` para baixar dados da ação do Facebook (FB), de 2010-01-01 até 2020-12-31. Caso o investidor tivesse comprado 1000 USD em ações do Facebook no primeiro dia dos dados e mantivesse o investimento até hoje, qual seria o valor do seu portfolio?

   a) R$9.553
   b) R$12.728
   c) R$7.111
   d) R$11.141
   e) R$7.966

06 - Use função `adfeR::get_data_file` e `readr::read_csv` para importar os dados do arquivo `grunfeld.csv`. Em seguida, utilize funções `dplyr::glimpse` para descobrir o número de linhas nos dados importados.

07 - Crie um objeto do tipo lista com três `dataframes` em seu conteúdo, `df1`, `df2` e `df3`. O conteúdo e tamanho dos `dataframes` é livre. Utilize função `sapply` para descobrir o número de linhas e colunas em cada `dataframe`.

08 - Utilizando o R, crie uma matrix identidade (valor 1 na diagonal, zero em qualquer outro) de tamanho 3X3. Dica: use função `diag` para definir a diagonal da matrix.

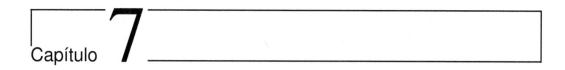

Capítulo **7**

As Classes Básicas de Objetos

As classes básicas são os elementos mais primários na representação de dados no R. Nos capítulos anteriores utilizamos as classes básicas como colunas em uma tabela. Dados numéricos viraram uma coluna do tipo `numeric`, enquanto dados de texto viraram um objeto do tipo `character`.

Neste capítulo iremos estudar mais a fundo as classes básicas de objetos do R, incluindo a sua criação até a manipulação do seu conteúdo. Este capítulo é de suma importância pois mostrará quais operações são possíveis com cada classe de objeto e como podes manipular as informações de forma eficiente. Os tipos de objetos tratados aqui serão:

- Numéricos (`numeric`)
- Texto (`character`)
- Fatores (`factor`)
- Valores lógicos (`logical`)
- Datas e tempo (`Date` e `timedate`)
- Dados Omissos (`NA`)

7.1 Objetos Numéricos

Uma das classes mais utilizadas em pesquisa empírica. Os valores numéricos são representações de uma quantidade. Por exemplo: o preço de uma ação em determinada data, o volume negociado de um contrato financeiro em determinado dia, a inflação anual de um país, entre várias outras possibilidades.

7.1.1   Criando e Manipulando Vetores Numéricos

A criação e manipulação de valores numéricos é fácil e direta. Os símbolos de operações matemáticas seguem o esperado, tal como soma (+), diminuição (-), divisão (/) e multiplicação (*). Todas as operações matemáticas são efetuadas com a orientação de elemento para elemento e possuem notação vetorial. Isso significa, por exemplo, que podemos manipular vetores inteiros em uma única linha de comando. Veja a seguir, onde se cria dois vetores e realiza-se diversas operações entre eles.

```
# create numeric vectors
x <- 1:5
y <- 2:6


# print sum
print(x+y)


R> [1]   3   5   7   9  11
# print multiplication
print(x*y)


R> [1]   2   6  12  20  30
# print division
print(x/y)


R> [1] 0.5000000 0.6666667 0.7500000 0.8000000 0.8333333
# print exponentiation
print(x^y)


R> [1]       1       8      81    1024   15625
```

Um diferencial do R em relação a outras linguagens é que, nele, são aceitas operações entre vetores diferentes. Por exemplo, podemos somar um vetor numérico de quatro elementos com outro de apenas dois. Nesse caso, aplica-se a chamada **regra de reciclagem** (*recycling rule*). Ela define que, se dois vetores de tamanho diferente estão interagindo, o vetor menor é repetido tantas vezes quantas forem necessárias para obter-se o mesmo número de elementos do vetor maior. Veja o exemplo a seguir:

```
# set x with 4 elements and y with 2
x <- 1:4
y <- 2:1


# print sum
print(x + y)
```

```
R> [1] 3 3 5 5
```

O resultado de x + y é equivalente a 1:4 + c(2, 1, 2, 1). Caso interagirmos vetores em que o tamanho do maior não é múltiplo do menor, o R realiza o mesmo procedimento de reciclagem, porém emite uma mensagem de **warning**:

```
# set x = 4 elements and y with 3
x <- c(1, 2, 3, 4)
y <- c(1, 2, 3)

# print sum (recycling rule)
print(x +y)

R> Warning in x + y: longer object length is not a multiple of
R> shorter object length

R> [1] 2 4 6 5
```

Os três primeiros elementos de x foram somados aos três primeiros elementos de y. O quarto elemento de x foi somado ao primeiro elemento de y. Uma vez que não havia um quarto elemento em y, o ciclo reinicia, resgatando o primeiro elemento de y e resultando em uma soma igual a 5.

Os elementos de um vetor numérico também podem ser nomeados quando na criação do vetor:

```
# create named vector
x <- c(item1 = 10,
       item2 = 14,
       item3 = 9,
       item4 = 2)

# print it
print(x)

R> item1 item2 item3 item4
R>    10    14     9     2
```

Para nomear os elementos após a criação, podemos utilizar a função **names**. Veja a seguir:

```
# create unnamed vector
x <- c(10, 14, 9, 2)

# set names of elements
names(x) <- c('item1', 'item2', 'item3', 'item4')
```

```
# print it
print(x)
```

```
R> item1 item2 item3 item4
R>    10    14     9     2
```

Vetores numéricos vazios também podem ser criados. Em algumas situações de desenvolvimento de código faz sentido pré-alocar o vetor antes de preenchê-lo com valores. Nesse caso, utilize a função **numeric**:

```
# create empty numeric vector of length 10
my_x <- numeric(length = 10)
```

```
# print it
print(my_x)
```

```
R>  [1] 0 0 0 0 0 0 0 0 0 0
```

Observe que, nesse caso, os valores de `my_x` são definidos como zero.

7.1.1.1   Criando Sequências de Valores

Existem duas maneiras de criar uma sequência de valores no R. A primeira, que já foi utilizada nos exemplos anteriores, é o uso do operador `:`. Por exemplo, `my_seq <- 1:10` ou `my_seq <- -5:5`. Esse método é bastante prático, pois a notação é clara e direta.

Porém, o uso do operador `:` limita as possibilidades. A diferença entre os valores adjacentes é sempre *1* para sequências ascendentes e *-1* para sequências descendentes. Uma versão mais poderosa para a criação de sequências é o uso da função **seq**. Com ela, é possível definir os intervalos entre cada valor com o argumento **by**. Veja a seguir:

```
# set sequence
my_seq <- seq(from = -10, to = 10, by = 2)
```

```
# print it
print(my_seq)
```

```
R>  [1] -10  -8  -6  -4  -2   0   2   4   6   8  10
```

Outro atributo interessante da função **seq** é a possibilidade de criar vetores com um valor inicial, um valor final e o número de elementos desejado. Isso é realizado com o uso da opção **length.out**. Observe o código a seguir, onde cria-se um vetor de *0* até *10* com *20* elementos:

```
# set sequence with fixed size
my_seq <- seq(from = 0, to = 10, length.out = 20)

# print it
print(my_seq)
```

```
R>  [1]   0.0000000   0.5263158   1.0526316   1.5789474   2.1052632
R>  [6]   2.6315789   3.1578947   3.6842105   4.2105263   4.7368421
R> [11]   5.2631579   5.7894737   6.3157895   6.8421053   7.3684211
R> [16]   7.8947368   8.4210526   8.9473684   9.4736842  10.0000000
```

No caso anterior, o tamanho final do vetor foi definido e a própria função se encarregou de descobrir qual a variação necessária entre cada valor de my_seq.

7.1.1.2 Criando Vetores com Elementos Repetidos

Outra função interessante é a que cria vetores com o uso de repetição. Por exemplo: imagine que estamos interessado em um vetor preenchido com o valor 1 dez vezes. Para isso, basta utilizar a função rep:

```
# repeat vector three times
my_x <- rep(x = 1, times = 10)

# print it
print(my_x)
```

```
R>  [1] 1 1 1 1 1 1 1 1 1 1
```

A função também funciona com vetores. Considere uma situação onde temos um vetor com os valores c(1,2) e gostaríamos de criar um vetor maior com os elementos c(1, 2, 1, 2, 1, 2) - isto é, repetindo o vetor menor três vezes. Veja o resultado a seguir:

```
# repeat vector three times
my_x <- rep(x = c(1, 2), times = 3)

# print it
print(my_x)
```

```
R>  [1] 1 2 1 2 1 2
```

7.1.1.3 Criando Vetores com Números Aleatórios

Em muitas situações será necessário a criação de números aleatórios. Esse procedimento numérico é bastante utilizado para simular modelos matemáticos em Finanças.

Por exemplo, o método de simulação de preços de ativos de Monte Carlo parte da simulação de números aleatórios (McLeish, 2011). No R, existem diversas funções que criam números aleatórios para diferentes distribuições estatísticas. As mais utilizadas, porém, são as funções `rnorm` e `runif`.

A função `rnorm` gera números aleatórios da distribuição Normal, com opções para a média (tendência) e o desvio padrão (variabilidade). Veja o seu uso a seguir:

```
# generate 10000 random numbers from a Normal distribution
my_rnd_vec <- rnorm(n = 10000,
                    mean = 0,
                    sd = 1)


# print first 20 elements
print(my_rnd_vec[1:20])
```

```
R>  [1]   0.5436579   1.0410603   0.1975062  -1.6295783   0.1210402
R>  [6]  -1.6374220  -0.5310431   0.9536798  -1.7206507   0.1063206
R> [11]  -0.6086685  -0.3011970   0.9762025   0.4560087   1.2944081
R> [16]  -1.1332022  -0.8694604  -0.7549703  -0.1296354  -1.0018013
```

O código anterior gera uma grande quantidade de números aleatórios de uma distribuição Normal com média zero e desvio padrão igual a um. Podemos verificar a distribuição dos números gerados com um histograma:

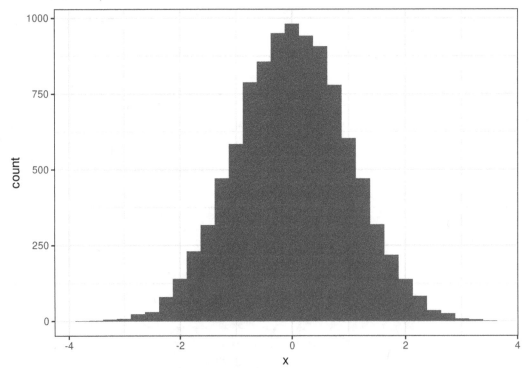

Como esperado, temos o formato de sino que caracteriza uma distribuição do tipo Normal. Como exercício, podes trocar as entradas **mean** e **sd** e confirmar como isso afeta a figura gerada.

Já a função **runif** gera valores aleatórios da distribuição uniforme entre um valor máximo e um valor mínimo. Ela é geralmente utilizada para simular probabilidades. A função **runif** tem três parâmetros de entrada: o número de valores aleatórios desejado, o valor mínimo e o valor máximo. Veja exemplo a seguir:

```
# create a random vector with minimum and maximum
my_rnd_vec <- runif(n = 10,
                    min = -5,
                    max = 5)


# print it
print(my_rnd_vec)
```

```
R>  [1] -0.0858712  4.3401557  2.9388118 -2.2792339  3.1741687
R>  [6] -0.3947496  3.4054654  3.1049157  3.5276227 -1.5256521
```

Observe que ambas as funções anteriores são limitadas à sua respectiva distribuição. Uma maneira alternativa e flexível de gerar valores aleatórios é utilizar a função **sample**. Essa tem como entrada um vetor qualquer e retorna uma versão embaralhada de seus elementos. A sua flexibilidade reside no fato de que o vetor de entrada pode ser qualquer coisa. Por exemplo, caso quiséssemos criar um vetor aleatório com os números c(0, 5, 15, 20, 25) apenas, poderíamos fazê-lo da seguinte forma:

```
# create sequence
my_vec <- seq(from = 0, to = 25, by=5)


# sample sequence
my_rnd_vec <- sample(my_vec)


# print it
print(my_rnd_vec)
```

```
R> [1]  5 10 25  0 20 15
```

A função **sample** também permite a seleção aleatória de um certo número de termos. Por exemplo, caso quiséssemos selecionar aleatoriamente apenas um elemento de **my_vec**, escreveríamos o código da seguinte maneira:

```
# sample one element of my_vec
my_rnd_vec <- sample(my_vec, size = 1)


# print it
```

```
print(my_rnd_vec)
```

```
R> [1] 20
```

Caso quiséssemos dois elementos, escreveríamos:

```
# sample two elements of my_vec
my_rnd_vec <- sample(my_vec, size = 2)
```

```
# print it
print(my_rnd_vec)
```

```
R> [1] 25 20
```

Também é possível selecionar valores de uma amostra menor para a criação de um vetor maior. Por exemplo, considere o caso em que se tem um vetor com os números c(10, 15, 20) e deseja-se criar um vetor aleatório com dez elementos retirados desse vetor menor, com repetição. Para isso, podemos utilizar a opção replace = TRUE.

```
# create vector
my_vec <- c(5, 10, 15)
```

```
# sample
my_rnd_vec <- sample(x = my_vec, size = 10, replace = TRUE)
print(my_rnd_vec)
```

```
R>  [1] 15 10  5  5 10  5  5 15 10 10
```

Vale destacar que a função sample funciona para qualquer tipo ou objeto, não sendo, portanto, exclusiva para vetores numéricos. Poderíamos, também, escolher elementos aleatórios de um vetor de texto ou então uma lista:

```
# example of sample with characters
print(sample(c('elem 1', 'elem 2', 'elem 3'),
             size = 1))
```

```
R> [1] "elem 2"
```

```
# example of sample with list
print(sample(list(x = c(1,1,1),
                  y = c('a', 'b')),
             size = 1))
```

```
R> $y
R> [1] "a" "b"
```

É importante ressaltar que a geração de valores aleatórios no R (ou qualquer outro programa) **não é totalmente aleatória!** De fato, o próprio computador escolhe os valores dentre uma fila de valores possíveis. Cada vez que funções tal como `rnorm`, `runif` e `sample` são utilizadas, o computador escolhe um lugar diferente dessa fila de acordo com vários parâmetros, incluindo a data e horário atual. Portanto, do ponto de vista do usuário, os valores são gerados de forma imprevisível. Para o computador, porém, essa seleção é completamente determinística e guiada por regras claras.

Uma propriedade interessante no R é a possibilidade de selecionar uma posição específica na fila de valores aleatórios utilizando função `set.seed`. É ela que **fixa a semente** para gerar os valores. Na prática, o resultado é que todos os números e seleções aleatórias realizadas pelo código serão iguais em cada execução. O uso de `set.seed` é bastante recomendado para manter a reprodutibilidade dos códigos envolvendo aleatoriedade. Veja o exemplo a seguir, onde utiliza-se essa função.

```
# fix seed
set.seed(seed = 10)

# set vec and print
my_rnd_vec_1 <- runif(5)
print(my_rnd_vec_1)
```

```
R> [1] 0.50747820 0.30676851 0.42690767 0.69310208 0.08513597
```

```
# set vec and print
my_rnd_vec_2 <- runif(5)
print(my_rnd_vec_2)
```

```
R> [1] 0.2254366 0.2745305 0.2723051 0.6158293 0.4296715
```

No código anterior, o valor de `set.seed` é um inteiro escolhido pelo usuário. Após a chamada de `set.seed`, todas as seleções e números aleatórios irão iniciar do mesmo ponto e, portanto, serão iguais. Motivo o leitor a executar o código anterior no R. Verás que os valores de `my_rnd_vec_1` e `my_rnd_vec_2` serão exatamente iguais aos valores colocados aqui.

O uso de `set.seed` também funciona para o caso de `sample`. Veja a seguir:

```
# fix seed
set.seed(seed = 15)

# print vectors
print(sample(1:10))
```

```
R> [1]  5  2  1  6  8 10  3  7  9  4
```

```
print(sample(10:20))
```

```
R>   [1] 13 15 10 17 20 14 19 12 11 18 16
```

Novamente, execute os comandos anteriores no R e verás que o resultado na tela bate com o apresentado aqui.

7.1.2 Acessando Elementos de um Vetor Numérico

Todos os elementos de um vetor numérico podem ser acessados através do uso de colchetes ([ ]). Por exemplo, caso quiséssemos apenas o primeiro elemento de x, teríamos:

```
# set vector
x <- c(-1, 4, -9, 2)

# get first element
first_elem_x <- x[1]

# print it
print(first_elem_x)
```

```
R> [1] -1
```

A mesma notação é válida para extrair porções de um vetor. Caso quiséssemos um subvetor de x com o primeiro e o segundo elemento, faríamos essa operação da seguinte forma:

```
# sub-vector of x
sub_x <- x[1:2]

# print it
print(sub_x)
```

```
R> [1] -1  4
```

Para acessar elementos nomeados de um vetor numérico, basta utilizar seu nome junto aos colchetes.

```
# set named vector
x <- c(item1 = 10, item2 = 14, item3 = -9, item4 = -2)

# access elements by name
print(x['item2'])
```

```
R> item2
```

```
R>    14

print(x[c('item2','item4')])

R> item2 item4
R>    14    -2
```

O acesso aos elementos de um vetor numérico também é possível através de testes lógicos. Por exemplo, caso tivéssemos interesse em saber quais os valores de x que são maiores do que *0*, o código resultante seria da seguinte forma:

```
# find all values of x higher than zero
print(x[x > 0])

R> item1 item2
R>    10    14
```

Os usos de regras de segmentação dos dados de acordo com algum critério é chamado de indexação lógica. Os objetos do tipo `logical` serão tratados mais profundamente em seção futura deste capítulo.

7.1.3   Modificando e Removendo Elementos de um Vetor Numérico

A modificação de um vetor numérico é muito simples. Basta indicar a posição dos elementos e os novos valores com o símbolo de *assign* (<-):

```
# set vector
my_x <- 1:4

# modify first element to 5
my_x[1] <- 5

# print result
print(my_x)

R> [1] 5 2 3 4
```

Essa modificação também pode ser realizada em bloco:

```
# set vector
my_x <- 0:5

# set the first three elements to 5
my_x[1:3] <- 5

# print result
print(my_x)
```

```
R> [1] 5 5 5 3 4 5
```

O uso de condições para definir elementos é realizada pela indexação:

```
# set vector
my_x <- -5:5

# set any value lower than 2 to 0
my_x[my_x<2] <- 0

# print result
print(my_x)
```

```
R>  [1] 0 0 0 0 0 0 0 2 3 4 5
```

A remoção de elementos é realizada com o uso de índices negativos:

```
# create vector
my_x <- -5:5

# remove first and second element of my_x
my_x <- my_x[-(1:2)]

# show result
print(my_x)
```

```
R> [1] -3 -2 -1  0  1  2  3  4  5
```

Note como o uso do índice negativo em `my_x[-(1:2)]` retorna o vetor original sem o primeiro e segundo elemento.

7.1.4   Criando Grupos

Em algumas situações será necessário entender quantos casos da amostra estão localizados entre um determinado intervalo. Por exemplo, imagine o vetor dos retornos diários de uma ação, isto é, a variação percentual dos preços de fechamento entre um dia e outro. Uma possível análise de risco que pode ser realizada é dividir o intervalo de retornos em cinco partes e verificar o percentual de ocorrência dos valores em cada um dos intervalos. Essa análise numérica é bastante semelhante à construção e visualização de histogramas.

A função `cut` serve para criar grupos de intervalos a partir de um vetor numérico. Veja o exemplo a seguir, onde cria-se um vetor aleatório oriundo da distribuição Normal e cinco grupos a partir de intervalos definidos pelos dados.

```
# set rnd vec
my_x <- rnorm(10)
```

```r
# "cut" it into 5 pieces
my_cut <- cut(x = my_x, breaks = 5)
print(my_cut)
```

```
R>  [1]  (-1.57,-1.12]   (0.252,0.71]    (-1.12,-0.66]
R>  [4]  (-0.204,0.252] (-0.66,-0.204]  (-1.57,-1.12]
R>  [7]  (0.252,0.71]    (-0.204,0.252] (0.252,0.71]
R> [10]  (-0.204,0.252]
R> 5 Levels: (-1.57,-1.12] (-1.12,-0.66] ... (0.252,0.71]
```

Observe que os nomes dos elementos da variável `my_cut` são definidos pelos intervalos e o resultado é um objeto do tipo fator. Em seções futuras, iremos explicar melhor esse tipo de objeto e as suas propriedades.

No exemplo anterior, os intervalos para cada grupo foram definidos automaticamente. No uso da função `cut`, também é possível definir quebras customizadas nos dados e nos nomes dos grupos. Veja a seguir:

```r
# set random vector
my_x <- rnorm(10)

# create groups with 5 breaks
my_cut <- cut(x = my_x, breaks = 5)

# print it!
print(my_cut)
```

```
R>  [1]  (-1.3,-0.3]   (-0.3,0.697]  (-0.3,0.697]  (-2.3,-1.3]
R>  [5]  (-0.3,0.697]  (0.697,1.69]  (0.697,1.69]  (0.697,1.69]
R>  [9]  (-1.3,-0.3]   (1.69,2.7]
R> 5 Levels: (-2.3,-1.3] (-1.3,-0.3] ... (1.69,2.7]
```

Note que os nomes dos elementos em `my_cut` foram definidos como intervalos e o resultado é um objeto do tipo fator. É possível também definir intervalos e nomes customizados para cada grupo com o uso dos argumentos `labels` e `breaks`:

```r
# create random vector
my_x <- rnorm(10)

# define breaks manually
my_breaks <- c(min(my_x)-1, -1, 1, max(my_x)+1)

# define labels manually
my_labels <- c('Low','Normal', 'High')
```

```
# create group from numerical vector
my_cut <- cut(x = my_x, breaks = my_breaks, labels = my_labels)

# print both!
print(my_x)
```

```
R>  [1]   0.5981759   1.6113647  -0.4373813   1.3526206   0.4705685
R>  [6]   0.4702481   0.3963088  -0.7304926   0.6531176   1.2279598
```

```
print(my_cut)
```

```
R>  [1] Normal High    Normal High    Normal Normal Normal Normal
R>  [9] Normal High
R> Levels: Low Normal High
```

Como podemos ver, os nomes dos grupos estão mais amigáveis para uma futura análise.

7.1.5   Outras Funções Úteis

as.numeric - Converte determinado objeto para numérico.

```
my_text <- c('1', '2', '3')
class(my_text)
```

```
R> [1] "character"
```

```
my_x <- as.numeric(my_text)
print(my_x)
```

```
R> [1] 1 2 3
```

```
class(my_x)
```

```
R> [1] "numeric"
```

sum - Soma os elementos de um vetor.

```
my_x <- 1:50
my_sum <- sum(my_x)
print(my_sum)
```

```
R> [1] 1275
```

max - Retorna o máximo valor numérico do vetor.

```
x <- c(10, 14, 9, 2)
max_x <- max(x)
print(max_x)
```

R> [1] 14

min - Retorna o mínimo valor numérico do vetor.
```
x <- c(12, 15, 9, 2)
min_x <- min(x)
print(min_x)
```

R> [1] 2

which.max - Retorna a posição do máximo valor numérico do vetor.
```
x <- c(100, 141, 9, 2)
which.max_x <- which.max(x)
cat(paste('The position of the maximum value of x is ', which.max_x))
```

R> The position of the maximum value of x is 2
```
cat(' and its value is ', x[which.max_x])
```

R> and its value is 141

which.min - Retorna a posição do mínimo valor numérico do vetor.
```
x <- c(10, 14, 9, 2)
which.min_x <- which.min(x)
cat(paste('The position of the minimum value of x is ',
          which.min_x, ' and its value is ', x[which.min_x]))
```

R> The position of the minimum value of x is 4 and its value is 2

sort - Retorna uma versão ordenada de um vetor.
```
x <- runif(5)
print(sort(x, decreasing = FALSE))
```

R> [1] 0.1623069 0.8347800 0.8553657 0.9099027 0.9935257
```
print(sort(x, decreasing = TRUE))
```

R> [1] 0.9935257 0.9099027 0.8553657 0.8347800 0.1623069

cumsum - Soma os elementos de um vetor de forma cumulativa.

```
my_x <- 1:25
my_cumsum <- cumsum(my_x)
print(my_cumsum)
```

```
R> [1]    1   3   6  10  15  21  28  36  45  55  66  78  91 105
R> [15] 120 136 153 171 190 210 231 253 276 300 325
```

prod - Realiza o produto de todos os elementos de um vetor.

```
my_x <- 1:10
my_prod <- prod(my_x)
print(my_prod)
```

```
R> [1] 3628800
```

cumprod - Calcula o produto cumulativo de todos os elementos de um vetor.

```
my_x <- 1:10
my_prod <- cumprod(my_x)
print(my_prod)
```

```
R> [1]       1       2       6      24     120     720    5040
R> [8]   40320  362880 3628800
```

7.2 Classe de Caracteres (texto)

A classe de caracteres, ou texto, serve para armazenar informações textuais. Um exemplo prático em Finanças seria o reconhecimento de uma ação através dos seus símbolos de identificação (*tickers*) ou então por sua classe de ação: ordinária ou preferencial. Este tipo de dado tem sido utilizado cada vez mais em pesquisa empírica (Gentzkow et al., 2017), resultando em uma diversidade de pacotes.

O R possui vários recursos que facilitam a criação e manipulação de objetos de tipo texto. As funções básicas fornecidas com a instalação de R são abrangentes e adequadas para a maioria dos casos. No entanto, pacote `stringr` (Wickham, 2019b) do `tidyverse` fornece muitas funções que expandem a funcionalidade básica do R na manipulação de texto.

Um aspecto positivo de `stringr` é que as funções começam com o nome `str_` e possuem nomes informativos. Combinando isso com o recurso de preenchimento automático (*autocomplete*) pela tecla *tab*, fica fácil de localizar os nomes das funções do pacote. Seguindo a prioridade ao universo do `tidyverse`, esta seção irá dar preferência ao uso das funções do pacote `stringr`. As rotinas nativas de manipulação de texto serão apresentadas, porém de forma limitada.

7.2.1 Criando um Objeto Simples de Caracteres

Todo objeto de caracteres é criado através da encapsulação de um texto por aspas duplas (" ") ou simples (' '). Para criar um vetor de caracteres com *tickers* de ações, podemos fazê-lo com o seguinte código:

```
my_assets <- c('PETR3', 'VALE4', 'GGBR4')
print(my_assets)
```

```
R> [1] "PETR3" "VALE4" "GGBR4"
```

Confirma-se a classe do objeto com a função `class`:

```
class(my_assets)
```

```
R> [1] "character"
```

7.2.2 Criando Objetos Estruturados de Texto

Em muitos casos no uso do R, estaremos interessados em criar vetores de texto com algum tipo de estrutura própria. Por exemplo, o vetor c("text 1", "text 2", ..., "text 20") possui um lógica de criação clara. Computacionalmente, podemos definir a sua estrutura como sendo a junção do texto `text` e um vetor de sequência, de 1 até 20.

Para criar um vetor textual capaz de unir texto com número, utilizamos a função `stringr::str_c` ou `base::paste`. Veja o exemplo a seguir, onde replica-se o caso anterior com e sem espaço entre número e texto:

```
library(stringr)

# create sequence
my_seq <- 1:20

# create character
my_text <- 'text'

# paste objects together (without space)
my_char <- str_c(my_text, my_seq)
print(my_char)
```

```
R>  [1] "text1"  "text2"  "text3"  "text4"  "text5"  "text6"
R>  [7] "text7"  "text8"  "text9"  "text10" "text11" "text12"
R> [13] "text13" "text14" "text15" "text16" "text17" "text18"
R> [19] "text19" "text20"
```

```
# paste objects together (with space)
my_char <- str_c(my_text, my_seq, sep = ' ')
print(my_char)
```

```
R>  [1] "text 1"  "text 2"  "text 3"  "text 4"  "text 5"
R>  [6] "text 6"  "text 7"  "text 8"  "text 9"  "text 10"
R> [11] "text 11" "text 12" "text 13" "text 14" "text 15"
R> [16] "text 16" "text 17" "text 18" "text 19" "text 20"
```

```
# paste objects together (with space)
my_char <- paste(my_text, my_seq)
print(my_char)
```

```
R>  [1] "text 1"  "text 2"  "text 3"  "text 4"  "text 5"
R>  [6] "text 6"  "text 7"  "text 8"  "text 9"  "text 10"
R> [11] "text 11" "text 12" "text 13" "text 14" "text 15"
R> [16] "text 16" "text 17" "text 18" "text 19" "text 20"
```

O mesmo procedimento também pode ser realizado com vetores de texto. Veja a seguir:

```
# set character value
my_x <- 'My name is'
```

```
# set character vector
my_names <- c('Marcelo', 'Ricardo', 'Tarcizio')
```

```
# paste and print
print(str_c(my_x, my_names, sep = ' '))
```

```
R> [1] "My name is Marcelo"  "My name is Ricardo"
R> [3] "My name is Tarcizio"
```

Outra possibilidade de construção de textos estruturados é a repetição do conteúdo de um objeto do tipo caractere. No caso de texto, utiliza-se a função **stringr::str_dup/base::strrep** para esse fim. Observe o exemplo a seguir:

```
my_char <- str_dup(string = 'abc', times = 5)
print(my_char)
```

```
R> [1] "abcabcabcabcabc"
```

7.2.3   Objetos Constantes de Texto

O R também possibilita o acesso direto a todas as letras do alfabeto. Esses estão guardadas nos objetos reservados chamados **letters** e LETTERS:

```
# print all letters in alphabet (no cap)
print(letters)
```

```
R> [1] "a" "b" "c" "d" "e" "f" "g" "h" "i" "j" "k" "l" "m" "n"
R> [15] "o" "p" "q" "r" "s" "t" "u" "v" "w" "x" "y" "z"
```
```
# print all letters in alphabet (WITH CAP)
print(LETTERS)
```

```
R> [1] "A" "B" "C" "D" "E" "F" "G" "H" "I" "J" "K" "L" "M" "N"
R> [15] "O" "P" "Q" "R" "S" "T" "U" "V" "W" "X" "Y" "Z"
```

Observe que em ambos os casos não é necessário criar os objetos. Por serem constantes embutidas automaticamente na área de trabalho do R, elas já estão disponíveis para uso. Podemos sobrescrever o nome do objeto com outro conteúdo, porém isso não é aconselhável. Nunca se sabe onde esse objeto constante está sendo usado. Outros objetos de texto constantes no R incluem `month.abb` e `month.name`. Veja a seguir o seu conteúdo:

```
# print abreviation and full names of months
print(month.abb)
```

```
R> [1] "Jan" "Feb" "Mar" "Apr" "May" "Jun" "Jul" "Aug" "Sep"
R> [10] "Oct" "Nov" "Dec"
```
```
print(month.name)
```

```
R> [1] "January"   "February"  "March"     "April"
R> [5] "May"       "June"      "July"      "August"
R> [9] "September" "October"   "November"  "December"
```

7.2.4 Selecionando Pedaços de um Texto

Um erro comum praticado por iniciantes é tentar selecionar pedaços de um texto através do uso de colchetes. Observe o código abaixo:

```
# set char object
my_char <- 'ABCDE'
```

```
# print its second character: 'B' (WRONG - RESULT is NA)
print(my_char[2])
```

```
R> [1] NA
```

O resultado `NA` indica que o segundo elemento de `my_char` não existe. Isso acontece porque o uso de colchetes refere-se ao acesso de **elementos** de um vetor atômico, e não de caracteres dentro de um texto maior. Observe o que acontece quando utilizamos `my_char[1]`:

```
print(my_char[1])
```

```
R> [1] "ABCDE"
```

O resultado é simplesmente o texto *ABCDE*, que está localizado no primeiro item de `my_char`. Para selecionar pedaços de um texto, devemos utilizar a função específica `stringr::str_sub`/`base::substr`:

```
# print third and fourth characters
my_substr <- str_sub(string = my_char,
                     start = 4,
                     end = 4)
print(my_substr)
```

```
R> [1] "D"
```

Essa função também funciona para vetores atômicos. Vamos assumir que você importou dados de texto e o conjunto de dados bruto contém um identificador de 3 dígitos de uma empresa, sempre na mesma posição do texto. Vamos simular a situação no R:

```
# build char vec
my_char_vec <- paste0(c('123','231','321'),
                      ' - other ignorable text')
print(my_char_vec)
```

```
R> [1] "123 - other ignorable text"
R> [2] "231 - other ignorable text"
R> [3] "321 - other ignorable text"
```

Só estamos interessados na informação das três primeiras letras de cada elemento em `my_char_vec`. Para selecioná-los, podemos usar as mesmas funções que antes.

```
# get ids with stringr::str_sub
ids.vec <- str_sub(my_char_vec, 1, 3)
print(ids.vec)
```

```
R> [1] "123" "231" "321"
```

 Operações vetorizadas são comuns e esperadas no R. Quase tudo o que você pode fazer para um único elemento pode ser expandido para vetores. Isso facilita o desenvolvimento de rotinas pois pode-se facilmente realizar tarefas complicadas em uma série de elementos, em uma única linha de código.

7.2.5 Localizando e Substituindo Pedaços de um Texto

Uma operação útil na manipulação de textos é a localização de letras e padrões específicos com funções `stringr::str_locate/base::regexpr` e `stringr::str_locate_all/base::gregexpr`. É importante destacar que, por *default*, essas funções utilizam de expressões do tipo *regex* - expressões regulares (Thompson, 1968). Essa é uma linguagem específica para processar textos. Diversos símbolos são utilizados para estruturar, procurar e isolar padrões textuais. Quando utilizada corretamente, o *regex* é bastante útil e de extrema valia.

Usualmente, o caso mais comum em pesquisa é verificar a posição ou a existência de um texto menor dentro de um texto maior. Isto é, um padrão explícito e fácil de entender. Por isso, a localização e substituição de caracteres no próximo exemplo será do tipo fixo, sem o uso de *regex*. Tal informação pode ser passada às funções do pacote **stringr** através de outra função chamada `stringr::fixed`.

O exemplo a seguir mostra como encontrar o caractere *D* dentre uma série de caracteres.

```
library(stringr)

my_char <- 'ABCDEF-ABCDEF-ABC'
pos = str_locate(string = my_char, pattern = fixed('D') )
print(pos)
```

```
R>      start end
R> [1,]    4   4
```

Observe que a função `str_locate` retorna apenas a primeira ocorrência de *D*. Para resgatar todas as ocorrências, devemos utilizar a função `str_locate_all`:

```
# set object
my_char <- 'ABCDEF-ABCDEF-ABC'

# find position of ALL 'D' using str_locate_all
pos = str_locate_all(string = my_char, pattern = fixed('D'))
print(pos)
```

```
R> [[1]]
R>      start end
R> [1,]    4    4
R> [2,]   11   11
```

Observe também que as funções `regexp` e `grepexpr` retornam objetos com propriedades específicas, apresentando-as na tela.

Para substituir caracteres em um texto, basta utilizar a função `stringr::str_replace` ou base::sub e str_replace_all ou base::gsub. Vale salientar que str_replace substitui a primeira ocorrência do caractere, enquanto str_replace_all executa uma substituição global - isto é, aplica-se a todas as ocorrências. Veja a diferença a seguir:

```
# set char object
my_char <- 'ABCDEF-ABCDEF-ABC'

# substitute the FIRST 'ABC' for 'XXX' with sub
my_char <- sub(x = my_char,
               pattern = 'ABC',
               replacement = 'XXX')
print(my_char)
```

```
R> [1] "XXXDEF-ABCDEF-ABC"
```

```
# substitute the FIRST 'ABC' for 'XXX' with str_replace
my_char <- 'ABCDEF-ABCDEF-ABC'
my_char <- str_replace(string = my_char,
                       pattern = fixed('ABC'),
                       replacement = 'XXX')
print(my_char)
```

```
R> [1] "XXXDEF-ABCDEF-ABC"
```

E agora fazemos uma substituição global dos caracteres.

```
# set char object
my_char <- 'ABCDEF-ABCDEF-ABC'

# substitute the FIRST 'ABC' for 'XXX' with str_replace
my_char <- str_replace_all(string = my_char,
                           pattern = 'ABC',
                           replacement = 'XXX')
print(my_char)
```

```
R> [1] "XXXDEF-XXXDEF-XXX"
```

Mais uma vez, vale ressaltar que as operações de substituição também funcionam em vetores. Dê uma olhada no próximo exemplo.

```
# set char object
my_char <- c('ABCDEF','DBCFE','ABC')

# create an example of vector
my_char_vec <- str_c(sample(my_char, 5, replace = T),
```

```
                         sample(my_char, 5, replace = T),
                     sep = ' - ')

# show it
print(my_char_vec)


R> [1] "ABCDEF - ABC"    "ABCDEF - ABCDEF" "ABCDEF - ABC"
R> [4] "ABCDEF - DBCFE"  "DBCFE - ABCDEF"
# substitute all occurrences of 'ABC'
my_char_vec <- str_replace_all(string = my_char_vec,
                            pattern = 'ABC',
                            replacement = 'XXX')


# print result
print(my_char_vec)


R> [1] "XXXDEF - XXX"    "XXXDEF - XXXDEF" "XXXDEF - XXX"
R> [4] "XXXDEF - DBCFE"  "DBCFE - XXXDEF"
```

7.2.6 Separando Textos

Em algumas situações, principalmente no processamento de textos, é possível que se esteja interessado em quebrar um texto de acordo com algum separador. Por exemplo, o texto abc ; bcd ; adf apresenta informações demarcadas pelo símbolo ;. Para separar um texto em várias partes, utilizamos a função stringr::str_split/base::strsplit. Essas quebram o texto em diversas partes de acordo com algum caractere escolhido. Observe os exemplos a seguir:

```
# set char
my_char <- 'ABCXABCXBCD'

# split it based on 'X' and using stringr::str_split
split_char <- str_split(my_char, 'X')

# print result
print(split_char)

R> [[1]]
R> [1] "ABC" "ABC" "BCD"
```

A saída dessa função é um objeto do tipo lista. Para acessar os elementos de uma lista, deve-se utilizar o operador [[ ]]. Por exemplo, para acessar o texto bcd da lista split_char, executa-se o seguinte código:

```
print(split_char[[1]][2])
```

```
R> [1] "ABC"
```

Para visualizar um exemplo de dividir textos em vetores, veja o próximo código.

```
# set char
my_char_vec <- c('ABCDEF','DBCFE','ABFC','ACD')
```

```
# split it based on 'B' and using stringr::strsplit
split_char <- str_split(my_char_vec, 'B')
```

```
# print result
print(split_char)
```

```
R> [[1]]
R> [1] "A"      "CDEF"
R>
R> [[2]]
R> [1] "D"    "CFE"
R>
R> [[3]]
R> [1] "A"   "FC"
R>
R> [[4]]
R> [1] "ACD"
```

Observe como, novamente, um objeto do tipo `list` é retornado. Cada elemento é correspondente ao processo de quebra de texto em `my_char`.

7.2.7   Descobrindo o Número de Caracteres de um Texto

Para descobrir o número de caracteres de um texto, utilizamos a função `stringr::str_length`/`base::nchar`. Ela também funciona para vetores atômicos de texto. Veja os exemplos mostrados a seguir:

```
# set char
my_char <- 'abcdef'
```

```
# print number of characters using stringr::str_length
print(str_length(my_char))
```

```
R> [1] 6
```

E agora um exemplo com vetores.

```
#set char
my_char <- c('a', 'ab', 'abc')

# print number of characters using stringr::str_length
print(str_length(my_char))
```

```
R> [1] 1 2 3
```

7.2.8   Gerando Combinações de Texto

Um truque útil no R é usar as funções `base::outer` e `base::expand.grid` para criar todas as combinações possíveis de elementos em diferentes objetos. Isso é útil quando você quer criar um vetor de texto combinando todos os elementos possíveis de diferentes vetores. Por exemplo, se quisermos criar um vetor com todas as combinações entre `c('a' , 'b')` e `c('A', 'B')` como `c('a-A', 'a-B', ...)`, podemos escrever:

```
# set char vecs
my_vec_1 <- c('a','b')
my_vec_2 <- c('A','B')

# combine in matrix
comb.mat <- outer(my_vec_1,
                  my_vec_2,
                  paste,sep = '-')

# print it!
print(comb.mat)
```

```
R>      [,1]  [,2]
R> [1,] "a-A" "a-B"
R> [2,] "b-A" "b-B"
```

A saída de `outer` é um objeto do tipo matriz. Se quisermos mudar `comb.mat` para um vetor atômico, podemos usar a função `as.character`:

```
print(as.character(comb.mat))
```

```
R> [1] "a-A" "b-A" "a-B" "b-B"
```

Outra maneira de atingir o mesmo objetivo é usar a função `expand.grid`. Veja o próximo exemplo.

```
library(tidyverse)
```

```
# set vectors
my_vec_1 <- c('John ', 'Claire ', 'Adam ')
my_vec_2 <- c('is fishing.', 'is working.')

# create df with all combinations
my_df <- expand.grid(name = my_vec_1,
                     verb = my_vec_2)

# print df
print(my_df)
```

```
R>       name          verb
R> 1   John    is fishing.
R> 2 Claire    is fishing.
R> 3   Adam    is fishing.
R> 4   John    is working.
R> 5 Claire    is working.
R> 6   Adam    is working.
```
```
# paste columns together in tibble
my_df <- my_df %>%
  mutate(phrase = paste0(name, verb) )

# print result
print(my_df)
```

```
R>       name          verb                phrase
R> 1   John    is fishing.    John is fishing.
R> 2 Claire    is fishing. Claire is fishing.
R> 3   Adam    is fishing.    Adam is fishing.
R> 4   John    is working.    John is working.
R> 5 Claire    is working. Claire is working.
R> 6   Adam    is working.    Adam is working.
```

Aqui, usamos a função `expand.grid` para criar um `dataframe` contendo todas as combinações possíveis de `my_vec_1` e `my_vec_2`. Posteriormente, colamos o conteúdo das colunas do `dataframe` usando `str_c`.

7.2.9   Codificação de Objetos `character`

Para o R, um *string* de texto é apenas uma sequência de *bytes*. A tradução de *bytes* para caracteres é realizada de acordo com uma estrutura de codificação. Para a maioria dos casos de uso do R, especialmente em países de língua inglesa, a codificação de caracteres não é um problema pois os textos importados no R já possuem a codificação correta. Ao lidar com dados de texto em diferentes idiomas, tal como Português do Brasil, a codificação de caracteres é algo que você deve entender pois eventualmente precisará lidar com isso.

Vamos explorar um exemplo. Aqui, vamos importar dados de um arquivo de texto com a codificação `'ISO-8859-9'` e verificar o resultado.

```
# read text file
my_f <- adfeR::get_data_file('FileWithLatinChar_Latin1.txt')

my_char <- readr::read_lines(my_f)

# print it
print(my_char)
```

```
R> [1] "A casa \xe9 bonita e tem muito espa\xe7o"
```

O conteúdo original do arquivo é um texto em português. Como você pode ver, a saída de `readr::read_lines` mostra todos os caracteres latinos com símbolos estranhos. Isso ocorre pois a codificação foi manualmente trocada para `'ISO-8859-9'`, enquanto a função `read_lines` utiliza `'UTF-8'` como *default*. A solução mais fácil e direta é modificar a codificação esperada do arquivo nas entradas de `read_lines`. Veja a seguir, onde importamos um arquivo com a codificação correta (`'Latin1'`):

```
my_char <- readr::read_lines(my_f,
                    locale = readr::locale(encoding='Latin1'))

# print it
print(my_char)
```

```
R> [1] "A casa é bonita e tem muito espaço"
```

Os caracteres latinos agora estão corretos pois a codificação em `read_lines` é a mesma do arquivo, `'Latin1'`. Uma boa política neste tópico é sempre verificar a codificação de arquivos de texto importados e combiná-lo em R. A maioria das funções de importação tem uma opção para fazê-lo. Quando possível, sempre dê preferência para `'UTF-8'`. Caso necessário, programas de edição de texto, tal como o notepad++, possuem ferramentas para verificar e trocar a codificação de um arquivo.

7.2.10 Outras Funções Úteis

`stringr::str_to_lower`/`base::tolower` - Converte um objeto de texto para letras minúsculas.

```
print(stringr::str_to_lower('ABC'))
```

```
R> [1] "abc"
```

`stringr::str_to_upper`/`base::toupper` - Convertem um texto em letras maiúsculas.

```
print(toupper('abc'))
```

```
R> [1] "ABC"
```

```
print(stringr::str_to_upper('abc'))
```

```
R> [1] "ABC"
```

7.3   Fatores

A classe de fatores (`factor`) é utilizada para representar grupos ou categorias dentro de uma base de dados no formato tabular. Por exemplo, imagine um banco de informações com os gastos de diferentes pessoas ao longo de um ano. Nessa base de dados existe um item que define o gênero do indivíduo: masculino ou feminino (M ou F). Essa respectiva coluna pode ser importada e representada como texto, porém, no R, a melhor maneira de representá-la é através do objeto fator, uma vez que a mesma representa uma categoria.

A classe de fatores oferece um significado especial para denotar grupos dentro dos dados. Essa organização é integrada aos pacotes e facilita muito a vida do usuário. Por exemplo, caso quiséssemos criar um gráfico para cada grupo dentro da nossa base de dados, poderíamos fazer o mesmo simplesmente indicando a existência de uma variável de fator para a função de criação da figura. Outra possibilidade é determinar se as diferentes médias de uma variável numérica são estatisticamente diferentes para os grupos dos nossos dados. Podemos também estimar um determinado modelo estatístico para cada grupo. Quando os dados de categorias são representados apropriadamente, o uso das funções do R torna-se mais fácil e eficiente.

7.3.1   Criando Fatores

A criação de fatores dá-se através da função `factor`:

```
my_factor <- factor(c('M', 'F', 'M', 'M', 'F'))
print(my_factor)
```

```
R> [1] M F M M F
R> Levels: F M
```

Observe, no exemplo anterior, que a apresentação de fatores com a função `print` mostra os seus elementos e também o item chamado `Levels`. Esse último identifica os possíveis grupos que abrangem o vetor - nesse caso apenas `M` e `F`. Se tivéssemos um número maior de grupos, o item `Levels` aumentaria. Veja a seguir:

```
my_factor <- factor(c('M','F','M','M','F','ND'))
print(my_factor)
```

```
R> [1] M  F  M  M  F  ND
R> Levels: F M ND
```

Um ponto importante na criação de fatores é que os `Levels` são inferidos através dos dados criados, e isso pode não corresponder à realidade. Por exemplo, observe o seguinte exemplo:

```
my_status <- factor(c('Solteiro', 'Solteiro', 'Solteiro'))
print(my_status)
```

```
R> [1] Solteiro Solteiro Solteiro
R> Levels: Solteiro
```

Nota-se que, por ocasião, os dados mostram apenas uma categoria: `Solteiro`. Entretanto, sabe-se que outra categoria do tipo `Casado` é esperada. No caso de utilizarmos o objeto `my_status` da maneira que foi definida anteriormente, omitiremos a informação de outros gêneros, e isso pode ocasionar problemas no futuro tal como a criação de gráficos incompletos. Nessa situação, o correto é definir os `Levels` manualmente da seguinte maneira:

```
my_status <- factor(c('Solteiro', 'Solteiro', 'Solteiro'),
                     levels = c('Solteiro', 'Casado'))
print(my_status)
```

```
R> [1] Solteiro Solteiro Solteiro
R> Levels: Solteiro Casado
```

7.3.2 Modificando Fatores

Um ponto importante sobre os objetos do tipo fator é que seus `Levels` são **imutáveis e não atualizam-se com a entrada de novos dados**. Em outras palavras, não é possível modificar os valores dos `Levels` após a criação do objeto. Toda nova informação que não for compatível com os `Levels` do objeto será transformada em `NA` (*Not available*) e uma mensagem de `warning` irá aparecer na tela. Essa limitação pode parecer estranha a primeira vista porém, na prática, ela evita possíveis erros no código. Veja o exemplo a seguir:

```r
# set factor
my_factor <- factor(c('a', 'b', 'a', 'b'))

# change first element of a factor to 'c'
my_factor[1] <- 'c'

R> Warning in `[<-.factor`(`*tmp*`, 1, value = "c"): invalid
R> factor level, NA generated
# print result
print(my_factor)

R> [1] <NA> b    a    b
R> Levels: a b
```

Nesse caso, a maneira correta de proceder é primeiro transformar o objeto da classe fator para a classe caractere e depois realizar a conversão:

```r
# set factor
my_factor <- factor(c('a', 'b', 'a', 'b'))

# change factor to character
my_char <- as.character(my_factor)

# change first element
my_char[1] <- 'c'

# mutate it back to class factor
my_factor <- factor(my_char)

# show result
print(my_factor)

R> [1] c b a b
R> Levels: a b c
```

Utilizando essas etapas temos o resultado desejado no vetor `my_factor`, com a definição de três `Levels`: a, b e c.

O universo `tidyverse` também possui um pacote próprio para manipular fatores, o `forcats`. Para o problema atual de modificação de fatores, podemos utilizar função `forcats::fct_recode`. Veja um exemplo a seguir, onde trocamos as siglas dos fatores:

```r
library(forcats)
```

```
# set factor
my.fct <- factor(c('A', 'B', 'C', 'A', 'C', 'M', 'N'))

# modify factors
my.fct <- fct_recode(my.fct,
                     'D' = 'A',
                     'E' = 'B',
                     'F' = 'C')

# print result
print(my.fct)
```

```
R> [1] D E F D F M N
R> Levels: D E F M N
```

Observe como o uso da função `forcats::fct_recode` é intuitivo. Basta indicar o novo nome dos grupos com o operador de igualdade.

7.3.3 Convertendo Fatores para Outras Classes

Outro ponto importante no uso de fatores é a sua conversão para outras classes, especialmente a numérica. Quando convertemos um objeto de tipo fator para a classe caractere, o resultado é o esperado:

```
# create factor
my_char <-factor(c('a', 'b', 'c'))

# convert and print
print(as.character(my_char))
```

```
R> [1] "a" "b" "c"
```

Porém, quando fazemos o mesmo procedimento para a classe numérica, o que o R retorna é **longe do esperado**:

```
# set factor
my_values <- factor(5:10)

# convert to numeric (WRONG)
print(as.numeric(my_values))
```

```
R> [1] 1 2 3 4 5 6
```

Esse resultado pode ser explicado pelo fato de que, internamente, fatores são armazenados como índices, indo de 1 até o número total de `Levels`. Essa simplificação minimiza o uso da memória do computador. Quando pedimos ao R para transformar esses fatores em números, ele entende que buscamos o número do índice e não do valor. Para contornar, é fácil: basta transformar o objeto fator em caractere e, depois, em numérico, conforme mostrado a seguir:

```r
# converting factors to character and then to numeric
print(as.numeric(as.character(my_values)))
```

```
R> [1]  5  6  7  8  9 10
```

 Tenha muito cuidado ao transformar fatores em números. Lembre-se sempre de que o retorno da conversão direta serão os índices dos `levels` e não os valores em si. Esse é um *bug* bem particular que pode ser difícil de identificar em um código complexo.

7.3.4   Criando Tabelas de Contingência

Após a criação de um fator, podemos calcular a ocorrência de cada fator com a função `table`. Essa também é chamada de tabela de contingência. Em um caso simples, com apenas um fator, a função `table` conta o número de ocorrências de cada categoria, como a seguir:

```r
# create factor
my_factor <- factor(sample(c('Pref', 'Ord'),
                           size = 20,
                           replace = TRUE))

# print contingency table
print(table(my_factor))
```

```
R> my_factor
R>  Ord Pref
R>   9   11
```

Um caso mais avançado do uso de `table` é utilizar mais de um fator para a criação da tabela. Veja o exemplo a seguir:

```r
# set factors
my_factor_1 <- factor(sample(c('Pref', 'Ord'),
                             size = 20,
                             replace = TRUE))

my_factor_2 <- factor(sample(paste('Grupo', 1:3),
                             size = 20,
```

```
                                      replace = TRUE))
```

```
# print contingency table with two factors
print(table(my_factor_1, my_factor_2))
```

```
R>              my_factor_2
R> my_factor_1 Grupo 1 Grupo 2 Grupo 3
R>         Ord       2       4       3
R>        Pref       3       4       4
```

A tabela criada anteriormente mostra o número de ocorrências para cada combinação de fator. Essa é uma ferramenta descritiva simples, mas bastante informativa para a análise de grupos de dados.

7.3.5   Outras Funções

levels - Retorna os Levels de um objeto da classe fator.

```
my_factor <- factor(c('A', 'A', 'B', 'C', 'B'))
print(levels(my_factor))
```

```
R> [1] "A" "B" "C"
```

as.factor - Transforma um objeto para a classe fator.

```
my_y <- c('a','b', 'c', 'c', 'a')
my_factor <- as.factor(my_y)
print(my_factor)
```

```
R> [1] a b c c a
R> Levels: a b c
```

split - Com base em um objeto de fator, cria uma lista com valores de outro objeto. Esse comando é útil para separar dados de grupos diferentes e aplicar alguma função com sapply ou lapply.

```
my_factor <- factor(c('A','B','C','C','C','B'))
my_x <- 1:length(my_factor)
```

```
my_l <- split(x = my_x, f = my_factor)
```

```
print(my_l)
```

```
R> $A
R> [1] 1
R>
```

```
R> $B
R> [1] 2 6
R>
R> $C
R> [1] 3 4 5
```

7.4   Valores Lógicos

Testes lógicos em dados são centrais no uso do R. Em uma única linha de código podemos testar condições para uma grande quantidade de casos. Esse cálculo é muito utilizado para encontrar casos extremos nos dados (*outliers*) e também para separar diferentes amostras de acordo com algum critério.

7.4.1   Criando Valores Lógicos

Em uma sequência de 1 até 10, podemos verificar quais são os elementos maiores que 5 com o seguinte código:

```
# set numerical
my_x <- 1:10

# print a logical test
print(my_x > 5)
```

```
R>  [1] FALSE FALSE FALSE FALSE FALSE  TRUE  TRUE  TRUE  TRUE
R> [10]   TRUE
```

```
# print position of elements from logical test
print(which(my_x > 5))
```

```
R> [1]  6  7  8  9 10
```

A função which do exemplo anterior retorna os índices onde a condição é verdadeira (TRUE). O uso do which é recomendado quando se quer saber a posição de elementos que satisfazem alguma condição.

Para realizar testes de igualdade, basta utilizar o símbolo de igualdade duas vezes (==).

```
# create char
my_char <- rep(c('abc','bcd'), 5)

# print its contents
print(my_char)
```

```
R>  [1] "abc" "bcd" "abc" "bcd" "abc" "bcd" "abc" "bcd" "abc"
```

```
R> [10] "bcd"
```

```
# print logical test
print(my_char == 'abc')
```

```
R> [1] TRUE FALSE  TRUE FALSE  TRUE FALSE  TRUE FALSE  TRUE
R> [10] FALSE
```

Para o teste de inigualdades, utilizamos o símbolo !=:

```
# print inequality test
print(my_char != 'abc')
```

```
R> [1] FALSE  TRUE FALSE  TRUE FALSE  TRUE FALSE  TRUE FALSE
R> [10]  TRUE
```

Destaca-se que também é possível testar condições múltiplas, isto é, a ocorrência simultânea de eventos. Utilizamos o operador & para esse propósito. Por exemplo: se quiséssemos verificar quais são os valores de uma sequência de 1 a 10 que são maiores que 4 **e** menores que 7, escreveríamos:

```
my_x <- 1:10
```

```
# print logical for values higher than 4 and lower than 7
print((my_x > 4)&(my_x < 7) )
```

```
R> [1] FALSE FALSE FALSE FALSE  TRUE  TRUE FALSE FALSE FALSE
R> [10] FALSE
```

```
# print the actual values
idx <- which( (my_x > 4)&(my_x < 7) )
print(my_x[idx])
```

```
R> [1] 5 6
```

Para testar condições não simultâneas, isto é, ocorrências de um ou outro evento, utilizamos o operador |. Por exemplo: considerando a sequência anterior, acharíamos os valores maiores que 7 **ou** menores que 4 escrevendo:

```
# location of elements higher than 7 or lower than 4
idx <- which( (my_x > 7)|(my_x < 4) )
```

```
# print elements from previous condition
print(my_x[idx])
```

```
R> [1]  1  2  3  8  9 10
```

Observe que, em ambos os casos de uso de testes lógicos, utilizamos parênteses para encapsular as condições lógicas. Poderíamos ter escrito `idx <- which( my_x > 7|my_x < 4 )`, porém o uso do parênteses deixa o código mais claro ao isolar os testes de condições e sinalizar que o resultado da operação será um vetor lógico. Em alguns casos, porém, o uso do parênteses indica hierarquia na ordem das operações e portanto não pode ser ignorado.

Outro uso interessante de objetos lógicos é o teste para saber se um item ou mais pertence a um vetor ou não. Para isso utilizamos o operador `%in%`. Por exemplo, imagine que tens os *tickers* de duas ações, `c('ABC', 'DEF')` e queres saber se é possível encontrar esses tickers na coluna de outra base de dados. Essa é uma operação semelhante ao uso do teste de igualdade, porém em notação vetorial. Veja um exemplo a seguir:

```
library(dplyr)
# location of elements higher than 7 or lower than 4
my_tickers <- c('ABC', 'DEF')

# set df
n_obs <- 100
df_temp <- tibble(tickers = sample(c('ABC', 'DEF', 'GHI', 'JKL'),
                                    size = n_obs,
                                    replace = TRUE),
                  ret = rnorm(n_obs, sd = 0.05) )

# find rows with selected tickers
idx <- df_temp$tickers %in% my_tickers

# print elements from previous condition
glimpse(df_temp[idx, ])

R> Rows: 43
R> Columns: 2
R> $ tickers <chr> "ABC", "ABC", "ABC", "DEF", "DEF", "ABC...
R> $ ret     <dbl> 0.042864781, 0.017056405, 0.011198439, ...
```

O `dataframe` mostrado na tela possui dados apenas para ações em `my_tickers`.

7.5   Datas e Tempo

A representação e manipulação de datas é um importante aspecto das pesquisas em Finanças e Economia. Manipular datas e horários de forma correta, levando em conta mudanças decorridas de horário de verão, feriados locais, em diferentes zonas de tempo, não é uma tarefa fácil! Felizmente, o R fornece um grande suporte para qualquer tipo de operação com datas e tempo.

Nesta seção estudaremos as funções e classes nativas que representam e manipulam o tempo em R. Aqui, daremos prioridade as funções do pacote `lubridate` (Spinu et al., 2020). Existem, no entanto, muitos pacotes que podem ajudar o usuário a processar objetos do tipo data e tempo de forma mais avançada. Caso alguma operação com data e tempo não for encontrada aqui, sugiro o estudo dos pacotes `chron` (James and Hornik, 2020), `timeDate` (Wuertz et al., 2018) e `bizdays` (Freitas, 2018).

Antes de começarmos, vale relembrar que toda data no R segue o formato ISO 8601 (`YYYY-MM-DD`), onde `YYYY` é o ano em quatro números, `MM` é o mês e `DD` é o dia. Por exemplo, uma data em ISO 8601 é 2021-02-20. Deves familiarizar-se com esse formato pois toda importação de dados com formato de datas diferente desta notação exigirá conversão. Felizmente, essa operação é bastante simples de executar com o `lubridate`.

7.5.1 Criando Datas Simples

No R, existem diversas classes que podem representar datas. A escolha entre uma classe de datas e outra baseia-se na necessidade da pesquisa. Em muitas situações não é necessário saber o horário, enquanto que em outras isso é extremamente pertinente pois os dados são coletados ao longo de um dia.

A classe mais básica de datas é `Date`. Essa indica dia, mês e ano, apenas. No `lubridate`, criamos datas verificando o formato da data de entrada e as funções `ymd` (year-month-date), `dmy` (day-month-year) e `mdy` (month-day-year). Veja a seguir:

```
library(lubridate)

# set Date object
print(ymd('2021-06-24'))
```

```
R> [1] "2021-06-24"
# set Date object
print(dmy('24-06-2021'))
```

```
R> [1] "2021-06-24"
# set Date object
print(mdy('06-24-2021'))
```

```
R> [1] "2021-06-24"
```

Note que as funções retornam exatamente o mesmo objeto. A diferença no uso é somente pela forma que a data de entrada está estruturada com a posição do dia, mês e ano.

Um benefício no uso das funções do pacote `lubridate` é que as mesmas são inteligentes ao lidar com formatos diferentes. Observe no caso anterior que definimos os elementos das datas com o uso do traço (-) como separador e valores numéricos. Outros formatos também são automaticamente reconhecidos:

```
# set Date object
print(ymd('2021/06/24'))
```

```
R> [1] "2021-06-24"
# set Date object
print(ymd('2021&06&24'))
```

```
R> [1] "2021-06-24"
# set Date object
print(ymd('2021 june 24'))
```

```
R> [1] "2021-06-24"
# set Date object
print(dmy('24 of june 2021'))
```

```
R> [1] "2021-06-24"
```

Isso é bastante útil pois o formato de datas no Brasil é **dia/mês/ano** (DD/MM/YYYY). Ao usar `dmy` para uma data brasileira, a conversão é correta:

```
# set Date from dd/mm/yyyy
my_date <- dmy('24/06/2021')

# print result
print(my_date)
```

```
R> [1] "2021-06-24"
```

Já no pacote `base`, a função correspondente é `as.Date`. O formato da data, porém, deve ser explicitamente definido com argumento `format`, conforme mostrado a seguir:

```
# set Date from dd/mm/yyyy with the definition of format
my_date <- as.Date('24/06/2021', format = '%d/%m/%Y')

# print result
print(my_date)
```

```
R> [1] "2021-06-24"
```

Os símbolos utilizados na entrada `format`, tal como `%d` e `%Y`, são indicadores de formato, os quais definem a forma em que a data a ser convertida está estruturada. Nesse caso, os símbolos `%Y`, `%m` e `%d` definem ano, mês e dia, respectivamente. Existem diversos outros símbolos que podem ser utilizados para processar datas em formatos específicos. Um panorama das principais codificações é apresentado a seguir:

Código	Valor	Exemplo
%d	dia do mês (decimal)	0
%m	mês (decimal)	12
%b	mês (abreviado)	Abr
%B	mês (nome completo)	Abril
%y	ano (2 dígitos)	16
%Y	ano (4 dígitos)	2021

Os símbolos anteriores permitem a criação de datas a partir de variados formatos. Observe como a utilização das funções do `lubridate`, em relação a `base`, são mais simples e fáceis de utilizar, justificando a nossa escolha.

7.5.2 Criando Sequências de Datas

Um aspecto interessante no uso de objetos do tipo `Date` é que eles interagem com operações de adição de valores numéricos e com testes lógicos de comparação de datas. Por exemplo: caso quiséssemos adicionar um dia à data `my_date` criada anteriormente, bastaria somar o valor 1 ao objeto:

```
# create date
my_date <- ymd('2021-06-24')

# find next day
my_date_2 <- my_date + 1

# print result
print(my_date_2)
```

```
R> [1] "2021-06-25"
```

A propriedade também funciona com vetores, o que deixa a criação de sequências de datas muito fácil. Nesse caso, o próprio R encarrega-se de verificar o número de dias em cada mês.

```
# create a sequence of Dates
my_date_vec <- my_date + 0:15
```

```
# print it
print(my_date_vec)
```

```
R>   [1] "2021-06-24" "2021-06-25" "2021-06-26" "2021-06-27"
R>   [5] "2021-06-28" "2021-06-29" "2021-06-30" "2021-07-01"
R>   [9] "2021-07-02" "2021-07-03" "2021-07-04" "2021-07-05"
R>  [13] "2021-07-06" "2021-07-07" "2021-07-08" "2021-07-09"
```

Uma maneira mais customizável de criar sequências de datas é utilizar a função **seq**. Com ela, é possível definir intervalos diferentes de tempo e até mesmo o tamanho do vetor de saída. Caso quiséssemos uma sequência de datas de dois em dois dias, poderíamos utilizar o seguinte código:

```
# set first and last Date
my_date_1 <- ymd('2021-03-07')
my_date_2 <- ymd('2021-03-20')

# set sequence
my_date_date <- seq(from = my_date_1,
                    to = my_date_2,
                    by = '2 days')

# print result
print(my_date_date)
```

```
R> [1] "2021-03-07" "2021-03-09" "2021-03-11" "2021-03-13"
R> [5] "2021-03-15" "2021-03-17" "2021-03-19"
```

Caso quiséssemos de duas em duas semanas, escreveríamos:

```
# set first and last Date
my_date_1 <- ymd('2021-03-07')
my_date_2 <- ymd('2021-04-20')

# set sequence
my_date_date <- seq(from = my_date_1,
                    to = my_date_2,
                    by = '2 weeks')

# print result
print(my_date_date)
```

```
R> [1] "2021-03-07" "2021-03-21" "2021-04-04" "2021-04-18"
```

Outra forma de utilizar **seq** é definir o tamanho desejado do objeto de saída. Por exemplo, caso quiséssemos um vetor de datas com 10 elementos, usaríamos:

```
# set first and last Date
my_date_1 <- ymd('2021-03-07')
my_date_2 <- ymd('2021-10-20')

# set sequence
my_date_vec <- seq(from = my_date_1,
                   to = my_date_2,
                   length.out = 10)

# print result
print(my_date_vec)
```

```
R>  [1] "2021-03-07" "2021-04-01" "2021-04-26" "2021-05-21"
R>  [5] "2021-06-15" "2021-07-11" "2021-08-05" "2021-08-30"
R>  [9] "2021-09-24" "2021-10-20"
```

O intervalo entre as datas em `my_date_vec` é definido automaticamente pelo R.

7.5.3 Operações com Datas

É possível descobrir a diferença de dias entre datas simplesmente diminuindo uma data da outra:

```
# set dates
my_date_1 <- ymd('2015-06-24')
my_date_2 <- ymd('2016-06-24')

# calculate difference
diff_date <- my_date_2 - my_date_1

# print result
print(diff_date)
```

```
R> Time difference of 366 days
```

A saída da operação de subtração é um objeto da classe `diffdate`, o qual possui a classe de lista como sua estrutura básica. Destaca-se que a notação de acesso aos elementos da classe `diffdate` é a mesma utilizada para listas. O valor numérico do número de dias está contido no primeiro elemento de `diff_date`:

```
# print difference of days as numerical value
print(diff_date[[1]])
```

```
R> [1] 366
```

Podemos testar se uma data é maior do que outra com o uso das operações de comparação:

```
# set date and vector
my_date_1 <- ymd('2016-06-20')
my_date_vec <- ymd('2016-06-20') + seq(-5,5)

# test which elements of my_date_vec are older than my_date_1
my_test <- (my_date_vec > my_date_1)

# print result
print(my_test)
```

```
R>  [1] FALSE FALSE FALSE FALSE FALSE FALSE  TRUE  TRUE  TRUE
R> [10]  TRUE  TRUE
```

A operação anterior é bastante útil quando se está buscando filtrar um determinado período de tempo nos dados. Nesse caso, basta buscar nas datas o período específico em que estamos interessados e utilizar o objeto lógico da comparação para selecionar os elementos. Veja o exemplo a seguir:

```
library(dplyr)
library(lubridate)

# set first and last dates
first_date <- ymd('2016-06-01')
last_date <- ymd('2016-06-15')

# create `dataframe` and glimpse it
my_temp_df <- tibble(date_vec = ymd('2016-05-25') + seq(0,30),
                     prices=seq(1,10,
                                length.out = length(date_vec)))

glimpse(my_temp_df)
```

```
R> Rows: 31
R> Columns: 2
R> $ date_vec <date> 2016-05-25, 2016-05-26, 2016-05-27, 2...
R> $ prices   <dbl> 1.0, 1.3, 1.6, 1.9, 2.2, 2.5, 2.8, 3.1...
```

```
# find dates that are between the first and last date
my_idx <- (my_temp_df$date_vec >= first_date) &
  (my_temp_df$date_vec <= last_date)

# use index to filter `dataframe`
```

```
my_temp_df_filtered <- my_temp_df %>%
  filter(my_idx) %>%
  glimpse()
```

```
R> Rows: 15
R> Columns: 2
R> $ date_vec <date> 2016-06-01, 2016-06-02, 2016-06-03, 2...
R> $ prices   <dbl> 3.1, 3.4, 3.7, 4.0, 4.3, 4.6, 4.9, 5.2...
```

Nesse caso, o vetor final de preços da coluna `prices` contém apenas informações para o período entre `first_date` e `last_date`.

7.5.4 Lidando com Data e Tempo

O uso da classe `Date` é suficiente quando se está lidando apenas com datas. Em casos em que é necessário levar em consideração o horário, temos que utilizar um objeto do tipo `datetime`.

No pacote `base`, uma das classes utilizadas para esse fim é a `POSIXlt`, a qual armazena o conteúdo de uma data na forma de uma lista. Outra classe que também é possível utilizar é a `POSIXct`, que armazena as datas como segundos contados a partir de `1970-01-01`. Devido ao seu formato de armazenamento, a classe `POSIXct` ocupa menos memória do computador. Junto ao `lubridate`, a classe utilizada para representar data-tempo é `POSIXct` e portanto daremos prioridade a essa. Vale destacar que todos os exemplos apresentados aqui também podem ser replicados para objetos do tipo `POSIXlt`.

O formato tempo/data também segue a norma ISO 8601, sendo representado como `ano-mês-dia horas:minutos:segundos zonadetempo` (YYYY-MM-DD HH:mm:SS TMZ). Veja o exemplo a seguir:

```
# creating a POSIXct object
my_timedate <- as.POSIXct('2021-01-01 16:00:00')
```

```
# print result
print(my_timedate)
```

```
R> [1] "2021-01-01 16:00:00 -03"
```

O pacote `lubridate` também oferece funções inteligentes para a criação de objetos do tipo data-tempo. Essas seguem a mesma linha de raciocínio que as funções de criar datas. Veja a seguir:

```
library(lubridate)
```

```
# creating a POSIXlt object
```

```
my_timedate <- ymd_hms('2021-01-01 16:00:00')
```

```
# print it
print(my_timedate)
```

```
R> [1] "2021-01-01 16:00:00 UTC"
```

Destaca-se que essa classe adiciona automaticamente o fuso horário.   Caso seja
necessário representar um fuso diferente, é possível fazê-lo com o argumento `tz`:

```
# creating a POSIXlt object with custom timezone
my_timedate_tz <- ymd_hms('2021-01-01 16:00:00',
                          tz = 'GMT')
```

```
# print it
print(my_timedate_tz)
```

```
R> [1] "2021-01-01 16:00:00 GMT"
```

É importante ressaltar que, para o caso de objetos do tipo `POSIXlt` e `POSIXct`, **as
operações de soma e diminuição referem-se a segundos** e não dias, como no
caso do objeto da classe `Date`.

```
# Adding values (seconds) to a POSIXlt object and printing it
print(my_timedate_tz + 30)
```

```
R> [1] "2021-01-01 16:00:30 GMT"
```

Assim como para a classe `Date`, existem símbolos específicos para lidar com componentes de um objeto do tipo data/tempo. Isso permite a formatação customizada
de datas. A seguir, apresentamos um quadro com os principais símbolos e os seus
respectivos significados.

Código	Valor	Exemplo
%H	Hora (decimal, 24 horas)	23
%I	Hora (decimal, 12 horas)	11
%M	Minuto (decimal, 0-59)	12
%p	Indicador AM/PM	AM
%S	Segundos (decimal, 0-59)	50

A seguir veremos como utilizar essa tabela para customizar datas.

7.5.5 Personalizando o Formato de Datas

A notação básica para representar datas e data/tempo no R pode não ser a ideal em algumas situações. No Brasil, por exemplo, indicar datas no formato `YYYY-MM-DD` pode gerar bastante confusão em um relatório formal. É recomendado, portanto, modificar a representação das datas para o formato esperado, isto é, `DD/MM/YYYY`.

Para formatar uma data, utilizamos a função `format`. Seu uso baseia-se nos símbolos de data e de horário apresentados anteriormente. A partir desses, pode-se criar qualquer customização. Veja o exemplo a seguir, onde apresenta-se a modificação de um vetor de datas para o formato brasileiro:

```
# create vector of dates
my_dates <- seq(from = ymd('2021-01-01'),
                to = ymd('2021-01-15'),
                by = '1 day')

# change format
my_dates_br <- format(my_dates, '%d/%m/%Y')

# print result
print(my_dates_br)
```

```
R>  [1] "01/01/2021" "02/01/2021" "03/01/2021" "04/01/2021"
R>  [5] "05/01/2021" "06/01/2021" "07/01/2021" "08/01/2021"
R>  [9] "09/01/2021" "10/01/2021" "11/01/2021" "12/01/2021"
R> [13] "13/01/2021" "14/01/2021" "15/01/2021"
```

O mesmo procedimento pode ser realizado para objetos do tipo data/tempo (`POSIXct`):

```
# create vector of date-time
my_datetime <- ymd_hms('2021-01-01 12:00:00') + seq(0,560,60)

# change to Brazilian format
my_dates_br <- format(my_datetime, '%d/%m/%Y %H:%M:%S')

# print result
print(my_dates_br)
```

```
R>  [1] "01/01/2021 12:00:00" "01/01/2021 12:01:00"
R>  [3] "01/01/2021 12:02:00" "01/01/2021 12:03:00"
R>  [5] "01/01/2021 12:04:00" "01/01/2021 12:05:00"
R>  [7] "01/01/2021 12:06:00" "01/01/2021 12:07:00"
R>  [9] "01/01/2021 12:08:00" "01/01/2021 12:09:00"
```

Pode-se também customizar para formatos bem específicos. Veja a seguir:

```
# set custom format
my_dates_custom <- format(my_dates,
                          'Year=%Y | Month=%m | Day=%d')


# print result
print(my_dates_custom)
```

```
R>  [1] "Year=2021 | Month=01 | Day=01"
R>  [2] "Year=2021 | Month=01 | Day=02"
R>  [3] "Year=2021 | Month=01 | Day=03"
R>  [4] "Year=2021 | Month=01 | Day=04"
R>  [5] "Year=2021 | Month=01 | Day=05"
R>  [6] "Year=2021 | Month=01 | Day=06"
R>  [7] "Year=2021 | Month=01 | Day=07"
R>  [8] "Year=2021 | Month=01 | Day=08"
R>  [9] "Year=2021 | Month=01 | Day=09"
R> [10] "Year=2021 | Month=01 | Day=10"
R> [11] "Year=2021 | Month=01 | Day=11"
R> [12] "Year=2021 | Month=01 | Day=12"
R> [13] "Year=2021 | Month=01 | Day=13"
R> [14] "Year=2021 | Month=01 | Day=14"
R> [15] "Year=2021 | Month=01 | Day=15"
```

7.5.6   Extraindo Elementos de uma Data

Para extrair elementos de datas tal como o ano, mês, dia, hora, minuto e segundo, uma alternativa é utilizar função `format`. Observe o próximo exemplo, onde recuperamos apenas as horas de um objeto `POSIXct`:

```
library(lubridate)

# create vector of date-time
my_datetime <- seq(from = ymd_hms('2021-01-01 12:00:00'),
                   to = ymd_hms('2021-01-01 18:00:00'),
                   by = '1 hour')

# get hours from POSIXlt
my_hours <- as.numeric(format(my_datetime, '%H'))

# print result
print(my_hours)
```

```
R> [1] 12 13 14 15 16 17 18
```

Da mesma forma, poderíamos utilizar os símbolos %M e %S para recuperar facilmente minutos e segundos de um vetor de objetos POSIXct.

```
# create vector of date-time
my_datetime <- seq(from = ymd_hms('2021-01-01 12:00:00'),
                   to = ymd_hms('2021-01-01 18:00:00'),
                   by = '15 min')

# get minutes from POSIXlt
my_minutes <- as.numeric(format(my_datetime, '%M'))

# print result
print(my_minutes)
```

```
R>  [1]  0 15 30 45  0 15 30 45  0 15 30 45  0 15 30 45  0 15
R> [19] 30 45  0 15 30 45  0
```

Outra forma é utilizar as funções do lubridate, tal como hour e minute:

```
# get hours with lubridate
print(hour(my_datetime))
```

```
R>  [1] 12 12 12 12 13 13 13 13 14 14 14 14 15 15 15 15 16 16
R> [19] 16 16 17 17 17 17 18
```

```
# get minutes with lubridate
print(minute(my_datetime))
```

```
R>  [1]  0 15 30 45  0 15 30 45  0 15 30 45  0 15 30 45  0 15
R> [19] 30 45  0 15 30 45  0
```

Outras funções também estão disponíveis para os demais elementos de um objeto data-hora.

7.5.7 Conhecendo o Horário e a Data Atual

O R inclui várias funções que permitem o usuário utilizar no seu código o horário e data atual do sistema. Isso é bastante útil quando se está criando registros e é importante que a data e horário de execução do código seja conhecida futuramente.

Para conhecer o dia atual, basta utilizarmos a função base::Sys.Date ou lubridate::today:

```
library(lubridate)
```

```
# get today
print(Sys.Date())
```

```
R> [1] "2021-02-20"
```

```
# print it
print(today())
```

```
R> [1] "2021-02-20"
```

Para descobrir a data e horário, utilizamos a função `base::Sys.time` ou `lubridate::now`:

```
# get time!
print(Sys.time())
```

```
R> [1] "2021-02-20 09:02:20 -03"
```

```
# get time!
print(now())
```

```
R> [1] "2021-02-20 09:02:20 -03"
```

Com base nessas, podemos escrever:

```
library(stringr)
```

```
# example of log message
my_str <- str_c('This code was executed in ', now())
```

```
# print it
print(my_str)
```

```
R> [1] "This code was executed in 2021-02-20 09:02:20"
```

7.5.8   Outras Funções Úteis

weekdays - Retorna o dia da semana de uma ou várias datas.

```
# set date vector
my_dates <- seq(from = ymd('2021-01-01'),
                to = ymd('2021-01-5'),
                by = '1 day')
```

```
# find corresponding weekdays
my_weekdays <- weekdays(my_dates)
```

```
# print it
print(my_weekdays)
```

```
R> [1] "Friday"   "Saturday" "Sunday"   "Monday"   "Tuesday"
```

months - Retorna o mês de uma ou várias datas.

```
# create date vector
my_dates <- seq(from = ymd('2021-01-01'),
                to = ymd('2021-12-31'),
                by = '1 month')
```

```
# find months
my_months <- months(my_dates)
```

```
# print result
print(my_months)
```

```
R>  [1] "January"   "February" "March"    "April"
R>  [5] "May"       "June"     "July"     "August"
R>  [9] "September" "October"  "November" "December"
```

quarters - Retorna a localização de uma ou mais datas dentro dos quartis do ano.

```
# get quartiles of the year
my_quarters <- quarters(my_dates)
print(my_quarters)
```

```
R>  [1] "Q1" "Q1" "Q1" "Q2" "Q2" "Q2" "Q3" "Q3" "Q3" "Q4" "Q4"
R> [12] "Q4"
```

OlsonNames - Retorna um vetor com as zonas de tempo disponíveis no R. No total, são mais de 500 itens. Aqui, apresentamos apenas os primeiros cinco elementos.

```
# get possible timezones
possible_tz <- OlsonNames()
```

```
# print it
print(possible_tz[1:5])
```

```
R> [1] "Africa/Abidjan"     "Africa/Accra"
R> [3] "Africa/Addis_Ababa" "Africa/Algiers"
R> [5] "Africa/Asmara"
```

Sys.timezone - Retorna a zona de tempo do sistema.

```
# get current timezone
print(Sys.timezone())
```

```
R> [1] "America/Sao_Paulo"
```

cut - Retorna um fator a partir da categorização de uma classe de data e tempo.

```
# set example date vector
my_dates <- seq(from = ymd('2021-01-01'),
                to = ymd('2021-03-01'),
                by = '5 days')
```

```
# group vector based on monthly breaks
my_month_cut <- cut(x = my_dates,
                    breaks = 'month')
```

```
# print result
print(my_month_cut)
```

```
R>  [1] 2021-01-01 2021-01-01 2021-01-01 2021-01-01 2021-01-01
R>  [6] 2021-01-01 2021-01-01 2021-02-01 2021-02-01 2021-02-01
R> [11] 2021-02-01 2021-02-01
R> Levels: 2021-01-01 2021-02-01
```

```
# set example datetime vector
my_datetime <- as.POSIXlt('2021-01-01 12:00:00') + seq(0,250,15)
```

```
# set groups for each 30 seconds
my_cut <- cut(x = my_datetime, breaks = '30 secs')
```

```
# print result
print(my_cut)
```

```
R>  [1] 2021-01-01 12:00:00 2021-01-01 12:00:00
R>  [3] 2021-01-01 12:00:30 2021-01-01 12:00:30
R>  [5] 2021-01-01 12:01:00 2021-01-01 12:01:00
R>  [7] 2021-01-01 12:01:30 2021-01-01 12:01:30
R>  [9] 2021-01-01 12:02:00 2021-01-01 12:02:00
R> [11] 2021-01-01 12:02:30 2021-01-01 12:02:30
R> [13] 2021-01-01 12:03:00 2021-01-01 12:03:00
R> [15] 2021-01-01 12:03:30 2021-01-01 12:03:30
R> [17] 2021-01-01 12:04:00
R> 9 Levels: 2021-01-01 12:00:00 ... 2021-01-01 12:04:00
```

7.6 Dados Omissos - NA (*Not available*)

Uma das principais inovações do R em relação a outras linguagens de programação é a representação de dados omissos através de objetos da classe NA (*Not Available*). A falta de dados pode ter inúmeros motivos, tal como a falha na coleta de informações ou simplesmente a não existência dos mesmos. Esses casos são tratados por meio da remoção ou da substituição dos dados omissos antes realizar uma análise mais profunda. A identificação desses casos, portanto, é de extrema importância.

7.6.1 Definindo Valores NA

Para definirmos os casos omissos nos dados, basta utilizar o símbolo NA:

```
# a vector with NA
my_x <- c(1, 2, NA, 4, 5)

# print it
print(my_x)
```

```
R> [1]  1  2 NA  4  5
```

Vale destacar que a operação de qualquer valor NA com outro sempre resultará em NA.

```
# example of NA interacting with other objects
print(my_x + 1)
```

```
R> [1]  2  3 NA  5  6
```

Isso exige cuidado quando se está utilizando alguma função com cálculo recursivo, tal como cumsum e cumprod. Nesses casos, todo valor consecutivo ao NA será transformado em NA. Veja os exemplos a seguir com as duas funções:

```
# set vector with NA
my_x <- c(1:5, NA, 5:10)

# print cumsum (NA after sixth element)
print(cumsum(my_x))
```

```
R> [1]  1  3  6 10 15 NA NA NA NA NA NA NA
# print cumprod (NA after sixth element)
print(cumprod(my_x))
```

```
R> [1]   1   2   6  24 120  NA  NA  NA  NA  NA  NA  NA
```

Toda vez que utilizar as funções `cumsum` e `cumprod`, certifique-se de que não existe algum valor `NA` no vetor de entrada. Lembre-se de que todo `NA` é contagiante e o cálculo recursivo irá resultar em um vetor repleto de dados faltantes.

7.6.2   Encontrando e Substituindo Valores `NA`

Para encontrar os valores `NA` em um vetor, basta utilizar a função `is.na`:

```
# set vector with NA
my_x <- c(1:2, NA, 4:10)

# find location of NA
idx_na <- is.na(my_x)
print(idx_na)
```

```
R>  [1] FALSE FALSE  TRUE FALSE FALSE FALSE FALSE FALSE FALSE
R> [10] FALSE
```

Para substituí-los, use indexação com a saída de `is.na`:

```
# set vector
my_x <- c(1, NA, 3:4, NA)

# replace NA for 2
my_x[is.na(my_x)] <- 2

# print result
print(my_x)
```

```
R> [1] 1 2 3 4 2
```

Outra maneira de limpar o objeto é utilizar a função `na.omit`, que retorna o mesmo objeto mas sem os valores `NA`. Note, porém, que o tamanho do vetor irá mudar e o objeto será da classe `omit`, o que indica que o vetor resultante não inclui os `NA` e apresenta, também, a posição dos elementos `NA` encontrados.

```
# set vector
my_char <- c(letters[1:3], NA, letters[5:8])

# print it
print(my_char)
```

```
R> [1] "a" "b" "c" NA  "e" "f" "g" "h"
```

```
# use na.omit to remove NA
my_char <- na.omit(my_char)

# print result
print(my_char)
```

```
R> [1] "a" "b" "c" "e" "f" "g" "h"
R> attr(,"na.action")
R> [1] 4
R> attr(,"class")
R> [1] "omit"
```

Apesar de o tipo de objeto ter sido trocado, devido ao uso de `na.omit`, as propriedades básicas do vetor inicial se mantêm. Por exemplo: o uso de `nchar` no objeto
resultante é possível.

```
# trying nchar on a na.omit object
print(nchar(my_char))
```

```
R> [1] 1 1 1 1 1 1 1
```

Para outros objetos, porém, recomenda-se cautela quando no uso da função `na.omit`.

7.6.3 Outras Funções Úteis

complete.cases - Retorna um vetor lógico que indica se as linhas do objeto possuem
apenas valores não omissos. Essa função é usada exclusivamente para `dataframes`
e matrizes.

```
# create matrix
my_mat <- matrix(1:15, nrow = 5)

# set an NA value
my_mat[2,2] <- NA

# print index with rows without NA
print(complete.cases(my_mat))
```

```
R> [1]  TRUE FALSE  TRUE  TRUE  TRUE
```

7.7 Exercícios

Todas soluções de exercícios estão disponíveis em https://www.msperlin.com/adfeR.

01 - Considere os seguintes os vetores x e y:

```
set.seed(7)
x <- sample (1:3, size = 5, replace = T)
y <- sample (1:3, size = 5, replace = T)
```

Qual é a soma dos elementos de um novo vetor resultante da multiplicação entre os elementos de x e y?

02 - Caso realizássemos uma soma cumulativa de uma sequência entre 1 e 100, em qual elemento esta soma iria passar de 50?

03 - Utilizando o R, crie uma sequência em objeto chamado seq_1 entre -15 e 10, onde o intervalo entre valores é sempre igual a 2. Qual o valor da soma dos elementos de seq_1?

04 - Defina outro objeto chamado seq_2 contendo uma sequência de tamanho 1000, com valores entre 0 e 100. Qual é o desvio padrão (função sd) dessa sequência?

- a) 45.26
- b) 28.91
- c) 22.19
- d) 12.94
- e) 74.17

05 - Calcule a soma entre vetores seq_1 e seq_2 (veja exercícios anteriores). Esta operação funcionou apesar do tamanho diferente dos vetores? Explique sua resposta. Caso funcionar, qual o maior valor do vetor resultante?

- a) 191.5
- b) 150.8
- c) 109.0
- d) 171.2
- e) 130.4

06 - Vamos supor que, em certa data, você comprou 100 ações de uma empresa, a price_purchase reais por ação. Depois de algum tempo, você vendeu 30 ações por 18 reais cada e as 70 ações restantes foram vendidas por 22 reais em um dia posterior. Usando um *script* em R, estruture este problema financeiro criando objetos numéricos. Qual é o lucro bruto desta transação no mercado de ações?

- a) R$678
- b) R$904
- c) R$791
- d) R$1.017
- e) R$580

07 - Crie um vetor x de acordo com a fórmula a seguir, onde $i = 1...100$. Qual é o valor da soma dos elementos de x?

$$x_i = \frac{-1^{i+1}}{2i-1}$$

08 - Crie um vetor z_i de acordo com a fórmula a seguir onde $x_i = 1...50$ e $y_i = 50...1$. Qual é o valor da soma dos elementos de z_i? Dica: veja o funcionamento da função dplyr::lag.

$$z_i = \frac{y_i - x_{i-1}}{y_{i-2}}$$

a) -13.97
b) -129.46
c) -91.85
d) -39.93
e) -65.89

09 - Usando set.seed(10), crie um objeto chamado x com valores aleatórios da distribuição Normal com média igual a 10 e desvio padrão igual a 10. Usando função cut, crie outro objeto que defina dois grupos com base em valores de x maiores que 15 e menores que 15. Qual a quantidade de observações no primeiro grupo?

10 - Crie o seguinte objeto com o código a seguir:

```
set.seed(15)
my_char <- paste(sample(letters, 5000, replace = T),
                collapse = '')
```

Qual a quantidade de vezes que a letra 'x' é encontrada no objeto de texto resultante?

11 - Baseado no objeto my_char criado anteriormente, caso dividíssemos o mesmo em diversos pedaços menores utilizando a letra "b", qual é o número de caracteres no **maior** pedaço encontrado?

12 - No endereço https://www.gutenberg.org/files/1342/1342-0.txt é possível acessar um arquivo .txt contendo o texto integral do livro *Pride and Prejudice* de Jane Austen. Utilize funções download.file e readr::read_lines para importar o livro inteiro como um vetor de caracteres chamado my_book no R. Quantas linhas o objeto resultante possui?

13 - Junte o vetor de caracteres em my_book para um único valor (texto) em outro objeto chamado full_text usando função paste0(my_book, collapse = '\n'). Utilizando este último e pacote stringr, quantas vezes a palavra 'King' é repetida na totalidade do texto?

14 - Para o objeto `full_text` criado anteriormente, utilize função `stringr::str_split` para *quebrar* o texto inteiro em função de espaços em branco. Com base nesse, crie uma tabela de frequência. Qual a palavra mais utilizada no texto? Dica: Remova todos os casos de caracteres vazios (`' '`).

   a) the
   b) and
   c) you
   d) I
   e) a

15 - Assumindo que uma pessoa nascida em 2000-05-12 irás viver for 100 anos, qual é o número de dias de aniversário que cairão em um final de semana (sábado ou domingo)? Dica: use operador `%in%` para checar uma condição múltipla nos dados.

16 - Qual data e horário é localizado 10^4 **segundos** após 2021-02-02 11:50:02?

   a) 2021-02-02 09:39:55
   b) 2021-02-02 14:36:42
   c) 2021-02-02 12:39:23
   d) 2021-02-02 14:22:58
   e) 2021-02-02 13:23:34

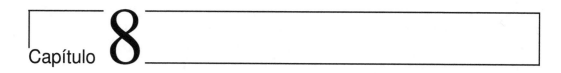

Capítulo **8**

Programando com o R

Nos capítulos anteriores estudamos o ecossistema de objetos do R. Neste capítulo trataremos do tópico de programação, isto é, a implementação de rotinas computacionais para a solução de problemas na análise de dados. Isso inclui a criação de funções customizadas, a repetição estruturada de códigos (*loops*) e execuções condicionais. Uma seção mostrando a capacidade de um dos mais populates pacotes do CRAN, `dplyr` (Wickham et al., 2021a), também está inclusa. Os conceitos apresentados aqui são de extrema importância. O R oferece um ambiente de programação completo, permitindo a resolução de qualquer problema computacional em sua análise de dados.

8.1 Criando Funções

Como já foi destacado anteriormente, **o uso de funções está no centro do R**. Qualquer procedimento pode ser organizado para formar uma função. O uso de funções organiza o código e aumenta a aplicabilidade de procedimentos genéricos. Isso facilita também a correção de erros. Se você estiver usando uma função qualquer em vários locais de um *script*, basta modificar o código em um local, a origem da função. Por exemplo, imagine criar um procedimento que limpa uma base de dados de um `dataframe` removendo valores extremos e casos omissos (`NA`). Esse procedimento pode ser escrito como uma função e executado para diferentes `dataframes`. Caso o autor necessite utilizar esse procedimento em outros scripts, bastará carregar a função escrita anteriormente e utilizá-la outra vez.

Uma função pode ser desenvolvida ao longo do tempo, aumentando sua qualidade e aplicabilidade. Caso precisarmos usá-la de maneira ligeiramente diferente, podemos adicionar novas entradas que controlam a execução. Ao usar funções no seu trabalho, irás investir menos tempo reescrevendo tarefas repetitivas e mais na escrita de novos procedimentos. Com tempo e experiência, uma coleção de funções personalizadas estará disponível, permitindo que você escreva rotinas para análises complexas em poucos minutos.

Uma função sempre possui três partes conexas: as entradas, o processamento e a saída. As entradas são as informações necessárias para a **solução** oferecida pela função. O processamento é a operação que irá gerar um resultado na saída da função. Por exemplo, uma função que calcula o tamanho de um vetor tem como entrada um vetor qualquer e saída como o número de elementos do vetor de entrada.

No R, o esqueleto de definição de uma função é estruturado conforme o código a seguir:

```r
my_fct <- function(arg1 = 1, arg2 = 'abc'){

  length_arg1 <- length(arg1)
  length_arg2 <- length(arg2)

  msg1 <- paste0('Number of elements in arg1: ', length_arg1)
  message(msg1)

  msg2 <- paste0('Number of elements in arg2: ', length_arg2)
  message(msg2)

  out <- c(length_arg1, length_arg2)
  return(out)

}
```

Após o registro da função no ambiente do R (instruções a seguir), podemos mudar as suas entradas conforme a necessidade. Um exemplo seria chamar `my_fct` com outros argumentos:

```r
out1 <- my_fct(arg1 = 2, arg2 = 'bcd')

R> Number of elements in arg1: 1

R> Number of elements in arg2: 1

print(out1)

R> [1] 1 1

out2 <- my_fct(arg1 = 1:10,
               arg2 = c('dab', 'asc'))

R> Number of elements in arg1: 10
```

```
R> Number of elements in arg2: 2
print(out2)
```

```
R> [1] 10  2
```

Observa-se que a definição de uma função é muito próxima da definição de um objeto, porém, o seu conteúdo é encapsulado por chaves ({ }). Os itens *arg1* e *arg2* são as entradas da função, ou seja, as informações necessárias para realizar algum procedimento.

O uso de igualdade nessas definições, tal como em `arg1 = 1`, define o caso *default*, isto é, determina qual será o valor padrão de entrada caso o usuário não defina nenhum em sua chamada. O uso de valores *default* é útil para definir a escolha mais provável das entradas de uma função. Na prática, isso facilita o seu uso ao acelerar o processo de chamada por parte do usuário, que não precisa conhecer e inserir *inputs* para todas as possíveis opções de uso da função.

Toda função irá retornar algum objeto com o comando **return**. Esse geralmente encontra-se ao final da função. Não existe restrição sobre o tipo de objeto retornado: pode ser uma lista, um vetor numérico ou um objeto de qualquer outro tipo. Essa flexibilidade permite que o usuário retorne várias informações. Basta organizá-las em uma lista, vetor ou **dataframe**. O comando **return** define o fim da função e o retorno do objeto criado.

Quanto ao uso da função, primeiro você precisa **registrá-la** no ambiente do R, executando sua definição como qualquer outro código. Uma maneira simples de fazer isso é colocar o cursor na segunda chave (**}**), encontrada no término da função, e pressionar *control + enter*. O uso de *autocomplete*, com tecla *tab*, também funciona para os argumentos da função. Para testar, primeiro registre a função no R, digite seu nome e, entre os dois parênteses da função, aperte *tab*. Uma tela com os argumentos da função deve aparecer na tela do editor.

Os argumentos da função podem ser definidos por posição ou nome. Então, se você chamou a função `my_fct` como `my_fct(1, 2)`, o R reconhecerá suas entradas como `arg1 = 1` e `arg2 = 2`. Quando você usa nomes, a posição dos argumentos é irrelevante, isto é, a chamada de função anterior é equivalente a `my_fct(arg2 = 2, arg1 = 1)`.

Agora, vamos criar uma função que faça algo mais útil: aceite como entrada um vetor numérico e tenha como saída a média desse vetor. Esta função já existe no pacote **base**, mas vamos criar a nossa própria versão como exemplo:

```
my_fct <- function(x = c(1, 1, 1, 1)){
  # Calculates the average of input x
  #
```

```
# Args:
#     x: a numerical vector
#
# Returns:
#   The mean of x

mean_out <- sum(x)/length(x)

return(mean_out)

}
```

Observe como definimos uma seção de comentários após a primeira chave para descrever a função escrita, incluindo seus argumentos e o valor retornado. Lembre-se que uma função pode ser compartilhada com outras pessoas. Este rápido resumo oferece ao usuário informações sobre como utilizá-la. Segundo o manual de estilo do Google:

> "Functions should contain a comments section immediately below the function definition line. These comments should consist of a one-sentence description of the function; a list of the function's arguments, denoted by Args:, with a description of each (including the data type); and a description of the return value, denoted by Returns:. The comments should be descriptive enough that a caller can use the function without reading any of the function's code."
>
> — Google's R style manual

Depois de escrever e registrar a função, vamos testá-la:

```
# testing function my_fct
my_mean <- my_fct(x = 1:100)

# print result
print(my_mean)

R> [1] 50.5
```

Funcionou! A média resultante está correta, conforme esperado.

Caso a função `my_mean` for chamada sem *input* algum, ela utilizará o valor *default* de x = c(1, 1, 1, 1), cuja média é exatamente igual a *1*. Esse valor *default* foi definido na definição da função. Veja, a seguir, o seu uso:

```
# calling my_fct without input
my_mean <- my_fct()
```

```
# print result
print(my_mean)
```

```
R> [1] 1
```

Novamente, como esperado, o valor retornado está correto.

 Uma estratégia para o uso de valores *default* de funções é sempre colocar o valor mais óbvio ou mais simples. O usuário não precisa entender toda a complexidade de uma função e as consequências na escolha de diferentes valores. Ao fazer seleções para ele, o uso da função fica mais fácil e intuitivo.

Apesar de simples, o exemplo anterior nos permite discorrer sobre uma prática muito útil na criação de funções: o teste das entradas. Observe que a função `my_fct` aceita qualquer tipo de objeto de entrada. Caso definirmos a entrada como um vetor de texto, a função o aceitaria e tentaria executar a linha `mean_out <- sum(x)/length(x)`. O problema é que a função `sum` não aceita objetos de texto e iria retornar um erro. **Ao não testar as entradas de uma função, facilitamos erros que podem ser difíceis de identificar**. Isso é particularmente verdade para funções complexas com centenas de linhas de código.

Evitar esse erro é bastante simples, basta utilizar um teste lógico para a classe dos dados de entrada e, no caso de ser identificado algo diferente de `numeric` ou `integer`, emitir um erro com a função `stop`. Veja a seguir:

```
my_fct <- function(x = c(1, 1, 1, 1)){
  # Calculates the average of input x
  #
  # Args:
  #   x - a numerical vector
  #
  # Returns:
  #   The mean of x, as numeric

  if (!(class(x) %in% c('numeric','integer'))){
    stop('ERROR: x is not numeric or integer')
  }

  mean_out <- sum(x)/length(x)

  return(mean_out)
```

```
}
```

No código anterior, utilizamos a função `class` para testar a classe do objeto e a função `stop` para emitir um erro. Caso tentássemos utilizar um vetor diferente de numérico, um erro com a mensagem `ERROR: Class of x is not numeric or integer` apareceria na tela. Isso ajuda o usuário a entender a razão pela qual uma função criada não esteja funcionando da maneira esperada. Veja a seguir:

```
# using wrong inputs (ERROR)
my_fct(x = c('a', 'b'))
```

```
R> Error in my_fct(x = c("a", "b")): ERROR: x is not numeric or integer
```

Outro ponto importante da função criada anteriormente é que ela não lida com valores NA. Caso o vetor numérico contenha algum `NA`, a média resultante também será do tipo `NA`, conforme foi explicado no capítulo anterior. Veja a seguir:

```
# sum with NA
print(sum(c(1, 2, 3, NA, 4)))
```

```
R> [1] NA
```

Lembre que objetos do tipo `NA` são contagiosos! Ao usar `my_fct` em um vetor contendo `NA`, o resultado será outro `NA`. Dependendo dos próximos passos da rotina, esse pode ser um erro difícil de identificar.

Para resolver é bastante simples: basta informar o usuário da existência do `NA` com a função `warning`, eliminá-lo e continuar com a função normalmente. Veja, a seguir, uma nova definição:

```
my_fct <- function(x = c(1, 1, 1, 1)){
  # Calculates the average of input x
  #
  # Args:
  #   x: a numerical vector
  #
  # Returns:
  #   The mean of x, as numeric

  if (!(class(x) %in% c('numeric','integer'))){
    stop('ERROR: x is not numeric or integer')
  }

  if (any(is.na(x))){
    warning('Warning: Found NA in x. Removing it.')
    x <- na.omit(x)
```

```
  }

  mean_out <- sum(x)/length(x)

  return(mean_out)
}
```

Para o código anterior, usamos função `warning` para emitir uma mensagem no *prompt*, comando `any(is.na(x))` para testar se qualquer elemento de x tem valor NA e `na.omit` para removê-lo do vetor atômico. Vamos testar a nova função:

```
# set vector with NA
y <- c(1,2,3, NA,1)

# test function
print(my_fct(y))
```

```
R> Warning in my_fct(y): Warning: Found NA in x. Removing it.
```

```
R> [1] 1.75
```

Como podemos ver, a função reconheceu e alertou a existência do NA em y.

Na escrita de uma função, o teste de aderência das entradas é boa política de programação. **Escrever boas funções dá trabalho e exige bastante conhecimento sobre o R e a operação subjacente.** O grande benefício é que você só precisa fazer isso uma vez! A função pode ser usada repetidamente em diferentes cenários. Com o tempo, você criará um conjunto de funções que o ajudarão a fazer o seu trabalho, e essa coleção de código será seu maior ativo.

 Se você escreveu algo que possa resolver problemas de outros usuários, reforço a possibilidade de organizar a função em um pacote e enviar para o CRAN. Assim, retribuirá a comunidade com o seu trabalho. Detalhes sobre como enviar um pacote para o CRAN encontram-se neste link.

Agora, vamos passar para um exemplo mais completo de uso de funções. Uma tarefa muito comum na pesquisa financeira é o cálculo do retorno de ações. Esse é nada mais do que a percentagem de elevação ou diminuição do preço de uma ação entre um período e outro. Por exemplo, se uma ação fecho o dia anterior com um negócio a 10 reais e no dia seguinte termina o dia negociando a 11 reais, o retorno foi de 10% (11/10 -1).

Formalmente, define-se o retorno aritmético uma ação *i* como:

$$R_{i,t} = \frac{P_{i,t}}{P_{i,t-1}} - 1$$

No R, esse procedimento toma como entrada um vetor de preços e oferece como saída um vetor de retornos. Observe que sempre perdemos a primeira observação de retorno uma vez que, para a primeira data, não existe data anterior. Imagine agora um `dataframe` no formato longo com preços para várias ações. Com base nesses preços, queremos calcular um vetor de retornos e adicioná-lo como uma nova coluna.

Para começar, vamos criar uma função que toma como entrada um vetor de preços e tem como saída um vetor de retornos:

```
calc_ret <- function(P) {
  # calculates arithmetic returns from a vector of prices
  # ret_t = p_{t}/p_{t-1} - 1
  #
  # Args:
  #   P - vector of prices (numeric)
  #
  # Returns:
  #   A vector of returns

  my_length <- length(P)
  ret <- c(NA, P[2:my_length]/P[1:(my_length - 1)] - 1)
  return(ret)
}
```

Observe como mantivemos a função simples e direta, deixando de lado o código para verificação de erros. Definimos um valor `NA` no primeiro elemento da série de retorno, `ret`. Faz-se isso porque é importante que o objeto de retorno tenha o mesmo comprimento que a entrada, e sempre perdemos a primeira observação ao calcular os retornos. Poderíamos simplesmente definir um valor 0 ou a média dos retornos, mas um valor `NA` parece mais apropriado pois é único e fácil de identificar.

Apesar de intuitiva, note que a função `calc_ret` não funcionaria para o nosso caso com dados empilhados. O problema é que a mesma foi criada para processar um ativo apenas. Lembre-se que em um `dataframe` com vários ativos, os dados de preços estão empilhados. Portanto, caso utilizássemos `calc_ret`, estaríamos misturando preços de diferentes ações no cálculo. A primeira observação de retornos dos ativos estaria errada!

Para resolver é bastante fácil, basta inserirmos na função o vetor de *tickers* e, para as linhas onde muda a ação, inserimos um `NA` no cálculo de retorno. Aproveitamos também para inserir os testes de entrada. Veja a seguir:

```r
calc_ret <- function(P, tickers = rep('ticker', length(P))) {
  # calculates arithmetic returns from a vector of prices
  #
  # Args:
  #   P - vector of prices (numeric)
  #   tickers - vector of tickers (optional)
  #
  # Returns:
  #   A vector of returns

  # ret_t = p_{t}/p_{t-1} - 1

  # error checking
  if ( !(class(P) %in% c('numeric', 'integer'))) {
    stop('ERROR: P should be a numeric object.')
  }

  if ( !(class(tickers) %in% c('character', 'factor'))) {
    stop('ERROR: tickers should be a character or factor object.')
  }

  if (length(P) != length(tickers)) {
    stop('ERROR: The length of P and tickers does not match.')
  }

  if ( length(P) < 2) {
    stop('ERROR: input P should have at least 2 elements.')
  }

  my_length <- length(P)
  ret <- c(NA, P[2:my_length]/P[1:(my_length - 1)] - 1)

  idx <- (tickers != c(NA, tickers[1:(my_length-1)]))
  ret[idx] <- NA

  return(ret)
}
```

Esse é um código extenso! Mas lembre-se, só é necessário escrever uma vez. O código possui várias checagens das entradas para garantir que está sendo usada corretamente pelo usuário. O tempo investido em sua escrita será facilmente justificado pelo seu uso futuro.

Agora, vamos aplicar a função com os dados disponíveis no arquivo com informações sobre ações do índice SP500.

```r
library(readr)
library(dplyr)

my_f <- adfeR::get_data_file('SP500-Stocks_long.csv')

# set columns types
my_cols <- cols(
  price.adjusted = col_double(),
  ref.date = col_date(format = ""),
  ticker = col_character()
)

# import data
my_df <- read_csv(my_f, col_types = my_cols)

# calculate return column
my_df <- my_df %>%
  mutate(ret = calc_ret(P = price.adjusted,
                        tickers = ticker))
```

Vamos verificar o resultado:

```r
glimpse(my_df)
```

```
R> Rows: 829,710
R> Columns: 4
R> $ price.adjusted <dbl> 69.15826, 68.72509, 69.69973, 69...
R> $ ref.date       <date> 2010-01-04, 2010-01-05, 2010-01...
R> $ ticker         <chr> "MMM", "MMM", "MMM", "MMM", "MMM...
R> $ ret            <dbl> NA, -0.006263503, 0.014181794, 0...
```

```r
summary(my_df)
```

```
R>   price.adjusted       ref.date               ticker
R>   Min.   :   1.59   Min.   :2010-01-04   Length:829710
R>   1st Qu.:  28.35   1st Qu.:2011-09-30   Class :character
R>   Median :  44.89   Median :2013-07-05   Mode  :character
R>   Mean   :  62.00   Mean   :2013-07-03
R>   3rd Qu.:  71.20   3rd Qu.:2015-04-06
R>   Max.   :1578.13   Max.   :2016-12-30
```

```
R>
R>        ret
R>  Min.    :-0.3919
R>  1st Qu.:-0.0077
R>  Median : 0.0006
R>  Mean   : 0.0007
R>  3rd Qu.: 0.0091
R>  Max.   : 0.6191
R>  NA's   :471
```

Perfeito! O novo **dataframe** possui a coluna **ret**, como desejado. Note na saída de **summary(my_df)** que essa coluna possui exatamente 471 **NAs**. Esse é o número de ações na base de dados.

Indo mais além, vamos remover todos **NAs** com função **complete.cases**. Essa retorna todas as linhas com dados completos:

```
library(dplyr)

my_df <- my_df %>%
  filter(complete.cases(.))

# check result
glimpse(my_df)
```

```
R> Rows: 829,239
R> Columns: 4
R> $ price.adjusted <dbl> 68.72509, 69.69973, 69.74972, 70...
R> $ ref.date       <date> 2010-01-05, 2010-01-06, 2010-01...
R> $ ticker         <chr> "MMM", "MMM", "MMM", "MMM", "MMM...
R> $ ret            <dbl> -0.0062635034, 0.0141817936, 0.0...
```

```
summary(my_df)
```

```
R>  price.adjusted      ref.date              ticker
R>  Min.   :   1.59   Min.   :2010-01-05   Length:829239
R>  1st Qu.:  28.36   1st Qu.:2011-10-03   Class :character
R>  Median :  44.90   Median :2013-07-05   Mode  :character
R>  Mean   :  62.02   Mean   :2013-07-03
R>  3rd Qu.:  71.21   3rd Qu.:2015-04-06
R>  Max.   :1578.13   Max.   :2016-12-30
R>        ret
R>  Min.   :-0.3918766
R>  1st Qu.:-0.0077069
R>  Median : 0.0006451
```

```
R>  Mean    : 0.0006771
R>  3rd Qu.: 0.0090999
R>  Max.    : 0.6190656
```

Por fim, salvamos o `dataframe` resultante em um arquivo *.rds*. Iremos utilizar esses dados nos capítulos seguintes.

```
f_to_save <- '00-text-resources/data/SP500-Stocks-WithRet.rds'
readr::write_rds(x = my_df,
                 file = f_to_save)
```

8.2   Utilizando Loops (comando *for*)

Os *loops* são os comandos mais básicos dentro de qualquer linguagem de programação, permitindo a repetição estruturada de códigos e possibilitando o processamento de itens individualmente de uma forma fácil. Os `loops` são utilizados de forma ostensiva na análise de dados.

Considere, por exemplo, um cenário envolvendo uma base de dados composta por 1.000 arquivos em formato *.csv*. Nesse caso, poderíamos criar um *loop* para carregar os dados individualmente, processar o *dataframe* resultante de cada arquivo e salvar as variáveis de interesse em algum outro lugar, ou então agregar todos os dados dos arquivos em um único objeto.

A grande *sacada* no uso de *loops* é que o seu tamanho, o número de repetições, pode ser definido dinamicamente. Usando o exemplo anterior, se tivéssemos 5.000 arquivos, o *loop* processaria todos os 5.000 arquivos. Se tivéssemos apenas 500, o código do *loop* seria executado 500 vezes. Isso significa que podemos encapsular um procedimento genérico para processar todos os arquivos encontrados em uma determinada pasta do computador. Com isso, você tem ao seu alcance uma ferramenta para a execução de qualquer tipo de processo sequencial. A profundidade do procedimento genérico é limitado apenas por sua imaginação.

A estrutura de um *loop* segue o seguinte esqueleto de código:

```
for (i in i_vec){

  # codes goes here

}
```

Para o código anterior, comando `for` indica o início de um comando de *loop*. O objeto `i` é o iterador do mesmo. Esse iterador irá mudar de valor em cada iteração, tomando os valores individuais contidos em `i_vec`. Observe que o *loop* é encapsulado pelas chaves (`{ }`). Essas são de extrema importância, pois definem onde começa e onde termina o procedimento de iteração. A indentação (uso de margens maiores ou menores no código) também é importante, pois organiza visualmente o *loop*. Veja o exemplo prático a seguir:

```
# set seq
my_seq <- seq(-5,5)

# do loop
for (i in my_seq){
  message(paste('The value of i is',i))
}
```

```
R> The value of i is -5

R> The value of i is -4

R> The value of i is -3

R> The value of i is -2

R> The value of i is -1

R> The value of i is 0

R> The value of i is 1

R> The value of i is 2

R> The value of i is 3

R> The value of i is 4

R> The value of i is 5
```

No exemplo anterior, criamos uma sequência de -5 até 5 e apresentamos um texto para cada elemento desse vetor na tela com o comando `message`. Note que quebramos a linha com \n. O *loop* começa com i=-5, executa o comando `message(paste('The value of i is', -5))`, redefine i como i = -4, chama `message` novamente e prossegue até a última iteração, quando i = 5.

A sequência do *loop* não é exclusiva para vetores numéricos. De fato, qualquer tipo de vetor ou lista pode ser utilizado. Veja a seguir:

```
# set char vec
my_char_vec <- letters[1:5]

# loop it!
for (i_char in my_char_vec){
  message(paste('The value of i_char is', i_char))
}
```

```
R> The value of i_char is a

R> The value of i_char is b

R> The value of i_char is c

R> The value of i_char is d

R> The value of i_char is e
```

O mesmo é válido para listas:

```
# set list
my_l <- list(x = 1:5,
             y = c('abc','dfg'),
             z = factor('A','B','C','D'))

# loop list
for (i_l in my_l){

  message(paste0('The class of i_l is ', class(i_l), '. '),
          appendLF = FALSE)
  message(paste0('The number of elements is ', length(i_l), '.'))

}
```

```
R> The class of i_l is integer. The number of elements is 5.
R> The class of i_l is character. The number of elements is 2.
R> The class of i_l is factor. The number of elements is 1.
```

Destaca-se que o iterador não precisa necessariamente ser o único objeto a ser incrementado em cada iteração do *loop*. Podemos criar outros objetos e incrementá-los manualmente. Veja a seguir:

```
# set vec and iterators
my_vec <- seq(1:5)
my_x <- 5
my_z <- 10

for (i in my_vec){
  # iterate "manually"
  my_x <- my_x + 1
  my_z <- my_z + 2

  message('Value of i = ', i,
          ' | Value of my_x = ', my_x,
```

```
               ' | Value of my_z = ', my_z)
}

R> Value of i = 1 | Value of my_x = 6 | Value of my_z = 12

R> Value of i = 2 | Value of my_x = 7 | Value of my_z = 14

R> Value of i = 3 | Value of my_x = 8 | Value of my_z = 16

R> Value of i = 4 | Value of my_x = 9 | Value of my_z = 18

R> Value of i = 5 | Value of my_x = 10 | Value of my_z = 20
```

O uso de *loops* encadeados, isto é, um *loop* dentro de outro *loop*, também é possível. Veja o exemplo a seguir, onde apresentamos todos os elementos de uma matriz:

```
# set matrix
my_mat <- matrix(1:9, nrow = 3)

# loop all values of matrix
for (i in seq(1, nrow(my_mat))){
  for (j in seq(1, ncol(my_mat))){
    message(paste0('Element [', i, ', ', j, '] = ', my_mat[i, j]))
  }
}
```

```
R> Element [1, 1] = 1

R> Element [1, 2] = 4

R> Element [1, 3] = 7

R> Element [2, 1] = 2

R> Element [2, 2] = 5

R> Element [2, 3] = 8

R> Element [3, 1] = 3

R> Element [3, 2] = 6

R> Element [3, 3] = 9
```

Vamos partir agora para um exemplo mais complexo. Iremos criar uma quantidade de arquivos com dados aleatórios no nosso computador e salvá-los em uma pasta chamada `many_datafiles`. Observe o *script* a seguir:

```
library(tibble)
library(readr)
```

```r
# set number of files to create
n_files <- 10

# set first part of saved files
pattern_name <- 'myfiles_'

# set dir
out_dir <- 'many_datafiles/'

# test if out_dir exists, if not, creates it
if (!dir.exists(out_dir)){
  dir.create(out_dir)
}

# clean up folder before creating new files
file.remove(list.files(out_dir, full.names = TRUE))

R> logical(0)
# set vec with filenames
file_names <- paste0(out_dir, pattern_name, seq(1,n_files), '.csv')

# loop it!
for (i_file in file_names){
  # create temp df
  temp_df <- tibble(x = runif(100))

  # write it!
  write_csv(x = temp_df, file = i_file)
}
```

No exemplo anterior, usamos a função `if` em `if(!dir.exists(out_dir))` para testar se a pasta `many_datafiles` já existe. Em caso negativo, ela é criada no diretório atual de trabalho. Antes de executar o *loop*, removemos todos os arquivos em `out_dir` com o comando `file.remove(list.files(out_dir, full.names = TRUE))`.

No *loop*, usamos função `runif` para criar 100 números aleatórios entre *0* e *1*, salvando em um `dataframe`. Observe como o tamanho do *loop* é definido pelo objeto `n_files`. Se quiséssemos criar *10.000* arquivos, tudo o que precisamos fazer é definir `n_files <- 10000` e o resto do código já está ajustado. Esse exemplo deixa claro que o *loop* é um procedimento poderoso e flexível que pode ser usado em muitas situações.

Podemos checar os arquivos criados com a função `list.files`:

```
# check files
print(list.files(out_dir))

R> [1] "myfiles_1.csv"  "myfiles_10.csv" "myfiles_2.csv"
R> [4] "myfiles_3.csv"  "myfiles_4.csv"  "myfiles_5.csv"
R> [7] "myfiles_6.csv"  "myfiles_7.csv"  "myfiles_8.csv"
R> [10] "myfiles_9.csv"
```

Como esperado, os arquivos criados estão na respectiva pasta. Para finalizar o exemplo, vamos importar o conteúdo do todos os arquivos em um único `dataframe` usando um *loop* e funções `readr::read_csv` e `readr::bind_rows`:

```
library(dplyr)
library(readr)

# set empty df
df_agg <- tibble()
for (i_file in file_names){
  # read file
  temp_df <- read_csv(i_file,
                    col_types = cols(x = col_double()))

  # row bind
  df_agg <- bind_rows(df_agg, temp_df)
}

glimpse(df_agg)

R> Rows: 1,000
R> Columns: 1
R> $ x <dbl> 0.77819708, 0.66544486, 0.64234247, 0.2027994...
summary(df_agg)

R>        x
R>  Min.   :0.0001677
R>  1st Qu.:0.2508986
R>  Median :0.5118978
R>  Mean   :0.5013082
R>  3rd Qu.:0.7626847
R>  Max.   :0.9957981
```

No código anterior, observe como agregamos os `dataframes` com `df_agg <- bind_rows(df_agg, temp_df)`. O tamanho de `df_agg` aumenta a cada iteração do *loop*. Olhando para o conteúdo de `df_agg`, podemos ver que o código teve o resultado esperado, coluna **x** contém valores numéricos entre *0* e *1*.

Outro exemplo prático do uso de um *loop* é o processamento de dados de acordo com grupos. Por exemplo, para dados de preços de diferentes ações da Bovespa, caso quiséssemos calcular o preço médio de cada ação, construiríamos o seguinte código para importar os dados e processá-los:

```r
library(readr)
library(dplyr)

# read data
my_f <- adfeR::get_data_file('IbovStocks_long.csv')
my_df <- read_csv(my_f,
                  col_types = cols())

# find unique tickers in column ticker
unique_tickers <- unique(my_df$ticker)

# create empty df
tab_out <- tibble()

# loop tickers
for (i_ticker in unique_tickers){

  # create temp df with ticker i_ticker
  temp <- filter(my_df, ticker == i_ticker)

  # row bind i_ticker and mean_price
  temp_mean_price <- mean(temp$price.adjusted)
  tab_out <- bind_rows(tab_out,
                       data.frame(ticker = i_ticker,
                                  mean_price = temp_mean_price))

}

# print result
print(tab_out[1:10, ])
```

```
R> # A tibble: 10 x 2
R>    ticker mean_price
R>    <chr>       <dbl>
R>  1 ABEV3        12.6
R>  2 BBAS3        20.4
```

```
R>  3 BBDC3      19.3
R>  4 BBDC4      19.5
R>  5 BRAP4      19.1
R>  6 BRFS3      41.8
R>  7 BRKM5      17.0
R>  8 BRML3      11.1
R>  9 BVSP    58373.
R> 10 CCRO3      13.1
```

Note que, no código anterior, utilizamos a função **unique** para descobrir os diferentes tickers disponíveis no arquivo *.csv*. Logo após, criamos um *dataframe* vazio para guardar os resultados e um *loop* para, sequencialmente, filtrar os dados de cada ação e calcular a média de preços. No final do *loop*, utilizamos a função **bind_rows** para colar os resultados de cada ação com os resultados da tabela principal. Como podemos ver, podemos utilizar *loops* para realizar cálculos em grupo no R. Existem, porém, maneiras muito mais fáceis de fazer isso. Iremos mostrar estas funcionalidade logo em seguida.

8.3 Execuções Condicionais (`if`, `else`, `switch`)

Execuções condicionais permitem tomar decisões binárias no código. A estrutura de decisão segue a lógica **se, então** (*if, then*), isto é, se uma condição for verdadeira, executa-se um código específico e, se ela for falsa, outras linhas de comando são executadas. Essas decisões definem as chamadas **execuções condicionais**. O esqueleto de código para criar execuções condicionais no R é:

```
if (cond){

  CodeIfTRUE...

} else {

  CodeIfFALSE...

}
```

Onde `cond` é a condição a ser avaliada, tomando dois valores apenas: `TRUE` ou `FALSE`. No caso de ser encontrado um valor verdadeiro para `cond`, o código em `CodeIfTRUE` será executado. Caso contrário, em que se encontre um valor falso para `cond`, o código em `CodeIfFALSE` será lido e executado pelo R. Veja, a seguir, um exemplo prático com base em um *loop*.

```
my_x <- 1:10
my_thresh <- 5
```

```
for (i in my_x){
  if (i > my_thresh){
    message('Value of i is ', i, ' - Higher than ', my_thresh)
  } else {
    message('Value of i is ', i, ' - Lower or equal than ', my_thresh)
  }
}
```

R> Value of i is 1 - Lower or equal than 5

R> Value of i is 2 - Lower or equal than 5

R> Value of i is 3 - Lower or equal than 5

R> Value of i is 4 - Lower or equal than 5

R> Value of i is 5 - Lower or equal than 5

R> Value of i is 6 - Higher than 5

R> Value of i is 7 - Higher than 5

R> Value of i is 8 - Higher than 5

R> Value of i is 9 - Higher than 5

R> Value of i is 10 - Higher than 5

Podemos, também, aplicar mais de uma condição lógica com o comando else e else if. Veja a seguir:

```
my_x <- 1:10
my_thresh <- 5

for (i in my_x){
  if (i > my_thresh){
    message('Value of i is ', i, ' - Higher than ', my_thresh)
  } else if (i==my_thresh) {
    message('Value of i ', i, ' - equal to ', my_thresh)
  } else {
    message('Value of i ', i, ' - lower than ', my_thresh)
  }
}
```

R> Value of i 1 - lower than 5

R> Value of i 2 - lower than 5

R> Value of i 3 - lower than 5

```
R> Value of i 4 - lower than 5

R> Value of i 5 - equal to 5

R> Value of i is 6 - Higher than 5

R> Value of i is 7 - Higher than 5

R> Value of i is 8 - Higher than 5

R> Value of i is 9 - Higher than 5

R> Value of i is 10 - Higher than 5
```

Outra possibilidade para o uso de execuções condicionais é a função `switch`. Essa é projetada para fornecer uma melhor estrutura de código para decisões baseadas em mais de duas opções. Como exemplo, digamos que você deseja uma execução condicional baseada em quatro condições: A, B, C e D. Para cada condição, você deseja que o código mostre uma mensagem diferente na tela. Usando a função `if`, você poderia fazer isso usando o próximo código:

```
# set vec
my_vec <- c('A', 'D', 'B', 'A', 'C', 'B')

for (i_vec in my_vec){
  if (i_vec == 'A'){
    message('Got an A!')
  } else if (i_vec == 'B') {
    message('Got a B!')
  } else if (i_vec == 'C') {
    message('Got a C!')
  } else if (i_vec == 'D') {
    message('Got a D!')
  }
}
```

```
R> Got an A!

R> Got a D!

R> Got a B!

R> Got an A!

R> Got a C!

R> Got a B!
```

Enquanto o código anterior faria o que precisamos, o uso de várias condições `else if` não resulta em um código visualmente elegante. Uma maneira melhor de fazê-lo é usar a função `switch`. Veja em seguida:

```
# set vec
my_vec <- c('A', 'D', 'B', 'A', 'C', 'B')

# using switch
for (i_vec in my_vec){
  msg_out <- switch(i_vec,
                    'A' = 'Got an A!',
                    'B' = 'Got a B!',
                    'C' = 'Got a C!',
                    'D' = 'Got a D!')

  message(msg_out)

}
```

R> Got an A!

R> Got a D!

R> Got a B!

R> Got an A!

R> Got a C!

R> Got a B!

O grande benefício no uso de `switch` é a clareza no código. O usuário percebe rapidamente quais as regras de execução em cada caso.

8.4   Utilizando as Funções da Família `apply`

O R oferece uma maneira alternativa e funcional ao uso do comando de *loop*. Essa maneira é representada pelas funções nativas da família *apply*: `sapply`, `lapply`, `tapply`, `mapply`, `apply` e `by`. No `tidyverse`, o pacote `purr` oferece funções da família `map`, com funcionalidades semelhantes as anteriores.

Vale salientar que todo procedimento criado via *loop* pode ser reestruturado com o uso das funções da família `base::apply`/`purrr::map` e vice-versa. A diferença de velocidade de processamento entre um e outro é desprezível. Recomenda-se, sempre que possível, utilizar as funções da família `apply` e pacote `purrr`. Essas forçam a criação de funções, criando um ambiente modular de trabalho. No longo prazo, os benefícios são claros: irás escrever código mais rápido e de qualidade.

8.4.1 Função lapply

A função lapply toma como entrada uma lista e um objeto do tipo função. Cada elemento dessa lista é passado para a função indicada. Os resultados desse processamento **são sempre retornados como um objeto do tipo lista**. Veja o exemplo a seguir, onde calculamos a média de uma série de vetores com tamanhos diferentes:

```
# set list
my_l <- list(vec1 = 1:10,
             vec2 = 2:5,
             vec3 = 10:-20)

# use lapply with mean
my_mean_vec <- lapply(X = my_l, FUN = mean)

# print result
print(my_mean_vec)

R> $vec1
R> [1] 5.5
R>
R> $vec2
R> [1] 3.5
R>
R> $vec3
R> [1] -5
```

O resultado mostra as médias de cada vetor em my_l. Caso necessário, poderíamos passar mais argumentos para função mean pela chamada a lapply. Veja o caso a seguir, onde utilizamos na.rm=TRUE:

```
# set list
my_l <- list(c(1,NA,2), c(2:5,NA), 10:-20)

# use lapply with mean
my_mean_vec <- lapply(X = my_l,
                      FUN = mean,
                      na.rm=TRUE)

# print result
print(my_mean_vec)

R> [[1]]
R> [1] 1.5
```

```
R>
R> [[2]]
R> [1] 3.5
R>
R> [[3]]
R> [1] -5
```

Como podemos ver, os argumentos extras em lapply são repassados para a função definida na entrada FUN.

O uso de lapply é particularmente útil quando utiliza-se alguma função customizada. Para isso, vamos utilizar o exemplo anterior de criação de arquivos. O primeiro passo é criar uma função que gere esses arquivos da mesma forma que fizemos no *loop*. A função toma como entrada o nome do arquivo gerado e o número de linhas do dataframe exportado.

```
# function to generate files
creat_rnd_file <- function(name_file, N = 100){
  # Generates a csv file with random content
  #
  # Args:
  #    name_file - name of csv file (character)
  #   N - number of rows in random `dataframe` (integer)
  #
  # Returns:
  #    TRUE, if successful

  if (class(name_file)!='character'){
    stop('ERROR: input name_file is not a character')
  }

  if ( !(class(N) %in% c('numeric','integer')) ){
    stop('ERROR: input N is not an integer or numeric!')
  }

  # create random df
  temp_df <- data.frame(x = runif(N))

  # write it!
  write.csv(x = temp_df, file = name_file)

  # return list
  l_out <- list(file = name_file,
                sucess = TRUE)
```

```
  return(l_out)
}
```

E utilizá-la juntamente com a função `lapply`:

```
# set options
n_files <- 5
pattern_name <- 'myfiles_with_lapply_'
out_dir <- 'many_datafiles/'

# set file names
file_names <- paste0(out_dir,pattern_name, seq(1,n_files), '.csv')

# test if out_dir exists, if not, create it
if (!dir.exists(out_dir)){
  dir.create(out_dir)
}

# clean up folder before creating new files
file.remove(list.files(out_dir, full.names = TRUE))
```

```
R>   [1] TRUE TRUE TRUE TRUE TRUE TRUE TRUE TRUE TRUE TRUE
```

```
# use lapply
out_l <- lapply(X = file_names, FUN = creat_rnd_file, N = 100)

# print result
print(out_l)
```

```
R> [[1]]
R> [[1]]$file
R> [1] "many_datafiles/myfiles_with_lapply_1.csv"
R>
R> [[1]]$sucess
R> [1] TRUE
R>
R>
R> [[2]]
R> [[2]]$file
R> [1] "many_datafiles/myfiles_with_lapply_2.csv"
R>
R> [[2]]$sucess
R> [1] TRUE
R>
```

```
R>
R> [[3]]
R> [[3]]$file
R> [1] "many_datafiles/myfiles_with_lapply_3.csv"
R>
R> [[3]]$sucess
R> [1] TRUE
R>
R>
R> [[4]]
R> [[4]]$file
R> [1] "many_datafiles/myfiles_with_lapply_4.csv"
R>
R> [[4]]$sucess
R> [1] TRUE
R>
R>
R> [[5]]
R> [[5]]$file
R> [1] "many_datafiles/myfiles_with_lapply_5.csv"
R>
R> [[5]]$sucess
R> [1] TRUE
```

O código funcionou corretamente, conforme esperado.

Uma observação importante aqui é que o retorno de lapply é sempre uma lista. Isso é bastante útil sempre que for necessário aplicar uma função que retorne objetos complexos, tal como o resultado da estimação de algum modelo.

8.4.2 Função sapply

Função sapply é semelhante a lapply. A grande diferença está no tipo de *output*. Enquanto lapply retorna uma lista, função sapply retorna um vetor atômico ou matriz. Veja o exemplo a seguir:

```
# create list
my_l <- list(1:10, 2:5, 10:-20)

# use sapply
my_mean_vec <- sapply(my_l, mean)

# print result
print(my_mean_vec)
```

```
R> [1]   5.5   3.5 -5.0
```

O uso de `sapply` é recomendado quando buscamos efetuar operações com saídas simples, tal como valores únicos. Nesses casos, não é necessário retornar um objeto flexível tal como uma lista.

Um aspecto importante da função `sapply` é que os retornos também podem envolver mais de um valor numérico. Veja o exemplo a seguir, onde criamos uma função que retorna a média e o desvio padrão de um vetor numérico:

```r
# set list
my_l <- list(runif(10), runif(15), rnorm(1000))

my_fct <- function(x){
  # Returns mean and standard deviation of a vector
  #
  # Args:
  #   x - numerical vector
  #
  # Returns:
  #   Vector as c(mean(x), sd(x))

  if (!(class(x) %in% c('numeric','integer'))){
    stop('ERROR: Class of x is not numeric or integer.')
  }

  x <- na.omit(x)

  out <- c(Mean  = mean(x),
           StDev = sd(x))
  return(out)

}

# use sapply
my_vec <- sapply(my_l, my_fct)

# check result
print(my_vec)
```

```
R>              [,1]       [,2]       [,3]
R> Mean    0.6714664 0.5127048 0.04854331
R> StDev 0.2343147 0.2322720 1.01632931
```

Havendo mais de uma saída da função utilizada com `sapply`, o retorno será uma matriz: cada linha representa uma das diferentes saídas (nesse caso, a média e o desvio padrão de x) e as colunas indicarão os diferentes itens da lista my_l.

Um uso prático de **sapply** em pesquisa é a criação de tabelas descritivas. Por exemplo: vamos realizar uma análise descritiva dos dados de preços de diferentes ações da B3. Iremos verificar o preço médio, o preço máximo e o preço mínimo para cada um dos ativos. O primeiro passo é escrever a função que irá analisar o vetor de preços de cada ativo, retornando a média, preço máximo e preço mínimo:

```r
describe_vec <- function(x){
  # Describe numerical vector with mean and other stats
  #
  # Args:
  #   x - numerical vector
  #
  # Returns:
  #   A vector with mean, maximum and minimum

  # error checking
  if (!(class(x) %in% c('numeric','integer'))){
    stop('ERROR: Class of x is not numeric or integer.')
  }

  x <- na.omit(x)

  # calc vec
  out <- c(mean_price = mean(x),
           max_price = max(x),
           min_price = min(x))

  return(out)
}
```

Agora, vamos carregar dados do índice Ibovespa e aplicar a fórmula para cada ativo:

```r
# set file and read it
library(dplyr)
library(readr)

my_f <- adfeR::get_data_file('IbovStocks_long.csv')
my_df <- read_csv(my_f,
                  col_types = cols(price.adjusted = col_double(),
                                   ref.date = col_date(format = ""),
                                   ticker = col_character()))
```

```
# use split to split prices by ticker
my_l <- split(x = my_df$price.adjusted, my_df$ticker)

# use sapply
my_tab <- sapply(X = my_l, FUN = describe_vec)

# check result
print(head(t(my_tab)))
```

```
R>        mean_price max_price min_price
R> ABEV3    12.60977  22.03000  2.568153
R> BBAS3    20.36675  37.20670 11.766141
R> BBDC3    19.28285  35.44183 10.558298
R> BBDC4    19.50249  36.89000 12.570860
R> BRAP4    19.07545  34.72096  2.807214
R> BRFS3    41.76806  70.11082 19.706953
```

Utilizamos a função `split` para separar os dados de `my_df$price` com base nos *tickers* disponíveis em `my_df$ticker`. Optou-se também por transpor a matriz resultante com o comando `t`, resultando nos ativos como linhas e nas diferentes medidas como colunas. O código anterior é muito útil para conhecer uma base de dados e identificar possíveis problemas nos mesmos. Vale observar que o usuário poderia estender as informações retornadas por `my_fct` para diversas outras estatísticas de interesse.

8.4.3 Função `tapply`

Função `tapply` é específica para cálculos em grupos de dados. Veja o exemplo a seguir, onde cria-se um vetor numérico com uma sequência de 1 até 150 e um vetor de fator com grupos A, B e C. O uso de `tapply` possibilita que as médias do objeto numérico sejam calculadas para cada grupo individualmente:

```
# set numeric vec and factor
my_x <- 1:150
my_factor <- factor(c(rep('C',50), rep('B',50), rep('A',50)))

# use tapply
my_mean_vec <- tapply(X = my_x, INDEX = my_factor, FUN = mean)

# print result
print(my_mean_vec)
```

```
R>    A     B     C
```

```
R> 125.5   75.5   25.5
```

Observa-se que o resultado é muito próximo do que obteríamos com o uso das funções `split` e `sapply` utilizadas anteriormente. Um ponto importante a ser ressaltado sobre o uso de `tapply` é que, com essa função, **a ordem dos fatores é diferente**. Note que os fatores foram ordenados alfabeticamente e não seguem a ordem encontrada em `my_factor`. Caso manter a ordem original de grupos for importante, o resultado deve ser reordenado.

Voltando ao exemplo anterior com dados reais, podemos utilizar a função `tapply` para o cálculo dos preços médios, máximos e mínimos com `describe_vec`. Veja a implementação a seguir:

```
# use tapply for descriptive stats
my_l_out <- tapply(X = my_df$price.adjusted,
                   INDEX = my_df$ticker,
                   FUN = describe_vec)


# print result
print(my_l_out[1:5])

R> $ABEV3
R> mean_price   max_price   min_price
R>  12.609768   22.030001    2.568153
R>
R> $BBAS3
R> mean_price   max_price   min_price
R>   20.36675    37.20670    11.76614
R>
R> $BBDC3
R> mean_price   max_price   min_price
R>   19.28285    35.44183    10.55830
R>
R> $BBDC4
R> mean_price   max_price   min_price
R>   19.50249    36.89000    12.57086
R>
R> $BRAP4
R> mean_price   max_price   min_price
R>  19.075452   34.720959    2.807214
```

A saída de `tapply` é uma lista contendo os valores. Apesar de mostrar os mesmos resultados que vimos no caso anterior, uma lista não é o tipo de objeto mais recomendado para exportar dados na construção de tabelas. O ideal é converter a lista para um `dataframe`. Para obter um `dataframe`, podemos utilizar a função `do.call` juntamente com `rbind`.

```
# convert list to `dataframe`
my_tab <- do.call(what = rbind, args = my_l_out)

# print result
print(head(my_tab))
```

```
R>        mean_price max_price min_price
R> ABEV3   12.60977  22.03000  2.568153
R> BBAS3   20.36675  37.20670 11.766141
R> BBDC3   19.28285  35.44183 10.558298
R> BBDC4   19.50249  36.89000 12.570860
R> BRAP4   19.07545  34.72096  2.807214
R> BRFS3   41.76806  70.11082 19.706953
```

Explicando melhor, a função `do.call` irá, recursivamente, usar pares de elementos em `args` para alimentar uma função definida na entrada `what`. Para o nosso caso, `do.call` usará o primeiro e segundo elemento de `my_l_out` como entradas no `rbind`. Isso equivale a `rbind(my_l_out[[1]], my_l_out[[2]]`. O resultado é então utilizado em outra chamada a `rbind`, dessa vez com o terceiro elemento de `my_l_out`. A função `do.call` continuará esta operação até o último elemento de `my_l_out` ser alcançado. Como você pode ver, é um cálculo recursivo, utilizando resultados anteriores para criar o resultado atual. O resultado final é um `dataframe` com todos os elementos de `my_l_out`. Mais detalhes sobre essa função podem ser obtidos com o comando `help(do.call)`.

8.4.4 Função `mapply`

Função `mapply` é uma versão multivariada de `lapply`, permitindo a iteração de múltiplos argumentos de uma função. Parece confuso? Não se preocupe, um exemplo deixará a ideia clara.

Suponha que estamos interessados em criar uma lista com o conteúdo como em `my_l <- (1, 1:2, 1:3, 1:4, .., 1:10)`. Uma possível solução é usar um *loop*:

```
# set size
N <- 10

# prealocate list
my_l <- list()

for (i in seq(1,N)){
  my_l[[i]] <- seq(1,i)
}
```

```
# print result
print(my_l)
```

```
R> [[1]]
R> [1] 1
R>
R> [[2]]
R> [1] 1 2
R>
R> [[3]]
R> [1] 1 2 3
R>
R> [[4]]
R> [1] 1 2 3 4
R>
R> [[5]]
R> [1] 1 2 3 4 5
R>
R> [[6]]
R> [1] 1 2 3 4 5 6
R>
R> [[7]]
R> [1] 1 2 3 4 5 6 7
R>
R> [[8]]
R> [1] 1 2 3 4 5 6 7 8
R>
R> [[9]]
R> [1] 1 2 3 4 5 6 7 8 9
R>
R> [[10]]
R>  [1]  1  2  3  4  5  6  7  8  9 10
```

Outra solução, menos verbosa, é usar `mapply`:

```
# use mapply for creating list
my_l <- mapply(FUN = seq, rep(1,N), seq(1,N))
```

```
print(my_l)
```

```
R> [[1]]
R> [1] 1
R>
```

```
R> [[2]]
R> [1] 1 2
R>
R> [[3]]
R> [1] 1 2 3
R>
R> [[4]]
R> [1] 1 2 3 4
R>
R> [[5]]
R> [1] 1 2 3 4 5
R>
R> [[6]]
R> [1] 1 2 3 4 5 6
R>
R> [[7]]
R> [1] 1 2 3 4 5 6 7
R>
R> [[8]]
R> [1] 1 2 3 4 5 6 7 8
R>
R> [[9]]
R> [1] 1 2 3 4 5 6 7 8 9
R>
R> [[10]]
R>  [1]  1  2  3  4  5  6  7  8  9 10
```

Explicando o resultado, função `mapply` está chamando `seq` para cada par de elementos em `rep(1, N)` e `seq(1, N)`. Então, o primeiro elemento de `my_l` é simplesmente `seq(1,1)`. O segundo elemento é `seq(1,2)`, e o elemento final é `seq(1,10)`. Como você pode ver, função `mapply` tem um uso mais elaborado que `lapply` e `sapply`, e é útil em diversas situações de análise de dados onde é necessário iterar sequencialmente argumentos de funções.

8.4.5 Função apply

Função `apply` é bastante parecida com `sapply` e `lapply`. Sua originalidade está na possibilidade de escolher a dimensão de processamento em objetos com mais de uma dimensão, tal como matrizes. Nesse caso, podes escolher a orientação do processamento, por linhas ou por colunas. Veja o exemplo a seguir, onde, com base em um objeto da classe matriz, calculamos a soma dos valores orientados por linha e a soma orientada por colunas.

```
# set matrix and print it
my_mat <- matrix(1:15, nrow = 5)
print(my_mat)
```

```
R>       [,1] [,2] [,3]
R> [1,]    1    6   11
R> [2,]    2    7   12
R> [3,]    3    8   13
R> [4,]    4    9   14
R> [5,]    5   10   15
```

```
# sum rows with apply and print it
sum_rows <- apply(X = my_mat, MARGIN = 1, FUN = sum)
print(sum_rows)
```

```
R> [1] 18 21 24 27 30
```

```
# sum columns with apply and print it
sum_cols <- apply(X = my_mat, MARGIN = 2, FUN = sum)
print(sum_cols)
```

```
R> [1] 15 40 65
```

No exemplo anterior, argumento MARGIN definiu a orientação do cálculo. Com
MARGIN = 1, orienta-se a função a calcular a soma das linhas individualmente. Com
MARGIN = 2, a orientação é calcular a soma das colunas. Poderíamos utilizar essa
mesma notação para encontrar os valores máximos de my_mat, usando a orientação
por linha ou por coluna.

```
# print max by row
print(apply(X = my_mat, MARGIN = 1, FUN = max))
```

```
R> [1] 11 12 13 14 15
```

```
# print max by column
print(apply(X = my_mat, MARGIN = 2, FUN = max))
```

```
R> [1]  5 10 15
```

8.5   Utilizando Pacote purrr

O universo tidyverse oferece não somente funções para manipulações básicas de
objetos, mas também funcionalidades voltadas à iterações nos dados com linguagem
funcional. Essas estão contidas no pacote purrr (Henry and Wickham, 2020). As
principais funções deste pacote são map, map_dbl, map_chr, map_int, map_lgl e

pmap. O uso dessas é bastante semelhante ao que aprendemos com as funções da família `apply`.

8.5.1 Função `purrr::map`

Função `purrr::map` e suas derivadas funciona de modo muito semelhante a `lapply`. A vantagem reside no fato de que a sintaxe das funções do `purrr` são consistentes e permitem o uso do operador de `pipeline`. Outro ponto importante é o maior controle sobre o objeto retornado. Por exemplo, **map_dbl** sempre retorna valores numéricos, enquanto **map_chr** sempre retorna caracteres. Veja um exemplo simples a seguir:

```
library(purrr)

# set list
my_l <- list(vec1 = 1:10,
             vec2 = 1:50,
             vec3 = 1:5,
             char1 = letters[1:10])

# get length of objects
res_out <- my_l %>%
  map_int(length)

print(res_out)

R>  vec1  vec2  vec3 char1
R>    10    50     5    10
# find character objets
res_out <- my_l %>%
  map_lgl(is.character)

print(res_out)

R>  vec1  vec2  vec3 char1
R> FALSE FALSE FALSE  TRUE
```

Outro ponto interessante nas funções do `purrr` é que permitem, de uma forma simples, o acesso a elementos de uma lista. Para isso, basta indicar uma entrada de posição ou nome na função `map`:

```
# set list
my_l <- list(vec1 = c(elem1 = 10, elem2 = 20, elem3 = 5),
             char1 = c(elem1 = 40, elem2 = 50, elem3 = 15))
```

```
# get second element of each element in list, by position
res_out <- my_l %>% map(2)
print(res_out)

R> $vec1
R> [1] 20
R>
R> $char1
R> [1] 50
# get third element of each element in list, by name
res_out <- my_l %>% map('elem3')
print(res_out)

R> $vec1
R> [1] 5
R>
R> $char1
R> [1] 15
```

Essa funcionalidade é bastante útil pois em muitas situações de análise de dados estamos apenas interessados em um dos elementos de cada objeto de uma extensa lista.

8.5.2   Função purrr::safely

Indo além, a grande inovação do purrr em relação ao base é a **forma de tratar erros no código**. As funções da família apply não oferecem maneiras de observar e tratar erros de execução. Isso é bastante frustrante pois a informação sobre a qual elemento resultou em erro tem que ser investigada manualmente, adicionando tempo no desenvolvimento do código. Com este objetivo, funções purrr::safely e purrr::possibly oferecem uma maneira inteligente de observar e administrar erros de execução junto as funções da família purrr::map.

Função safely encapsula outra função e sempre retorna dois elementos, o resultado da chamada e a mensagem de erro, caso existirem. Veja um exemplo simples a seguir, onde forçamos o erro no R com uma chamada direta da função:

```
library(purrr)

my_fct <- function(x) {
  return(x+1)
}
```

Note que se usarmos o comando print(my_fct('a')), uma mensagem de erro será retornada pois a operação `'a'` + 1 não funcionaria. Agora vamos utilizar `safely` para encapsular `my_fct` em outra função chamada `my_fct_safely`:

```
# with safely
my_fct_safely <- safely(my_fct)

print(my_fct_safely('a'))
```

```
R> $result
R> NULL
R>
R> $error
R> <simpleError in x + 1: non-numeric argument to binary operator>
```

Note que o código `print(my_fct_safely('a'))` resultou em uma lista, e não um erro. Portanto, ao utilizar `safely` juntamente com `map`, o retorno é o resultado da chamada da função para todos os casos. Veja o exemplo a seguir:

```
my_l <- list(1:5,
             'a',
             1:4)

res_out <- my_l %>%
  map(safely(my_fct))

print(res_out)
```

```
R> [[1]]
R> [[1]]$result
R> [1] 2 3 4 5 6
R>
R> [[1]]$error
R> NULL
R>
R>
R> [[2]]
R> [[2]]$result
R> NULL
R>
R> [[2]]$error
R> <simpleError in x + 1: non-numeric argument to binary operator>
R>
R>
R> [[3]]
```

```
R> [[3]]$result
R> [1] 2 3 4 5
R>
R> [[3]]$error
R> NULL
```

Podemos facilmente ver que a função teve erro no segundo elemento de my_l. Indo além, caso quiséssemos apenas os resultados, podemos escrever:

```
print(res_out %>% map('result'))
```

```
R> [[1]]
R> [1] 2 3 4 5 6
R>
R> [[2]]
R> NULL
R>
R> [[3]]
R> [1] 2 3 4 5
```

Ou apenas as mensagens de erro:

```
print(res_out %>% map('error'))
```

```
R> [[1]]
R> NULL
R>
R> [[2]]
R> <simpleError in x + 1: non-numeric argument to binary operator>
R>
R> [[3]]
R> NULL
```

A saída padrão para o caso de erros também pode ser modificada. Veja o próximo caso, onde inserimos o valor NA toda vez que a função resultar em erro (argumento otherwise), e retornamos um vetor:

```
my_l <- list(1,
             'a',
             4)

# NA for errors
res_out <- my_l %>%
  map(safely(my_fct,
             otherwise = NA)) %>%
  map_dbl('result')
```

```
# print result
print(res_out)
```

```
R> [1]  2 NA  5
```

Outras funções para controle de erros no `purrr` são `possibly` e `quietly`. Essas possuem comportamento bastante semelhante a `safely` e não serão demonstradas aqui. Maiores detalhes podem ser encontrados no sistema de busca do R.

8.5.3 Função `purrr::pmap`

Função `purrr::pmap` é uma das melhores alternativas funcionais para os *loops*. Ao contrário de outras funções do pacote `purrr`, tal como `map`, a função `pmap` permite passar qualquer número de argumentos para uma função de destino. Em outras palavras, o `purrr::pmap` é uma alternativa funcional para loops aninhados.

Como exemplo, vamos considerar uma função que cria uma frase a partir de três entradas:

```
build_phrase <- function(name_in, fruit_in, verb_in) {
  my_msg <- paste0('My name is ', name_in,
                   ' and I like to eat ', fruit_in,
                   ' while ', verb_in, '.')

  return(my_msg)
}
```

```
build_phrase('Joe', 'apple', 'studying')
```

```
R> [1] "My name is Joe and I like to eat apple while studying."
```

A função `build_phrase` tem três entradas de texto: um nome, uma fruta e um verbo. Suponha que precisamos criar frases para todas as combinações de vários nomes, frutas e verbos. Usando loops aninhados, escrevemos o seguinte código:

```
names_vec <- c('Joe', 'Kate')
fruits_vec <- c('kiwi', 'apple')
verb_vec <- c('rowing', 'studying')

my_phrases <- character()
for (i_name in names_vec) {
  for (i_fruit in fruits_vec) {
    for (i_verb in verb_vec) {
      my_phrases <- c(my_phrases,
                      build_phrase(i_name, i_fruit, i_verb))
```

```
    }
  }
}
```

```
print(my_phrases)
```

```
R> [1] "My name is Joe and I like to eat kiwi while rowing."
R> [2] "My name is Joe and I like to eat kiwi while studying."
R> [3] "My name is Joe and I like to eat apple while rowing."
R> [4] "My name is Joe and I like to eat apple while studying."
R> [5] "My name is Kate and I like to eat kiwi while rowing."
R> [6] "My name is Kate and I like to eat kiwi while studying."
R> [7] "My name is Kate and I like to eat apple while rowing."
R> [8] "My name is Kate and I like to eat apple while studying."
```

Embora o código funcione conforme o esperado, uma melhor abordagem é usar purrr::pmap. Tudo o que precisamos fazer é passar todas as combinações de argumentos para a função:

```
df_grid <- expand.grid(names_vec = names_vec,
                       fruits_vec = fruits_vec,
                       verb_vec = verb_vec)
```

```
l_args <- list(name_in = df_grid$names_vec,
               fruit_in = df_grid$fruits_vec,
               verb_in = df_grid$verb_vec)
```

```
my_phrases <- purrr::pmap(.l = l_args,
                          .f = build_phrase)
```

```
print(my_phrases)
```

```
R> [[1]]
R> [1] "My name is Joe and I like to eat kiwi while rowing."
R>
R> [[2]]
R> [1] "My name is Kate and I like to eat kiwi while rowing."
R>
R> [[3]]
R> [1] "My name is Joe and I like to eat apple while rowing."
R>
R> [[4]]
R> [1] "My name is Kate and I like to eat apple while rowing."
```

```
R>
R> [[5]]
R> [1] "My name is Joe and I like to eat kiwi while studying."
R>
R> [[6]]
R> [1] "My name is Kate and I like to eat kiwi while studying."
R>
R> [[7]]
R> [1] "My name is Joe and I like to eat apple while studying."
R>
R> [[8]]
R> [1] "My name is Kate and I like to eat apple while studying."
```

Observe que os nomes em l_args correspondem aos nomes de entrada em build_phrase. A saída de purrr::pmap é uma lista, mas poderíamos facilmente transformá-la em um vetor usando as.character:

```
print(as.character(my_phrases))
```

```
R> [1] "My name is Joe and I like to eat kiwi while rowing."
R> [2] "My name is Kate and I like to eat kiwi while rowing."
R> [3] "My name is Joe and I like to eat apple while rowing."
R> [4] "My name is Kate and I like to eat apple while rowing."
R> [5] "My name is Joe and I like to eat kiwi while studying."
R> [6] "My name is Kate and I like to eat kiwi while studying."
R> [7] "My name is Joe and I like to eat apple while studying."
R> [8] "My name is Kate and I like to eat apple while studying."
```

Caso necessário, podemos também definir argumentos fixos em l_args:

```
l_args <- list(name_in = names_vec,
               fruit_in = 'orange',
               verb_in = 'studying')

my_phrases <- purrr::pmap(.l = l_args,
                          .f = build_phrase)

print(my_phrases)
```

```
R> [[1]]
R> [1] "My name is Joe and I like to eat orange while studying."
R>
R> [[2]]
R> [1] "My name is Kate and I like to eat orange while studying."
```

Sempre que você tiver uma situação em que um loop aninhado seja necessário, usar `purrr::pmap` é altamente recomendado. Essa função será prioridade para o restante do livro.

8.6 Manipulação de Dados com `dplyr`

No capítulo 6 aprendemos sobre o uso de funções do pacote `dplyr` para manipular `dataframes`. A funcionalidade desse pacote, porém, é muito maior. Podemos utilizar o operador de *pipeline* junto a algumas de suas funções para realizar análises complexas com uma sintaxe simples e intuitiva. O código não somente fica fácil de ler, mas o tempo de processamento também diminui.

8.6.1 Operações de Grupo com `dplyr`

A primeira funcionalidade do `dplyr` é no processamento de dados em grupos. Essa operação é comumente chamada de *split-apply-combine*, isto é, separamos a amostra em grupos, aplicamos alguma função e, por fim, combinamos todos os resultados em uma nova tabela. Note que é exatamente esse procedimento que fizemos com *loops* na seção 8.2: separamos os dados por ação, calculamos média, máximo e mínimo de preço e, por fim, agregamos todos resultados em um único `dataframe`.

Para ilustrar o uso das funções `dply::group_by` e `dplyr::summarise`, replicaremos o exemplo de descrever os preços das ações do SP500. Desta vez, no entanto, usaremos a estrutura do pacote `dplyr` e o operador de *pipeline* para concretizar a operação:

```r
library(readr)
library(dplyr)

# load data
my_f <- '00-text-resources/data/SP500-Stocks-WithRet.rds'
my_df <- readRDS(my_f)

# group data and calculate stats
my_tab <- my_df %>%
  group_by(ticker) %>%
  summarise(mean_price = mean(price.adjusted),
            max_price = max(price.adjusted),
            min_price = min(price.adjusted),
            max_ret = max(ret),
            min_ret = min(ret))

# check result
```

```
print(my_tab)
```

```
R> # A tibble: 471 x 6
R>    ticker mean_price max_price min_price max_ret min_ret
R>  * <chr>       <dbl>     <dbl>     <dbl>   <dbl>   <dbl>
R>  1 A            33.1      48.2      18.3  0.118   -0.110
R>  2 AAL          23.4      54.7       3.89 0.173   -0.158
R>  3 AAP         103.      200.       38.4  0.166   -0.170
R>  4 AAPL         75.0     128.       24.9  0.0887  -0.124
R>  5 ABC          58.4     112.       23.3  0.0953  -0.130
R>  6 ABT          32.1      49.3      18.4  0.0650  -0.0929
R>  7 ACN          70.6     125.       31.6  0.0799  -0.104
R>  8 ADBE         55.3     111.       22.7  0.128   -0.190
R>  9 ADI          42.4      73.9      21.6  0.101   -0.0781
R> 10 ADM          33.8      50.5      20.9  0.0730  -0.0874
R> # ... with 461 more rows
```

Explicando o código, o primeiro passo no uso de dplyr é agrupar os dados com função group_by. Aqui, estamos agrupando com base na coluna ticker. Isso significa que pretendemos realizar um determinado cálculo para cada ação em nosso banco de dados. Depois de agrupar os dados com group_by, seguimos no *pipeline* com função summarise. Essa processa os dados em blocos definidos pelos grupos. Observe que cada argumento em summarise se transforma em uma coluna na saída: mean_price, max_price, min_price, max_ret e min_ret. Cada um dos argumentos anteriores está fazendo um cálculo diferente com base nas colunas de my_df. Caso fosse necessário, poderíamos adicionar vários outros cálculos em diferentes colunas simplesmente expandindo os argumentos de entrada em summarise.

Utilizar o dplyr é altamente recomendado quando você está agrupando com base em mais de uma coluna. Considere o caso onde estamos interessados nas estatísticas de preço e retorno não somente para cada ação, mas também por dia de semana. Para realizar isso, basta criar uma nova coluna com os dias da semana e adicionar o nome dela na chamada a group_by:

```
# set new col week_day
my_df$week_day <- weekdays(my_df$ref.date)

# print it
print(head(my_df$week_day))
```

```
R> [1] "Tuesday"   "Wednesday" "Thursday"  "Friday"
R> [5] "Monday"    "Tuesday"
```

```
my_tab <- my_df %>%
  mutate(week_day = lubridate::wday(ref.date, label = TRUE)) %>%
  group_by(ticker, week_day) %>%
  summarise(mean_price = mean(price.adjusted),
            max_price = max(price.adjusted),
            min_price = min(price.adjusted),
            max_ret = max(ret),
            min_ret = min(ret))


print(my_tab)


R> # A tibble: 2,355 x 7
R> # Groups:   ticker [471]
R>    ticker week_day mean_price max_price min_price max_ret
R>    <chr>  <ord>        <dbl>     <dbl>     <dbl>    <dbl>
R>  1 A      Mon           33.1      48.2      18.5   0.0728
R>  2 A      Tue           33.1      48.0      18.3   0.0781
R>  3 A      Wed           33.0      48.2      18.7   0.0708
R>  4 A      Thu           33.0      47.9      18.7   0.118
R>  5 A      Fri           33.0      47.9      18.4   0.0918
R>  6 AAL    Mon           23.6      54.2      4.14   0.0909
R>  7 AAL    Tue           23.5      52.9      3.94   0.165
R>  8 AAL    Wed           23.4      53.1      3.89   0.173
R>  9 AAL    Thu           23.3      54.4      4.28   0.160
R> 10 AAL    Fri           23.3      54.7      3.91   0.0841
R> # ... with 2,345 more rows, and 1 more variable:
R> #   min_ret <dbl>
```

E pronto! Agora temos as mesmas estatísticas de interesse separadas por ação e dia da semana. Caso fosse necessário, poderíamos segregar ainda mais a amostra. Utilizar dplyr para realizar cálculos em grupos é muito fácil e prático! O código resultante é eficiente e elegante.

8.6.2 Operações de Grupo Complexas com dplyr

O exemplo anterior mostra um caso simples de cálculos de grupo. Podemos dizer que foi simples porque a operação sempre retornou um valor único para cada caso: tivemos uma média para o ticker X no dia da semana Z, outra média para o ticker Y no dia da semana L, e assim por diante.

Pacote dplyr também suporta operações mais complexas, onde a saída não é um valor único, mas um objeto complexo. Isso é bastante útil nas tarefas de processamento de dados pois você pode manipular os dados na mesma estrutura tabular em que os mesmos estão representados no R.

Vejamos o exemplo a seguir, onde usamos os retornos das ações para calcular o retorno acumulado de cada ação ao longo do tempo. Note que este não é um valor único, mas sim um vetor de mesmo tamanho do vetor de retornos. Um exemplo:

```
# vector of returns
ret <- c(0, rnorm(4, sd= 0.05))
print(ret)
```

```
R> [1]   0.000000000 -0.007964229 -0.078475793 -0.072055701
R> [5]   0.060413878
```

```
# vector of accumulated returns
acum_ret <- cumprod(1+ret)
print(acum_ret)
```

```
R> [1] 1.0000000 0.9920358 0.9141850 0.8483127 0.8995626
```

Agora vamos realizar este cálculo para todas as ações do SP500, salvando também o máximo e mínimo acumulado:

```
library(dplyr)
```

```
# get acum ret of stoks
my_tab <- my_df %>%
  group_by(ticker) %>%
  do(acum_ret = cumprod(1+.$ret)) %>%
  mutate(last.cumret = acum_ret[length(acum_ret)],
         min.cumret = min(acum_ret))
```

```
print(head(my_tab))
```

```
R> # A tibble: 6 x 4
R> # Rowwise:
R>   ticker acum_ret        last.cumret min.cumret
R>   <chr>  <list>                <dbl>      <dbl>
R> 1 A      <dbl [1,761]>          2.14      0.862
R> 2 AAL    <dbl [1,761]>         10.0       0.839
R> 3 AAP    <dbl [1,761]>          4.27      0.970
R> 4 AAPL   <dbl [1,761]>          4.16      0.897
R> 5 ABC    <dbl [1,761]>          3.23      0.968
R> 6 ABT    <dbl [1,761]>          1.77      0.855
```

Note que os elementos da coluna `acum_ret` não são valores únicos, mas sim vetores atômicos. Na verdade, `acum_ret` é uma coluna do tipo lista (*list-columns*), o que significa que pode armazenar qualquer tipo de objeto. Atingimos esse resultado usando função `dplyr::do` na sequência do *pipeline*. Quanto às outras colunas, `last.cumret` e `min.cumret`, essas são manipulações simples de `acum_ret` e portanto foram criadas com `mutate`. Uma observação importante é que usamos o símbolo `.$` para acessar as colunas de `my_df` na chamada a função `do`. Sempre que for utilizar colunas do tipo lista com `do`, você deve usar essa notação.

A maior vantagem de usar operações complexas de agrupamento com `dplyr` é que você pode manter a mesma representação tabular dos dados. Podemos "ler" objeto `my_tab` como "para cada ação, defina um vetor de retornos acumulados". O uso de `dplyr::do` é particularmente interessante na estimação de vários modelos econométricos a partir dos dados. Vamos abordar este tópico no capítulo 11.

Resumindo, pacote `dplyr` foi uma inovação muito significativa para a comunidade do R. Não é a toa que, segundo estatísticas do CRAN, este é um dos pacotes mais instalados atualmente. Sempre que possível, tente utilizar suas funções para processar os dados.

8.7 Exercícios

Todas soluções de exercícios estão disponíveis em https://www.msperlin.com/adfeR.

01 - Crie uma função chamada `say_my_name` que tome como entrada um nome de pessoa e mostre na tela o texto *Your name is ...*. Dentro do escopo da função, utilize comentários para descrever o propósito da função, suas entradas e saídas.

02 - Implemente um teste para os objetos de entrada, de forma que, quando o nome de entrada não for da classe `character`, um erro é retornado ao usuário. Teste sua nova função e verifique se a mesma está funcionando conforme esperado.

03 - Crie um vetor com cinco nomes quaisquer, chamado `my_names`. Utilizando um *loop*, aplique função `say_my_name` para cada elemento de `my_names`.

04 - No banco de dados do Brasil.IO[1] encontrarás uma tabela com nomes e gêneros derivados de uma das pesquisas do IBGE. Importe os dados do arquivo para R e, usando um *loop*, aplique a função `say_my_name` a 15 nomes aleatórios do banco de dados. Dica: neste caso, você pode baixar os dados direto do link usando `readr::read_csv(LINK)`.

05 - Refaça o exercício anterior utilizando comandos `sapply` ou `purrr::map`.

06 - Use o pacote `BatchGetSymbols` para baixar dados do índice SP500 (`'^GSPC'`), Ibovespa (`'^BVSP'`), FTSE (`'^FSTE'`) e Nikkei 225 (`'^N225'`) de `'2010-01-01'` até a data atual. Com os dados importados, use um *loop* para calcular o retorno

---

[1]https://data.brasil.io/dataset/genero-nomes/grupos.csv.gz

médio, máximo e mínimo de cada índice durante o período analisado. Salve todos os resultados em uma tabela única e a mostre no *prompt* do R.

07 - Refaça o exercício anterior utilizando as funções `group_by` e `summarise`, ambas do pacote `dplyr`.

08 - No site do Rstudio CRAN logs[2] você encontrará dados sobre as estatísticas de download para a distribuição de base de R na seção *Daily R downloads*. Usando suas habilidades de programação, importe todos os dados disponíveis entre 2020-01-01 e 2020-01-15 e agregue-os em uma única tabela. Qual país apresenta a maior contagem de downloads do R?

  a) PH
  b) AT
  c) EC
  d) PY
  e) US

---

[2]http://cran-logs.rstudio.com/

Capítulo **9**

Estruturando e Limpando Dados

Após entender o processo de importação de dados e as ferramentas de programação no R, é importante discutirmos o formato com que os dados serão trabalhados. Neste capítulo iremos tratar de reestruturação de dados para o formato longo e também de operações básicas de limpeza de dados financeiros e econômicos. Isto inclui identificação e tratamento de valores extremos (*outliers*), desinflação de dados de preços e mudança de frequência de dados temporais.

9.1 O Formato do `dataframe`

O formato do `dataframe` é uma discussão relativamente nova que surgiu com a introdução de pacotes específicos de manipulação de dados e criação de figuras no `tidyverse`. No centro do debate, discute-se o formato de alocação e de incremento das variáveis e se os dados devem ser orientados por colunas (formato *wide*) ou por linhas (formato *long*). Veja os conceitos destacados a seguir.

Formato *wide* (largo) No formato largo, as linhas da tabela são geralmente indexadas por algum fator único, tal como uma data, e as colunas referenciam os casos trabalhados. À medida que novas informações (itens) são adicionadas à base de dados, a mesma geralmente cresce em número de colunas. Exemplo:

refdate	PETR4	GGBR4	VALE5
2015-01-01	10	3	6
2015-01-02	11	3.1	7
2015-01-03	10.5	3.2	7.5
2015-01-04	12	3.5	6
...	...	...	...

291

Observe que a tabela anterior possui três informações, apenas: *ticker*, preço e data. Caso fosse adicionado mais uma ação, a tabela seria incrementada em uma coluna a direita de `'VALE5'`.

Formato *long* (longo)   No formato longo, cada linha da tabela é uma nova informação de dados e cada coluna é uma variável coletada. As linhas da tabela podem ou não ser casos únicos (ou seja, que não se repetem). À medida que novos dados são adicionados, a tabela geralmente cresce em número de linhas. Exemplo:

refdate	asset.code	Price
2015-01-01	PETR4	10
2015-01-01	GGBR4	3
2015-01-01	VALE5	6
2015-01-02	PETR4	11
2015-01-02	GGBR4	3.1
2015-01-02	VALE5	7
2015-01-03	PETR4	10.5
2015-01-03	GGBR4	3.2
2015-01-03	VALE5	7.5
...	...	...

Em comparação, o formato largo (`wide`) é mais intuitivo pois os dados de cada ação são facilmente separáveis pelas colunas. O problema, nesse caso, é a dificuldade de expansão da base de dados, visto que cada variável fica contida em uma única tabela. Por exemplo, se estivéssemos interessado, também, no volume negociado de cada ação em cada data, teríamos que criar outra tabela para alocar essa informação. A medida que o número de variáveis cresce, também cresce o número de tabelas. A tabela em formato longo não possui esse problema pois a entrada de novas variáveis incrementa as colunas, apenas.

À primeira vista, essa discussão pode parecer banal, dado que as informações são exatamente as mesmas em ambos os formatos. Porém, não se engane: o formato de apresentação dos dados é de extrema importância no dia-a-dia. Pacotes especializados, tal como `dplyr` (Wickham et al., 2021a) e `ggplot2` (Wickham, 2009), esperam um `dataframe` no formato longo e, portanto, essa forma deve ser priorizada. Para Finanças, o formato de dados no estilo *wide* é geralmente utilizado na criação e manipulação de portfólios de investimento em diferentes ativos. Isso acontece porque os cálculos são de notação matricial e esperam uma matriz de retornos como *input*. Essa matriz deve apresentar os diferentes ativos nas colunas e, nas linhas, os diferentes períodos de tempo. Destaco, porém, que esses mesmos cálculos poderiam ser realizados com o formato longo. A conversão entre os formatos também é possível, conforme veremos a seguir.

9.1.1 Conversão entre *long* e *wide*

A conversão entre um tipo de formato e outro é possível através do pacote `tidyr` (Wickham, 2020c). Veja o exemplo a seguir, onde mudamos o formato largo da tabela anterior para longo com o uso da função `gather`. Para isso, é necessário saber qual é a variável de identidade que irá indexar as linhas (nesse caso, a de datas) e quais os nomes das novas colunas.

```r
library(tidyr)
library(dplyr)

# set data
refdate <- as.Date('2021-01-01') + 0:3
PETR4 <- c(10, 11, 10.5, 12)
GGBR4 <- c(3, 3.1, 3.2, 3.5)
VALE5 <- c(6, 7, 7.5, 6)

# set `dataframe`
my_df_wide <- tibble(refdate, PETR4, GGBR4, VALE5)

# from wide to long
my_df_long <- gather(data = my_df_wide,
                     key = 'ticker',
                     value = 'price', - refdate)

# print it
print(my_df_long)
```

```
R> # A tibble: 12 x 3
R>    refdate    ticker price
R>    <date>     <chr>  <dbl>
R>  1 2021-01-01 PETR4   10
R>  2 2021-01-02 PETR4   11
R>  3 2021-01-03 PETR4   10.5
R>  4 2021-01-04 PETR4   12
R>  5 2021-01-01 GGBR4    3
R>  6 2021-01-02 GGBR4    3.1
R>  7 2021-01-03 GGBR4    3.2
R>  8 2021-01-04 GGBR4    3.5
R>  9 2021-01-01 VALE5    6
R> 10 2021-01-02 VALE5    7
```

```
R> 11 2021-01-03 VALE5     7.5
R> 12 2021-01-04 VALE5     6
```

Para realizar a conversão inversa, de longo para largo, podemos utilizar a função tidyr::spread:

```
my_df_wide_converted <- spread(data = my_df_long,
                               key = 'ticker',
                               value = 'price')


print(my_df_wide_converted)

R> # A tibble: 4 x 4
R>    refdate    GGBR4 PETR4 VALE5
R>    <date>     <dbl> <dbl> <dbl>
R> 1 2021-01-01   3    10     6
R> 2 2021-01-02   3.1  11     7
R> 3 2021-01-03   3.2  10.5   7.5
R> 4 2021-01-04   3.5  12     6
```

No caso de conversões mais complexas, onde é necessário agregar algumas das variáveis, recomenda-se o uso do pacote **reshape2** (Wickham, 2020a), o qual oferece mais funções que o tidyr. A sintaxe, porém, é diferente. Veja a seguir, onde utilizamos as funções do pacote **reshape2** para o mesmo procedimento realizado anteriormente.

```
library(reshape2)
my_df_long <- melt(data = my_df_wide,
                   id.vars = 'refdate',
                   variable.name = 'ticker',
                   value.name = 'price')


print(my_df_long)

R>       refdate ticker price
R> 1  2021-01-01 PETR4   10.0
R> 2  2021-01-02 PETR4   11.0
R> 3  2021-01-03 PETR4   10.5
R> 4  2021-01-04 PETR4   12.0
R> 5  2021-01-01 GGBR4    3.0
R> 6  2021-01-02 GGBR4    3.1
R> 7  2021-01-03 GGBR4    3.2
R> 8  2021-01-04 GGBR4    3.5
R> 9  2021-01-01 VALE5    6.0
R> 10 2021-01-02 VALE5    7.0
```

```
R> 11 2021-01-03   VALE5    7.5
R> 12 2021-01-04   VALE5    6.0

my_df_wide_converted <- dcast(data = my_df_long,
                              formula = refdate ~ ticker,
                              value.var = 'price')
print(my_df_wide_converted)

R>      refdate PETR4 GGBR4 VALE5
R> 1 2021-01-01  10.0   3.0   6.0
R> 2 2021-01-02  11.0   3.1   7.0
R> 3 2021-01-03  10.5   3.2   7.5
R> 4 2021-01-04  12.0   3.5   6.0
```

É importante conhecer essas funções ao se trabalhar com o R, pois, muitas vezes, o pesquisador não tem controle sobre o formato dos dados importados. Como regra geral, sempre converta os dados para o formato longo após a importação. Isso facilitará o futuro processamento dos dados.

9.2 Convertendo Listas em dataframes

Um situação muito comum em análise de dados é quando se tem vários dataframes alocados em uma única lista. Isto é bastante comum em dois casos, quando estamos importando dados de diferentes arquivos e também no uso de alguns pacotes de importação de dados da Internet.

Como um exemplo prático, vamos utilizar o pacote de importação de dados BETS (Ferreira et al., 2018), o qual possui o particular comportamento de retornar uma lista quando várias séries são requisitadas:

```
library(BETS)
my_id <- 3785:3791

# set dates
first_date = '2010-01-01'
last_date  = as.character(Sys.Date())

# get data
l_out <- BETSget(code = my_id, data.frame = TRUE,
                 from = first_date, to = last_date)

# check data
dplyr::glimpse(l_out)
```

```
R> List of 7
R>  $ ts_3785:'data.frame': 79 obs. of  2 variables:
R>   ..$ date : Date[1:79], format: "2010-01-01" ...
R>   ..$ value: num [1:79] 7.4 7.4 7.3 7.2 7 6.9 6.8 6.8 6.7 6.7 ...
R>  $ ts_3786:'data.frame': 80 obs. of  2 variables:
R>   ..$ date : Date[1:80], format: "2010-01-01" ...
R>   ..$ value: num [1:80] 8.3 8.2 8.2 8.1 8 7.9 8.1 8.1 8.1 7.8 ...
R>  $ ts_3787:'data.frame': 80 obs. of  2 variables:
R>   ..$ date : Date[1:80], format: "2010-01-01" ...
R>   ..$ value: num [1:80] 9.8 9.8 9.9 9.9 9.6 9.4 9.4 9.5 9.5 9.4 ...
R>  $ ts_3788:'data.frame': 79 obs. of  2 variables:
R>   ..$ date : Date[1:79], format: "2010-01-01" ...
R>   ..$ value: num [1:79] 9.4 9.4 9.3 9.3 9.3 9.2 9.2 9.2 9.2 9.2 ...
R>  $ ts_3789:'data.frame': 79 obs. of  2 variables:
R>   ..$ date : Date[1:79], format: "2010-01-01" ...
R>   ..$ value: num [1:79] 8.5 8.5 8.4 8.6 8.5 8.3 8.2 8.1 8.1 8.5 ...
R>  $ ts_3790:'data.frame': 79 obs. of  2 variables:
R>   ..$ date : Date[1:79], format: "2010-01-01" ...
R>   ..$ value: num [1:79] 5 5 5.1 5.1 5.1 5.2 5 5.1 5.1 5.1 ...
R>  $ ts_3791:'data.frame': 77 obs. of  2 variables:
R>   ..$ date : Date[1:77], format: "2010-01-01" ...
R>   ..$ value: num [1:77] 7.9 8 7.9 7.8 7.8 7.7 7.7 7.6 7.7 7.8 ...
```

Como usuário, o nosso objetivo é transformar a lista em um único `dataframe` com três colunas: `date`, `value` e `country`. Esse última coluna não existe e teremos que criá-la.

O primeiro passo para estruturar esses dados em um único `dataframe` é registrar os nomes dos países:

```
my_countries <- c("Germany", "Canada", "United States", "France",
                  "Italy", "Japan", "United Kingdom")
```

Agora, vamos criar uma função que aceite duas entradas, um `dataframe` a ser restruturado e um nome do país. Veja a seguir:

```
clean_bets <- function(df_in, country_in) {
  # function for cleaning data from BETS
  #
  # ARGS: df_in - `dataframe` within a list
  #       country_in - name of country
  #
  # VALUE: a new `dataframe` with new column type
```

```
#set column
df_in$country <- country_in

# return df
return(df_in)
}
```

Claramente, caso fosse necessário, poderíamos adicionar diversas outras informações aos **dataframes**. O próximo passo é utilizar a função anterior para criar outra lista com **dataframes** formatados. Com esse objetivo, usamos a função **purrr::map2** para iterar os elementos da lista em **l_out**. Veja a seguir:

```
library(purrr)

# format dfs
l_out_formatted <- map2(l_out, my_countries, .f = clean_bets)

# check first element (all are the same structure)
glimpse(l_out_formatted[[1]])
```

Note que a coluna **country** foi adicionada a cada **dataframe**. Agora, o próximo passo é mesclar todos elementos da lista em um único objeto. Para isso, usamos função **do.call**, vista no capítulo 8, ou então **purrr::map_df**. Veja a seguir:

```
# bind all rows of `dataframes` in list
df_unemp <- map_df(l_out_formatted, bind_rows)

# check it
glimpse(df_unemp)
```

E pronto! O **dataframe** resultante está no formato adequado, pronto para a análise.

9.3   Eliminando Outliers

Uma parte comum a todas pesquisas com dados é a identificação e tratamento de casos extremos (*outliers*). Esses tem potencial de ameaçar toda uma pesquisa. Uma observação extrema pode, por exemplo, resultar na estimação de coeficientes viesados.

Para visualizar o efeito destrutivo de um *outlier* em uma pesquisa, vamos usar o R para simular um processo linear e adicionar um caso extremo na variável independente. O nosso interesse é entender como essa variável pode, de forma isolada, modificar completamente os coeficientes de uma estimação. Veja a seguir:

```r
# set options
set.seed(15)
nT <- 50
sim_x <- rnorm(nT)
my_beta <- 0.5

# simulate x and y
sim_y <- sim_x*my_beta + rnorm(nT)
sim_y_with_outlier <- sim_y

# simulate y with outlier
sim_y_with_outlier[10] <- 50
```

Note que objetos `sim_y` e `sim_y_with_outlier` são exatamente iguais, com exceção da décima observação. Vamos verificar o efeito disso em um modelo de regressão:

```r
library(texreg)

# estimate models
model_no_outlier <- lm(formula = sim_y ~ sim_x)
model_with_outlier <- lm(formula = sim_y_with_outlier ~ sim_x)

# report them
screenreg(list(model_no_outlier, model_with_outlier),
          custom.model.names = c('No Outlier', 'With Outlier'))
```

```
R>
R> =====================================
R>                No Outlier  With Outlier
R> -------------------------------------
R> (Intercept)    -0.11          1.34
R>                (0.16)        (1.06)
R> sim_x           0.70 ***     -0.98
R>                (0.17)        (1.13)
R> -------------------------------------
R> R^2             0.27          0.02
R> Adj. R^2        0.26         -0.01
R> Num. obs.       50            50
R> =====================================
R> *** p < 0.001; ** p < 0.01; * p < 0.05
```

Aqui reportamos os modelos com o pacote `texreg`. Não se preocupe com o seu uso agora, iremos estudar o reporte de modelos no capítulo 12. Observa-se na tabela de saída que a inclinação (beta) do modelo modificou-se de 0.6994 para -0.978 no caso com *outlier*. Isto é, uma única observação modificou completamente o modelo. A razão é simples, o modelo priorizou minimizar o grande erro na observação extrema, puxando o coeficiente beta para cima. No caso de estarmos interessados em criar um modelo que explique, de forma razoável, a grande maioria dos dados e não somente uma observação, devemos identificar e tratar os casos *outliers* antes de uma análise.

Uma das maneiras de realizar isso é identificar potenciais valores extremos com os **quartis** da própria série. Função `quantile` retorna as observações da variável de acordo com uma probabilidade cumulativa. Por exemplo, caso quiséssemos saber qual observação de `sim_y_with_outlier` define o limite de distribuição acumulada em 95%, basta rodar o seguinte código:

```
quantile90 <- quantile(x = abs(sim_y_with_outlier),
                       probs = 0.95)
```

Portanto, as observações a seguir são maiores que 95% da amostra em valor absoluto:

```
idx <- which(sim_y_with_outlier > quantile90)
print(sim_y_with_outlier[idx])
```

```
R> [1] 50.000000  2.493789  3.346649
```

Observe que capturamos o *outlier* definido arbitrariamente, assim como dois outros casos. Caso fôssemos mais rigorosos, poderíamos aumentar a probabilidade para um intervalo maior. Por fim, podemos definir o *outlier* como `NA` e/ou removê-lo da série:

```
# copy content
sim_y_without_outlier <- sim_y_with_outlier

# set NA in outlier
sim_y_without_outlier[idx] <- NA

# remove it
sim_y_without_outlier <- sim_y_without_outlier[-idx]
```

Outra alternativa para a identificação de valores extremos é o uso de **testes estatísticos**. Particularmente, o pacote `outlier` fornece funções para identificar e remover esses casos com base na distância da média. Veja um exemplo a seguir.

```
library(outliers)

# find outlier
my_outlier <- rm.outlier(sim_y_with_outlier)
```

```
# print it
print(my_outlier)
```

```
R>  [1]   0.81300349   1.93474210  -0.41029245   2.12623668
R>  [5]   0.65319613  -1.51623499  -0.68757321   1.06555047
R>  [9]   1.09091780   0.72610695  -0.61016163  -0.50642228
R> [13]  -1.91801224  -0.75814806  -1.16215511  -0.34323482
R> [17]   0.55834054  -1.32390330   0.98170830  -0.83826905
R> [21]  -1.17075188  -1.52803650  -0.71644904   0.54540606
R> [25]  -0.32921993   0.72697710   0.66276916  -0.81895181
R> [29]   2.49378912  -0.22815771   2.33738554   0.87946199
R> [33]  -0.08923983   0.01353600  -0.26230380  -0.44279438
R> [37]   1.13095336  -0.19247235  -0.80977134  -0.59507431
R> [41]  -0.95755891   3.34664930  -0.11365595  -0.39332588
R> [45]   2.17903858  -0.73425586   2.06439866  -0.64805261
R> [49]  -1.97033928
```

O resultado, porém, é o mesmo que no uso dos quartis da distribuição.

Outro ponto importante aqui é a possibilidade de procurar e eliminar *outliers* em um `dataframe`. Imagine um caso em que se está trabalhando com um `dataframe` com 20 ou mais colunas numéricas. Definir uma forma de encontrar e substituir *outliers* em cada coluna é desejável. Para isso, podemos utilizar as ferramentas de programação apresentadas no capítulo 8. Lembre-se que todo `dataframe` é representado como uma lista, onde cada coluna é um elemento. Portanto, podemos processar cada coluna separadamente e depois combiná-las novamente para formar um novo `dataframe`.

O primeiro passo é definir uma função que aceite uma coluna numérica e uma probabilidade como entrada, retornando o vetor original com os casos extremos substituídos por `NA`. A probabilidade, nesse caso, serve como parâmetro para identificar valores extremos na distribuição cumulativa dos dados. Também é necessário cuidar os casos de colunas que não são numéricas. Por exemplo, para uma coluna do tipo texto, não faz sentido procurar e eliminar *outliers*. Assim, devemos testar a classe e retornar o objeto original caso o mesmo não for da classe `numeric` ou `integer`. Veja a seguir a definição da função:

```
replace_outliers <- function(col_in, my_prob = 0.05) {
  # Replaces outliers from a vector
  #
  # INPUTS: col_in The vector
  #         my_prob Probability of quantiles (p and 1-p)
  #
  # OUTPUT: A vector
```

```
# return if class is other than numeric
if (!(class(col_in) %in% c('numeric', 'integer'))) return(col_in)

my_outliers <- stats::quantile(x = col_in,
                               probs = c(my_prob, 1-my_prob))

idx <- (col_in <= my_outliers[1])|(col_in >= my_outliers[2])
col_in[idx] <- NA

return(col_in)

}
```

Vamos testá-la:

```
# set test vector
my_x <- runif(25)

# find and replace outliers
print(replace_outliers(my_x, my_prob = 0.05))
```

```
R>   [1] 0.4840363 0.6994053 0.4881704 0.7569971 0.1135083
R>   [6] 0.7240782        NA        NA 0.8597304 0.5510598
R>  [11] 0.3688980 0.4568189 0.5813293 0.5867703 0.8215759
R>  [16] 0.5023751        NA 0.8111427 0.6613216        NA
R>  [21] 0.1912343 0.2980259 0.7335472 0.5019613 0.5552088
```

Como podemos ver, a função funcionou corretamente. O vetor de saída possui alguns elementos NA, os quais eram *outliers* no vetor original. Agora, vamos utilizar essa função em um `dataframe`. Primeiro vamos criar um `dataframe` com colunas de diferentes classes:

```
# options
my_N <- 100

# set df
my_df <- tibble(char1 = sample(LETTERS, my_N, replace = T),
                factor1 = factor(sample(LETTERS,
                                        my_N,
                                        replace = T)),
                x1 = runif(my_N),
                x2 = rnorm(my_N),
                x3 = rnorm(my_N))
```

```
# check it
glimpse(my_df)
```

```
R> Rows: 100
R> Columns: 5
R> $ char1   <chr> "J", "H", "W", "L", "Y", "T", "W", "G",...
R> $ factor1 <fct> Q, S, Y, Y, J, Y, W, J, K, J, B, H, E, ...
R> $ x1      <dbl> 0.31675673, 0.82851878, 0.76632788, 0.6...
R> $ x2      <dbl> -0.5485866, 0.6635800, -1.0037074, -2.6...
R> $ x3      <dbl> 0.368409771, 1.716523663, 0.094061912, ...
```

Agora, utilizamos a função `purrr::map` para iterar todos os seus elementos, construindo novos vetores sem outliers. Veja a seguir:

```
library(purrr)
```

```
# remove outlivers from vectors
l_out <- map(my_df, replace_outliers)
```

Em seguida reagrupamos todos os vetores em um `tibble` com função `as.tibble`:

```
# rebuild `dataframe`
my_df <- as_tibble(l_out)
```

```
# check it
glimpse(my_df)
```

```
R> Rows: 100
R> Columns: 5
R> $ char1   <chr> "J", "H", "W", "L", "Y", "T", "W", "G",...
R> $ factor1 <fct> Q, S, Y, Y, J, Y, W, J, K, J, B, H, E, ...
R> $ x1      <dbl> 0.3167567, 0.8285188, 0.7663279, 0.6722...
R> $ x2      <dbl> -0.5485866, 0.6635800, -1.0037074, NA, ...
R> $ x3      <dbl> 0.368409771, NA, 0.094061912, -0.442401...
```

```
# summary of df
summary(my_df)
```

```
R>      char1                  factor1          x1
R>   Length:100          E    : 8    Min.   :0.06754
R>   Class :character    I    : 8    1st Qu.:0.31674
R>   Mode  :character    B    : 6    Median :0.50164
R>                       W    : 6    Mean   :0.51448
R>                       J    : 5    3rd Qu.:0.73056
```

```
R>                         L     : 5   Max.    :0.91505
R>                         (Other):62   NA's    :10
R>          x2                  x3
R>  Min.    :-1.658348   Min.    :-1.33538
R>  1st Qu.:-0.533499   1st Qu.:-0.54001
R>  Median :-0.014614   Median : 0.11085
R>  Mean    : 0.007022   Mean    : 0.05493
R>  3rd Qu.: 0.645959   3rd Qu.: 0.53297
R>  Max.    : 1.557767   Max.    : 1.63207
R>  NA's    :10          NA's    :10
```

Note que os valores NA foram encontrados nas três colunas numéricas.

Por fim, eliminamos todos as linhas com outliers usando na.omit:

```
my_df <- na.omit(my_df)
```

```
glimpse(my_df)
```

```
R> Rows: 71
R> Columns: 5
R> $ char1   <chr> "J", "W", "Y", "T", "G", "P", "L", "Z",...
R> $ factor1 <fct> Q, Y, J, Y, J, J, H, X, I, H, E, O, E, ...
R> $ x1      <dbl> 0.3167567, 0.7663279, 0.3675103, 0.2515...
R> $ x2      <dbl> -0.54858655, -1.00370742, -1.61879808, ...
R> $ x3      <dbl> 0.368409771, 0.094061912, -0.632980109,...
```

Observe que algumas observações foram perdidas. O dataframe final possui 71 linhas, e não 100 como estipulado inicialmente.

9.4   Desinflacionando Dados de Preços

Uma operação muito comum em dados econômicos e financeiros é a desinflação. Particularmente para a economia Brasileira, a inflação histórica é alta e certamente contamina dados de preços. Esse efeito é maior quanto maior for o período de tempo analisado. De fato, na prática de pesquisa, qualquer preço não ajustado antes de 1994 – ano do plano real – é inutilizável devido a explosiva inflação passada.

Para tirar o efeito da inflação em dados de preços, o primeiro passo é baixar uma série de inflação. Aqui, iremos utilizar o índice mais popular, o IPCA (índice nacional de preços ao consumidor), divulgado pelo IBGE. Utilizaremos o Quandl para baixar os dados de inflação anual desde 2010:

```
library(Quandl)
library(dplyr)
```

```r
# register api key
Quandl.api_key(my_api_key)

# set symbol and dates
my_symbol <- 'BCB/433'
first_date <- as.Date('2010-01-01')
last_date <- Sys.Date()

# get data!
df_inflation <- Quandl(code = my_symbol,
                       type='raw',
                       collapse = 'annual',
                       start_date = first_date,
                       order = 'asc',
                       end_date = last_date)

# check content
glimpse(df_inflation)
```

```
R> Rows: 12
R> Columns: 2
R> $ Date   <date> 2010-12-31, 2011-12-31, 2012-12-31, 2013...
R> $ Value <dbl> 0.63, 0.50, 0.79, 0.92, 0.78, 0.96, 0.30,...
```

Agora, vamos construir um `dataframe` com preços aleatórios a serem desinflaciona-dos:

```r
n_T_ <- nrow(df_inflation)

# create df with prices
my_df <- tibble(Date = df_inflation$Date,
                x = 100 + cumsum(rnorm(n_T_)),
                y = 100 + cumsum(rnorm(n_T_)))

# check it
glimpse(my_df)
```

```
R> Rows: 12
R> Columns: 3
R> $ Date <date> 2010-12-31, 2011-12-31, 2012-12-31, 2013-...
R> $ x    <dbl> 100.17674, 101.26487, 99.64569, 99.41461, ...
R> $ y    <dbl> 98.61062, 97.44170, 97.33080, 97.72076, 96...
```

O primeiro passo para desinflacionar é criar um índice deflator, com data base no último período. Como os dados do IPCA já estão em percentagem, basta acumulá-los assumindo um valor inicial de 1 e dividir o resultado pelo valor encontrado na data base:

```
# accumulate: R_a = cumprod(r_t + 1)
my_df$inflation_index <- cumprod(df_inflation$Value/100 +1)

# set inflation index
my_base <- my_df$inflation_index[nrow(my_df)]
my_df$inflation_index <- my_df$inflation_index/my_base
```

E, com isso, multiplicar as colunas para criar novas variáveis:

```
my_df$x_desinflated <- my_df$x*my_df$inflation_index
my_df$y_desinflated <- my_df$y*my_df$inflation_index

glimpse(my_df)

R> Rows: 12
R> Columns: 6
R> $ Date            <date> 2010-12-31, 2011-12-31, 2012-1...
R> $ x               <dbl> 100.17674, 101.26487, 99.64569,...
R> $ y               <dbl> 98.61062, 97.44170, 97.33080, 9...
R> $ inflation_index <dbl> 0.9272203, 0.9318564, 0.9392181...
R> $ x_desinflated   <dbl> 92.88591, 94.36432, 93.58904, 9...
R> $ y_desinflated   <dbl> 91.43377, 90.80168, 91.41485, 9...
```

Pronto. Os dados estão sem o efeito da inflação. Seguindo o exemplo do tópico anterior, seria fácil aplicar este método para todas colunas numéricas com as funções `purrr:map` e `dplyr::as.tibble`.

9.5 Modificando a Frequência Temporal dos Dados

A última estruturação de dados descrita aqui é a modificação da frequência temporal: dados diários para semanais, mensais para anuais ou o contrário. Uma escolha deve ser feita a respeito da forma de agregar os dados. Como transformar um vetor de dados diários para uma valor único mensal? Podemos usar a média, mediana, último valor disponível, entre outras possibilidades.

Vamos partir para um exemplo com o índice Ibovespa, o qual é disponível na frequência diária e será transformado para frequência anual. O primeiro passo é baixar os dados com `BatchGetSymbols`.

```r
library(BatchGetSymbols)

df_ibov <- BatchGetSymbols(tickers = '^BVSP',
                           first.date = '2010-01-01',
                           last.date = '2022-01-01')[[2]]
```

Uma das maneiras de realizar a operação de mudança de frequência é utilizar o pacote `dplyr` e funções `group_by` e **`summarise`**. Veja os passos a seguir:

```r
library(lubridate)

# from daily to annual
df_ibov_annual <- na.omit(df_ibov) %>%
  mutate(ref_year = year(ref.date)) %>%
  group_by(ref_year) %>%
  summarise(Value = last(price.adjusted)) %>%
  print()
```

```r
R> # A tibble: 12 x 2
R>    ref_year    Value
R>    *  <dbl>    <dbl>
R>  1     2010    69305
R>  2     2011    56754
R>  3     2012    60952
R>  4     2013    51507
R>  5     2014    50007
R>  6     2015    43350
R>  7     2016    60227
R>  8     2017    76402
R>  9     2018    87887
R> 10     2019   115964
R> 11     2020   119306
R> 12     2021   118431.
```

Criamos uma nova coluna com os anos, agrupamos de acordo com essa coluna e, por fim, buscamos o último valor do Ibovespa disponível para cada ano. Um dos grande benefícios em utilizar o `dplyr` para operações no tempo é o controle total do processo de agregação. Lendo o código, fica fácil de entender como os dados foram agregados. Caso quiséssemos usar uma medida de tendência tal como média ou mediana, bastaria adicionar novas colunas com o uso das devidas funções.

Usuários interessados em conhecer uma forma mais completa de agregação no tempo, sugiro fortemente o estudo das funções do pacote `xts` (Ryan and Ulrich, 2020). Esse foi feito especialmente para esse tipo de operação. Aqui, a preferência para o uso do `dplyr` é manter e incentivar a intimidade ao material estudado nos capítulos anteriores.

9.6 Exercícios

Todas soluções de exercícios estão disponíveis em https://www.msperlin.com/adfeR.

01 - Considere o `dataframe` criado com o código a seguir:

```
library(tidyverse)

my_N <- 100

df <- bind_rows(tibble(ticker = rep('STOCK 1', my_N),
                    ref_date = Sys.Date() + 1:my_N,
                    price = 100 + cumsum(rnorm(my_N))),
             tibble(ticker = rep('STOCK 2', my_N),
                    ref_date = Sys.Date() + 1:my_N,
                    price = 100 + cumsum(rnorm(my_N))) )

print(df)
```

O formato do `dataframe` é longo ou largo? Explique sua resposta.

02 - Modifique o formato do `dataframe` anterior, de longo para largo ou vice-versa.

```
library(tidyverse)

my_N <- 100

df <- bind_rows(tibble(ticker = rep('STOCK 1', my_N),
                    ref_date = Sys.Date() + 1:my_N,
                    price = 100 + cumsum(rnorm(my_N))),
             tibble(ticker = rep('STOCK 2', my_N),
                    ref_date = Sys.Date() + 1:my_N,
                    price = 100 + cumsum(rnorm(my_N))) )

print(df)
```

03 - Considere a seguinte lista:

```
library(tidyverse)

my_l <- list(df1 = tibble(x = 1:100, y = runif(100)),
             df2 = tibble(x = 1:100, y = runif(100), v = runif(100)),
```

```
df3 = tibble(x = 1:100, y = runif(100), z = runif(100)) )
```

Agrege todos `dataframes` em `my_l` para um objeto único usando funções `do.call` ou `dplyr::bind_rows`. O que aconteceu com os dados de `df1` onde colunas `v` e `z` não existem?

04 - Utilize pacote `BatchGetSymbols` para baixar os dados do índice SP500 (`'^GSPC'`) desde 1950-01-01 até 2021-01-01. Quais é a soma dos 5 maiores retornos positivos do índice?

   a) 0.5935
   b) 0.6824
   c) 0.5014
   d) 0.7713
   e) 0.8602

05 - Use função `replace_outliers` (veja seção 9.3), criada neste capítulo, para remover *outliers* de todas as colunas numéricas dos dados do SP500 importados anteriormente com `my_prob = 0.025`. Quantas linhas foram perdidas neste processo de limpeza?

   a) 5736
   b) 2557
   c) 7282
   d) 4146
   e) 968

06 - Use a função `BatchGetSymbols::BatchGetSymbols` para baixar os preços do índice FTSE (`'^FTSE'`) de 2010-01-01 até 2021-01-01. Em seguida, reconstrua os dados na frequência anual, definindo cada valor do ano como sendo a última observação do período. Dica: veja a função `dplyr::summary_all` para uma forma funcional de agregar todas as colunas de um `dataframe`.

07 - Use os mesmos dados diários do FTSE e reconstrua os dados na frequência mensal, novamente utilizando a última observação do período.

08 - Para os mesmos dados diários do FTSE, verifique as datas e preços das 20 maiores quedas de preços. Se, para cada um desses casos, um investidor comprasse o índice no preço das maiores quedas e o mantivesse por 30 dias, qual seria seu retorno nominal médio por transação?

   a) 3,00%
   b) 3,50%
   c) 4,00%
   d) 4,50%
   e) 2,53%

## Capítulo 10

Visualizando Dados

O uso de recursos gráficos em relatórios técnicos e artigos acadêmicos é bastante disseminado. Visualizações gráfica de dados permitem que a mensagem da pesquisa seja divulgada de forma simples e clara. O R possui algumas funções nativas para a criação de figuras, tal como `plot` e `hist`. A forma de utilizar essas e outras funções nativas, porém, é restritiva e não recomendada. A customização dos gráficos não é intuitiva e o resultado final pode não ser visualmente atrativo. De fato, no passado, uma das críticas ao R era a limitada capacidade do programa na criação de figuras a serem utilizadas em publicações científicas.

Essa deficiência foi sanada por Hadley Hickman, com uma proposta de estruturar e criar figuras no R com o pacote `ggplot2` (Wickham et al., 2020). Este oferece funções para produzir gráficos de alta qualidade, estruturando o processo através de uma notação acessível e modular. Na prática, isso significa que gráficos podem ser criados e customizados facilmente.

Neste livro, não pretendemos entrar a fundo na forma de trabalhar com o `ggplot2` e em todos os detalhes da sua capacidade. Iremos estudar as principais funcionalidades do pacote nos casos mais comuns da área de Finanças e Economia. Usuários avançados que desejam conhecer mais sobre as capacidades do `ggplot2`, a minha orientação é consultar o livro do próprio autor, Wickham (2009).

Para todos os exemplos dados aqui, iremos trabalhar com o `dataframe` do arquivo `IbovStocks_long.csv`. Esse contém dados de preços de fechamento diários de diversas ações negociadas na B3. Primeiro, vamos carregar os dados e conhecer as colunas do `dataframe` importado:

```
library(dplyr)
library(readr)
```

```r
# set files and column types
my_f <- adfeR::get_data_file('IbovStocks_long.csv')

# read file
my_df <- read_csv(my_f,
                  col_types = cols())

glimpse(my_df)

R> Rows: 105,947
R> Columns: 3
R> $ ref.date      <date> 2010-01-04, 2010-01-05, 2010-01...
R> $ ticker        <chr> "ABEV3", "ABEV3", "ABEV3", "ABEV...
R> $ price.adjusted <dbl> 2.736836, 2.752935, 2.781019, 2....
```

Para criar uma nova coluna com os retornos aritméticos dos ativos, vamos reutilizar uma versão mais simples da função `calc_ret` desenvolvida no capítulo 8:

```r
calc_ret <- function(P, tickers = rep('ticker', length(P))) {
  # calculates arithmetic returns from a vector of prices
  #
  # Args:
  #   P - vector of prices (numeric)
  #   tickers - vector of tickers (optional)
  #
  # Returns:
  #   A vector of returns

  # ret = p_{t}/p_{t-1} - 1

  my_length <- length(P)
  ret <- c(NA, P[2:my_length]/P[1:(my_length - 1)] - 1)

  idx <- (tickers != dplyr::lag(tickers))
  ret[idx] <- NA

  return(ret)
}
```

E adicionamos ao `dataframe`:

```r
my_df <- my_df %>%
  mutate(ret = calc_ret(price.adjusted, ticker)) %>%
```

```
glimpse()
```

```
R> Rows: 105,947
R> Columns: 4
R> $ ref.date       <date> 2010-01-04, 2010-01-05, 2010-01...
R> $ ticker         <chr> "ABEV3", "ABEV3", "ABEV3", "ABEV...
R> $ price.adjusted <dbl> 2.736836, 2.752935, 2.781019, 2....
R> $ ret            <dbl> NA, 0.0058823400, 0.0102014759, ...
```

Pronto. Com base nos dados em `my_df`, partimos para a criação de figuras.

10.1 Criando Janelas de Gráficos com `x11`

Antes de apresentar os códigos para a criação de figuras no R, é necessário entender como essas imagens são administradas na plataforma e no RStudio. Caso uma figura seja criada tal como em `plot(1:20)`, a mesma aparecerá no painel *Plots* do RStudio (no canto inferior direito). O problema dessa abordagem é que o painel é pequeno, dificultando a análise visual do gráfico. É possível aumentar a área do painel manualmente, porém, isso gera um trabalho desnecessário: provavelmente terás que redimensionar logo após a análise da figura para dar espaço para os demais painéis.

Uma abordagem mais inteligente para a criação de figuras é criar uma janela externa ao RStudio, de forma que o gráfico possa ser visualizado fora da interface principal do programa. Para criar uma nova janela, basta utilizar o comando `x11()` antes da criação do gráfico, tal como em:

```
x11()
plot(1:10)
```

O resultado na tela do RStudio deve ser algo próximo à figura 10.1. Destaca-se que cada chamada de `x11()` criará uma nova janela. Portanto, várias figuras poderiam ser alocadas em janelas diferentes, facilitando a visualização.

Depois de criar tantos janelas no R, é importante conhecer o procedimento para fechá-las! A função que faz isso é `graphics.off`. Quando chamada sem argumento, tal como em `graphics.off()`, todas janelas gráficas serão fechadas. É prática comum usar essa função no início de uma rotina de pesquisa, certificando-se que todas as janelas sejam recriadas, e não re-adicionadas a área de trabalho.

10.2 Criando Figuras com `qplot`

O pacote `ggplot2` possui uma função que imita o comportamento da função nativa `plot` do R. Essa função é chamada de `qplot` (*quick plot*). Para utilizá-la, basta

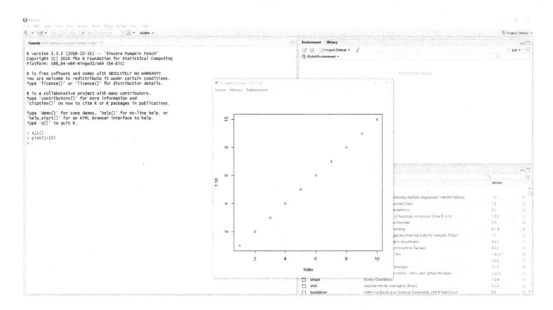

Figura 10.1: Tela de exemplo do uso do comando x11()

saber os pontos que definem o eixo horizontal (x), os pontos do eixo vertical (y) e o tipo de objeto geométrico que irá definir o gráfico.

Por exemplo, caso formos construir um gráfico de linha dos preços da ação `PETR4` em relação ao tempo, basta utilizar o código a seguir:

```r
library(ggplot2)
library(dplyr)

# filter stock data
temp_df <- my_df %>%
    filter(ticker == 'PETR4')

# plot its prices
qplot(data = temp_df,
      x = ref.date,
      y = price.adjusted,
      geom = 'line')
```

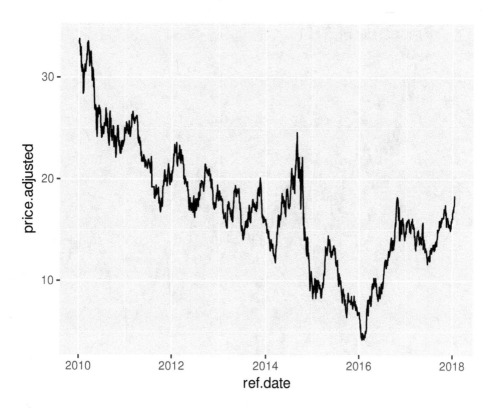

Observe que, no exemplo anterior, os nomes dos eixos correspondem aos nomes das colunas do dataframe. Caso quiséssemos customizá-los para um texto qualquer, bastaria utilizar os argumentos xlab e ylab.

```
qplot(data = temp_df,
      x = ref.date,
      y = price.adjusted,
      geom = 'line',
      main = 'Preços de PETR4',
      xlab = 'Datas',
      ylab = 'Preços')
```

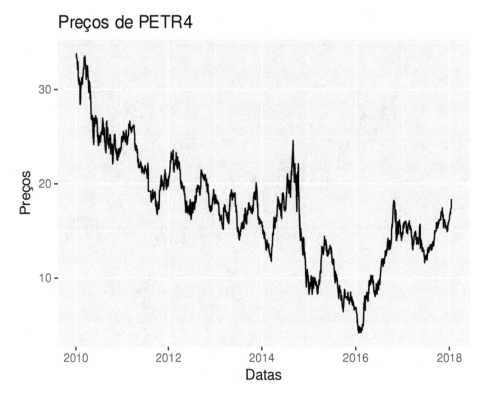

Destaca-se que o eixo horizontal de datas na figura anterior já está formatado para apresentar os anos. A própria função interpreta a classe de datas e, automaticamente, formata o eixo. Caso não tivéssemos importado a coluna `ref.date` como um objeto da classe `Date`, isso não aconteceria.

10.3   Criando Figuras com `ggplot`

O uso do `qplot` é recomendado para uma visualização preliminar e imediata dos dados. Na prática, recomenda-se o uso de `ggplot2::ggplot`, função principal do pacote. Essa permite uma série de construções mais complexas ao possibilitar o uso de camadas na figura.

Antes de apresentarmos exemplos de uso de `ggplot2::ggplot`, vamos discutir os componentes de figura baseada em dados. Em primeiro lugar, toda figura tem pontos de **coordenadas horizontais e verticais**. São esses pontos que definem onde os símbolos ou linhas serão mostrados. Em segundo lugar, temos o **formato do objeto** que irá ser posto nas coordenadas. Ele pode ser um círculo, um ponto ou mesmo uma linha que interliga os pontos, como nas figuras anteriores. Por fim, temos o **tamanho e a cor** desses objetos que irão formar a figura. Ao combinar essas seleções entre si é que formamos, afinal, a figura completa.

Essa distinção entre as etapas de formação de figuras é importante, pois é exatamente dessa maneira que o uso da função `ggplot2::ggplot` está estruturado. Efetivamente, iremos "somar" camadas através dos códigos para formar a figura completa.

Veja a sintaxe do código no exemplo a seguir, onde se recria a figura anteriormente gerada com a função `qplot`.

```
p <- ggplot(data = temp_df, aes(x = ref.date, y = price.adjusted))
p <- p + geom_line()
p <- p + labs(x = 'Datas', y = 'Preços', title = 'Preços da PETR4')

print(p)
```

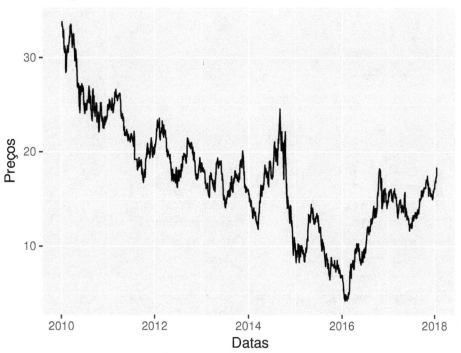

No uso da função `ggplot`, o argumento `data` é o `dataframe` com os dados. Vale destacar que essa função somente funciona com esse tipo de objeto. Caso o usuário queira criar figuras a partir de vetores atômicos, terá que salvar os vetores como colunas em um `dataframe` e oferecer o objeto resultante como entrada em `ggplot2`.

Após a definição dos dados, temos o uso da função `aes`. Ela define a estética (*aesthetics*) do gráfico, assim como as coordenadas x e y. Nesse caso, observamos que o eixo horizontal é dado pela coluna `ref.date` e o eixo vertical pelos preços da ação (coluna `price.adjusted`). Adicionalmente, caso fosse desejado, poderíamos mapear as cores das linhas de acordo com uma coluna da tabela de entrada. Logo veremos exemplos disso.

Observa-se que, na primeira linha do código anterior, o resultado é salvo no objeto **p**. Esse objeto **salva as informações da figura e pode ser incrementado com o sinal +**, conforme é visto na segunda linha. Nela, define-se o tipo geométrico que irá criar o gráfico com linhas pela função `geom_lines`. Todas as funções que definem o tipo geométrico começam com *geom*. Como exercício de exploração, vamos verificar quais funções de `ggplot2` (versão 3.3.3) satisfazem essa condição:

```
library(ggplot2)
library(stringr)

# get names of functions in ggplot2
fcts <- ls('package:ggplot2')

# select those that starts with geom_
idx <- str_sub(fcts, 1, 5) == 'geom_'
fcts <- fcts[idx]

# print result
print(fcts)
```

```
R>  [1] "geom_abline"           "geom_area"
R>  [3] "geom_bar"              "geom_bin2d"
R>  [5] "geom_blank"            "geom_boxplot"
R>  [7] "geom_col"              "geom_contour"
R>  [9] "geom_contour_filled"   "geom_count"
R> [11] "geom_crossbar"         "geom_curve"
R> [13] "geom_density"          "geom_density_2d"
R> [15] "geom_density_2d_filled" "geom_density2d"
R> [17] "geom_density2d_filled" "geom_dotplot"
R> [19] "geom_errorbar"         "geom_errorbarh"
R> [21] "geom_freqpoly"         "geom_function"
R> [23] "geom_hex"              "geom_histogram"
R> [25] "geom_hline"            "geom_jitter"
R> [27] "geom_label"            "geom_line"
R> [29] "geom_linerange"        "geom_map"
R> [31] "geom_path"             "geom_point"
R> [33] "geom_pointrange"       "geom_polygon"
R> [35] "geom_qq"               "geom_qq_line"
R> [37] "geom_quantile"         "geom_raster"
R> [39] "geom_rect"             "geom_ribbon"
R> [41] "geom_rug"              "geom_segment"
```

```
R> [43] "geom_sf"              "geom_sf_label"
R> [45] "geom_sf_text"         "geom_smooth"
R> [47] "geom_spoke"           "geom_step"
R> [49] "geom_text"            "geom_tile"
R> [51] "geom_violin"          "geom_vline"
```

Como visto, temos muitas opções. Iremos explorar algumas destas possibilidades nas próximas seções.

Voltando ao exemplo, a terceira linha do código define o nome dos eixos x e y com o comando **labs** (*labels*). Por fim, apresenta-se a figura com o comando **print**. É importante destacar esse caráter modular no uso da função **ggplot**: cada camada da figura foi criada em uma linha do código. Por exemplo, caso não quiséssemos definir os eixos como *Datas* e *Preços*, bastaria comentar essas linhas do *script*.

O uso do *pipeline* também é possível. Para exemplificar, veja o mesmo código anterior em formato de *pipeline*:

```
p <- temp_df %>%
  ggplot(aes(x = ref.date, y = price.adjusted)) +
  geom_line() +
  labs(x = 'Datas', y = 'Preços')

print(p)
```

Note que usamos + e não %>% para interligar cada camada do gráfico **após** a chamada de **ggplot**. A partir de agora iremos usar e abusar da notação de *pipeline* para construir as figuras.

 Cuidado ao misturar os operadores. Sempre que estiver passando tabelas entre comandos do **dplyr**, use o operador %>%. Para o caso de sequenciamento de camadas de um gráfico do **ggplot**, use sempre o símbolo de soma (+).

O uso do comando **ggplot** mostra as suas vantagens quando na criação de figuras com dados de diferentes grupos. Por exemplo: vamos criar uma figura que mostre, no mesmo eixo, os preços de quatro ações selecionadas aleatoriamente. O primeiro passo é criar um **dataframe** temporário que contenha apenas essas ações.

```
# fix seed
set.seed(100)

# select 4 stocks randomly
my_tickers <- sample(unique(my_df$ticker), 4)
```

```
# filter df for all rows that contain the stocks
temp_df <- filter(my_df, ticker %in% my_tickers)
```

Nesse código, utilizamos o operador `%in%` e `filter` para verificar quais linhas em `my_df` contêm dados dos referidos *tickers*. A partir disso, cria-se a figura com o seguinte código:

```
p <- temp_df %>%
  ggplot(aes(x = ref.date, y = price.adjusted, color=ticker)) +
  geom_line() +
  labs(x = 'Datas', y = 'Preços', title = 'Preços de Ações da B3')

print(p)
```

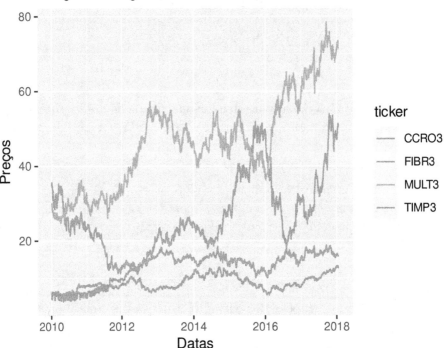

A diferença para o exemplo anterior é que usamos argumento `color` em `aes`. As cores das linhas serão definida pelos elementos da coluna `ticker`. A escolha exata da cor, isto é, vermelho, azul, etc, é automaticamente realizada por `ggplot`. Note como foi fácil e rápido ajustar o código do `ggplot` para apresentar a nova figura.

10.3.1 A Curva de Juros Brasileira

Agora, vamos usar o que aprendemos até aqui para criar a curva de juros atual da economia Brasileira. O primeiro passo é baixar os dados com `GetTDData`:

```
library(GetTDData)
library(dplyr)

# get BR yield curve
df_yield_curve <- get.yield.curve()

# check it
glimpse(df_yield_curve)
```

```
R> Rows: 105
R> Columns: 5
R> $ n.biz.days   <dbl> 126, 252, 378, 504, 630, 756, 882,...
R> $ type         <chr> "real_return", "real_return", "rea...
R> $ value        <dbl> -3.1108, -1.1291, 0.2089, 0.9760, ...
R> $ ref.date     <date> 2021-06-25, 2021-10-29, 2022-03-0...
R> $ current.date <date> 2021-02-19, 2021-02-19, 2021-02-1...
```

Felizmente, os dados já estão organizados no formato longo e limpos. Para a construção da curva, temos `ref.date` no eixo x, `value` no eixo y e coluna `type` para as cores e formato das linhas. Traduzindo para o R:

```
p <- df_yield_curve %>%
  ggplot(aes(x = ref.date, y = value, color = type, linetype = type)) +
  geom_line(size = 1) +
  labs(x = 'Datas', y = 'Taxas de Retorno',
       title = 'Curva de Juros Brasileira',
       subtitle = paste0('Dados obtidos em ', Sys.Date()) )

print(p)
```

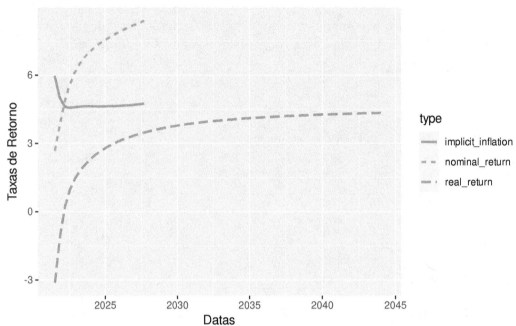

O gráfico resultante não está ideal, a curva de juros real tem mais dados que a curva de juros nominal e inflação. Na seção 10.3.3 veremos uma maneira mais intuitiva de plotar esse gráfico com o uso de painéis.

10.3.2   Usando Temas

Caso estejas pouco satisfeito com as cores escolhidas automaticamente por `ggplot` na sua figura, uma forma de personalizar gráficos é usar função `themes`. Um tema é uma coleção de opções que define a organização da figura, seus pontos e cores de linha, notação de eixo, cor de fundo e vários outros recursos. Assim como para outros casos, pacote `ggplot` possui uma coleção de funções para definir temas, e seu nome começa com o texto *theme*. Veja a lista a seguir:

```r
library(ggplot2)
library(stringr)

# get all functions
fcts <- ls('package:ggplot2')

# find out those that start with theme_
idx <- str_sub(fcts, 1, 6) == 'theme_'
fcts <- fcts[idx]
```

```
# print result
print(fcts)
```

```
R>  [1] "theme_bw"      "theme_classic"  "theme_dark"
R>  [4] "theme_get"     "theme_gray"     "theme_grey"
R>  [7] "theme_light"   "theme_linedraw" "theme_minimal"
R> [10] "theme_replace" "theme_set"      "theme_test"
R> [13] "theme_update"  "theme_void"
```

Vamos dar um exemplo de uso com theme_bw. Do próprio manual: "theme_bw sets the classic dark-on-light ggplot2 theme. May work better for presentations displayed with a projector". Para usar no gráfico, basta adicionar uma nova linha ao *pipeline*:

```
set.seed(15)

# get assets
p <- temp_df %>%
  ggplot(aes(x = ref.date, y = price.adjusted, color = ticker)) +
  geom_line() +
  labs(x = 'Datas', y = 'Preços', title = 'Preços de Ações da B3') +
  theme_bw()

print(p)
```

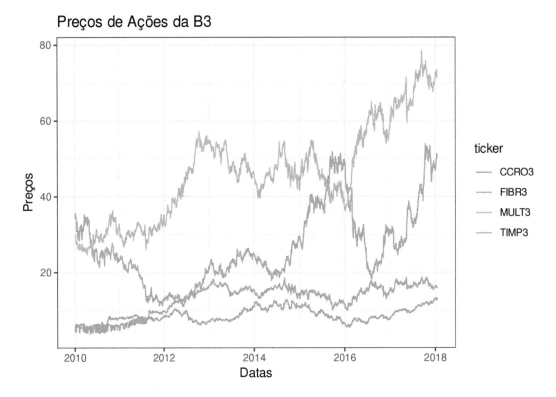

Como você pode ver, o novo tema define um fundo branco e uma caixa de quadro.

Para explorar os demais temas, usaremos o pacote **gridExtra** para criar um canvas de figuras e comparar as diferentes opções:

```
require(gridExtra)

p1 <- p +
  theme_bw() +
  labs(title = 'Theme BW')

p2 <- p +
  theme_dark() +
  labs(title = 'Theme Dark')

p3 <- p +
  theme_grey() +
  labs(title = 'Theme Grey')

p4 <- p +
  theme_light() +
  labs(title = 'Theme Light')
```

```r
p5 <- p +
  theme_classic() +
  labs(title = 'Theme Classic')

p6 <- p +
  theme_minimal() +
  labs(title = 'Theme Minimal')

grid.arrange(p1, p2, p3,
             p4, p5, p6,
             ncol=2, nrow = 3)
```

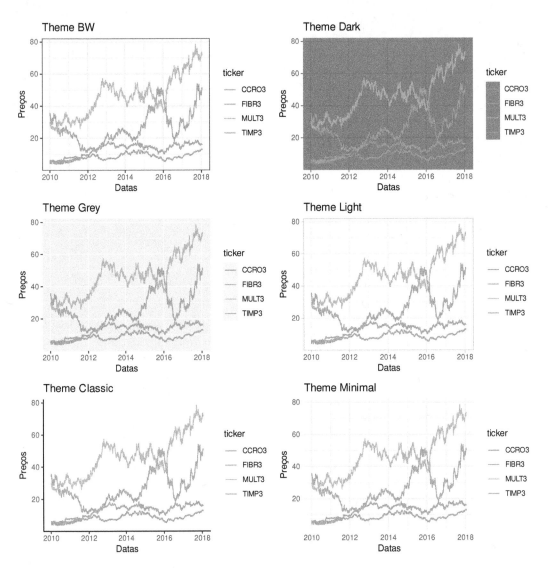

Você pode testar outros temas em seu computador e ver qual deles mais gosta. Adicionamente, você também pode criar o seu próprio tema e aplicar a qualquer figura. Isso é particularmente útil em um ambiente corporativo onde existe uma necessidade de padronizar relatórios. Esta operação de criação de um tema, porém, é mais complexo que a proposta do livro. Assim, veja mais detalhes sobre esta tarefa em Wickham (2009), capítulo sobre "Extensões".

No exemplo anterior, observe como a estrutura da figura mudou, mas não as cores das linhas. No ggplot, a seleção de cores segue um ciclo próprio. Quando a sequência completa das cores termina, ela reinicia. Às vezes, especialmente na submissão de artigos a revistas científicas, espera-se que todas as figuras sejam criadas com tons de cinza. Para isto, podemos usar a função `scale_colour_grey` para definir um ciclo de cores entre branco e preto em nossa figura anterior:

```
p <- temp_df %>%
  ggplot(aes(x = ref.date, y = price.adjusted, color = ticker)) +
  geom_line() +
  labs(x = 'Datas', y = 'Preços', title = 'Preços de Ações da B3') +
  theme_bw() +
  scale_colour_grey(start = 0.0, end = 0.8)

print(p)
```

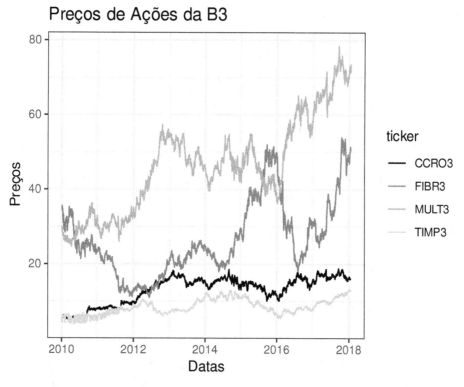

A figura agora está no formato preto e branco, conforme desejado. As entradas `start` e `end` em `scale_color_grey` definem o máximo e mínimo de *brancura* das linhas. Portanto, nunca use `end = 1` com um plano de fundo branco. Caso contrário, as linhas não serão visíveis.

10.3.3   Criando Painéis com `facet_wrap`

Outra possibilidade para produzir figuras de grupos de dados diferentes é a criação de painéis. Esses separam cada grupo em uma figura isolada. Ao serem colocadas lado a lado, com o mesmo eixo, dispomos de uma comparação mais clara entre os casos.

Essa operação é executada com o uso da função `facet_wrap`, a qual toma como

entrada uma fórmula contendo a coluna com os grupos que irão definir cada painel.
Veja, no exemplo a seguir, como se utiliza a função `facet_wrap` com a opção `facets`
`= ~ticker` para criar um painel de gráficos de preços:

```
p <- temp_df %>%
  ggplot(aes(x = ref.date, y = price.adjusted)) +
  geom_line() +
  labs(x = 'Datas', y = 'Preços', title = 'Preços de Ações da B3') +
  facet_wrap(~ticker)

print(p)
```

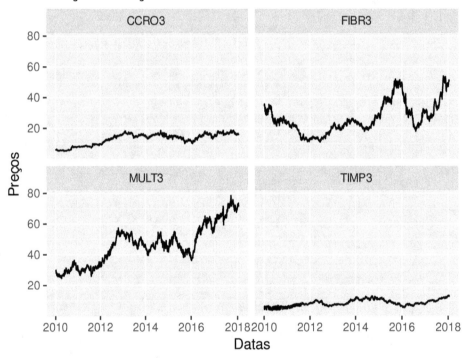

O uso de painéis é recomendado quando os dados dos grupos são semelhantes e
tendem a se aglomerar. Isso dificulta a visualização em um gráfico único. Esse é o
caso, por exemplo, dos retornos de ações. Veja o exemplo a seguir, onde se cria um
painel para os retornos de cada ação.

```
p <- temp_df %>%
  ggplot(aes(x = ref.date, y = ret)) +
  geom_line() +
  labs(x = 'Datas', y = 'Retornos', title = 'Preços de Ações da B3') +
  facet_wrap(~ticker)
```

```
print(p)
```

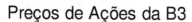

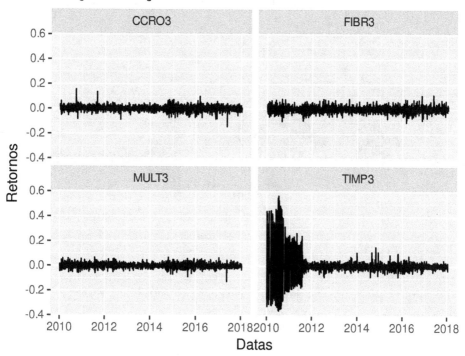

Vale destacar que o eixo vertical dos painéis é fixo para todos os elementos. Isso facilita a comparação entre os dados. Caso faça mais sentido não fixar os eixos, utilize o argumento scales='free' em facet_wrap:

```
p <- temp_df %>%
  ggplot(aes(x = ref.date, y = ret)) +
  geom_line() +
  labs(x = 'Datas', y = 'Retornos',
       title = 'Preços de Ações da B3') +
  facet_wrap(~ticker, scales = 'free')

print(p)
```

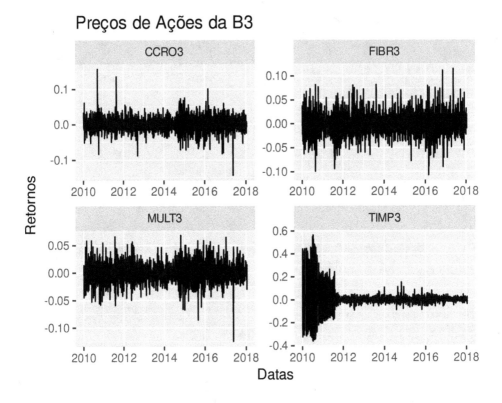

Note que agora cada grupo de dados possui seus próprios eixos verticais e horizontais na figura.

Voltando ao exemplo da curva de juros Brasileira, vamos utilizar o `facet_wrap` com `scales=free` para deixar a interpretação da curva mais fácil:

```
p <- df_yield_curve %>%
  ggplot(aes(x = ref.date, y = value, color = type)) +
  geom_line() +
  labs(x = 'Datas', y = 'Taxas de Retorno',
       title = 'Curva de Juros Brasileira',
       subtitle = paste0('Dados obtidos em ', Sys.Date())) +
  facet_wrap(~type, scale = 'free') +
  theme_bw()

print(p)
```

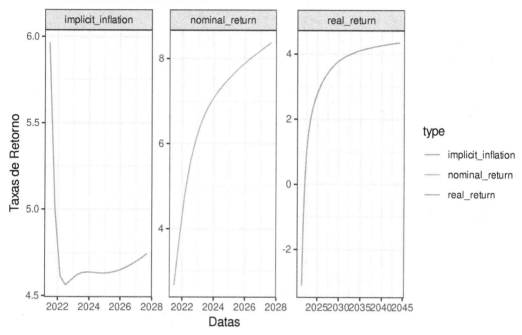

Como podemos ver, é mais fácil de analisar o formato de cada tipo de juros usando painéis próprios.

10.4 Uso do Operador *pipeline*

Como já vimos anteriormente, a função `ggplot` é amiga do operador de *pipeline*. Aqui iremos mais além para mostrar como escrever um código onde o processamento de dados e criação de figura são integrados no mesmo bloco de código. Veja o próximo exemplo, onde calculamos o retorno médio e o desvio padrão de todas as ações do conjunto de dados e construímos um gráfico:

```
library(dplyr)
library(readr)
library(ggplot2)

# import data, calculate mean and sd of returns, plot result
my_f <- adfeR::get_data_file(
  'SP500_Stocks_long_by_year.rds'
  )
p <- read_rds(file = my_f) %>%
  mutate(ret = calc_ret(price.adjusted, ticker)) %>%
  na.omit(.) %>%
```

```
group_by(ticker) %>%
summarise(mean_ret = mean(ret),
          std.ret = sd(ret)) %>%
ggplot(aes(x = std.ret, y = mean_ret)) +
geom_point() +
labs(x = 'Standard deviation of returns',
     y = 'Average Returns') +
theme_bw()
```

```
print(p)
```

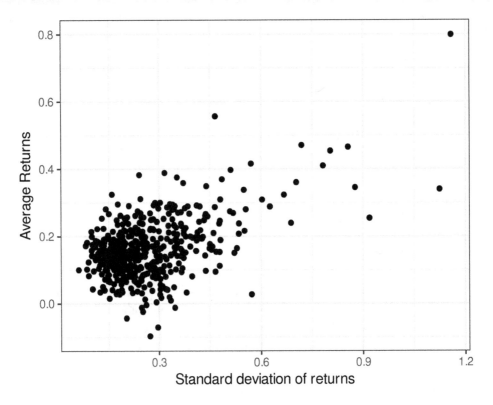

O código anterior é autocontido, fácil de ler e elegante. Note que, em todo o processo, nenhum objeto intermediário foi criado. Dados brutos de retornos são importados diretamente do arquivo, uma nova coluna é criada e, por fim, médias e desvios padrões são calculadas para cada ação, os quais são repassados para a criação do gráfico. Podemos ver claramente as etapas tomadas para construir a figura.

Este é outro exemplo de um código elegante que produz resultados de qualidade. O tema do gráfico deve ser familiar para qualquer pessoa que já estudou teoria de investimentos. O gráfico, também conhecido como mapa de média-variância, mostra a relação entre retorno esperado (eixo y) e risco (eixo x), desepenhando um grande papel em um modelo teórico de precificação de ativos denominado CAPM (Capital Asset Pricing Model) (Fama and French, 2004). Como podemos ver pelos dados, quanto maior o risco medido, maior o retorno esperado.

10.5 Criando Figuras Estatísticas

Pacote `ggplot2` inclui diversas opções para criar gráficos de interpretação estatística. Isso inclui histogramas, *boxplots*, gráficos *QQ*, entre outros. Vamos explorar cada caso com dados financeiros.

10.5.1 Criando Histogramas

Um histograma mostra a distribuição empírica dos dados. Esse pode ser facilmente construído com funções `ggplot` e `geom_histogram`. No código a seguir, geramos o histograma dos retornos de todas as ações disponíveis na tabela, sem a separação por *ticker*.

```
p <- temp_df %>%
  na.omit(.) %>%
  ggplot(aes(x = ret)) +
  geom_histogram(bins = 50)

print(p)
```

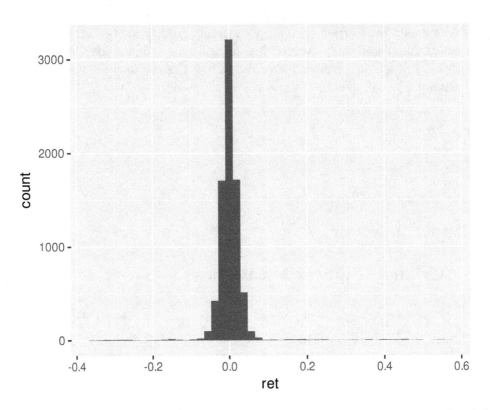

Observa-se que, nesse caso, define-se apenas um eixo x, uma vez que essa é a única informação necessária para criar um histograma. O detalhamento da figura, isto é, o tamanho de cada intervalo no eixo x para a contagem dos pontos, é definido pela entrada `bins`. Quanto maior o seu valor, maior o nível de detalhamento do histograma.

Para o caso de diferentes grupos de dados, o uso de painéis é realizado da mesma forma que no exemplo anterior. Basta adicionar a chamada à função `facet_wrap` no código.

```
# fix seed
set.seed(15)

# select 4 stocks randomly
my_tickers <- sample(unique(my_df$ticker), 4)

p <- my_df %>%
  na.omit(.) %>%
  filter(ticker %in% my_tickers) %>%
  ggplot(aes(x = ret)) +
  geom_histogram(bins = 50) +
  facet_wrap(facets = ~ticker, scales = 'free')
```

```
print(p)
```

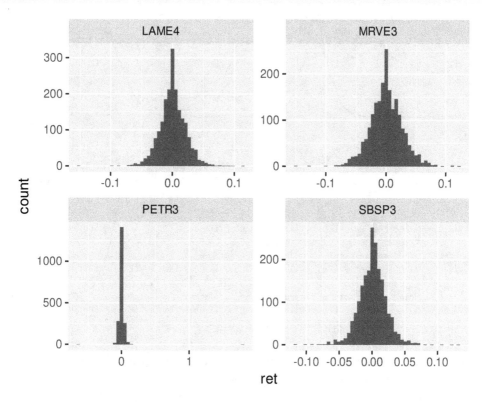

Também é possível a criação de densidades a partir dos dados com a função `geom_density`. Densidades nada mais são do que interpolações dos valores encontrados no gráfico principal, formando uma linha que define as frequências relativas. Veja a seguir:

```
# fix seed
set.seed(15)

# select 4 stocks randomly
my_tickers <- sample(unique(my_df$ticker), 4)

p <- my_df %>%
  na.omit(.) %>%
  filter(ticker %in% my_tickers) %>%
  ggplot(aes(x = ret)) +
  geom_density() +
  facet_wrap(facets = ~ticker, scales = 'free_x')

print(p)
```

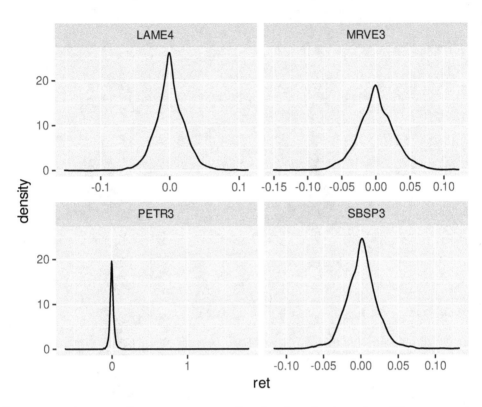

A figura anterior permite uma comparação visual mais clara das diferenças entre as distribuições de retornos das diferentes ações.

10.5.2   Criando Figuras *Boxplot*

As figuras do tipo *boxplots* (ou diagrama *box and whisker*) servem para mostrar a distribuição de variáveis separadas por alguma categoria. Usando a mediana, máximo, mínimo e quartis dos dados, uma representação visual salienta as diferenças de distribuição entre cada grupo. Veja o exemplo a seguir, onde mostramos a diferença de distribuição de preços de cada ativo na base de dados analisada:

```
# fix seed
set.seed(35)

# select 4 stocks randomly
my_tickers <- sample(unique(my_df$ticker), 4)

p <- my_df %>%
  filter(ticker %in% my_tickers) %>%
  ggplot(aes(x = ticker, y = price.adjusted)) +
  geom_boxplot()
```

```
print(p)
```

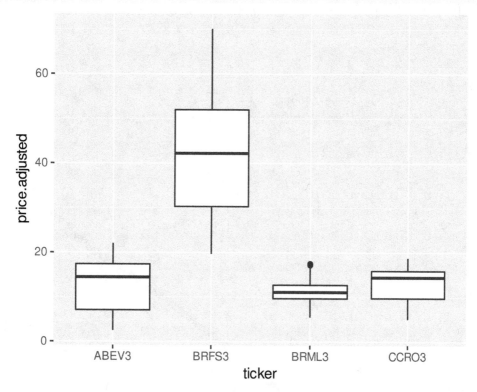

No exemplo anterior, bastou definir o eixo horizontal como o *ticker* das ações e o eixo vertical como os preços ajustados. O gráfico resultante mostra a mediana e a dispersão dos preços de cada ação em formato geométrico. O gráfico deixa claro que as ações possuem distribuições de preços diferentes nos dados analisados.

10.5.3 Criando Figuras *QQ*

Figuras do tipo *QQ* permitem a comparação visual entre a distribuição de uma variável e uma distribuição teórica, como a Normal. Em outras palavras, é um gráfico de dispersão entre distribuições cumulativas. Quanto mais próximo de uma linha reta, mais semelhante é a distribuição empírica em relação a distribuição teórica.

Veja um exemplo com dados simulados.

```
# fix seed
set.seed(40)

N=1000
my_mean <- 10
my_sd <- 2
```

```
# build sim data
temp_df <- data.frame(y=rnorm(n = N, mean = my_mean, sd = my_sd))

# create qq plot
p <- temp_df %>%
  ggplot(aes(sample = y)) +
  geom_qq(distribution = qnorm,
                  dparams = c(mean=my_mean, sd=my_sd))

print(p)
```

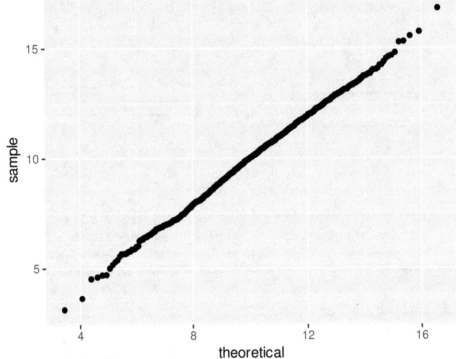

Simulamos variáveis aleatórias normais com média igual a 10 e desvio padrão igual a 2. Como você pode ver, o gráfico QQ está perto de uma linha reta, indicando que a distribuição empírica dos dados simulados é próxima de uma distribuição Normal. Como usamos dados artificiais da distribuição acima mencionada, esse resultado não surpreende!

Agora, vamos tentar essa análise para o nosso conjunto de dados de retornos das ações. Selecionaremos 4 ações aleatoriamente, criaremos uma nova coluna, chamada `norm_ret`, com os valores normalizados dos retornos. A normalização funciona da seguinte forma; subtraímos a média para cada retorno e dividimos o resultado pelos desvios-padrão. Esse procedimento deve ser executado individualmente para cada ação. Depois disso, comparamos a distribuição resultante com uma Normal de média zero e desvio padrão igual a 1. O código a seguir realiza essa operação.

```r
# fix seed
set.seed(45)

# select 4 stock randomly and filter from my_df
my_tickers <- sample(unique(my_df$ticker), 4)
temp_df <- filter(my_df, ticker %in% my_tickers)

# set function for normalization
norm_vec <- function(ret_in){
  # Normalizes a vector by subtracting mean and dividing
  # by the standard deviation
  #
  # Args:
  #   ret_in - numerical vector
  #
  # Returns:
  #   A normalized vector

  mean_ret <- mean(ret_in, na.rm = TRUE)
  sd_ret <- sd(ret_in, na.rm = TRUE)

  ret.norm <- (ret_in-mean_ret)/sd_ret
  return(ret.norm)
}

# apply function
my_l <- tapply(X = temp_df$ret,
               INDEX = factor(temp_df$ticker),
               FUN = norm_vec)

# reorder list (tapply sorts alphabetically)
my_l <- my_l[as.character(unique(temp_df$ticker))]

# save new column norm_ret
temp_df$norm_ret <- unlist(my_l)

# plot it!
p <- temp_df %>%
  ggplot(aes(sample = norm_ret)) +
  geom_qq() + facet_wrap(~ticker, scales = 'free_y')
```

```
print(p)
```

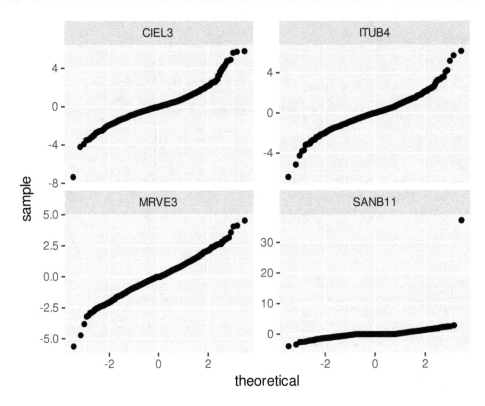

Como podemos ver, o resultado não é visualmente semelhante ao resultado encontrado para a distribuição simulada. Observa-se, nas caudas das distribuições, uma maior proporção de casos extremos. Tal resultado é bastante conhecido na literatura, sendo geralmente chamado de efeito caudas gordas (*fat tails*). Isso significa que a distribuição Normal é um péssimo previsora da distribuição de retornos de ações, especialmente nas caudas. Essa questão é particularmente importante no cálculo de estimativas de risco, onde o uso da distribuição Normal provavelmente subestimará a probabilidade de uma perda extrema.

10.6 Salvando Figuras para Arquivos

Utilizamos a função `ggsave` para salvar figuras criadas com o comando `ggplot`. Essa toma como entrada o nome do arquivo em que será salvo o gráfico, incluindo a sua extensão (*jpg, png*) e o próprio objeto do gráfico. Caso o objeto não seja definido, o último gráfico gerado será salvo no arquivo. Uma sugestão é dar preferência ao formato *png*, que é mais aceito para publicações científicas devido à sua maior qualidade. Veja o exemplo a seguir:

```
p <- temp_df %>%
  ggplot(aes(x = ref.date, y = price.adjusted, color=ticker)) +
  geom_line() +
  labs(x = 'Datas', y = 'Preços')

my_fig_file <- '00-text-resources/fig_ggplot/MyPrices.png'
ggsave(filename = my_fig_file,
       plot = p,
       dpi = 600)
```

```
R> Saving 5 x 4 in image
```

Pode-se verificar a criação do arquivo com o comando `list.files`:

```
print(list.files('00-text-resources/fig_ggplot'))
```

```
R> [1] "MyPrices.png"
```

Como esperado, o arquivo criado está lá, pronto para ser inserido em um relatório técnico ou artigo científico.

10.7 Exercícios

Todas soluções de exercícios estão disponíveis em https://www.msperlin.com/adfeR.

01 - Baixe dados da ação CIEL3 com o pacote `BatchGetSymbols` para os últimos 500 dias. Apresente o gráfico de linha do preço ajustado ao longo do tempo utilizando função `ggplot2::ggplot`. Tenha certeza que:

- Eixos x e y estão corretamente nomeados
- O gráfico tem um título ("Preços para CIEL3"), subtítulo ("Dados de YYYY-MM-DD até YYYY-MM-DD") e um *caption* ("Solução para exercício 01, cap 10 - adfeR").

02 - Baixe dados das ações PETR3 (PETR3.SA), VALE3 (VALE3.SA), GGBR4 (GGBR4.SA) com `BatchGetSymbols` para os últimos 1500 dias. Apresente, no mesmo gráfico, os preços das ações com diferentes cores de linhas. Mantenha todos demais aspectos do gráfico anterior.

03 - Para o gráfico anterior, adicione pontos nas linhas.

04 - Para o mesmo gráfico, separe os preços das ações em painéis diferentes com a função `ggplot::facet_wrap`. Use argumento `scales = 'free'` para "soltar" os eixos de cada figura.

05 - Modifique o tema do gráfico anterior para uma escala em preto e branco, tanto para a área do gráfico quanto para as cores das linhas.

06 - Para os dados anteriores, apresente o histograma dos retornos das diferentes ações em painéis diferentes e salve o resultado em um arquivo chamado `'histograms.png'`.

07 - Use a função `BatchGetSymbols::GetIbovStocks` para descobrir todos os tickers pertencentes ao índice Ibovespa atualmente. Usando `BatchGetSymbols`, baixe os dados de retorno anual para todas as ações do índice de 2015 até o dia atual. Depois disso, crie o mapa de média/variância plotando o retorno anual médio em relação ao seu desvio padrão. Dica: Use a opção paralela em `BatchGetSymbols` para acelerar a execução. Você encontrará muitos retornos discrepantes nos dados brutos. Certifique-se de que o gráfico esteja visível limitando os eixos x e y (consulte as funções `ggplot2::xlim` `eggplot2::ylim`).

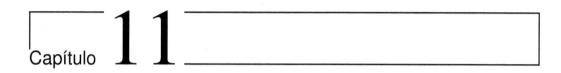

Capítulo **11**

Econometria Financeira com o R

As ferramentas da Econometria permitem ao pesquisador estimar e simular processos estocásticos, fazer previsões e testar hipóteses específicas sobre os dados analisados. Resumidamente, **estimamos um modelo para aprender algo sobre os dados**. O maior benefício é a escala. Um modelo pode ser facilmente aplicado a volumosas bases de dados, com inferências (semi) automáticas de análise.

A variedade e quantidade de modelos utilizados em Econometria é enorme. Seria impossível cobrir todos possíveis modelos e suas particularidades. No entanto, alguns tipos são usados com maior frequência que outros. Neste capítulo lidaremos com os seguintes tipos de modelos e suas aplicações com o R:

- Modelos lineares (OLS)
- Modelos lineares generalizados (GLS)
- Modelos de dados do painel
- Modelos ARIMA (médias móveis autoregressivas integradas)
- Modelos GARCH (heterocedasticidade condicional autorregressiva)
- Modelos de mudança de regimes markovianos

Não apresentaremos a completa descrição da teoria subjacente à representação, estimação e possíveis testes relacionados a cada tipo de modelo. O foco deste capítulo é apresentar os detalhes computacionais, incluindo pacotes necessários, para trabalhar com esses modelos no R. Enquanto daremos um contexto quantitativo, fornecendo exemplos com dados simulados e reais, estes não serão profundos. Este capítulo deve ser estudado junto a literatura principal de Econometria (Gujarati and Porter, 2011, Brooks (2014), Hamilton (1994b), Greene (2003)). Como sugestão, um material mais completo sobre o uso de R para Econometria aplicada é encontrado em Kleiber and Zeileis (2008) e Farnsworth (2008).

11.1   Modelos Lineares (OLS)

Um modelo linear é, sem dúvida, o tipo de especificação mais utilizada em Economia e Finanças. Sempre que você precisa estimar uma relação linear a partir dos dados, você provavelmente usará um modelo linear do tipo OLS (*ordinary least squares* - mínimos quadrados ordinários). Sua principal vantagem é simplicidade e rápida estimação – os coeficientes são encontrados a partir de uma fórmula fechada. Esse processo, mesmo para uma grande quantidades de dados, tem rápida execução e é fácil de implementar.

Particularmente em Finanças, o uso mais direto e popular de modelos lineares encontra-se na estimativa dos fatores de risco em investimentos. Em uma versão mais simples, chamada modelo de mercado, o beta é uma medida de risco sistemático, onde os retornos das ações são a variável dependente e os retornos de um índice de mercado, como Ibovespa, representam a variável explicativa. O beta mede quão forte é a relação de uma ação com o mercado. Caso a ação tiver um alto valor de beta, ela segue fortemente o mercado e tem um alto risco sistemático.

Um modelo linear com N variáveis explicativas pode ser representado da seguinte forma:

$$y_t = \alpha + \beta_1 x_{1,t} + \beta_2 x_{2,t} + \ldots + \beta_N x_{N,t} + \epsilon_t$$

O lado esquerdo da equação, (y_t), é a variável dependente (ou explicativa). Esse é o vetor de informação que estamos tentando explicar e criar previsões. Variáveis y_t e $x_{i,t}$ with $i = 1..N$ são os vetores com dados utilizados como entradas na função de estimação do R. Internamente, a função encontra os valores de α e β_i que minimizam a soma de erros quadráticos. Em outras palavras, encontramos os parâmetros que dão resultam na máxima precisão histórica para o modelo.

11.1.1   Simulando um Modelo Linear

Considere a seguinte equação:

$$y_t = 0.5 + 2x_t + \epsilon_t$$

Podemos usar o R para simular *1000* observações de y_t. Primeiro, definimos x_t e o erro do modelo, ϵ_t, como variáveis aleatórias da distribuição Normal com média zero e variância igual a um. A simulação completa de y_t é executada com o seguinte código:

```
set.seed(50)
```

```r
# number of obs
n_row <- 1000

# set x as Normal (0, 1)
x <- rnorm(n_row)

# set coefficients
my_alpha <- 0.5
my_beta <- 2

# build y
y <- my_alpha + my_beta*x + rnorm(n_row)
```

Usando `ggplot2:ggplot`, podemos criar um gráfico de dispersão para visualizar a correlação entre objetos x e y.

```r
library(ggplot2)

# set temp df
temp_df <- tibble(x, y)

# plot it
p <- ggplot(temp_df, aes(x = x, y = y)) +
  geom_point(size=0.5)

print(p)
```

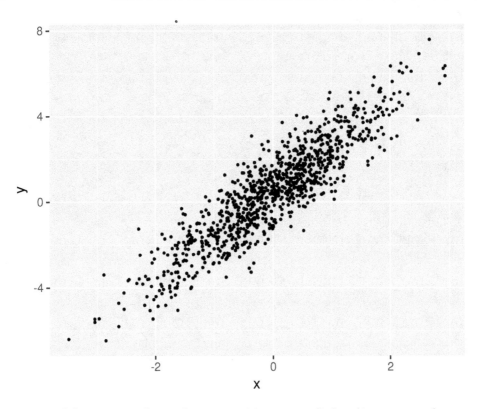

Claramente há uma correlação linear positiva; uma linha direta ascendente seria uma boa aproximação para a relação entre essas variáveis. Podemos verificar esse resultado com o cálculo do coeficiente de correlação com comando `cor(temp_df$x, temp_df$y)`. Aqui, a correlação entre `y` e `x` é bastante alta, 0.901, sendo que o máximo possível de correlação é 1.

11.1.2   Estimando um Modelo Linear

A principal função para estimar um modelo linear no R é `lm`. Vamos usá-la para estimar um modelo a partir dos dados simulados anteriormente.

```
# set df
lm_df <- tibble(x, y)

# estimate linear model
my_lm <- lm(data = lm_df, formula = y ~ x)
print(my_lm)

R>
R> Call:
R> lm(formula = y ~ x, data = lm_df)
R>
```

```
R> Coefficients:
R> (Intercept)            x
R>      0.5083        1.9891
```

O argumento `formula` define o formato do modelo linear. Se tivéssemos outra coluna chamada x2 e fôssemos incluí-la no modelo, poderíamos escrever `formula = y ~ x1 + x2`. Observe que o intercepto (α) está, por padrão, incluído na estimativa. Para omiti-lo, escrevemos `formula = y ~ 0 + x1` ou `formula = y ~ -1 + x1`.

Argumento `formula` permite outras opções personalizadas, incluindo combinações entre as variáveis explicativas. Vamos criar outro conjunto de dados artificiais e analisar algumas dessas opções:

```
set.seed(15)
```

```
# set simulated dataset
N <- 100
df <- tibble(x = runif(N),
             y = runif(N),
             z = runif(N),
             group = sample(LETTERS[1:3],
                            N,
                            replace = TRUE ))
```

```
# Vanilla formula
#
# example: y ~ x + z
# model: y(t) = alpha + beta(1)*x(t) + beta(2)*z(t) + error(t)
my_formula <- y ~ x + z
print(lm(data = df,
         formula = my_formula))
```

```
R>
R> Call:
R> lm(formula = my_formula, data = df)
R>
R> Coefficients:
R> (Intercept)            x                z
R>      0.44971        0.14223       -0.03781
```

```
# Vannila formula with dummies
#
# example: y ~ group + x + z
# model: y(t) = alpha + beta(1)*D_1(t)+beta(2)*D_2(t) +
```

```
#                  beta(3)*x(t) + beta(4)*z(t) + error(t)
# D_i(t) - dummy for group i
my_formula <- y ~ group + x + z
print(lm(data = df,
         formula = my_formula))


R>
R> Call:
R> lm(formula = my_formula, data = df)
R>
R> Coefficients:
R> (Intercept)      groupB        groupC            x
R>    0.436513     0.003993      0.041217      0.141471
R>            z
R>    -0.042747
# Without intercept
#
# example: y ~ -1 + x + z
# model: y(t) = beta(1)*x(t) + beta(2)*z(t) + error(t)
my_formula <- y ~ -1 + x + z
print(lm(data = df,
         formula = my_formula))


R>
R> Call:
R> lm(formula = my_formula, data = df)
R>
R> Coefficients:
R>      x         z
R> 0.5183    0.3133
# Using combinations of variables
# example: y ~ x*z
# model: y(t) = alpha + beta(1)*x(t) + beta(2)*z(t) +
#               beta(3)*x(t)*z(t) + error(t)
my_formula <- y ~ x*z
print(lm(data = df,
         formula = my_formula))


R>
R> Call:
R> lm(formula = my_formula, data = df)
R>
```

```
R> Coefficients:
R> (Intercept)            x            z          x:z
R>     0.39827      0.22970      0.05129     -0.15464
# Interacting variables
# example: y ~ x:group + z
# model: y(t) = alpha + beta(1)*z(t) + beta(2)*x(t)*D_1(t) +
#               beta(3)*x(t)*D_2(t) + beta(4)*x(t)*D_3(t) +
#               error(t)
# D_i(t) - dummy for group i
my_formula <- y ~ x:group + z
print(lm(data = df,
         formula = my_formula))


R>
R> Call:
R> lm(formula = my_formula, data = df)
R>
R> Coefficients:
R> (Intercept)            z     x:groupA     x:groupB
R>     0.44967     -0.03636      0.11278      0.16477
R>     x:groupC
R>     0.14108
```

As diferentes opções na entrada **formula** permitem uma gama diversificada de modelos lineares. O uso de operações matemáticas, como **log(x)**, também é possível. Mais detalhes sobre os usos avançados da entrada **formula** estão disponíveis no manual do R.

A saída da função **lm** é um objeto semelhante a uma lista. Portanto, seus elementos podem ser acessados com o operador **$**. Vamos imprimir todos os nomes disponíveis:

```
# print names in model
print(names(my_lm))


R> [1] "coefficients"  "residuals"     "effects"
R> [4] "rank"          "fitted.values" "assign"
R> [7] "qr"            "df.residual"   "xlevels"
R> [10] "call"         "terms"         "model"
```

Todos os coeficientes estimados são armazenados em **my_lm$coeficientes**. Seu conteúdo é um vetor atômico que aumenta de comprimento de acordo com o número de variáveis explicativas no modelo:

```
print(my_lm$coefficients)
```

```
R> (Intercept)          x
R>   0.5083045   1.9890616
```

No nosso exemplo de usar lm com dados simulados, os coeficientes estimados estão próximos aos valores reais. Lembre-se que, no código anterior, definimos esses valores como my_alpha = 0.5 e my_beta = 2.

Pesquisadores experientes provavelmente devem ter observado que, do ponto de vista econométrico, função **print** exibe informações superficiais sobre a estimação de um modelo linear. Além dos valores dos coeficientes, muitos outros aspectos de um modelo linear devem ser analisados. No R, usamos função **summary** para obter mais informações sobre o modelo:

```
print(summary(my_lm))
```

```
R>
R> Call:
R> lm(formula = y ~ x, data = lm_df)
R>
R> Residuals:
R>     Min      1Q  Median      3Q     Max
R> -3.0444 -0.6906 -0.0244  0.6807  3.2892
R>
R> Coefficients:
R>             Estimate Std. Error t value Pr(>|t|)
R> (Intercept)  0.50830    0.03107   16.36   <2e-16 ***
R> x            1.98906    0.03031   65.61   <2e-16 ***
R> ---
R> Signif. codes:
R> 0 '***' 0.001 '**' 0.01 '*' 0.05 '.' 0.1 ' ' 1
R>
R> Residual standard error: 0.9824 on 998 degrees of freedom
R> Multiple R-squared:  0.8118, Adjusted R-squared:  0.8116
R> F-statistic:  4305 on 1 and 998 DF,  p-value: < 2.2e-16
```

Os coeficientes estimados têm elevados valores da estatística T, e o modelo possui um excelente ajuste ao dados, com um R^2 no valor de 0.8116. Esse resultado positivo não surpreende. Os dados foram simulados em um processo linear, ou seja, a correlação entre os vetores foi introduzida artificialmente.

Informações adicionais estão disponíveis no objeto resultante de **summary**. Vejamos os nomes da saída:

```
my_summary <- summary(my_lm)
print(names(my_summary))
```

```
R> [1] "call"           "terms"        "residuals"
R> [4] "coefficients"   "aliased"      "sigma"
R> [7] "df"             "r.squared"    "adj.r.squared"
R> [10] "fstatistic"    "cov.unscaled"
```

Cada um desses elementos contém informações que podem ser relatadas em uma tabela com os resultados da estimação. Podemos exportar os valores de coeficientes, estatísticas T e outros para uma ferramenta de planilha e criar uma tabela personalizada para reportar os resultados. Isso, no entanto, não é recomendado ou necessário. No capítulo 12 discutiremos as melhores maneiras de reportar modelos econométricos usando pacotes especializados.

Agora, vamos passar para um exemplo com dados reais. Para isso, estimaremos o coeficiente beta de uma ação selecionada aleatoriamente. O modelo de mercado é dado pela seguinte equação:

$$R_t = \alpha + \beta R_{M,t} + \epsilon_t$$

Primeiro, vamos carregar e ajustar os dados.

```
# load stock data
library(tidyverse)

my_f <- adfeR::get_data_file(
  'IbovStocks_long.csv'
)

my_df <- read_csv(my_f, col_types = cols())

# select rnd asset and filter data
set.seed(10)

my_asset <- sample(my_df$ticker, 1)
my_df_asset <- my_df[my_df$ticker == my_asset, ]

# load Ibov data
my_f <- adfeR::get_data_file(
  'Ibov.csv'
)
df_ibov <- read_csv(file = my_f,
                    col_types = cols())

# calculate return for
```

```
df_ibov$ret <- calc_ret(df_ibov$price.close)
my_df_asset$ret <- calc_ret(my_df_asset$price.adjusted,
                            my_df_asset$ticker)

# print number of rows in datasets
print(nrow(my_df_asset))
```

```
R> [1] 1999
```
```
print(nrow(df_ibov))
```

```
R> [1] 2716
```

Destaca-se que o número de linhas do conjunto de dados para ação CIEL3 não coincide com o número de linhas do índice Ibovespa. As datas dos diferentes **dataframes** não estão sincronizadas. Então, o primeiro passo é adicionar uma coluna em **my_df_asset** com os retornos do índice de mercado. Para isso, usamos a função **match** para encontrar os índices que sincronizam as datas.

```
# find location of dates
idx <- match(my_df_asset$ref.date, df_ibov$ref.date)

# create column in my_df
my_df_asset$ret_ibov <- df_ibov$ret[idx]
```

Como um começo, vamos criar o gráfico de dispersão com os retornos da ação e o índice de mercado, adicionando também uma tendência linear com função **geom_smooth**.

```
library(ggplot2)

p <- my_df_asset %>%
  na.omit(.) %>%
  ggplot(aes(x=ret_ibov, y= ret)) +
  geom_point() +
  geom_smooth(method = 'lm')

print(p)
```

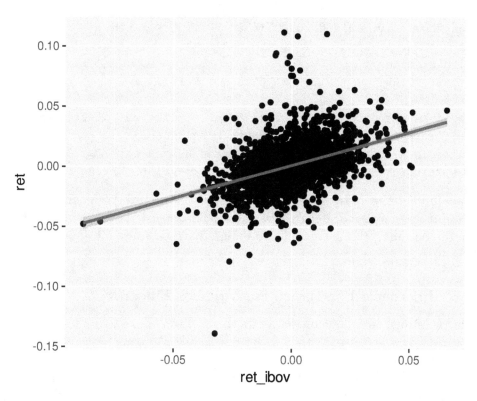

A figura mostra uma clara tendência linear. O retorno do índice de mercado é um bom preditor do retorno da ação. Considerando esse resultado visual, partimos para a estimação do modelo.

```r
# estimate beta model
my_beta_model <- lm(data = my_df_asset,
                    formula = ret ~ ret_ibov)

# print it
print(summary(my_beta_model))
```

```
R>
R> Call:
R> lm(formula = ret ~ ret_ibov, data = my_df_asset)
R>
R> Residuals:
R>       Min        1Q    Median        3Q       Max
R> -0.122317 -0.009791 -0.000310  0.008711  0.112537
R>
R> Coefficients:
R>              Estimate Std. Error t value Pr(>|t|)
R> (Intercept) 0.0011163  0.0003898   2.864  0.00423 **
```

```
R> ret_ibov     0.5491460   0.0271539   20.223   < 2e-16 ***
R> ---
R> Signif. codes:
R> 0 '***' 0.001 '**' 0.01 '*' 0.05 '.' 0.1 ' ' 1
R>
R> Residual standard error: 0.01738 on 1987 degrees of freedom
R>   (10 observations deleted due to missingness)
R> Multiple R-squared:  0.1707, Adjusted R-squared:  0.1703
R> F-statistic:   409 on 1 and 1987 DF,  p-value: < 2.2e-16
```

O resultado anterior mostra que a ação CIEL3 possui um beta igual a 0.549. Isso significa que esta é uma ação agressiva, com maior sensibilidade aos movimentos do índice de mercado. Por exemplo, se o índice Ibovespa sobre 10%, a ação tende a subir 5,49%.

11.1.3   Inferência Estatística em Modelos Lineares

Depois de estimar um modelo com a função lm, o próximo passo é testar hipóteses a respeito dos coeficientes. O teste F verifica a condição mais básica de um modelo para justificar sua existência – a suposição de que todos os coeficientes, excluindo a intercepto, são iguais a zero. Quando função **summary** é aplicada a uma saída lm, O teste F é fornecido na última linha da saída de texto. A hipótese nula do teste é que todos coeficientes atrelados a outras variáveis são iguais a zero. Veja a seguir:

```
n_row <- 100
df <- tibble(y = runif(n_row),
             x_1 = runif(n_row),
             x_2 = runif(n_row))


my_lm <- lm(data = df,
            formula = y ~ x_1 + x_2)


print(summary(my_lm))


R>
R> Call:
R> lm(formula = y ~ x_1 + x_2, data = df)
R>
R> Residuals:
R>     Min       1Q    Median       3Q       Max
R> -0.43249 -0.21260 -0.01412  0.18636  0.51835
R>
R> Coefficients:
R>              Estimate Std. Error t value Pr(>|t|)
```

```
R> (Intercept)   0.43888     0.07562    5.804 8.16e-08 ***
R> x_1          -0.01240     0.09427   -0.132    0.896
R> x_2           0.01549     0.08765    0.177    0.860
R> ---
R> Signif. codes:
R> 0 '***' 0.001 '**' 0.01 '*' 0.05 '.' 0.1 ' ' 1
R>
R> Residual standard error: 0.2645 on 97 degrees of freedom
R> Multiple R-squared:  0.0005405,  Adjusted R-squared:  -0.02007
R> F-statistic: 0.02623 on 2 and 97 DF,  p-value: 0.9741
```

A estatística F do modelo estimado resulta em 0.0262284. O valor p associado ao teste é superior a 10%, indicando uma forte evidência estatística para a hipótese nula. Não conseguimos rejeitar a hipótese de que os parâmetros relativos a x_1 e x_2 sejam iguais a zero. A associação entre a variável explicada e esses vetores é quase nula. Para um exemplo com a rejeição da hipótese nula do teste F, veja a estimativa do modelo com dados artificiais na seção 11.1.2.

Outro tipo de teste executado automaticamente pela função lm e **summary** é o teste T. Enquanto as estatísticas F testam a hipótese conjunta de que **todos** os coeficientes são zero, a estatística T realiza o teste para parâmetros **individuais**. Essa verifica a hipótese de que um coeficiente específico é igual a zero. Não é acidental que testes T sejam muito comuns em pesquisa. Ele permitem testar a evidência estatística para um efeito particular nos dados.

Na prática da pesquisa, é provável que ambos os testes, T e F, sejam suficientes para a análise. No entanto, você também pode testar hipóteses personalizadas, como a soma ou o produto de parâmetros serem iguais a um valor específico, com o Wald Test. As hipóteses testadas geralmente surgem de análises preliminares e possuem algum tipo de justificativa teórica.

Como um exemplo simples, vamos testar uma hipótese linear para um modelo estimado em dados simulados. Aqui, criaremos dados artificiais e testaremos a hipótese formal de que os coeficientes estimados são iguais aos valores reais fornecidos na simulação.

```
set.seed(10)

# number of time periods
n_row <- 1000

# set parameters
my_intercept <- 0.5
my_beta <- 1.5
```

```
# simulate
x <- rnorm(n_row)
y <- my_intercept + my_beta*x + rnorm(n_row)

# set df
df <- tibble(y, x)

# estimate model
my_lm <- lm(data = df,
            formula = y ~ x )
```

Após a estimação do modelo, usamos função **LinearHypothesis** do pacote **car** (Fox et al., 2020) para implementar nosso teste formal. Antes de usá-lo, precisamos entender suas entradas. A primeira entrada, **model**, é o objeto resultante da etapa anterior. As entradas **hypothesis.matrix** e **rhs** determinam a hipótese linear do teste em um formato de matriz. Objeto **hypothesis.matrix** será multiplicado, em notação matricial, por um vetor vertical dos coeficientes do modelo. A entrada **rhs** (*right hand side*) determina o resultado hipotético desse cálculo. No nosso caso, a operação resultante é:

$$\underbrace{\begin{bmatrix} 1 & 0 \\ 0 & 1 \end{bmatrix}}_{hypothesis.matrix} \begin{bmatrix} \alpha \\ \beta \end{bmatrix} = \underbrace{\begin{bmatrix} 0.5 \\ 1.5 \end{bmatrix}}_{rhs}$$

Com essa operação de matriz, testamos a hipótese conjunta de que a intercepto é igual a 0.5 e a inclinação é equivalente a 1.5. Observe que o uso de matrizes dá flexibilidade ao usuário. Poderíamos testar muitas outras hipóteses lineares através da alteração de **hypothesis.matrix** e **rhs**. Veja o código a seguir:

```
library(car)

# set test matrix
test_matrix <- matrix(c(my_intercept,   # alpha test value
                        my_beta))   # beta test value

# hypothesis matrix
hyp_mat <- matrix(c(1,0,
                    0,1),nrow = 2)

# do test
my_waldtest <- linearHypothesis(my_lm,
                        hypothesis.matrix = hyp_mat,
```

```
                                    rhs = test_matrix)

# print result
print(my_waldtest)

R> Linear hypothesis test
R>
R> Hypothesis:
R> (Intercept) = 0.5
R> x = 1.5
R>
R> Model 1: restricted model
R> Model 2: y ~ x
R>
R>   Res.Df    RSS Df Sum of Sq      F Pr(>F)
R> 1   1000 1089.1
R> 2    998 1086.8  2    2.3766 1.0912 0.3362
```

Como podemos ver, o teste falha na rejeição da hipótese nula. Isso significa que, conforme esperado, os parâmetros foram corretamente identificados na estimação do modelo.

Outra família de testes comumente aplicada a modelos lineares está relacionada às suas premissas. Todo modelo linear do tipo OLS assume várias condições para seu resíduo (erro), incluindo: 1) independência, 2) homoscesdasticidade (variância constante) e 3) adesão à distribuição normal. Se essas premissas não forem verdadeiras, o modelo pode ser ineficiente ou tendencioso (viciado), o que significa que é necessária alguma modificação ou uso de estimativas robustas. Mais detalhes sobre por que essa suposição deve ser verdadeira e possíveis soluções são encontradas em livros texto, tal como Greene (2003) e Maddala (2001).

No R, podemos usar o pacote lmtest (Zeileis and Hothorn, 2002) para testar a independência dos resíduos com o teste *Brecht-Godfrey* e *Durbin Watson*. O teste de *Shapiro-Wilk* para a normalidade está disponível no pacote stats. A seguir apresenta-se um exemplo de uso dessas funções para o modelo previamente estimado.

```
library(lmtest)

# Breush Pagan test 1 - Serial correlation
# Null Hypothesis: No serial correlation in residual
print(bgtest(my_lm, order = 5))

# Breush Pagan test 2 - Homocesdasticity of residuals
# Null Hypothesis: homocesdasticity
```

```
#                      (constant variance of residuals)
print(ncvTest(my_lm))

# Durbin Watson test - Serial correlation
# Null Hypothesis: No serial correlation in residual
print(dwtest(my_lm))

# Shapiro test   - Normality
# Null Hypothesis: Data is normally distributed
print(shapiro.test(my_lm$residuals))


R>
R>  Breusch-Godfrey test for serial correlation of order
R>  up to 5
R>
R> data:  my_lm
R> LM test = 4.2628, df = 5, p-value = 0.5122
R>
R> Non-constant Variance Score Test
R> Variance formula: ~ fitted.values
R> Chisquare = 1.54328, Df = 1, p = 0.21413
R>
R>  Durbin-Watson test
R>
R> data:  my_lm
R> DW = 2.092, p-value = 0.9271
R> alternative hypothesis: true autocorrelation is greater than 0
R>
R>
R>  Shapiro-Wilk normality test
R>
R> data:  my_lm$residuals
R> W = 0.99803, p-value = 0.2964
```

Como esperado, o modelo com dados artificiais passou em todos os testes.

Outra abordagem interessante para validar modelos lineares é oferecida pelo pacote
gvlma (Pena and Slate, 2014). Esse fornece uma função que executa uma validação
global do modelo, isto é, realiza diversos tipos de testes, incluindo aqueles descritos
anteriormente. A principal vantagem é que a função produz todos os resultados em
uma única chamada. Dê uma olhada:

```
library(gvlma)

# global validation of model
gv_model <- gvlma(my_lm)

# print result
summary(gv_model)
```

```
R>
R> Call:
R> lm(formula = y ~ x, data = df)
R>
R> Residuals:
R>     Min      1Q  Median      3Q     Max
R> -3.2703 -0.6898  0.0063  0.7346  3.8266
R>
R> Coefficients:
R>             Estimate Std. Error t value Pr(>|t|)
R> (Intercept)  0.51510    0.03300   15.61   <2e-16 ***
R> x            1.54658    0.03329   46.46   <2e-16 ***
R> ---
R> Signif. codes:
R> 0 '***' 0.001 '**' 0.01 '*' 0.05 '.' 0.1 ' ' 1
R>
R> Residual standard error: 1.044 on 998 degrees of freedom
R> Multiple R-squared:  0.6838, Adjusted R-squared:  0.6835
R> F-statistic:  2159 on 1 and 998 DF,  p-value: < 2.2e-16
R>
R>
R> ASSESSMENT OF THE LINEAR MODEL ASSUMPTIONS
R> USING THE GLOBAL TEST ON 4 DEGREES-OF-FREEDOM:
R> Level of Significance =  0.05
R>
R> Call:
R>  gvlma(x = my_lm)
R>
R>                     Value p-value                   Decision
R> Global Stat        3.6404  0.4569 Assumptions acceptable.
R> Skewness           1.7814  0.1820 Assumptions acceptable.
R> Kurtosis           0.1738  0.6767 Assumptions acceptable.
R> Link Function      0.6628  0.4156 Assumptions acceptable.
R> Heteroscedasticity 1.0224  0.3119 Assumptions acceptable.
```

A saída de `gvlma` mostra vários testes realizados no modelo. O resultado também é positivo, uma vez que a decisão do modelo é que os pressupostos da OLS são aceitáveis. Caso o modelo não fosse aprovado, uma solução é usar estimativas robustas de erros padrão. O pacote `sandwich` (Zeileis and Lumley, 2020) oferece função `NeweyWest` para esse fim.

11.2 Modelos Lineares Generalizados (GLM)

O modelo linear generalizado (GLM) é uma alternativa flexível aos modelos lineares. Esse permite ao usuário alterar a distribuição do erro e a função de ligação (*link*) dos dados, uma sistemática maneira de quantificar como a variável explicada será afetada pela variável explicativa. Os modelos GLM são os mais adequados quando os pressupostos da OLS, como a normalidade dos resíduos, não são válidos. Por exemplo, quando você tem uma variável binária que toma apenas dois valores, o resíduo de um modelo linear não é normalmente distribuído. Nesse caso, portanto, o uso de modelos GLM é recomendado.

Podemos escrever uma especificação GLM univariada como:

$$E\left(y_t\right) = g\left(\alpha + \sum_{i=1}^{N} \beta_i x_{i,t}\right)$$

A principal diferença de um modelo GLM a um modelo OLS é o uso de uma função de ligação *g()* e uma suposição de distribuição personalizada para o termo de erro. Função *g()* pode ter várias formas. Por exemplo, se estamos modelando uma variável binária (0 e 1), podemos usar *g()* como a função *logit*:

$$g(x) = \frac{\exp(x)}{1 + \exp(x)}$$

Observe que, nesse caso, função *g()* garante que qualquer valor de x resultará em um número entre 0 e 1. Em consequência, a resposta da variável explicada à variável explicativa será não linear.

11.2.1 Simulando um Modelo GLM

Como exemplo, vamos simular o seguinte modelo GLM onde o vetor de resposta y_t é uma variável de *Bernoulli* que toma valor 1 com probabilidade p_t. As probabilidades são calculadas a partir da transformação não-linear de x_t:

$$p_t = \frac{\exp(2 + 5x_t)}{1 + \exp(2 + 5x_t)}$$

Voltando ao R, usamos o seguinte código para construir o vetor de resposta:

```
set.seed(15)

# set number of obs
n_row <- 500

# set x
x = rnorm(n_row)

my_alpha <- 2
my_beta <- 5

# set probabilities
z = my_alpha + my_beta*x
p = exp(z)/(1+exp(z))

# set response variable
y = rbinom(n = n_row, size = 1, prob = p)
```

Função **rbinom** cria um vetor de 1s e 0s, com base nas probabilidades de entrada **prob**. Uma chamada a **summary** já mostra claramente a distribuição da variável:

```
# check distribution of y
summary(y)
```

```
R>    Min. 1st Qu.  Median   Mean 3rd Qu.    Max.
R>    0.00    0.00    1.00    0.67    1.00    1.00
```

Objeto y contém apenas 0s e 1s, como esperado.

11.2.2 Estimando um Modelo GLM

No R, a estimativa de modelos GLM é realizada com função **glm**. Essa funciona de forma semelhante a **lm**, mas contém vários argumentos extras que controlam os detalhes dos modelos, como a função de ligação (*link*) e a distribuição dos resíduos.

Primeiro, vamos usar os dados previamente simulados para estimar um modelo *logit*:

```
# create df
df <- tibble(y = y, x = x)

# estimate GLM
my_glm <- glm(data=df,
              formula = y~x ,
              family= binomial(link = "logit"))
```

```
# print it with summary
print(summary(my_glm))
```

```
R>
R> Call:
R> glm(formula = y ~ x, family = binomial(link = "logit"), data = df)
R>
R> Deviance Residuals:
R>     Min        1Q     Median        3Q        Max
R> -2.99392   -0.13689   0.04087    0.23250    2.91383
R>
R> Coefficients:
R>               Estimate Std. Error z value Pr(>|z|)
R> (Intercept)    2.1488     0.2622   8.197  2.47e-16 ***
R> x              4.9050     0.5110   9.598  < 2e-16 ***
R> ---
R> Signif. codes:
R> 0 '***' 0.001 '**' 0.01 '*' 0.05 '.' 0.1 ' ' 1
R>
R> (Dispersion parameter for binomial family taken to be 1)
R>
R>     Null deviance: 634.18  on 499   degrees of freedom
R> Residual deviance: 214.14  on 498   degrees of freedom
R> AIC: 218.14
R>
R> Number of Fisher Scoring iterations: 7
```

Os coeficientes estimados são próximos do que definimos em `my_alpha` e `my_beta`. Como esperado, o modelo tem um bom ajuste dos dados, sendo ambos os parâmetros estatisticamente significativos a 1%.

A função `glm` oferece muitas opções para configurar um modelo personalizado. A partir dos arquivos de ajuda, temos as seguintes alternativas para a função de distribuição e função *link*:

Family	Formula	check.names
binomial	link = "logit"	FALSE
gaussian	link = "identity"	FALSE
Gamma	link = "inverse"	FALSE
inverse.gaussian	link = "1/mu^2"	FALSE
poisson	link = "log"	FALSE
quasi	link = "identity", variance = "constant"	FALSE
quasibinomial	link = "logit"	FALSE
quasipoisson	link = "log"	FALSE

O primeiro passo no uso de um modelo GLM é identificar a função de distribuição e de ligamento que melhor adequa-se aos seus dados. Depois disso, você pode usar a tabela anterior para configurar as entradas da função `glm`.

Como exemplo com dados reais dos mercados financeiros, vamos selecionar aleatoriamente uma ação e estimar um modelo para a probabilidade de um retorno positivo com o modelo probit (`link = 'probit'`). Usaremos os retornos do Ibovespa como a variável independente, lado direito da equação. Explicando melhor, queremos testar se o índice de mercado influencia a chance de uma ação ter um retorno positivo. Essa é uma versão alternativa ao modelo de mercado destacado na seção 11.1.2.

```r
set.seed(15)

# select stock
my_ticker <- sample(unique(my_df$ticker), 1)
my_df_asset <- my_df[my_df$ticker == my_ticker, ]

# calc ret
my_df_asset <- my_df_asset %>%
  mutate(ret = calc_ret(price.adjusted, ticker))

# find location of dates
idx <- match(my_df_asset$ref.date,
             df_ibov$ref.date)

# create column in my_df
my_df_asset$ret_ibov <- df_ibov$ret[idx]

# set column with dummy variable
my_df_asset$D_ret <- my_df_asset$ret > 0

# estimate model
my_glm <- glm(data=my_df_asset,
              formula = D_ret~ret_ibov ,
```

```
                         family= binomial(link = "probit"))

print(summary(my_glm))


R>
R> Call:
R> glm(formula = D_ret ~ ret_ibov, family = binomial(link = "probit"),
R>     data = my_df_asset)
R>
R> Deviance Residuals:
R>     Min      1Q  Median      3Q     Max
R> -2.468  -1.001  -0.435   1.042   2.505
R>
R> Coefficients:
R>               Estimate Std. Error z value Pr(>|z|)
R> (Intercept)  -0.08047    0.03005  -2.678   0.0074 **
R> ret_ibov     45.92075    2.55333  17.985   <2e-16 ***
R> ---
R> Signif. codes:
R> 0 '***' 0.001 '**' 0.01 '*' 0.05 '.' 0.1 ' ' 1
R>
R> (Dispersion parameter for binomial family taken to be 1)
R>
R>     Null deviance: 2752.6  on 1988  degrees of freedom
R> Residual deviance: 2351.1  on 1987  degrees of freedom
R>   (10 observations deleted due to missingness)
R> AIC: 2355.1
R>
R> Number of Fisher Scoring iterations: 4
```

Como esperado, o parâmetro para o índice de mercado é positivo e significativo. Esse resultado implica que a probabilidade da ação MRVE3 ter um retorno positivo é afetada pelas mudanças no índice Ibovespa. Quando o índice aumenta seu valor, um retorno positivo para a ação é mais provável.

11.3   Modelos para Dados em Painel

Os modelos de dados em painel são aconselhados quando as informações a serem analisadas são multidimensionais, tal como dados sobre diferentes indivíduos ou empresas ao longo do tempo. Um conjunto de informações financeiras sobre várias empresas é um caso clássico de dados de painel. Temos uma coluna que identifica a empresa, outra coluna para o tempo, e uma ou mais colunas que identificam os indicadores financeiros. Em uma seção transversal de tempo, temos várias empresas e vários índices financeiros. O conjunto de dados pode ser categorizado como **balanceado**, onde todas as empresas têm informações em todas as datas ou **não-balanceado**, onde nem todas as empresas possuem dados para todas as datas.

A principal motivação para usar essa classe de modelos é **permitir efeitos comuns dentro dos grupos de dados**. A estimação de um modelo OLS diferente para cada grupo assume, implicitamente, que os modelos são independentes. Se a suposição de independência não é verdadeira, nossa análise econométrica é comprometida por um possível viés de amostragem. O uso de modelos de dados em painel permite representações mais flexíveis. Alguns parâmetros podem ser individuais para cada grupo, enquanto outros são compartilhados. Usar modelos de dados de painel requer um procedimento cuidadoso sobre como o modelo é identificado. Muitos testes estatísticos estão disponíveis para esse fim.

Podemos representar o caso mais simples de um modelo de dados de painel como:

$$y_{i,t} = \alpha_i + \beta x_{i,t} + \epsilon_{i,t}$$

Observe que agora usamos índice i nas variáveis dependentes e independentes. Esse índice controla os grupos, como empresas diferentes. Em nosso modelo específico, todos os casos têm interceptos diferentes, mas compartilham a mesma versão beta. Dependendo dos pressupostos sobre o intercepto, a equação anterior pode representar um modelo de dados de painel de tipo fixo (*fixed*) ou efeitos aleatórios (*random effects*). Existem outras maneiras de personalizar um modelo de dados de painel e definir efeitos dinâmicos, como termos autoregressivos. Você pode encontrar mais detalhes em Hsiao (2014).

11.3.1 Simulando Dados em Painel

Vamos simular um painel balanceado com efeitos fixos para doze empresas diferentes e cinco períodos de tempo. Esse é um caso clássico de dados de painel, com valor alto de N (número de casos) e baixo de T (número de datas). Cada empresa terá uma variável explicativa, chamada x, que varia em diferentes datas. O código a seguir abusa de operações matriciais para simular todos os casos. Observe os muitos usos da função sapply. Depois de criar os dados multivariados, os empilhamos em vetores individuais e salvamos o resultado em um dataframe.

```
library(dplyr)

set.seed(25)

# number of obs for each case
n_row <- 5
```

```
# set number of groups
N <- 12

# set possible cases
possible_cases <- LETTERS[1:N]

# set parameters
my_alphas <- seq(-10,10,length.out = N)
my_beta <- 1.5

# set indep var (x) and dates
indep_var <- sapply(rep(n_row,N), rnorm)
my_dates <- Sys.Date() + 1:n_row

# create response matrix (y)
response_matrix <- matrix(rep(my_alphas,n_row),
                          nrow = n_row,
                          byrow = TRUE) +
  indep_var*my_beta + sapply(rep(n_row,N),rnorm, sd = 0.25)

# set df
sim_df <- tibble(G = as.character(sapply(possible_cases,
                                         rep,
                                         times=n_row )),
                 dates = rep(my_dates, times=N),
                 y = as.numeric(response_matrix),
                 x = as.numeric(indep_var))

# check result
glimpse(sim_df)


R> Rows: 60
R> Columns: 4
R> $ G     <chr> "A", "A", "A", "A", "A", "B", "B", "B", "...
R> $ dates <date> 2021-02-21, 2021-02-22, 2021-02-23, 2021...
R> $ y     <dbl> -10.676541, -11.550739, -11.742509, -9.83...
R> $ x     <dbl> -0.21183360, -1.04159113, -1.15330756, 0....
```

O resultado é um objeto dataframe com 60 linhas e 4 colunas. Podemos observar o gráfico de dispersão de x e y para cada empresa usando **ggplot2**:

```
library(ggplot2)

p <- ggplot(sim_df, aes(x=x, y=y)) +
  geom_point() + geom_line()+ facet_wrap(~G)

print(p)
```

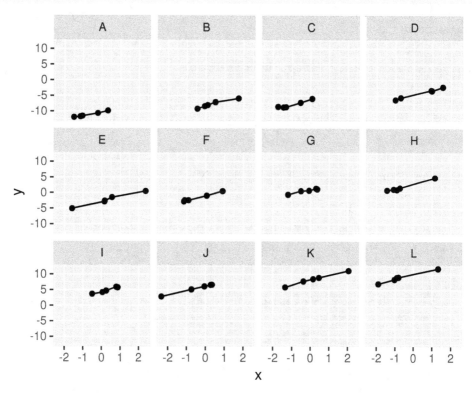

A figura mostra o forte relacionamento linear entre x e y nos diferentes grupos. Se estimássemos um modelo linear a partir desses dados, teríamos que permitir um intercepto diferente para cada grupo que encontramos na coluna G.

11.3.2 Estimando Modelos de Dados em Painel

Com os dados artificiais simulados no passo anterior, vamos estimar o modelo usando pacote plm (Croissant et al., 2021). Esse é um excelente pacote que oferece um conjunto abrangente de ferramentas para testar e estimar modelos de dados de painel. A interface da função plm é semelhante a lm. No entanto, precisamos definir o modelo no argumento model e os nomes das colunas que definem os grupos e a referência do tempo na entrada index.

```
library(plm)
```

```
# estimate panel data model with fixed effects
my_plm <- plm(data = sim_df,
              formula = y ~ x,
              model = 'within',
              index = c('G','dates'))

# print result
print(summary(my_plm))

R> Oneway (individual) effect Within Model
R>
R> Call:
R> plm(formula = y ~ x, data = sim_df, model = "within", index = c("G",
R>     "dates"))
R>
R> Balanced Panel: n = 12, T = 5, N = 60
R>
R> Residuals:
R>      Min.   1st Qu.    Median   3rd Qu.      Max.
R> -0.440310 -0.147656 -0.032982  0.153713  0.479001
R>
R> Coefficients:
R>   Estimate Std. Error t-value  Pr(>|t|)
R> x 1.479366   0.035854  41.261 < 2.2e-16 ***
R> ---
R> Signif. codes:
R> 0 '***' 0.001 '**' 0.01 '*' 0.05 '.' 0.1 ' ' 1
R>
R> Total Sum of Squares:    106.87
R> Residual Sum of Squares: 2.871
R> R-Squared:       0.97313
R> Adj. R-Squared: 0.96627
R> F-statistic: 1702.44 on 1 and 47 DF, p-value: < 2.22e-16
```

Como esperado, os parâmetros foram recuperados corretamente dos dados, com uma pequena diferença do valor real definido em my_beta. Observe que os diferentes interceptos não foram impressos na saída. Podemos recuperá-los usando a função fixef:

```
print(fixef(my_plm))

R>        A         B         C         D         E         F
R> -10.09340  -8.24355  -6.32538  -4.65526  -2.80874  -0.97946
```

```
R>         G         H         I         J         K         L
R>     0.96094   2.75682   4.41341   6.21136   8.18802  10.03372
```

Mais uma vez, os valores simulados de interceptos são muito próximos dos valores obtidos na estimação do modelo. Podemos compará-los diretamente em um dataframe:

```
par_df <- tibble(real_alpha = my_alphas,
                 estimated_alpha = fixef(my_plm),
                 perc_diff = (estimated_alpha-real_alpha)/
                 real_alpha)


print(par_df)
```

```
R> # A tibble: 12 x 3
R>    real_alpha estimated_alpha perc_diff
R>         <dbl> <fixef>         <fixef>
R>  1     -10    -10.0934047      0.0093404724
R>  2      -8.18  -8.2435523      0.0075452845
R>  3      -6.36  -6.3253831     -0.0060112312
R>  4      -4.55  -4.6552624      0.0241577247
R>  5      -2.73  -2.8087407      0.0298715848
R>  6      -0.909 -0.9794636      0.0774100064
R>  7       0.909  0.9609360      0.0570295958
R>  8       2.73   2.7568233      0.0108352143
R>  9       4.55   4.4134081     -0.0290502258
R> 10       6.36   6.2113577     -0.0239295020
R> 11       8.18   8.1880249      0.0007586015
R> 12      10     10.0337231      0.0033723064
```

Observe como as diferenças percentuais entre os valores simulados e estimados são relativamente pequenas.

Como um exemplo no mundo real, vamos usar o conjunto de dados de Grunfeld (1958). Esse trabalho de pesquisa estudou os componentes de investimentos corporativos usando dados para dez empresas por vinte anos. Os dados estão disponíveis com o pacote **adfeR**:

```
my_f <- adfeR::get_data_file('grunfeld.csv')

df_grunfeld <- read_csv(my_f, col_types = cols())

# print it
glimpse(df_grunfeld)
```

```
R> Rows: 200
R> Columns: 5
R> $ FIRM <dbl> 1, 1, 1, 1, 1, 1, 1, 1, 1, 1, 1, 1, 1, 1, ...
R> $ YEAR <dbl> 1935, 1936, 1937, 1938, 1939, 1940, 1941, ...
R> $ I    <dbl> 317.6, 391.8, 410.6, 257.7, 330.8, 461.2, ...
R> $ F    <dbl> 3078.5, 4661.7, 5387.1, 2792.2, 4313.2, 46...
R> $ C    <dbl> 2.8, 52.6, 156.9, 209.2, 203.4, 207.2, 255...
```

Uma nota aqui é importante, dado o elevado número de períodos de tempo em proporção ao número de empresas, os dados de Grunfeld são mais adequados para um modelo econométrico mais avançado do tipo SUR (*seemly unrelated regression*). Para fins educacionais de aprendizagem do R, exploraremos outros tipos de modelos de painel com esse conjunto de dados. Veja Greene (2003) para mais detalhes.

Primeiro, vamos explorar os dados brutos estimando um modelo OLS diferente para cada empresa. Isso também é chamado de modelo de dados empilhados (*pooled model*). Podemos usar função by com uma função personalizada de estimação para esse fim (veja o capítulo 8 para obter detalhes sobre by).

```
my_fct <- function(df) {
  # Estimates a linear model from Grunfeld data
  #
  # Args:
  #    df - dataframe from Grunfeld
  #
  # Returns:
  #    lm object

  my_model <- lm(data = df,
                 formula = I ~  F + C)

  return(my_model)
}


# estimate model for each firm
my_l <- by(df_grunfeld,
           INDICES = df_grunfeld$FIRM,
           FUN = my_fct)


# print result
my_coefs <- sapply(my_l, coef)
print(my_coefs)


R>                      1              2              3
```

```
R> (Intercept) -149.7824533 -49.1983219 -9.95630645
R> F              0.1192808    0.1748560  0.02655119
R> C              0.3714448    0.3896419  0.15169387
R>                        4            5          6          7
R> (Intercept) -6.18996051 22.707116014 -8.68554338 -4.4995344
R> F            0.07794782  0.162377704  0.13145484  0.0875272
R> C            0.31571819  0.003101737  0.08537427  0.1237814
R>                      8          9         10
R> (Intercept) -0.50939018 -7.72283708 0.161518567
R> F            0.05289413  0.07538794 0.004573432
R> C            0.09240649  0.08210356 0.437369190
```

Os resultados mostram uma grande discrepância entre os coeficientes obtidos para cada empresa. Isso é especialmente verdadeiro para o valor de intercepto, o qual varia de -149.8 para 22.71. Esse resultado mostra evidências de que pode ser mais realista assumir diferentes coeficientes para as diferentes empresas. Podemos testar formalmente essa hipótese com função plm::polltest, a qual testa a hipótese nula de que todos os coeficientes são os mesmos em todos os casos, contra a hipótese alternativa de que não são. Veja a seguir:

```
# test if all coef are the same across firms
my_pooltest <- pooltest(I~ F + C,
                        data = df_grunfeld,
                        model = "pooling")


# print result
print(my_pooltest)


R>
R>   F statistic
R>
R> data:  I ~ F + C
R> F = 27.749, df1 = 27, df2 = 170, p-value < 2.2e-16
R> alternative hypothesis: unstability
```

O alto valor do teste F e o pequeno valor de p sugerem a rejeição da hipótese nula. A evidência de que os mesmos coeficientes podem ser aplicados a todas as empresas é mínima. A motivação para o uso de modelos de dados de painel para o conjunto de dados de Grunfeld é justificada pelo teste estatístico.

Antes de estimar o modelo, precisamos entender qual o tipo de modelo de dados de painel é mais adequado. Por simplicidade, vamos assumir apenas duas opções possíveis, efeitos fixos ou aleatórios. Em ambos os modelos, cada grupo possui efeitos individuais não observados, mas compartilham o mesmo impacto (*beta*) das variáveis explicativas. A diferença entre os modelos é como o efeito individual não observado é percebido. Os efeitos individuais estão correlacionados com as variáveis explicativas no modelo de efeitos fixos, enquanto que no modelo de efeitos aleatórios são variáveis aleatórias. A estimativa correta do modelo e a análise econométrica irá mudar de acordo com a estrutura de correlação subjacente. Veja Greene (2003) para obter detalhes mais técnicos sobre a diferença entre modelos de efeitos fixos e aleatórios.

Podemos testar a especificação do modelo usando o pacote `plm`. A função `phtest` executa o teste de Hausman (Hausman, 1978), um procedimento estatístico que testa a hipótese nula de que o melhor modelo é o efeito aleatório e não o efeito fixo. Vamos utilizar o teste para os nossos dados.

```
# set options for Hausman test
my_formula <- I ~ F + C
my_index <- c('FIRM','YEAR')


# do Hausman test
my_hausman_test <- phtest(x = my_formula,
                          data = df_grunfeld,
                          model = c('within', 'random'),
                          index = my_index)


# print result
print(my_hausman_test)


R>
R>   Hausman Test
R>
R> data:  my_formula
R> chisq = 2.3304, df = 2, p-value = 0.3119
R> alternative hypothesis: one model is inconsistent
```

O valor de p igual a 31.19% é superior a um limite aceitável de 10%. Portanto, falhamos na rejeição da hipótese nula de que o tipo de modelo mais eficiente é com efeitos aleatórios. Ou seja, temos fortes evidências estatísticas de que um modelo com efeitos aleatórios é mais adequado para o conjunto de dados de Grunfeld.

Depois de identificar o modelo, vamos estimá-lo usando função `plm::plm`.

```
# set panel data model with random effects
my_model <- 'random'
my_formula <- I ~ F + C
my_index <- c('FIRM','YEAR')

# estimate it
```

```
my_plm_random <- plm(data = df_grunfeld,
                     formula = my_formula,
                     model = my_model,
                     index = my_index)

# print result
print(summary(my_plm_random))
```

```
R> Oneway (individual) effect Random Effect Model
R>    (Swamy-Arora's transformation)
R>
R> Call:
R> plm(formula = my_formula, data = df_grunfeld, model = my_model,
R>     index = my_index)
R>
R> Balanced Panel: n = 10, T = 20, N = 200
R>
R> Effects:
R>                   var std.dev share
R> idiosyncratic 2784.46   52.77 0.282
R> individual    7089.80   84.20 0.718
R> theta: 0.8612
R>
R> Residuals:
R>      Min.    1st Qu.    Median    3rd Qu.       Max.
R> -177.6063  -19.7350    4.6851    19.5105   252.8743
R>
R> Coefficients:
R>              Estimate Std. Error z-value Pr(>|z|)
R> (Intercept) -57.834415  28.898935 -2.0013  0.04536 *
R> F             0.109781   0.010493 10.4627  < 2e-16 ***
R> C             0.308113   0.017180 17.9339  < 2e-16 ***
R> ---
R> Signif. codes:
R> 0 '***' 0.001 '**' 0.01 '*' 0.05 '.' 0.1 ' ' 1
R>
R> Total Sum of Squares:    2381400
R> Residual Sum of Squares: 548900
R> R-Squared:      0.7695
R> Adj. R-Squared: 0.76716
R> Chisq: 657.674 on 2 DF, p-value: < 2.22e-16
```

Como esperado, os coeficientes são estatisticamente significativos a 1%. O ajuste do modelo também é alto, com um R2 ajustado igual a 0.77. Isso significa que uma grande proporção da variação nos dados foi explicada pelo modelo. Os resultados do modelo indicam que o valor das empresas e seus ativos atuais estão positivamente relacionados ao montante de investimentos realizados. As empresas com maior valor de mercado e capital tendem a investir mais.

Como último exemplo para os dados de `Grunfeld`, vamos estimar um modelo SUR, que é mais adequado para esses dados. A especificação SUR assume que os diferentes modelos para cada grupo podem ser estimados individualmente, com uma correlação entre os distúrbios em todos os modelos. Este é mais adequado quando temos muitos períodos de tempo e poucos grupos, como nos dados de `Grunfeld`.

O pacote `systemfit` oferece uma função com o mesmo nome para a estimativa do modelo SUR. O primeiro passo no uso de `systemfit` é alocar os dados do `Grunfeld` para um formato específico de dataframe com a função `plm::ptibble`:

```
library(systemfit)

# set pdataframe
p_grunfeld <- pdata.frame(df_grunfeld, c( "FIRM", "YEAR" ))

# estimate sur
my_SUR <- systemfit(formula = I ~ F + C,
                    method =  "SUR",
                    data = p_grunfeld)
print(my_SUR)

R>
R> systemfit results
R> method: SUR
R>
R> Coefficients:
R>  1_(Intercept)              X1_F              X1_C 10_(Intercept)
R>   -135.6061364         0.1138135         0.3861235       1.9893500
R>          X10_F            X10_C  2_(Intercept)            X2_F
R>     -0.0161291         0.3768475      -10.9059829       0.1627658
R>          X2_C  3_(Intercept)            X3_F            X3_C
R>      0.3406261      -15.8959008         0.0349626       0.1257302
R>  4_(Intercept)             X4_F              X4_C  5_(Intercept)
R>      1.8043270         0.0678437         0.3075528      26.4673602
R>          X5_F             X5_C  6_(Intercept)            X6_F
R>      0.1274473         0.0119871       -6.1934512       0.1333107
R>          X6_C  7_(Intercept)            X7_F            X7_C
```

```
R>       0.0540052      -9.7701305      0.1134649       0.1281802
R>  8_(Intercept)            X8_F             X8_C  9_(Intercept)
R>       3.1490972       0.0537015       0.0433622      -3.1568643
R>            X9_F            X9_C
R>       0.0765949       0.0654245
```

O objeto de saída contém a estimativa de todas as equações, empresa por empresa. O uso de print é limitado nesse caso, mostrando apenas os coeficientes estimados. Função summary fornece mais informações, incluindo a estrutura de correlação entre os distúrbios. Mas, a sua saída é extensa e preencheria várias páginas deste livro. Deixamos isso como um exercício para o leitor.

11.4 Modelos ARIMA

A especificação ARIMA (*AutoRegressive Integrated Moving Average*) é um tipo especial de modelo que usa o passado de uma série temporal para explicar o seu comportamento presente. A estimação de um modelo ARIMA para retornos de ações indica como os retornos hoje estão relacionados aos retornos de ontem. Em pesquisa envolvendo modelos de previsão, podemos comparar o desempenho preditivo dos candidatos contra um modelo ARIMA. Se os modelos propostos possuírem superior capacidade preditiva, então esses devem fornecer previsões melhor que um modelo ARIMA.

Um exemplo simples de um modelo ARIMA é definido pela seguinte equação:

$$y_t = 0.5y_{t-1} - 0.2\epsilon_{t-1} + \epsilon_t$$

Neste exemplo, temos um modelo ARIMA(AR=1, D=0, MA=1) sem o intercepto. Essa notação específica informa a configuração do modelo e o número de parâmetros usados. O primeiro valor, AR=1, indica o máximo *lag* usado em y_t no lado direito da equação. O segundo valor, D, indica o grau de diferenciação da série temporal (Hamilton, 1994b). Se $D = 1$, usamos a primeira diferença de y_t como variável dependente. O terceiro componente, *MA*, mostra o máximo *lag* usado para o erro do modelo. Esse processo de identificação pode ser arbitrário ou não. Um procedimento comum é procurar a combinação de termos AR, D e MA que maximizem uma função de ajuste, conforme será mostrado na seção 11.4.2.

11.4.1 Simulando Modelos ARIMA

Em primeiro lugar, vamos simular um modelo ARIMA usando função stat::arima.sim. Esse pacote é carregado por padrão na inicialização do R e não precisamos carregá-lo explicitamente com library.

```r
set.seed(1)

# set number of observations
my_N <- 5000

# set model's parameters
my_model <- list(ar = 0.5, ma = -0.1)
my_sd <- 1

# simulate model
my_ts <- arima.sim(n = my_N,
                   model = my_model ,
                   sd = my_sd)
```

Podemos observar o resultado da simulação criando uma gráfico com a série temporal artificial:

```r
library(ggplot2)

# set df
temp_df <- tibble(y = unclass(my_ts),
                  date = Sys.Date() + 1:my_N)

p <- ggplot(temp_df, aes(x = date, y = y))
p <- p + geom_line(size=0.5)

print(p)
```

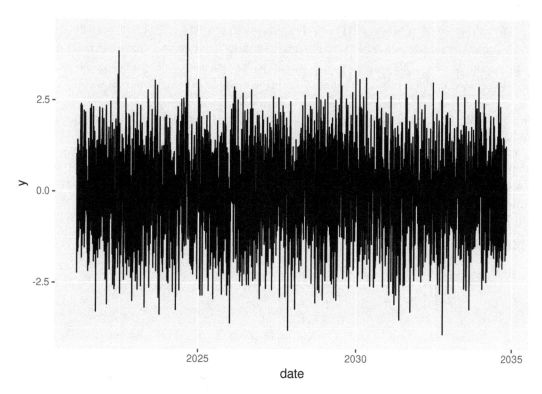

O gráfico mostra uma série de tempo com média próxima a zero e forte instabilidade. Essas são propriedades típicas de um modelo Arima.

11.4.2 Estimando Modelos ARIMA

Para estimar um modelo ARIMA, usamos função `arima` do mesmo pacote. Vamos estimar um modelo para nossos dados simulados.

```
# estimate arima model
my_arima <- arima(my_ts, order = c(1,0,1))

# print result
print(coef(my_arima))


R>          ar1         ma1     intercept
R>  0.482547196 -0.077376754 -0.007458499
```

Como esperado, os parâmetros estimados estão próximos dos valores simulados, com *ar1* igual a 0.4825 e *ma1* igual a -0.07738. Como fizemos para os modelos `lm` e `plm`, também podemos usar função **summary** para obter mais informações sobre o modelo estimado. Veja a seguir:

```
print(summary(my_arima))
```

A identificação do modelo ARIMA, definindo valores AR, D, MA em Arima (AR, D, MA), também pode ser realizada automaticamente. O pacote `forecast` (Hyndman and Khandakar, 2007) oferece função `auto.arima` que automatiza esse processo, escolhendo o melhor modelo de acordo com um critério de ajuste, como AIC (*Akaike information criteria*) e BIC (*bayesian information criteria*). Essa é uma função muito útil. Permitimos que os dados falem por si mesmos, evitando um possível viés de pesquisa na identificação do modelo.

No próximo exemplo usamos função `auto.arima` para encontrar o melhor modelo autoregressivo para os retornos diários do índice Ibovespa. Primeiro, carregamos os dados do arquivo `Ibov.csv` e adicionamos uma coluna para os retornos usando a função `calc_ret`.

```r
library(readr)

# load Ibov data
my_f <- adfeR::get_data_file('Ibov.csv')
df_ibov <- read_csv(file = my_f,
                    col_types = cols(ref.date = col_date(format = ""),
                                     price.close = col_integer()))

# calculate return for
df_ibov$ret <- calc_ret(df_ibov$price.close)
```

Antes de estimar o modelo, precisamos verificar a estacionaridade dos retornos. Se os dados não forem estacionários, pode ser necessário usar as primeiras diferenças da série original (Maddala, 2001). Uma vez que estamos modificando os retornos, os dados brutos dos preços já foram diferenciados (veja equação de retorno no capítulo 8). Vale a pena testar essa propriedade dos dados antes de estimar o modelo ARIMA. Pacote `tseries` (Trapletti and Hornik, 2020) fornece função `adf.test` que testa se um vetor temporal tem raiz unitária (não estacionária). A hipótese nula do teste é a não-estacionariedade dos dados, isto é, a existência de raízes unitárias.

```r
library(tseries)
print(adf.test(na.omit(df_ibov$ret)))
```

```
R>
R>  Augmented Dickey-Fuller Test
R>
R> data:  na.omit(df_ibov$ret)
R> Dickey-Fuller = -13.179, Lag order = 13, p-value =
R> 0.01
R> alternative hypothesis: stationary
```

O resultado do teste mostra um pequeno valor da estatística p, sugerindo a rejeição da hipótese nula. A evidência estatística indica que o vetor de retornos pode ser considerado estacionário. Por curiosidade, vamos executar o teste para a série de preços:

```
print(adf.test(na.omit(df_ibov$price.close)))
```

```
R>
R>  Augmented Dickey-Fuller Test
R>
R> data:  na.omit(df_ibov$price.close)
R> Dickey-Fuller = -1.9513, Lag order = 13, p-value =
R> 0.5989
R> alternative hypothesis: stationary
```

Facilmente falhamos em rejeitar a hipótese nula com um grande valor da estatística p. O teste sugere que a série de preços não é estacionária. Do ponto de vista econométrico, estamos corretos em estimar um modelo ARIMA para retornos, e não preços.

Indo em frente, função `forecast::auto.arima` possibilita a identificação automática do melhor modelo para os dados. Vamos utilizá-la para os dados de retornos do Ibovespa:

```
library(forecast)

# estimate arima model with automatic identification
my_auto_arima <- auto.arima(x = df_ibov$ret)

# print result
print(my_auto_arima)
```

```
R> Series:
R> ARIMA(1,0,0) with zero mean
R>
R> Coefficients:
R>           ar1
R>       -0.0833
R> s.e.   0.0191
R>
R> sigma^2 estimated as 0.0002518:  log likelihood=7397.38
R> AIC=-14790.77   AICc=-14790.76   BIC=-14778.96
```

O resultado nos diz que o melhor modelo para os retornos do índice Ibovespa é um ARIMA(AR=0, D=0, MA=0). Esse resultado implica que a série de retorno do índice financeiro não tem uma memória significativa, ou seja, o retorno passado não tem poder preditivo sobre o retorno futuro. Este resultado corrobora com a ideia de que preços do mercado financeiro são difíceis de prever.

11.4.3 Prevendo Modelos ARIMA

Podemos obter as previsões de um modelo ARIMA com função `forecast::forecast`. A previsão é do tipo estático: apenas informações até o momento t são usadas para fazer previsões em $t + k$. No exemplo a seguir, calculamos previsões para 5 períodos à frente, com seu intervalo de confiança correspondente.

```
# forecast model
print(forecast(my_auto_arima, h = 5))
```

R>	Point Forecast	Lo 80	Hi 80	Lo 95
R> 2717	1.178623e-04	-0.02021902	0.02045475	-0.03098472
R> 2718	-9.820654e-06	-0.02041718	0.02039754	-0.03122018
R> 2719	8.182873e-07	-0.02040703	0.02040866	-0.03121029
R> 2720	-6.818222e-08	-0.02040792	0.02040778	-0.03121118
R> 2721	5.681154e-09	-0.02040784	0.02040786	-0.03121111
R>	Hi 95			
R> 2717	0.03122044			
R> 2718	0.03120054			
R> 2719	0.03121193			
R> 2720	0.03121104			
R> 2721	0.03121112			

Note que a previsão em $t+k$ converge para um valor. Esta é uma dinâmica típica e esperada de previsões estáticas.

11.5 Modelos GARCH

Os modelos do tipo GARCH (*generalized autoregressive conditional heteroskedasticity*) relacionam-se ao trabalho seminal de Engle (1982) e Bollerslev (1986). A principal inovação nessa classe de modelos é que a distribuição do vetor de resíduos é assumida como variante no tempo e modelada usando um processo autoregressivo específico. Lembre-se que nos modelos do tipo OLS assumimos que a distribuição dos erros é igual para qualquer período do tempo – premissa de homoscedasticidade.

Os modelos GARCH tornaram-se muito populares na literatura pois reproduzem mais fielmente as características encontradas na distribuição de retornos financeiros, tal como a existência de caudas gordas e agrupamento de períodos voláteis. Modelos GARCH são utilizados principalmente na avaliação e gerenciamento do risco financeiro.

Um modelo GARCH é modular. No formato mais simples, temos duas equações principais: um processo que define a média condicional e outro que define a variância do erro. Verifique o exemplo a seguir para um modelo ARIMA(1,0,0)-GARCH(1,1):

$$y_t = \mu + \theta y_{t-1} + \epsilon_t$$
$$\epsilon_t \sim N(0, h_t)$$
$$h_t = \omega + \alpha \epsilon_{t-1}^2 + \beta h_{t-1}$$

A equação para y_t define o processo para a média condicional, o valor observado para a série modelada. Variável h_t representa a variância do erro, isto é, a instabilidade do modelo. Diferentes modelos GARCH terão diferentes equações para h_t e diferentes distribuições para o erro. No caso mais simples apresentado aqui, usamos a distribuição Normal. É importante entendermos essa notação básica de modelos Garch pois as funções de estimação e simulação seguem o mesmo formato.

11.5.1 Simulando Modelos GARCH

O R não tem função nativa para simular e estimar modelos GARCH. Aqui destacamos dois pacotes principais: **fGarch** (Wuertz et al., 2020) e **rugarch** (Ghalanos, 2020). Ambos têm excelentes recursos e são otimizados para estimações ágeis. Você será bem servido na escolha de qualquer um deles. Por simplicidade, daremos preferência ao pacote **fGarch**, o qual tem uma interface semelhante à usada nos modelos ARIMA da seção anterior.

Simulamos um modelo usando a função **fGarch::garchSim**. O primeiro passo é carregar o pacote **fGarch** e criar a especificação do modelo:

```
library(fGarch)

# set list with model spec
my_model = list(omega=0.001,
                alpha=0.15,
                beta=0.8,
                mu=0.02,
                ar = 0.1)

# set garch spec
spec = garchSpec(model = my_model)

# print it
print(spec)

R>
R> Formula:
```

```
R>   ~ ar(1) + garch(1, 1)
R> Model:
R>   ar:     0.1
R>   mu:     0.02
R>   omega: 0.001
R>   alpha: 0.15
R>   beta:  0.8
R> Distribution:
R>   norm
R> Presample:
R>   time          z       h          y
R> 1      0 0.1145392 0.02 0.02222222
```

O código anterior define um modelo GARCH equivalente as seguintes equações:

$$y_t = 0.02 + 0.1y_{t-1} + \epsilon_t$$
$$\epsilon_t \sim N(0, h_t)$$
$$h_t = 0.001 + 0.15\epsilon_{t-1}^2 + 0.8h_{t-1}$$

Para simular *1000* observações do modelo, usamos função `fGarch::garchSim`:

```
set.seed(20)
# simulate garch model
sim_garch = garchSim(spec, n = 1000)
```

Podemos visualizar a série temporal gerada com `ggplot2::ggplot`:

```
# set df for ggplot
temp_df <- tibble(sim.ret = sim_garch$garch,
                  idx=seq_along(sim_garch$garch))

library(ggplot2)
p <- ggplot(temp_df, aes(x=idx, y=sim.ret)) +
  geom_line()

print(p)
```

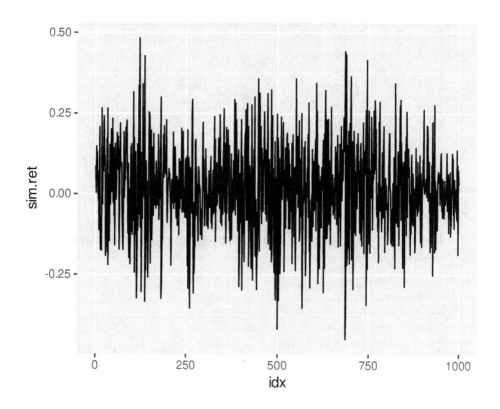

O comportamento da série simulada é semelhante à série de retorno das ações apresentadas no capítulo 10. Ao utilizar um modelo GARCH na simulação de retornos, é difícil diferenciar visualmente uma série artificial de uma real. Ao contrário de outros modelos, onde a instabilidade é constante, um modelo GARCH pode retratar uma série de retorno de forma mais realista, com uma volatilidade que muda ao longo do tempo. No código a seguir plotamos a volatilidade da série simulada usando função `plot` e `fGarch::volatility`.

```
plot(volatility(sim_garch))
```

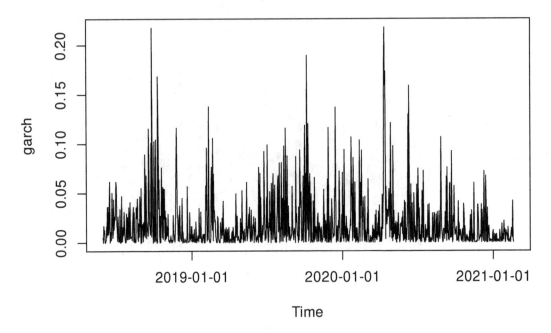

Claramente podemos ver a instabilidade da volatilidade da série simulada.

11.5.2   Estimando Modelos GARCH

Os parâmetros de um modelo GARCH geralmente são encontrados através de uma técnica de estimação chamada máxima verosimilhança (*maximum-likelihood*). Esse procedimento encontra os parâmetros que tornam a distribuição do modelo mais próxima possível da distribuição das séries temporais de interesse. O método envolve um processo de otimização numérica que exige uma quantidade razoável de tempo de processamento. Felizmente, pacote `fGarch` fornece a função `garchFit` que executa toda a operação.

No exemplo a seguir estimamos um modelo GARCH para os dados artificiais criados na seção anterior. Definimos a opção `trace = FALSE` para evitar a apresentação dos detalhes do processo de otimização, pois esses são extensos e ocupariam várias páginas deste livro.

```
# estimate garch model
my_garchfit <- garchFit(data = sim_garch,
                        formula = ~ arma(1,0) + garch(1,1),
                        trace = FALSE)
```

Para aprender mais sobre o modelo estimado, o apresentamos na tela com `print`:

```
print(my_garchfit)
```

```
R>
```

```
R> Title:
R>  GARCH Modelling
R>
R> Call:
R>  garchFit(formula = ~arma(1, 0) + garch(1, 1), data = sim_garch,
R>     trace = FALSE)
R>
R> Mean and Variance Equation:
R>  data ~ arma(1, 0) + garch(1, 1)
R> <environment: 0x5650d72bfbf8>
R>  [data = sim_garch]
R>
R> Conditional Distribution:
R>  norm
R>
R> Coefficient(s):
R>        mu        ar1      omega     alpha1       beta1
R> 0.0164569  0.0695427  0.0010592  0.1292774   0.8175426
R>
R> Std. Errors:
R>  based on Hessian
R>
R> Error Analysis:
R>          Estimate  Std. Error  t value  Pr(>|t|)
R> mu       0.0164569  0.0039213    4.197  2.71e-05 ***
R> ar1      0.0695427  0.0327651    2.122    0.0338 *
R> omega    0.0010592  0.0004267    2.482    0.0131 *
R> alpha1   0.1292774  0.0282136    4.582  4.60e-06 ***
R> beta1    0.8175426  0.0405741   20.149   < 2e-16 ***
R> ---
R> Signif. codes:
R> 0 '***' 0.001 '**' 0.01 '*' 0.05 '.' 0.1 ' ' 1
R>
R> Log Likelihood:
R>  604.1894    normalized:  0.6041894
R>
R> Description:
R>  Sat Feb 20 09:03:31 2021 by user:
```

Os parâmetros resultantes da estimação do modelo estão próximos dos valores arbitrariamente definidos com `garchSpec`. Podemos alcançar maior precisão aumentando o número de observações no modelo simulado. Função `summary` também funciona para modelos GARCH. Devido à grande quantidade de informações no *prompt*, deixamos o seu uso como um exercício para o leitor.

Agora, vamos estimar um modelo GARCH para dados reais de retorno do índice Ibovespa. Primeiro, executamos o teste LM Arch (Engle, 1982; Tsay, 2005) para verificar se os retornos do índice de mercado têm o efeito Arch. Função MTS::archTest (Tsay and Wood, 2018) executa essa tarefa.

```
library(MTS)

# test for Arch effects
archTest(rt = na.omit(df_ibov$ret))

R> Q(m) of squared series(LM test):
R> Test statistic:  3206.643  p-value:  0
R> Rank-based Test:
R> Test statistic:  181.7956  p-value:  0
```

A evidência é forte para efeitos Arch nos retornos do Ibovespa. A hipótese nula do teste é a inexistência de efeitos Arch, e podemos rejeitá-lo facilmente com um baixíssimo valor de p. Com esse resultado, partimos para a estimação de um Arma (1,0)-Garch(1,1) para os retornos.

```
# set object for estimation
df_est <- as.timeSeries(na.omit(df_ibov))

# estimate garch model
my_garchfit_ibov <- garchFit(data = df_est ,
                             formula = ret ~ arma(1,0) + garch(1,1),
                             trace = FALSE)

print(my_garchfit_ibov)

R>
R> Title:
R>  GARCH Modelling
R>
R> Call:
R>  garchFit(formula = ret ~ arma(1, 0) + garch(1, 1), data = df_est,
R>     trace = FALSE)
R>
R> Mean and Variance Equation:
R>  ret ~ arma(1, 0) + garch(1, 1)
R>  [data = df_est]
R>
R> Conditional Distribution:
```

```
R>  norm
R>
R>  Coefficient(s):
R>           mu            ar1          omega         alpha1
R>    5.9488e-04   -1.2666e-02    1.0099e-05    8.4273e-02
R>         beta1
R>    8.6991e-01
R>
R>  Std. Errors:
R>   based on Hessian
R>
R>  Error Analysis:
R>            Estimate   Std. Error   t value  Pr(>|t|)
R>  mu       5.949e-04    2.572e-04     2.313    0.0207 *
R>  ar1     -1.267e-02    2.058e-02    -0.615    0.5383
R>  omega    1.010e-05    2.169e-06     4.657  3.21e-06 ***
R>  alpha1   8.427e-02    1.162e-02     7.254  4.06e-13 ***
R>  beta1    8.699e-01    1.770e-02    49.136   < 2e-16 ***
R>  ---
R>  Signif. codes:
R>  0 '***' 0.001 '**' 0.01 '*' 0.05 '.' 0.1 ' ' 1
R>
R>  Log Likelihood:
R>   7704.916    normalized:  2.837907
R>
R>  Description:
R>   Sat Feb 20 09:03:31 2021 by user:
```

Como esperado, todos os coeficientes GARCH (`omega`, `alpha1`, `beta1`) são significativos a 1%. Quanto à equação de média condicional, observamos novamente que o termo autoregressivo, `ar1`, não foi significativo.

11.5.3 Prevendo Modelos GARCH

A previsão de modelos GARCH envolve dois elementos: uma previsão para a média condicional (veja a primeira equação na fórmula GARCH) e uma previsão para valores futuros da volatilidade condicional (veja segunda equação). Enquanto a primeira define a previsão dos próximos valores da série analisada, a segunda quantifica a incerteza dessa previsão.

No pacote `fGarch`, ambas as previsões são calculadas usando função `predict` que, assim como `summary`, é uma função genérica que pode ser usada para diferentes modelos. Considere o seguinte exemplo, onde prevemos os próximos valores e as volatilidades futuras do modelo GARCH estimado para o índice Ibovespa.

```
# static forecast for garch
my_garch_for <- predict(my_garchfit_ibov, n.ahead = 3)

# print df
print(my_garch_for)

R>   meanForecast  meanError standardDeviation
R> 1 0.0006127961 0.01143719       0.01143719
R> 2 0.0005871177 0.01161622       0.01161532
R> 3 0.0005874429 0.01178370       0.01178278
```

A primeira coluna do resultado anterior é a previsão da média condicional; a segunda apresenta o erro esperado da previsão anterior e a terceira indica a volatilidade esperada no desvio padrão (raiz da variância). Todas as previsões são do tipo estático, isto é, informação até o tempo t são utilizadas para realizar previsões para $t + k$.

11.6   Modelos de Mudança de Regime

Modelos de mudança de regime são um tipo de especificação econométrica onde a inovação é a flexibilidade no manejo de diferentes estados nos dados (Hamilton, 1994a). Nos mercados financeiros, podemos ter dois regimes de incerteza, um regime em que a volatilidade é alta e outra onde é baixa. Podemos justificar esses regimes como períodos de tempo com maior ou menor quantidade de novas informações e incerteza. Cada regime pode ter suas próprias características. Como modelador, precisamos identificar esses regimes e estimar os parâmetros de nossos modelos de forma conjunta.

Para motivar o modelo de mudança de regime, considere o seguinte processo econométrico:

$$y_t = \mu_{S_t} + \epsilon_t$$

onde $S_t = 1..k$ e ϵ_t seguem a distribuição Normal com média zero e variância igual a $\sigma^2_{S_t}$. Este é o caso mais simples de um modelo com uma dinâmica de mudança de estados. Se houver k estados no mundo, haverá k valores para a média e variância condicional. Se houver apenas um estado do mundo ($k = 1$), a fórmula anterior se torna um modelo de regressão linear simples sob condições gerais.

Agora, vamos assumir que o modelo anterior tem dois estados ($k = 2$). Uma representação alternativa é:

$$y_t = \mu_1 + \epsilon_t \quad \text{for state 1}$$
$$y_t = \mu_2 + \epsilon_t \quad \text{for state 2}$$

Onde:

$$\epsilon_t \sim (0, \sigma_1^2) \quad \text{for State 1}$$
$$\epsilon_t \sim (0, \sigma_2^2) \quad \text{for State 2}$$

Essa representação implica dois processos para a variável dependente. Quando o estado do mundo para o tempo t é 1, a expectativa da variável dependente é μ_1 e a volatilidade das inovações é σ_1^2. Da mesma forma, quando o estado é 2, a média e a volatilidade tomam outros valores.

Como exemplo em finanças, a variável dependente y_t pode representar um vetor de retornos. O valor de μ_1 é o retorno esperado em um estado de mercado com preços ascendentes (*bull market*), o que implica um retorno positivo para a ação ou índice. O valor inferior, e possivelmente negativo, de μ_2 mede o retorno esperado para o mercado nos estados de preços descendentes (*bear market*).

As diferentes volatilidades representam a maior incerteza sobre o poder preditivo do modelo em cada estado do mundo. Podemos esperar que o *bear market* seja mais volátil do que o *bull market*, ou seja, os preços caem mais rápido do que eles sobem. A usual explicação para esse efeito é que operadores do mercado reagem mais rápido quando confrontado por más notícias em comparação a chegada de boas notícias. Isso também pode ser explicado por ordens do tipo limitada, as quais são enviadas ao mercado assim que um limite de preço é passado. Quando uma quantidade significativa de ordens limite de venda são encontradas em uma faixa de preço, observa-se um efeito cascata que acelera a queda dos preços.

As mudanças dos estados no modelo podem ser definidas de forma determinística. Poderíamos definir o estado 1 como verdadeiro para o tempo t quando outra série temporal é maior ou menor do que um limite conhecido. Isso simplifica muito o modelo, pois cada estado é observável; portanto, podemos tratar o modelo como uma regressão com variáveis dicotômicas (1 ou 0). A função `lm` pode ser usada para a estimativa desse modelo.

Uma classe especial de modelos de mudança de regime são aqueles relacionados a cadeias de *markov*. Sua principal inovação é que a identificação dos estados faz parte do processo de estimação. O modelo **descobre** os estados a partir dos dados. A transição dos estados em um modelo de mudança de *markov* não é determinística e sim estocástica. Isso significa que nunca se tem certeza se haverá uma mudança de estado, temos apenas uma indicação na forma de uma probabilidade. A dinâmica por trás do processo de mudança é conhecida e conduzida por uma matriz de transição. Essa matriz, também estimada a partir dos dados, controlará as probabilidades de se observar uma mudança entre um estado e outro. Podemos representar a matriz de transição como:

$$P = \begin{bmatrix} p_{11} & \cdots & p_{1k} \\ \vdots & \ddots & \vdots \\ p_{k1} & \cdots & p_{kk} \end{bmatrix}$$

Na matriz anterior, o elemento da linha i e coluna j controla a probabilidade de uma mudança do estado j para o estado i. Considere que, por algum tempo t, o estado do mundo é 2. Isso significa que a probabilidade de uma mudança do estado 2 para o estado 1 entre o tempo t e $t + 1$ será dada por p_{12}. Da mesma forma, a probabilidade de se permanecer no estado 2 é determinada por p_{22}. Esse é um dos pontos centrais da estrutura de um modelo de mudança de regime do tipo *markov*: a mudança de estados é um processo estocástico por si mesmo.

11.6.1   Simulando Modelos de Mudança de Regime

No R, dois pacotes estão disponíveis para manipular modelos univariados de mudanças de regime: MSwM (Sanchez-Espigares and Lopez-Moreno, 2018) e fMarkovSwitching (Perlin, 2014). Ambos pacotes oferecem uma gama de funcionalidade e o leitor estará bem servido com qualquer um. Porém, fMarkovSwitching oferece também funções de simulação e, por isso, daremos preferência ao mesmo. Antes de usá-lo, vamos instalar fMarkovSwitching do repositório R-Forge. Até o momento, esse pacote não está disponível no CRAN.

```
install.packages("fMarkovSwitching",
                 repos="http://R-Forge.R-project.org")
```

Após o término da instalação, vamos verificar as suas funções:

```
library(fMarkovSwitching)
print(ls('package:fMarkovSwitching'))
```

```
R> [1] "dim.MS_Model"     "MS_Regress_Fit"     "MS_Regress_For"
R> [4] "MS_Regress_Lik"   "MS_Regress_Simul"   "plot.MS_Model"
R> [7] "plot.MS_Simul"    "print.MS_Model"     "print.MS_Simul"
```

O pacote inclui funções para simular, estimar e prever um modelo univaridado de mudanças de *markov*. Como exemplo, vamos simular o modelo de mudança de regime representados pelas seguintes equações:

$$y_t = +0.5x_t + \epsilon_t \qquad \text{State 1}$$
$$y_t = -0.5x_t + \epsilon_t \qquad \text{State 2}$$
$$\epsilon_t \sim N(0, 0.25) \qquad \text{State 1}$$
$$\epsilon_t \sim N(0, 1) \qquad \text{State 2}$$

A matriz de transição será dada por:

$$P = \begin{bmatrix} 0.90 & 0.2 \\ 0.10 & 0.8 \end{bmatrix}$$

Esse modelo tem dois estados com diferentes volatilidades. Em cada estado, o impacto da variável explicativa será diferente. Utilizamos função `fMarkovSwitching::MS_Regress_Simul` para simular esse modelo:

```
set.seed(10)
library(fMarkovSwitching)

# number of obs
nr <- 500

# distribution of residuals
distrib <- "Normal"

# number of states
k <- 2

# set transition matrix
P <- matrix(c(.9 ,.2,
              .1 ,.8),
            nrow = 2,
            byrow = T)

# set switching flag
S <- c(0,1)

# set parameters of model (see manual for details)
nS_param <- matrix(0)
S_param <- matrix(0,sum(S),k)
S_param[,1] <-  .5
S_param[,2] <- -.5
```

```
# set variance of model
sigma <- matrix(0,1,k)
sigma[1,1] <- sqrt(0.25)   # state 1
sigma[1,2] <- 1            # state 2

# build list
Coeff <- list(P = P                      ,
              S = S                      ,
              nS_param = nS_param ,
              S_param = S_param    ,
              sigma = sigma        )

# simulate model
my_MS_sim <- MS_Regress_Simul(nr,Coeff,k,distrib)
```

Na função de simulação, argumento **nS_param** define os parâmetros que não mudam de regime. Esses são os coeficientes no lado direito da equação que não alternarão estados. Usamos um valor de zero, pois nosso modelo simulado não possui coeficientes que não mudam de estado. Mesmo que não seja usado, precisamos definir esse argumento de forma explícita em **MS_Regress_Simul**.

Os elementos em **S_param** definem os coeficientes em cada estado para os parâmetros de entrada. No nosso exemplo, temos um efeito positivo de x_t em y_t no estado um e um efeito negativo no estado dois. Finalmente, entrada **sigma** define a volatilidade (desvio padrão) do resíduo em cada regime.

Uma vez que o modelo é simulado e disponível, vamos criar uma figura com a série temporal de valores artificiais. Uma nota aqui é importante; a saída de **my_MS_sim** é um objeto do tipo S3 e foi projetado para interagir com as funções **print** e **plot**. Para acessar seus elementos, usamos @ em vez de $.

```
library(ggplot2)
df_to_plot <- tibble(y = my_MS_sim@dep,
                     x = Sys.Date()+1:my_MS_sim@nr,
                     states = my_MS_sim@trueStates[,1])

p <- ggplot(data = df_to_plot, aes(y=y, x=seq_along(y))) +
  geom_line() + labs(x='Time', y = 'Simulated time series')

print(p)
```

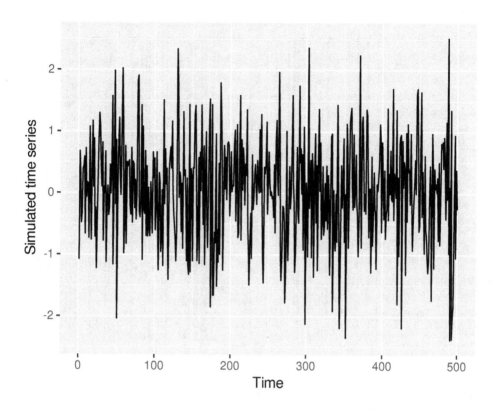

Também podemos verificar os estados simulados:

```
library(ggplot2)
library(dplyr)

df_to_plot<- tibble(y = as.numeric(my_MS_sim@dep),
                    x = Sys.Date()+1:my_MS_sim@nr,
                    states = my_MS_sim@trueStates[,1])

p <- ggplot(data = df_to_plot, aes(y=states, x=x)) +
  geom_line() + labs(y='Probability of state 1')

print(p)
```

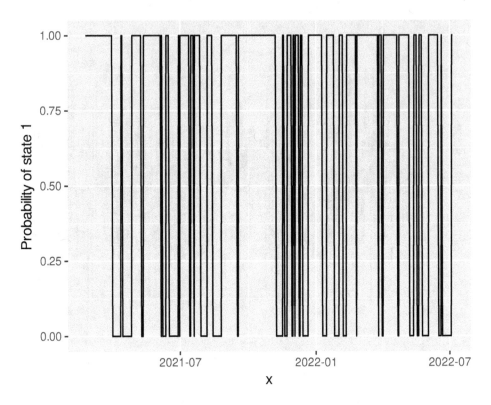

Como esperado, o modelo está mudando de um estado para o outro. Nenhum estado é fortemente predominante ao longo do tempo, porém o estado 1 parece ter uma duração média maior do que o estado 2. Essa propriedade é controlada pelas probabilidades de transição definidas no elemento P de Coeff.

11.6.2   Estimando Modelos de Mudança de Regime

Estimamos um modelo univariado de mudança de regime com função MS_Regress_Fit do pacote fMarkovSwitching. Vamos utilizá-la para os dados simulados:

```r
# set dep and indep
dep <- my_MS_sim@dep
indep <- my_MS_sim@indep

# set switching parameters and distribution
S <- c(0,1)
k <- 2
distIn <- "Normal"

# estimate the model
my_MS_model <- MS_Regress_Fit(dep,indep,S,k)    # fitting the model
```

Argumentos `dep` e `indep` definem as variáveis dependente e independente, lado esquerdo e direito da equação econométrica. Entrada `S` define onde o processo de troca de regimes ocorrerá. Uma vez que temos apenas duas variáveis independentes, onde a primeira não troca de estados, usamos `S <- c(0,1)`. O objeto `k` define o número de estados no modelo, nesse caso dois. Após a execução do código, verificamos o resultado.

```
# print estimation output
print(my_MS_model)
```

Os coeficientes estimados são próximos dos utilizados na simulação. O objeto de saída de `MS_Regress_Fit` também pode ser usado com função `plot` para uma figura personalizada:

```
plot(my_MS_model)    # plotting output
```

O nosso exemplo com dados reais será com o índice Ibovespa. Vamos estimar um modelo de dois estados para os seus retornos.

```
df_ibov <- na.omit(df_ibov)

# set input objects to MS_Regress_Fit
ret <- na.omit(df_ibov$ret)
dep <- matrix(ret, nrow = length(ret))
indep <- matrix(rep(1, length(dep)),nrow = length(dep))

S <- c(1)    # where to switch (in this case in the only indep)
k <- 2       # number of states
distIn <- "Normal" #distribution assumption

my_Ibov_MS_Model<- MS_Regress_Fit(dep,indep,S,k)    # fitting the model
```

Por fim, checamos a saída do modelo com `print`:

```
# printing output
print(my_Ibov_MS_Model)
```

O modelo identificou e separou os dois regimes de volatilidade dos retornos do Ibovespa. No primeiro regime de alta volatilidade, o desvio padrão dos retornos é 0.797%. No segundo estado, o valor do desvio padrão é 1.74%. Conforme esperado, o estado de alta volatilidade tem uma média negativa de 0.0677% e o estado de baixa volatilidade tem uma média positiva de 0.0525%. Os resultados da estimação do modelo implicam que o índice Ibovespa cai mais rápido do que sobe. Informações mais interessantes estão relacionadas à duração esperada dos estados. O estado com retornos médios positivos tende a durar cerca de 106 dias, enquanto o ciclo do estado com retornos negativos dura cerca de 44 dias. Ou seja, o mercado sobe devagar e por bastante tempo. Quando entra no ciclo de baixa, os preços caem rapidamente em um breve período.

Uma figura comum na análise de modelos de mudança de *markov* é a dinâmica do preço modeloado em diferentes estados. Vamos recriar este gráfico no R. Primeiro, separamos as variáveis de interesse e construimos um dataframe para o gráfico. Em seguida, usamos ggplot e `facet_wrap` para construir os painéis.

```
library(dplyr)

# get variables for plot
smooth.prob <- as.numeric(my_Ibov_MS_Model@smoothProb[-1,1])
price <- df_ibov$price.close[2:nrow(df_ibov)]
ref.dates <- df_ibov$ref.date[2:nrow(df_ibov)]

# build long df to plot
df_to_plot<- tibble(type = c(rep('Probabilities S_t=1',
                                 length(smooth.prob)),
                             rep('IBOV',
                                 length(smooth.prob))),
                    ref.date = rep(ref.dates ,2),
                    value = c(smooth.prob,
                              price) )

# plot with ggplot
p <- ggplot(df_to_plot,
            aes(y=value, x =ref.date)) +
  geom_line() + facet_wrap(~type, nrow = 2, scales = 'free_y')

# plot it!
print(p)
```

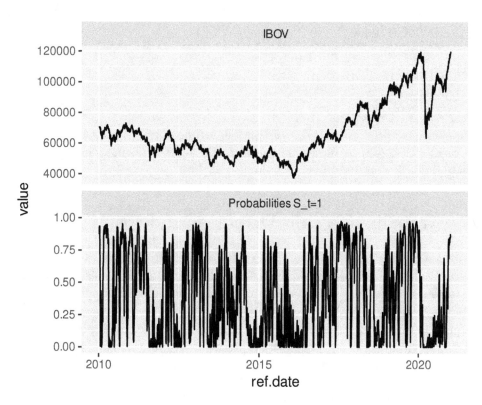

A figura mostra como os preços diminuiram fortemente no estado 1 e aumentaram no estado 2.

11.6.3 Prevendo Modelos de Mudança de Regime

Pacote `MS_Regress` fornece função `MS_Regress_For` para a previsão estática de um modelo de mudança de regime markoviano. As entradas da função são: um modelo estimado com `MS_Regress_Fit`, argumento `myModel`, e o conjunto de novas variáveis explicativas na entrada `newIndep`. Vamos usá-lo para prever o próximo retorno do Ibovespa. No nosso caso, uma vez que o modelo de mudança de regime teve apenas um coeficiente para o intercepto, definimos `newIndep = 1`.

```
# make static forecast of regime switching model
newIndep <- 1

my_for <- MS_Regress_For(my_Ibov_MS_Model, newIndep)

# print output
print(my_for)

R> $condMean
R>              [,1]
```

```
R> [1,] 0.0006439965
R>
R> $condStd
R>              [,1]
R> [1,] 0.01000501
```

O modelo prevê que, para o dia depois da última data disponível nos dados de `Ibov.csv`, 2020-12-30, o índice do mercado de ações Brasileiro irá aumentar seu valor em 0.064%, com uma volatilidade igual a 1%.

11.7 Trabalhando com Diversos Modelos

Na prática da pesquisa, é provável que o estudo necessite a estimação de mais de um modelo. Podemos ter diferentes grupos nos dados ou então necessitar a execução de testes de robustez, estimando o mesmo modelo em diferentes períodos de tempo. Aprender a estimar e gerenciar diferentes modelos de forma eficiente é importante. Essa questão torna-se extremamente relevante quando a escala da pesquisa aumenta. Mais dados e mais modelos exigem uma estrutura computacional eficiente.

No capítulo 8 aprendemos sobre o uso das funções da família `apply`, e pacotes `purrr` e `dplyr` para fazer tarefas iterativas. Da mesma forma, podemos usar essas funções para estimar vários modelos a partir dos dados. Vamos começar com um exemplo. Aqui, vamos estimar um modelo ARIMA para os retornos de quatro ações selecionadas aleatoriamente. Primeiro vamos carregar os dados e filtrar para as quatro ações:

```
library(readr)

set.seed(10)

# set number of stocks
n_stocks <- 4

# load data from .RData
my_f <- adfeR::get_data_file('IbovStocks_long.csv')
my_df <- read_csv(file = my_f,
                  col_types = cols(ref.date = col_date(format = ""),
                                   ticker = col_character(),
                                   price.adjusted = col_double()))

# calc ret
my_df$ret <- calc_ret(my_df$price.adjusted, my_df$ticker)
```

```
# select tickers
my_tickers <- sample(unique(my_df$ticker), n_stocks)

# set my_df
my_df_stocks <- my_df[my_df$ticker %in% my_tickers, ]

# renew factors in ticker
my_df_stocks$ticker <- as.factor(as.character(my_df_stocks$ticker))
```

Agora, queremos ter um modelo ARIMA diferente para cada ação. Existem diferentes maneiras de fazer isso. Vamos apresentar a primeira solução, através do uso da função **tapply** e **arima**:

```
my_l <- tapply(X = my_df_stocks$ret,
               INDEX = my_df_stocks$ticker,
               FUN = arima,
               order = c(1,0,0))
```

Cada modelo está disponível na lista **my_l**. Para resgatar todos os coeficientes, usamos funções **sapply** e **coef**:

```
print(sapply(X = my_l, FUN = coef))
```

```
R>                     BVSP          CCRO3        PETR4
R> ar1        -0.0011975551  -0.0288489216  1.004909e-03
R> intercept   0.0001763086   0.0007313984  8.790729e-05
R>                     TIMP3
R> ar1        -0.533976940
R> intercept   0.003726394
```

Uma limitação no uso de **tapply** é que estamos restritos ao acesso a uma única coluna de **my_df**. Observe como a entrada X de **tapply** aceita apenas um vetor. Para usar mais colunas do **dataframe** em uma operação de grupo, devemos usar função **by**. Esta função irá quebrar um **dataframe** em vários menores com base em um fator.

Para um exemplo de estimativa de vários modelos com função **by**, vamos calcular o coeficiente beta para todas as ações da nossa base de dados. Lembre-se que, para a estimação do modelo de mercado, precisamos de dois vetores, um com os retornos do ativo e outro com os retornos do índice. Primeiro, vamos carregar os dados do Ibovespa e adicionar uma nova coluna em **my_df** com os retornos do índice.

```
# load data
my_f <- adfeR::get_data_file('Ibov.csv')
df_ibov <- read_csv(file = my_f,
```

```
                    col_types = cols(ref.date = col_date(format = ""),
                                 price.close = col_integer()))


# calculate return
df_ibov$ret <- calc_ret(df_ibov$price.close)

# find location of dates
idx <- match(my_df$ref.date, df_ibov$ref.date)

# create column in my_df
my_df$ret_ibov <- df_ibov$ret[idx]
```

O próximo passo é criar uma função que irá tomar um dataframe como entrada e usar as colunas de retornos do ativo e do índice para calcular o beta:

```
estimate_beta <- function(df) {
  # Function to estimate beta from dataframe of stocks returns
  #
  # Args:
  #   df - Dataframe with columns ret and ret_ibov
  #
  # Returns:
  #   The value of beta

  my_model <- lm(data = df, formula = ret ~ ret_ibov)

  return(coef(my_model)[2])
}
```

Agora vamos utilizar `estimate_beta` com by:

```
# calculate beta for each stock
my_betas <- by(data = my_df,
               INDICES = my_df$ticker,
               FUN = estimate_beta)

glimpse(as.numeric(my_betas))

R>  num [1:53] 0.457 1.267 1.016 1.089 1.169 ...
```

Os valores dos betas estão disponíveis no objeto `my_betas`. Vamos observar a distribuição de seus valores:

```
library(ggplot2)

df_to_plot<- tibble(betas = as.numeric(my_betas))

p <- ggplot(df_to_plot, aes(x=betas)) +
  geom_histogram()

print(p)
```

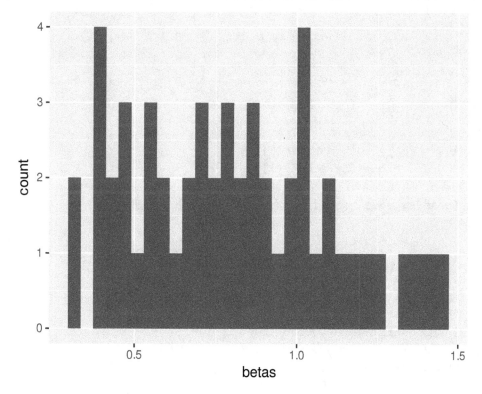

Como podemos ver, os *betas* são positivos na maioria dos casos. Este resultado não surpreende. As ações fazem parte do índice e, portanto, uma correlação positiva entre seus retornos é esperada.

Outra maneira de armazenar e gerenciar vários modelos é usar os recursos de colunas do tipo lista do pacote **dplyr**. Veja o exemplo a seguir, onde replicamos o procedimento anterior com as funções do **dplyr**:

```
library(dplyr)

my_tab <- my_df %>%
  group_by(ticker) %>%
  do(my_model = arima(x = .$ret,
```

```
                      order = c(1,0,0)))

glimpse(my_tab)


R> Rows: 53
R> Columns: 2
R> Rowwise:
R> $ ticker   <chr> "ABEV3", "BBAS3", "BBDC3", "BBDC4", "B...
R> $ my_model <list> [<-0.034508708, 0.001154925, 0.000221...
```

Temos uma coluna lista chamada `my_model`. Essa armazena cada saída da função de estimação. Indo além, podemos usar `mutate` para construir outras colunas com informações sobre os modelos estimados. Veja a seguir:

```
my_model_tab <- my_df %>%
  group_by(ticker) %>%
  do(my_model = arima(x = .$ret, order = c(1,0,0))) %>%
  mutate(alpha = coef(my_model)[2],
         ar1 = coef(my_model)[1])


print(head(my_model_tab))


R> # A tibble: 6 x 4
R> # Rowwise:
R>   ticker my_model    alpha      ar1
R>   <chr>  <list>      <dbl>    <dbl>
R> 1 ABEV3  <Arima>  0.00115  -0.0345
R> 2 BBAS3  <Arima>  0.000638  0.0513
R> 3 BBDC3  <Arima>  0.000680 -0.0257
R> 4 BBDC4  <Arima>  0.000568 -0.0387
R> 5 BRAP4  <Arima>  0.000431  0.0440
R> 6 BRFS3  <Arima>  0.000459 -0.0117
```

Um truque muito interessante para manejar diversos modelos com `dplyr` é usar pacote `broom` (Robinson et al., 2021) para acessar e organizar as informações de saída. No código anterior, adicionamos duas colunas em `my_tab`, com os valores de *alpha* and *ar1* para cada modelo. Uma versão mais simples e direta é reportar todos os coeficientes com função `broom::tidy`:

```
library(broom)


# get coefs with tidy
my_coef_tab <- my_model_tab %>%
  tidy(my_model)
```

```
# print result
print(head(my_coef_tab))
```

Note que função `broom::tidy` incluiu os erros padrões dos coeficientes. Caso tivéssemos mais coeficientes, esses seriam reportados em `my_coef_tab`. Para informações mais gerais do modelo, podemos usar função `broom::glance`:

```
# get info on models
my_info_models <- my_model_tab %>%
  glance(my_model)

print(head(my_info_models))
```

Essa inclui informações sobre coeficiente e estatísticas tal como valor de *log-likelihood*, AIC e BIC.

11.8   Exercícios

Todas soluções de exercícios estão disponíveis em https://www.msperlin.com/adfeR.

01 - Simule o seguinte processo linear no R:

```
set.seed(5)

# number of obs
n_row <- 100

# set x as Normal (0, 1)
x <- rnorm(n_row)

# set coefficients
my_alpha <- 1.5
my_beta <- 0.5

# build y
y <- my_alpha + my_beta*x + rnorm(n_row)
```

A partir de `x` e `y`, estime um modelo linear onde `x` é a variável explicativa e `y` é a variável explicada. Use função **summary** no objeto de retorno da estimação para obter mais detalhes sobre o modelo. Qual é o valor do beta estimado dos dados simulados?

   a) 0.4003
   b) 1.5038

c) 0.8707

d) 0.2910

e) 0.6331

02 - Utilizando pacote `car`, teste a hipótese conjunta de que o valor de alpha é igual a 1.5 e beta igual a 0.5. Qual o valor do teste F resultante?

a) 10.727

b) 16.967

c) 7.799

d) 40.301

e) 23.335

03 - Utilize pacote `gvlma` para testar as premissas do OLS para o modelo estimado anteriormente. O modelo passa em todos os testes? Em caso negativo, aumente o valor de `n_row` para 1000 e tente novamente. O aumento do número de observações do modelo impactou no teste das premissas? De que forma?

04 - Utilize função `BatchGetSymbols::GetSP500Stocks` para baixar dados de todas ações pertencentes ao atual índice SP500 para os últimos três anos. Usando o SP500 como o índice de mercado, calcule o beta para cada uma das ações. Apresente o histograma dos *betas* estimados. Note que os retornos do SP500 (`'^GSPC'`) não estão disponíveis na base de dados original e devem ser baixados e agregados a base de dados original.

05 - Para os dados importados anteriormente, estime uma versão em dados de painel para o modelo de mercado (beta). Nesta versão, cada ação possui um intercepto diferente, porém compartilham o mesmo beta. O beta estimado é significativo a 5%?

06 - Utilizando as funções do tidyverse, `dplyr::group_by` e `dplyr::do`, estime um modelo ARIMA para os retornos de cada ação dos dados importados no exercício do SP500. No mesmo **dataframe** de saída, crie uma nova coluna com a previsão em *t+1* de cada modelo. Qual ação possui maior expectativa de retorno para *t+1*?

07 - No mesmo código utilizado na questão anterior, adicione uma nova coluna-lista com a estimação de um modelo ARMA(1,0)-GARCH(1,1) para os retornos de cada ação. Adicione outra coluna com a previsão de volatilidade (desvio padrão) em *t+1*. Ao dividir o retorno esperado calculado no item anterior pelo risco previsto, temos um índice de direção do mercado, onde aquelas ações com maior valor de índice apresentam maior retorno esperado por menor risco. Qual ação é mais atrativa e possui maior valor deste índice?

08 - Para a mesma base de dados do SP500, selecione 4 ações aleatoriamente e estime um modelo de mudança de regime markoviano equivalente ao apresentado no item 11.6 para cada ação. Utilize função `plot` para apresentar o gráfico das

probabilidades suavizadas e salve cada figura em uma pasta chamada `'fig'`.

Capítulo 12

Reportando Resultados e Criando Relatórios

Nos capítulos anteriores aprendemos a utilizar o R para criar figuras e estimar modelos. Agora é o momento de estudarmos a forma de reportar os resultados do nosso estudo, tanto na forma de tabelas quanto figuras. Essa é a etapa final do ciclo computacional da pesquisa. Visando eficiência, devemos levar em consideração dois pontos, **qualidade dos itens exportados** e **facilidade para alterações**.

A qualidade refere-se a atratividade visual do material. Por exemplo, uma figura pode ser exportada com alta resolução. Uma tabela com testes estatísticos pode ser criada com uma estrutura particular, destacando os resultados mais significativos. Na prática de pesquisa, é muito comum em tabelas de estimação de modelos que os coeficientes estatisticamente significativos sejam destacados com asteriscos ou então em negrito. Isso facilita a análise para o leitor, cuja atenção será focada para os resultados mais importantes.

A facilidade de alteração de tabelas relaciona-se a maneira como editamos e finalizamos os itens exportados. Uma tabela pode ser manualmente editada para atingir alta qualidade. Podemos copiar as informações para uma planilha eletrônica e modificar a tabela até atingir o formato desejado. Porém, quanto maior o trabalho manual de formatação, menor a reprodutibilidade do mesmo. Toda vez que modificarmos a tabela original, seja por quaisquer motivos, teremos que re-copiar e re-formatar a mesma na planilha eletrônica. Isso adiciona um custo de trabalho muito alto pois é muito provável que a pesquisa evolva ao longo do tempo, exigindo diversas modificações.

Caso o trabalho de montagem de tabelas for demasiado, uma grande quantidade de horas será exigida e desperdiçada na formatação manual das informações. O ideal, portanto, é que o processo da pesquisa seja integrado a criação das tabelas, de forma que uma mudança nos dados não implique em trabalho extra na exportação das informações. Esse ganho de tempo pode ser alocado em atividades mais produtivas. Felizmente, o R possui pacotes que facilitam e automatizam este processo. Na maioria dos casos e principalmente para quem escreve na plataforma *LaTeX*, o processo de exportação de figuras e tabelas é fluido e não necessita trabalho adicional.

Existem duas estratégias para reportar resultados de uma pesquisa. A primeira, e mais comum, é separar a etapa de produção de tabelas e figuras da etapa de escrita. Nesse caso, figuras e tabelas são exportadas do R como arquivos e podem ser copiadas diretamente pro texto em programas como _Word/Writer/_LaTeX___. Vale destacar que o uso de *LaTeX* facilita muito esse processo pois cada tabela vira um arquivo que pode ser importado via código no próprio arquivo principal. A segunda maneira de escrever artigos no R é utilizar a capacidade de criação de relatórios dinâmicos com **Rmarkdown**. Essa é uma maneira mais dinâmica, onde texto e código mesclam-se no mesmo arquivo. Vamos iniciar explorando a primeira estratégia. Vale destacar que o material das próximas seções vale também para o *Rmarkdown*. A única diferença é que elimina-se o processo intermediário de utilizar arquivos para exportar as tabelas.

12.1   Reportando Tabelas

Tabelas simples, tal como estatísticas que descrevem a base de dados, devem ser criadas a partir de um `dataframe`. Vamos começar com um exemplo para a *LaTeX*. No próximo código, importaremos dados para 4 ações usando **BatchGetSymbols** e, a partir destes, uma tabela descritiva sobre os retornos dos diferentes ativos será exportada para um arquivo *LaTeX* usando o pacote **xtable** (Dahl et al., 2019).

```r
library(dplyr)
library(BatchGetSymbols)
library(DistributionUtils) # Kurtosis() and Assimetry()

# set number of rows in table
my_tickers <- c('PETR4.SA', 'GGBR4.SA',
                'USIM5.SA', 'MDIA3.SA')

first_date = '2015-01-01'
last_date = '2018-01-01'

df_stocks <- BatchGetSymbols(tickers = my_tickers,
                             first.date = first_date,
                             last.date = last_date,
                             bench.ticker = '^BVSP')[[2]]
```

```r
# create descriptive table
my_desc_table <- df_stocks %>%
  group_by(Ticker = ticker ) %>%
  summarise('Mean Ret' = mean(ret.adjusted.prices, na.rm = TRUE),
            'StDev Ret' = sd(ret.adjusted.prices, na.rm = TRUE),
            'Max Ret' = max(ret.adjusted.prices, na.rm = TRUE),
            'Min Ret' = min(ret.adjusted.prices, na.rm = TRUE),
            'Assimetry' = skewness(ret.adjusted.prices, na.rm = TRUE),
            'Kurtosis' = kurtosis(ret.adjusted.prices, na.rm = TRUE))

print(my_desc_table)
```

```
R> # A tibble: 4 x 7
R>   Ticker `Mean Ret` `StDev Ret` `Max Ret` `Min Ret`
R> * <chr>       <dbl>       <dbl>     <dbl>     <dbl>
R> 1 GGBR4~    0.00103      0.0341     0.161    -0.120
R> 2 MDIA3~    0.00101      0.0198    0.0937    -0.113
R> 3 PETR4~    0.00131      0.0342     0.163    -0.158
R> 4 USIM5~    0.00189      0.0458     0.351    -0.161
R> # ... with 2 more variables: Assimetry <dbl>,
R> #    Kurtosis <dbl>
```

Na criação do **dataframe**, observe como definimos os nomes das colunas como texto usando aspas duplas ('" "'). Isso é necessário pois utilizamos espaços nos nomes das colunas, tal como '"Mean Ret"'. Agora que temos nossa tabela, vamos exportá-la para a *LaTeX*.

```r
library(xtable)

# set xtable object
my_xtable <- xtable(x = my_desc_table,
                    label = 'tab:DescRetStats',
                    caption = 'Descriptive Statistics for Returns',
                    digits = 4)

# check if folder exists
if (!dir.exists('tabs')) {
    dir.create('tabs')
}

# print output to _LaTeX_ file
my_f_tex <- 'tabs/MyTable.tex'
```

```
# save it
print(my_xtable,
      include.rownames = FALSE,
      file = my_f_tex,
      type='latex')
```

Na função `xtable`, usamos apenas entradas `label` e `caption` para editar os detalhes da tabela. Demais opções estão disponíveis como outras entradas na função `xtable`. O arquivo *LaTeX* resultante é salvo na pasta `tabs` do diretório atual. O código verifica a existência desse diretório e, caso não existir, cria o mesmo. O resultado em um arquivo de *LaTeX* compilado será idêntico a 12.1, uma tabela pronta para impressão em um artigo ou relatório científico.

Ticker	Mean Ret	StDev Ret	Max Ret	Min Ret	Assimetry	Kurtosis
GGBR4.SA	0.0010	0.0341	0.1609	-0.1202	0.2832	1.3923
MDIA3.SA	0.0011	0.0199	0.0937	-0.1126	-0.1057	3.1040
PETR4.SA	0.0013	0.0343	0.1628	-0.1576	0.2165	2.0972
USIM5.SA	0.0019	0.0458	0.3511	-0.1614	0.9106	6.3831

Table 1: Descriptive Statistics for Returns

Figura 12.1: Exemplo de tabela com xtable

Quanto à exportação de tabelas para arquivos do *Word* (*Microsoft*) ou *Writer* (*Libreoffice*), não existe maneira direta de fazer isso usando `xtable`. Mas, uma solução simples é usar o pacote para exportar a tabela para um arquivo com extensão *html* ou *doc* temporário e, em seguida, copiar e colar o resultado no relatório final. Essa operação funciona pois arquivos com extensão *html* e *doc* compartilham um formato similar para tabelas. Como exemplo, vamos realizar esta operação:

```
# set html file for output
my_f_html <- '00-text-resources/tabs/MyTable.html'

# write it!
print(x = my_xtable,
      file = my_f_html,
      type = 'html',
      include.rownames = FALSE )
```

Uma vez que o arquivo está disponível, podemos abrir MyTable.html com qualquer navegador de Internet, selecionar e copiar a tabela e, finalmente, colá-lo no nosso documento. O resultado deve ser semelhante ao apresentado na Figura 12.2.

Indo além, se você lida com muitas figuras e tabelas em arquivos .*docx* (Word/Writer) ou .*ppt* (Powerpoint/Impress), a família de pacotes do `officer` (Gohel, 2021) pode

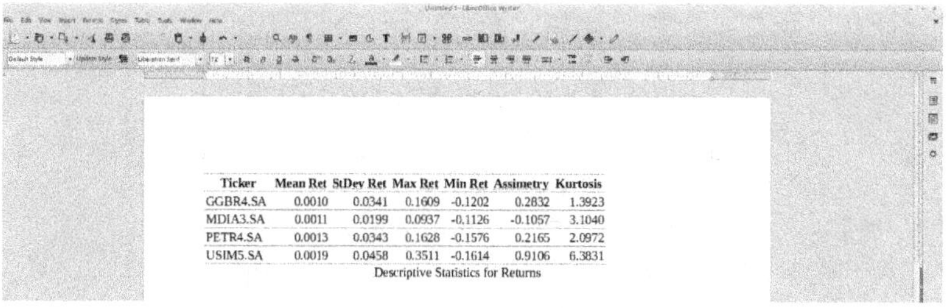

Figura 12.2: Exemplo de tabela no Writer (LibreOffice)

poupar muito tempo e esforço. Esse propões uma forma muito interessante de automatizar o processo de criação de relatórios no formato Microsoft Office. Ao invés de realizar uma exportação explícita via arquivos, podes definir *placeholders* no texto do arquivo *.docx* para inserir as tabelas e figuras direto do código. Por exemplo, podes escrever o texto `'FIGURA_1_AQUI'` no arquivo *Word* e, pelo R, substituir o texto por uma figura qualquer. Relatar mais sobre o uso desse pacote, porém, vai além dos nossos objetivos. Leitores interessados podem devem consultar o manual do autor.

12.2 Reportando Modelos

Um tipo especial de tabela refere-se a estimação de um ou mais modelos. Essas possuem uma estrutura própria com a apresentação de diferentes medidas de performance, comparação de coeficientes para modelos diferentes, além dos parâmetros individuais e suas estatísticas. Felizmente para usuários do R, existem pacotes que facilitam a construção e customização de tabelas de estimação de um ou mais modelos. Os mais populares são `xtable`, `texreg` e `stargazer`.

Como exemplo, vamos usar o pacote `texreg` para reportar os resultados do cálculo do *beta* de quatro ações. Carregamos os dados, estimamos os modelos e, depois disso, utilizamos função `screenreg` para exibir uma representação dos modelos em formato de texto.

```
library(texreg)
library(dplyr)

# get Ibov data
my_tickers <- c('^BVSP')

first_date = '2015-01-01'
last_date = '2018-01-01'

df_ibov <- BatchGetSymbols(tickers = my_tickers,
```

```
                          first.date = first_date,
                          last.date = last_date,
                          bench.ticker = '^BVSP')[[2]]

# set ibov ret column
idx <- match(df_stocks$ref.date, df_ibov$ref.date)
df_stocks$ret.ibov <- df_ibov$ret.adjusted.prices[idx]

# estimate betas
beta_tab <- df_stocks %>%
  group_by(ticker) %>%
  do(beta_model = lm(data=., ret.adjusted.prices ~ ret.ibov))

# report result
est_table <- screenreg(l = beta_tab$beta_model,
                       custom.model.names = beta_tab$ticker,
                       custom.coef.names = c('Alpha', 'Beta'),
                       digits = 2)

# print it
print(est_table)

R>
R> ========================================================
R>            GGBR4.SA    MDIA3.SA    PETR4.SA    USIM5.SA
R> --------------------------------------------------------
R> Alpha        0.00        0.00       -0.00        0.00
R>             (0.00)      (0.00)      (0.00)      (0.00)
R> Beta         1.41 ***    0.55 ***    1.86 ***    1.65 ***
R>             (0.07)      (0.05)      (0.05)      (0.10)
R> --------------------------------------------------------
R> R^2          0.36        0.16        0.62        0.27
R> Adj. R^2     0.36        0.16        0.62        0.27
R> Num. obs.  742         742         742         742
R> ========================================================
R> *** p < 0.001; ** p < 0.01; * p < 0.05
```

No código anterior, coluna `beta_model` de `beta_tab` contém todos os modelos estimados em um objeto do tipo lista. O argumento `custom.model.names` em `screenreg` define o nome dos modelos, enquanto `custom.coef.names` permite o uso de nomes customizados para os coeficientes. Para o nosso caso, podemos ver claramente que os *betas* das ações são diferentes e com significância estatística, isto é, a probabilidade deles serem iguais a zero é muito baixa.

O pacote `texreg` também oferece diversas outras opções para o usuário. Você pode personalizar sua tabela de estimação de várias maneiras. A exportação para outros formatos, como *LaTeX* e *html*, é possível e recomendada. Para usuários do Microsoft Office, a função `htmlreg` também permite exportar uma tabela para um arquivo do Word. Você pode fazer isso configurando entrada `file` como um arquivo *.doc*. Se você trabalha com tabelas de estimativas no dia-a-dia, o pacote `texreg` economizará muito tempo.

A seguir apresentamos um exemplo de uso de `texreg`:

```
# report result
est_table <- texreg(l = beta_tab$beta_model,
                    file = '00-text-resources/tabs/Example_texreg.tex',
                    custom.model.names = beta_tab$ticker,
                    custom.coef.names = c('Alpha', 'Beta'),
                    digits = 2)
```

O resultado em um arquivo *LaTeX* compilado para *pdf* será equivalente a figura 12.3.

	GGBR4.SA	MDIA3.SA	PETR4.SA	USIM5.SA
Alpha	0.00	0.00	−0.00	0.00
	(0.00)	(0.00)	(0.00)	(0.00)
Beta	1.41***	0.55***	1.87***	1.64***
	(0.07)	(0.05)	(0.05)	(0.10)
R^2	0.36	0.16	0.64	0.27
Adj. R^2	0.36	0.16	0.64	0.27
Num. obs.	736	736	701	736
RMSE	0.03	0.02	0.02	0.04

***$p < 0.001$, **$p < 0.01$, *$p < 0.05$

Table 3: Statistical models

Figura 12.3: Exemplo de tabela com xtable

12.3 Criando Relatórios com o *RMarkdown*

A estratégia mais comum para a produção de relatórios técnicos é separar as etapas entre código, onde tabelas e figuras são criadas, e a escrita do texto em si. A tecnologia *RMarkdown* inova o processo de escrita de relatórios ao mesclar texto com código. O grande benefício é que todo o processo de produção do texto fica contido em um único arquivo com extensão *.Rmd*, o qual é flexível e customizável.

A estrutura de texto do *Rmarkdown* baseia-se no *markdown*, uma linguagem voltada a escrita e formatação de texto na Internet. O grande diferencial em relação a programas como *Word* e *Writer* é que toda formatação do texto é realizada via código. Por exemplo, um texto em negrito em *markdown* é escrito como **texto negrito** e itálico como _texto itálico_. Um programa compilador lê o código original e o transforma em texto formatado. Usuários de *LaTeX* irão se sentir muito confortável com o *markdown*, pois a forma de trabalho é bastante semelhante.

Vamos explicar o funcionamento do **Rmarkdown** com um exemplo. Abra o RStudio e clique em *New Files* e depois em *New R Markdown*. Note que uma caixa de diálogo aparece, com as opções para *Document, Presentation, Shiny* e *From Template*. O primeiro caso, *Document* refere-se a escrita de documentos de texto corrido, isto é, artigos e relatórios técnicos. A segunda opção, *Presentation*, é relativa a criação de *slides* de apresentação, comparável a arquivos do *Powerpoint/Impress* e *LaTeX* (*beamer*). A terceira opção, **Shiny**, cria aplicativos para a internet, usando a tecnologia de mesmo nome. Não cabe aqui explicar as funcionalidades de todos os casos. Iremos, portanto, dar preferência a opção *Document*, a qual temos maior interesse.

Indo em frente, vamos editar o título do relatório como 'Meu Primeiro Relatório RMarkdown' e o nome do autor. O resultado de nossas escolhas deve ser semelhante a tela destacada na Figura 12.4.

Figura 12.4: Criando um relatório Rmarkdown

As próximas escolhas referem-se ao tipo de arquivo de saída na compilação do arquivo contendo o relatório: HTML, PDF ou Word. O conteúdo do documento será todo escrito em *RMarkdown* e depois compilado para um dos formatos destacados anteriormente. O resultado será um arquivo com uma das três extensões. Qual o melhor formato? Depende muito de quem irá ler o documento. Eu, particularmente, gosto muito do formato *html* devido a facilidade de distribuição. Hoje em dia, qualquer computador ou celular/tablet tem um navegador de internet pré-instalado. Os formatos PDF e Word, porém, são mais populares. De qualquer maneira, não se preocupe muito com isso. Podes modificar o formato de saída futuramente. Vale salientar que a produção em *pdf* exige a instalação do compilador do *LaTeX*. No *Windows*, esse software é o miktex[1].

Após dar o *OK*, um arquivo aparecerá na tela de edição de *scripts*. Vamos dissecar o mesmo com figuras, explicando o funcionamento de cada elemento. A primeira parte é o cabeçalho do arquivo, Figura 12.5.

```
1 ---
2 title: "Meu Primeiro Relatório Rmarkdown"
3 author: "Marcelo S. Perlin"
4 date: "March 28, 2018"
5 output: html_document
6 ---
```

Figura 12.5: Cabeçalho de arquivo Rmarkdown

O cabeçalho do documento é identificado pelo uso do separador ---. Cada item é pré-definido e reconhecido pelo `Rmarkdown`, incluindo o título (`title:`), autor (`author:`), data do documento (`date:`) e o tipo de saída (`output:`). Existem várias outras opções de customização. Podes configurar tamanho da página, estilo do texto de saída, tamanho das figuras, entre outras coisas. Interessados em customizar o arquivo de saída devem consultar o manual.

Avançando, o próximo pedaço é identificado na Figura 12.6. Esse é o código de configuração do relatório. O termo *setup* é o identificador do pedaço de código, o qual pode ser usado futuramente ou não. No *RMarkdown*, todo código começa e termina com triplo acento inverso. O item `r` indica a linguagem usada para rodar o código, nesse caso o próprio R. Caso fosse de interesse, poderíamos executar códigos de outra linguagem, tal como *Python*, *SQL* ou *Bash*.

O item `include=FALSE` é uma opção particular a aquele pedaço de código. Particularmente, o comando `include=FALSE` diz para o RMarkdown não incluir o pedaço de código na saída do documento, porém rodar o código contido nele. Existem diversas outras opções para cada pedaço de código. O manual do *knitr*, disponível na internet, apresenta todas as possibilidades. Por enquanto, sugiro conhecer apenas as opções mais simples. Nesse caso, além da entrada `include`, deves conhecer a opção `eval = TRUE|FALSE`, a qual define se o código em questão será avaliado (executado) ou não e `echo = TRUE|FALSE`, que permite esconder ou mostrar o código no texto final.

---

[1]https://miktex.org/

```
 8 ▾  ```{r setup, include=FALSE}
 9   knitr::opts_chunk$set(echo = TRUE)
10   ```
```

Figura 12.6: Código em Rmarkdown

Para o primeiro pedaço de código, a linha `knitr::opts_chunk$set(echo = TRUE)` define uma opção global para todos os pedaços de códigos futuros. Nesse caso, `echo=TRUE`, ou seja, todo o código será apresentado no documento final. Essa opção será *default* e respeitada caso o pedaço de código não tenha a opção `echo=FALSE` explicitamente em sua configuração.

 Um ponto importante na compilação de arquivos RMarkdown é que o o diretório de trabalho sempre será o local do arquivo de origem. Portanto, ao contrário do desenvolvimento de *scripts* do R, **não é necessário trocar de diretório** no código *.Rmd* com a função `setwd`.

Seguindo em frente, o texto `## R Markdown` na Figura 12.7 define um título (ou âncora), nesse caso no segundo nível de profundidade. No *Word/Writer*, esse formato seria denominado *Título 2*. A profundidade do título define, no documento final, o tamanho e fonte das letras do título, e o sumário da obra. Caso necessário, um título no primeiro nível poderia ser definido como `# Titulo 1` e um título no terceiro nível como `### Título 3`. Note que a quantidade de *hashtags* (#) define o nível de profundidade do título.

```
12 ▾ ## R Markdown
13
14   This is an R Markdown document. Markdown is a simple formatting syntax for
     authoring HTML, PDF, and MS Word documents. For more details on using R
     Markdown see <http://rmarkdown.rstudio.com>.
15
16   When you click the **Knit** button a document will be generated that includes
     both content as well as the output of any embedded R code chunks within the
     document. You can embed an R code chunk like this:
17
18 ▾ ```{r cars}
19   summary(cars)|
20   ```
```

Figura 12.7: Texto em Rmarkdown

A segunda parte em 12.7 é o texto em si. Nesse, pode-se escrever livremente, atentando apenas a estrutura de formatação utilizada. Por exemplo, texto em negrito é escrito como `**texto negrito**`, itálico como `*texto itálico*` ou `_texto itálico_`, links como `(texto link)[url]`. Como para os casos anteriores, existem diversos outras opções. Refiro novamente ao manual para maiores detalhes.

Um ponto importante aqui é o uso de código em texto corrido, o qual não faz parte do documento *template* do *RMarkdown*. Para explicar, imagine uma situação em que queres reportar o valor de um teste estatístico no texto:

"O valor do test T foi X."

onde _X*_ é o resultado da estatística, calculada pelo próprio código R. Veja um exemplo na Figura 12.8

```
33 - ```{r}
34  x <- runif(100)
35  y <- runif(100)
36
37  my.lm <- lm(formula = y ~ x)
38  result.ttest <- summary(my.lm)$coefficients[1, 3]
39  ```
40
41  O valor do teste T foi `r my.ttest` ...
42
```

Figura 12.8: Exemplo de código em texto corrido

O R irá avaliar o valor de `result.ttest` no momento da compilação do arquivo e a frase estará com o valor correto, obtido via código. Note aqui a grande vantagem do *RMarkdown*, texto e resultados são integrados dinamicamente. Caso a base de dados fosse trocada, não seria necessário reescrever a frase uma vez que ela não perderia o sentido, apenas trocaria o valor de `result.ttest`.

A última parte em 12.7 apresenta o código `summary(cars)`, isto é, apresenta o sumário de um objeto já existente na memória do R. Esse código será mostrado no texto (veja uso de `echo=TRUE` em `knitr::opts_chunk`) e apresentará o resultado de sua execução no texto compilado, também. A apresentação de resultados não é relativa somente para o comando `print`. Podes utilizar, também, comandos `cat` e `message` para apresentar textos de saída no documento final.

Na Figura 12.9 apresenta-se a última seção do arquivo *Rmarkdown* de exemplo. Essa cria e apresenta uma figura no relatório final. Para isso, basta chamar função `plot` ou então funções do `ggplot2` normalmente, conforme aprendido no capítulo 10. No caso de criação de mais de um gráfico, esses serão apresentados um embaixo do outro no documento. Uma observação importante, o uso de `x11()` para criar janelas (veja capítulo 10) não deve ser feito em um arquivo *Rmarkdown*. Isso ocasionará um erro na compilação do relatório.

Agora que já entendemos os componentes que formam o nosso relatório *Rmarkdown*, é hora de compilar e analisar o resultado. Primeiro salve o arquivo *Rmd* em uma pasta local com um nome qualquer. Após isso, clique no botão *Knit* (topo do editor) e selecione *Knit to html*. No canto inferior esquerdo do RStudio aparecerá as etapas do processo. Por fim, uma nova janela com o documento já compilado irá surgir. Podes clicar em *Open in Browser* para abrir o arquivo no seu navegador de internet padrão. Este arquivo compilado deve ter o mesmo nome e pasta do arquivo original

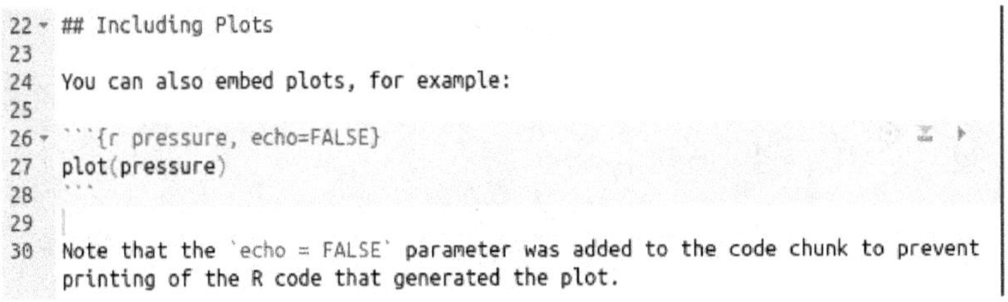

```
22 ▾ ## Including Plots
23
24  You can also embed plots, for example:
25
26 ▾ ```{r pressure, echo=FALSE}
27  plot(pressure)
28  ```
29
30  Note that the `echo = FALSE` parameter was added to the code chunk to prevent
    printing of the R code that generated the plot.
```

Figura 12.9: Texto com figuras no Rmarkdown

Rmd, mas com extensão *html*. O resultado deve ser idêntico ao apresentado na Figura 12.10. Como exercício, sugiro compilar o arquivo para outros formatos, *pdf* e *docx*, e verificar o resultado.

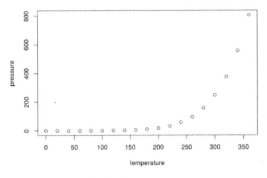

Figura 12.10: Exemplo de relatório compilado em html

Vale destacar que os procedimentos de exportação de tabelas e modelos destacados na seção anterior com o uso dos pacotes **xtable** e **texreg**, também são válidos. Portanto, tens a disposição todas as ferramentas necessárias para a criação de artigos científicos no *RMarkdown*, integrando código com texto.

Essa seção mostrou uma pequena porção do universo de possibilidades no uso do *Rmarkdown*. Leitores com interesse em aprender mais, sugiro a leitura completa do manual destacado na sua página. Essa oferece, também, uma galeria de casos de uso do Rmarkdown. Alternativamente, uma coleção de *templates* é oferecida no GitHub.

12.4 Exercícios

Todas soluções de exercícios estão disponíveis em https://www.msperlin.com/adfeR.

01 - Observe os dados disponíveis no arquivo **grunfeld.csv**. Importe os dados no R e monte uma tabela descritiva das variáveis. Essa tabela deve oferecer informações suficientes para o leitor entender os dados. Utilize pacote **xtable** para reportar a mesma no formato *LaTeX* ou Word/Writer.

02 - Utilizando função **BatchGetSymbols::GetIbovStocks**, selecione 4 ações aleatoriamente e baixe os dados de preços ajustados para os últimos três anos. Estime um modelo ARIMA(1, 0, 1) para cada ação e reporte o resultado na tela do R com função **texreg::screenreg**.

03 - Crie um novo relatório em *Rmarkdown* contemplando os dois exercícios anteriores. Compile o relatório em html e abra o mesmo no seu *browser*.

Capítulo **13**

Otimização de Código

Neste capítulo estudaremos como ser mais eficiente ao escrever códigos em R, isto é, produzir códigos que sejam mais fáceis de manter e que minimizem o seu tempo de execução. No entanto, antes de começarmos, você precisa entender que a otimização de código é um tópico avançado e complexo. Você só deve ler este capítulo caso se sentir confortável com as informações dos anteriores. Melhorar a execução do código, por exemplo, é um assunto profundo que pode ser abordado de diferentes maneiras, desde a configuração do hardware até o uso de linguagens de programação adicionais. Aqui, vamos nos concentrar nos casos mais óbvios e comuns de otimização de código. Como sugestão, um material abrangente é encontrado em Gillespie and Lovelace (2016).

13.1 Otimizando Código em R

O primeiro tópico que você deve considerar ao pensar em otimizar seu trabalho com o R é o formato do código. Assim como podemos melhorar o conteúdo de um texto escrito, também podemos otimizar a maneira como escrevemos código: **mantendo-o claro, organizado, simples e fácil de entender**. Com isso em mente, devemos considerar as seguintes diretrizes:

DRY (não se repita) Sempre que você se pegar escrevendo linhas de código semelhantes ou copiando e colando em diferentes partes do código, considere escrever uma função (veja capítulo 8). Algum tempo será gasto organizando entradas e saídas e escrevendo comentários, mas os benefícios são claros: você poderá usar a função em todo o seu código futuro, para sempre.

KISS (*keep it simple and smart*) Quanto mais simples e direto for o seu código, melhor. Você deve ter como objetivo ter uma estrutura de código tão óbvia

que até mesmo um programador novato possa entender o que está acontecendo dentro do *script*, mesmo que ele/ela não consiga replicá-lo. Você pode
fazer isso usando pacotes estabelecidos ou funções personalizadas, em ordem
de preferência. No entanto, sempre que seu código estiver se tornando muito
complexo, faça uma pausa e repense se o estado atual é ideal para resolver o
problema. Como regra de bolsa, escreva códigos do R que facilitem o entendimento e execução no futuro.

Estruture seu diretório de trabalho Organize todos os elementos dos scripts
em pastas relativas (consulte o capítulo 3). Por exemplo, todos os arquivos de dados brutos devem ir para a pasta `data`, todos os dados de saída
para `figs` e assim por diante. Scripts que produzem conteúdos devem ser nomeados e organizados em uma seqüência (por exemplo, `'01_load_data.R'`,`
02_clean_data.R'`). Essa organização simples tornará mais fácil alterar e exe-
cutar o código no futuro.

Comentários são seus amigos Mesmo se és o único usuário de código, mantenha
os comentários presentes e instrutivos. Escreva sobre os problemas que você
teve que resolver ao escrever o código e as dependências externas do seu *script*.
Qualquer coisa que não seja óbvia no código deve ser observada fazendo um
comentário explícito. Dedicar alguns minutos para escrever bons comentários
ou fazer anotações hoje pode economizar horas no futuro.

Mantenha uma notação clara e consistente A notação de código é o toque
pessoal que você traz ao seu trabalho. Ele define como você nomeia variáveis e funções e como escreve o código em geral. Quando em uma equipe,
tente não ser a pessoa com a notação de código mais estranha. É sensato
seguir as diretrizes da comunidade, especialmente se a colaboração fizer parte
do seu trabalho. Aqui, vamos explorar as convenções oficiais do `tidyverse`,
encontradas em seu site[1].

Nomes de arquivos e caminhos Nomes e caminhos de arquivos devem ajudar a
identificar seu conteúdo.

```
# GOOD STYLE
my_f <- '01_Run_Research.R'
my_f <- '02_Import_and_Clean_Data.R'
my_f <- 'data/gdp.rds'
my_f <- 'fcts/report_functions.R'

# BAD STYLE
my_f <- 'functions.R'
my_f <- 'data/script.R'
my_f <- 'html/script_ver_03.R'
my_f <- 'script_ver_05_with_clean_data.R'
```

---

[1]https://style.tidyverse.org/

Seções de código Use três traços seguidos no script (`---`) para quebrar as seções do código. Lembre-se de que o RStudio criará atalhos para cada estágio em uma pequena janela logo acima do *prompt* e abaixo do editor.

```
# Import data ----

# Clean data ----

# Estimate models ----
```

Nomes de variáveis e funções use estas diretrizes para nomear objetos, incluindo funções:

- Dê preferência a caracteres minúsculos ao nomear objetos;
- Mantenha os nomes curtos, concisos e intuitivos (mais fácil falar do que fazer, mas tente o seu melhor..);
- Use as primeiras letras para identificar a classe de um objeto (por exemplo, dataframe `df_gdp`, tibble `tib_prices`, lista`l_args`);
- Evite o uso de pontos (`.`) ao conectar palavras nos nomes dos objetos. O ponto tem um uso especial ao chamar objetos do tipo S3[2], uma abordagem orientada a objetos em R, não discutida neste livro. Em substituição, use traço baixo (`_`) para vincular palavras em um nome.

```
# GOOD
my_seq <- 1:100 # simple and clean
df_prices <- tibble()  # for sure it is a dataframe with prices!
fct_plot_prices <- function() # I know what it does before executing it!
l_args <- list() # also nice and clean


# BAD
DF <- tibble() # all uppercase and generic
DataFrame <- tibble() # camel case and same name as object
list <- list() # Same name as constructor. Does it even work?
                # It does..
Prices_of_Facebook <- tibble() # very informative,
                                # but too long!
DATAFRAME_WITH_SPECIAL_DATA <- tibble() # too long!
# Why SHOUT in code? Be nice..
df.prices <- tibble() # use of dots
```

Outras convenções de código:

- Sempre coloque um espaço entre os operadores (`=`, `>`, `<`, ...) e use parênteses para indicar testes lógicos:

---

[2]http://adv-r.had.co.nz/S3.html

```
# GOOD
x <- 10
flag <- (x > 0)

# BAD
x<-0
flag<-x>0
```

- Sempre defina um espaço depois de usar a vírgula ou um operador, como faria ao escrever texto comum:

```
# GOOD
my_fct(1, 2, 3)
my_x <- c(1, 2, 3)
my_sum <- x + y

# BAD
my_fct(1,2,3)
my_x<-c(1,2,3)
my_sum<-x+y
```

Essas são regras simples e importantes que você pode seguir para manter seu código mais legível. Um conjunto de regras mais abrangente é encontrado no guia de estilo tidyverse[3]. Se escrever código R é uma significativa parte do seu trabalho, certifique-se de você e sua equipe concordam com estas normas.

13.2   Otimizando a Velocidade de Execução

Para a maioria dos usuários de R, o tempo de execução do código não é uma grande preocupação. Se você estiver usando a plataforma para analisar tabelas e produzir relatórios técnicos, é improvável que encontre um projeto em que o tempo de execução de código se torne um problema **real**.

Particularmente, análise de dados e produção de relatórios não tende a ser uma tarefa intensiva. Por exemplo, minha experiência como pesquisador me diz que um ciclo de pesquisa acadêmica - da ideia ao artigo escrito - leva cerca de 6 meses. Mesmo que o tempo de execução do código leve três horas para ser concluído, o que é raro, posso pagar o preço de esperar por ele. Da mesma forma, em um cenário corporativo, se um relatório leva cinco minutos para ser compilado em vez de 30 segundos, isso não é realmente danoso. Na verdade, pode ser apenas a melhor desculpa para outra xícara de café (ou cuia de mate!).

---

[3]https://style.tidyverse.org/

Portanto, fiques ciente de que, ao tentar otimizar um código, pode ser o caso em que **você gaste muita energia buscando otimizar um código onde o benefício real da otimização é mínimo!** Como exemplo, não faz sentido gastar três horas tentando otimizar um código que roda em 5 minutos, todo mês. Muito mais importante, nesse caso, é gastar o seu tempo certificando-se de que o código roda corretamente ou produzindo novas rotinas. Em resumo, sempre que você pensar em otimizar o código R, certifique-se de que seu ganho líquido seja positivo.

O tempo de execução se torna um problema quando o código R está servindo um sistema ativo e *online*. Por exemplo, se o algoritmo de pesquisa do Google foi escrito em R, existe um benefício real e econômico em melhorar sua execução e diminuir um milissegundo do tempo de processamento. Da mesma forma, se alguém está servindo um aplicativo do tipo `Shiny` na Internet e sua interface parece lenta, a otimização do código deve ser uma prioridade.

 A tecnologia `Shiny` permite que programadores do R desenvolvam websites dinâmicos baseados em código do R. Isso significa que podes, por exemplo, ter um site onde o usuário insere um parâmetro qualquer, tal como ticker de uma ação, e a página retorna um gráfico atualizado do preço da ação. Esse é um tópico avançado, além do escopo do livro. Para maiores detalhes sobre a tecnologia, veja o site oficial[4].

De volta ao código, otimizar a velocidade em scripts R é um processo de dois estágios: primeiro precisamos identificar as partes do código que estão demorando mais - a análise do perfil do código - e depois alterar o código para melhorar o tempo de execução.

13.2.1 Perfil do Código R (*profiling*)

Existem diferentes rotas para analisar um código R. Uma maneira simples e fácil de fazer isso é fornecer mensagens dos estágios do script no prompt. Quando você assistir a execução do código ao vivo, será fácil perceber quais partes estão demorando mais para serem executadas e onde devemos tentar otimizar.

Como exemplo, primeiro escreverei uma função que simulará alguns dados, pausarei por um segundo e então estimarei um modelo linear. A pausa é o gargalo, a seção que levará a maior parte do tempo de execução.

```
my_bench_fct <- function() {

  require(tictoc)
  require(tidyverse)
```

```
message('01-Set parameters')
my_n <- 1000000

message('02-Build variables')
x <- runif(my_n)
y <- x + rnorm(my_n)

message('03-Pause for a while -- the bottleneck')
profvis::pause(1)

message('04-Estimate a linear model')
lm_model <- lm(data = tibble(x = x, y = y),
                formula = y ~ x)

return(lm_model)
}

out <- my_bench_fct()

R> 01-Set parameters

R> 02-Build variables

R> 03-Pause for a while -- the bottleneck

R> 04-Estimate a linear model
```

Sempre que você fizer uma chamada para a função `my_bench_fct`, verá as mensagens rolando para baixo no prompt do R. Não será difícil perceber qual o estágio do código que está gerando o maior tempo de execução. Basta notar o tempo de execução em cada estágio. É simples, mas eficaz. Nesse caso, fica claro ao observar a execução do código anterior de que o estágio 03 é o gargalo.

Para um código complexo e extenso, no entanto, usar `message` para imprimir mensagens pode não ajudar muito, especialmente quando cada estágio do script tem muitas linhas de código. Para isso, usamos função `base::Rprof`, a qual irá medir o tempo necessário para a execução de cada linha do código. O resultado será salvo em arquivo que pode ser analisado posteriormente.

Para usar `base::Rprof`, primeiro definimos um arquivo para salvar os resultados. Qualquer código executado após a chamada ao `Rprof`, será avaliado quanto ao seu tempo de execução. Quando terminar, pausamos a criação de perfil chamando `Rprof(NULL)`. Veja um exemplo a seguir:

```r
# set temporary file for results
profiling_file <-  tempfile(pattern = 'profiling_example',
                            fileext = '.out')

# initialize profiling
Rprof(filename = profiling_file)

message('01-Set parameters')

R> 01-Set parameters
my_n <- 1000000

message('02-Build variables ')

R> 02-Build variables
x <- runif(my_n)
y <- x + rnorm(my_n)

message('03-Pause for a while -- the bottleneck ')

R> 03-Pause for a while -- the bottleneck
profvis::pause(1)

message('04-Estimate a linear model ')

R> 04-Estimate a linear model
lm_model <- lm(data = tibble(x = x, y = y),
               formula = y ~ x)

# stop profiling
Rprof(NULL)

R> NULL
```

Os resultados agora podem ser importados com `base::summaryRprof`:

```r
# check results
df_res <- summaryRprof(profiling_file)$by.total

# print it
print(head(df_res))
```

```
R>                     total.time total.pct self.time
R> "block_exec"             1.22       100         0
R> "call_block"             1.22       100         0
R> "eval"                   1.22       100         0
R> "evaluate_call"          1.22       100         0
R> "evaluate::evaluate"     1.22       100         0
R> "evaluate"               1.22       100         0
R>                     self.pct
R> "block_exec"              0
R> "call_block"             0
R> "eval"                    0
R> "evaluate_call"          0
R> "evaluate::evaluate"      0
R> "evaluate"                0
```

No **dataframe** resultante vemos as 5 principais linhas de código que levaram mais tempo de execução: `profivs::pause` e `lm`. A próxima etapa da otimização do código é analisá-lo ainda mais e verificar se alguma linha de código pode ser melhorada. A solução, neste caso, é simplesmente remover a linha `profivs::pause`, fazendo nosso código rodar um segundo mais rápido.

Outra solução interessante para criação de perfil de execução é o pacote `profvis` (Chang et al., 2020). Com base no arquivo de saída de `base::Rprof`, ele cria um site dinâmico com as linhas de código reais e sua avaliação de tempo. As próximas linhas de código executarão nosso exemplo anterior.

```
library(profvis)

# use profvis
profiling <- profvis(expr = {
  require(tictoc)
  require(tidyverse)

  message('01-Set parameters ')
  my_n <- 1000000

  message('02-Build variables ')
  x <- runif(my_n)
  y <- x + rnorm(my_n)

  message('03-Pause for a while -- the bottleneck ')
  profvis::pause(1)

  message('04-Estimate a linear model ')
```

```r
lm_model <- lm(data = tibble(x = x, y = y),
               formula = y ~ x)

})

# create visualization
htmlwidgets::saveWidget(profiling , "profile.html")

# Can open in browser from R
browseURL("profile.html")
```

O resultado será semelhante à Figura 13.1. Novamente encontramos o mesmo resultado - a linha 13 (`profvis::pause (1)`) é o gargalo -, mas em uma interface mais agradável.

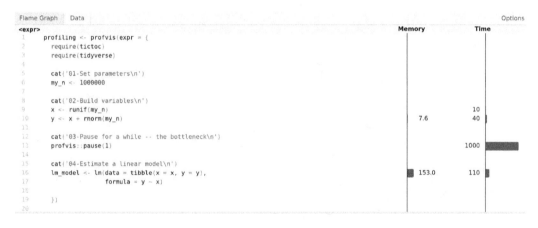

Figura 13.1: Saída em html de profvis

13.2.2 Estratégias para Melhorar a Velocidade de Execução

Depois de identificar o gargalo em seu código, é hora de corrigi-lo. Aqui, discutiremos as maneiras mais óbvias de melhorar o tempo de execução do código R.

13.2.2.1 Use Operações Vetoriais

Sempre que estiver trabalhando com vetores atômicos em R, você deve entender que **inserções e modificações manuais de elementos não são eficientes**. Como regra geral, sempre use uma função vetorizada nativa para qualquer operação. Essas são escritos em código C e muito, muito mais rápidas.

Como exemplo, vamos analisar o caso de construção de um vetor numérico y baseado em outro vetor x. A versão vetorizada da solução é simples: `y <- x + 1`. Aqui vamos explorar alternativas usando loops e pré-alocação. No próximo trecho de código, usamos o pacote `tictoc` (Izrailev, 2014) para avaliar o tempo de execução de cada parte do código.

```r
library(tictoc)

N <- 10000000
x <- 1:N

tic('Using loops without preallocation') # start timer
y <- numeric()
for (i in seq_along(x)) {
  y[i] <- x[i] + 1
}
toc() # end timer

tic('Using loops with preallocation') # start timer
y <- numeric(length = N)
for (i in seq_along(x)) {
  y[i] <- x[i] + 1
}
toc() # end timer

tic('Using vectors') # start timer
y <- x + 10
toc() # end timer
```

```r
R> Using loops without preallocation: 4.215 sec elapsed
R> Using loops with preallocation: 0.987 sec elapsed
R> Using vectors: 0.029 sec elapsed
```

Na primeira versão com loop, definimos y <- numeric(), ou seja, um vetor vazio. Aqui, não há pré-alocação de vetores. O resultado é o pior tempo de execução. No segundo caso, pré-alocamos a memória para o vetor em y <- numeric(length = N) e executamos o mesmo loop. Essa simples técnica de pré-alocação diminuiu significativamente o tempo de execução. No entanto, observe como a versão vetorizada do código foi capaz de realizar a mesma operação em uma fração do tempo das demais.

A lição aqui é: **sempre busque versões vetorizadas de funções** pois estas têm baixíssimo tempo de execução. Da mesma forma, quando possível, evite criar ou expandir vetores dentro de loops.

13.2.2.2 Junção Repetitiva de dataframes

Outro erro comum quando se trata de código R é o uso repetitivo de operações de bind (junção) com dataframes. Em grande escala, uma repetição de junções é extremamente ineficiente e pode aumentar significativamente o tempo de execução.

Vamos explorar um exemplo com alguns dados aleatórios. O próximo pedaço de código a seguir criará vários dataframes e os agregará em um único objeto com duas estratégias: 1) vinculação dentro do loop e 2) usando listas dentro do loop para vinculação posterior.

```
library(tidyverse)

n_dfs <- 1000 # number of dataframes to bind
n_obs <- 1000 # number of observations in each dataframe

tic('Binding dataframes within the loop')
my_df <- tibble()
for (i in 1:n_dfs) {
  temp_df <- tibble(x = runif(n_obs),
                    y = rnorm(n_obs))

  my_df <- bind_rows(my_df, temp_df)

}
toc()

tic('Using lists within the loop, bind it later')
my_l <- list()
for (i in 1:n_dfs) {
  temp_df <- tibble(x = runif(n_obs),
                    y = rnorm(n_obs))

  my_l <- c(my_l, list(temp_df))
}

my_df <- bind_rows(my_l)
toc()
```

```
R> Binding dataframes within the loop: 6.127 sec elapsed
R> Using lists within the loop, bind it later: 0.761 sec elapsed
```

Como você pode ver, a diferença de tempo de execução é gritante! Como regra geral, **não junte dataframes repetidamente**. Uma abordagem melhor é salvar o resultado em uma **lista** e vincular todos os elementos em uma única chamada de

```
dplyr::bind_rows.
```

13.2.3   Usando Código C ++ (pacote Rcpp)

Pacote `Rcpp` (Eddelbuettel et al., 2021) é um ótimo exemplo de como o R pode interagir com outras linguagens de programação. Com ele, você pode escrever e executar códigos e funções em C++ dentro do seu script do R. O principal benefício é a velocidade e o acesso às bibliotecas numéricas. A linguagem C++ é conhecida por acelerar as operações numéricas de maneira significativa. Não surpreendentemente, `Rcpp` é usado em mais de mil pacotes no CRAN, uma conquista impressionante para os seus autores.

Veja o próximo exemplo, onde escrevemos uma função simples de soma de elementos em três versões diferentes: usando loops, usando a função `sum` e usando `Rcpp`.

```
library(Rcpp)
library(tictoc)

sum_R_looped <- function(x) {
  total <- 0
  for (i in seq_along(x)) {
    total <- total + x[i]
  }
  return(total)
}

sum_R_vector <- function(x) {
  total <- sum(x)
  return(total)
}

cppFunction('double sum_C(NumericVector x) {
  int n = x.size();
  double total = 0;
  for(int i = 0; i < n; ++i) {
    total += x[i];
  }
  return total;
}')
```

Usar `cppFunction` é simples, mas vai exigir conhecimento da linguagem C++. Sua entrada é uma definição de função C++ como um objeto de caractere. Uma vez executada, a função `sum_C` estará disponível na sessão atual do R.

Agora, vamos testar todas as três funções com um grande vetor:

```
x <- 1:5000000

tic('Sum with R loops')
out1 <- sum_R_looped(x)
toc()

tic('Sum with R (vectorized)')
out2 <- sum_R_vector(x)
toc()

tic('Sum with C++ (rcpp)')
out3 <- sum_C(x)
toc()

R> Sum with R loops: 0.289 sec elapsed
R> Sum with R (vectorized): 0.002 sec elapsed
R> Sum with C++ (rcpp): 0.011 sec elapsed
```

O caso com menor tempo de execução é a versão vetorizada. Isso acontece porque a função `base::sum` já está altamente otimizada. No entanto, note que função `sum_C` diminuiu significativamente o tempo de execução quando comparando com a versão que usa loops (`sum_R_looped`).

Sempre que você tiver um gargalo numérico em seu código, considere usar o pacote `Rcpp` para diminuir o tempo de execução. Algum tempo será gasto aprendendo e escrevendo uma função C++, mas os benefícios são significativos. Apenas raspamos a superfície deste pacote. Usuários avançados devem saber que você também pode chamar bibliotecas em C++ para computação científica, como eigen[5] e Armadillo[6] direto de sua sessão R. Mais detalhes podem ser encontrados no site oficial do Rcpp[7].

13.2.4   Usando Cacheeamento Local (pacote `memoise`)

Um recurso muito subestimado no R é o uso de estratégias de cacheamento local. Para entender melhor o que o cacheamento significa, pense nele como uma grande memória que está sendo construída à medida que o código é executado e todas as entradas e saídas das funções são memorizadas. Para cada grupo de entradas, há uma única saída que é salva em um arquivo local. Sempre que quiser um resultado que já foi calculado anteriormente, você pode simplesmente olhar a sua memória (carregar o arquivo de cache local) e obter o mesmo resultado sem realmente executar a função.

---

[5]http://eigen.tuxfamily.org/

[6]http://arma.sourceforge.net/

[7]http://www.rcpp.org/

A estratégia de cacheamento local funciona perfeitamente com funções determinísticas, aquelas que, dado um determinado conjunto de argumentos de entrada, sempre trazem de volta o mesmo resultado. O maior benefício do armazenamento em cache é a velocidade. Em vez de realizar cálculos demorados, corte atalhos e simplesmente carregue o resultado da memória. **O armazenamento em cache torna seu código mais rápido, é fácil de implementar e com um custo muito baixo de espaço em disco.**

Particularmente, o cacheamento funciona muito bem na importação de conjuntos de dados. Como você deve ter notado no capítulo 5, pacotes `BatchGetSymbols`, `GetQuandlData` e `simfinR` por exemplo, usam um sistema de cache local personalizado para que consultas de dados repetidas sejam importadas de arquivos locais e não da internet. Além de diminuir o tempo de importação, diminui a carga de trabalho no servidor onde os dados são acessados.

Embora você possa escrever seu próprio sistema de cache salvando e lendo arquivos locais, uma abordagem mais fácil é usar o pacote `memoise` (Wickham et al., 2021b). Como exemplo, vamos criar uma simples função chamada `sleeping_beauty` que irá pausar por um segundo e apenas retornar as suas entradas. A ideia é mostrar como o cacheamento com `memoise` irá diminuir tempo de execução da função.

```
sleeping_beauty <- function(arg1, arg2) {
  # Simple example function that will sleep for one second
  #
  # ARGS: arg1 - anything
  #       arg2 - anything
  # RETURNS: A list

  profvis::pause(1)

  return(list(arg1, arg2))
}
```

O primeiro passo para usar `memoise` é definir o caminho local para os arquivos de cache com a função `memoise::cache_filesystem`. Aqui, usaremos a pasta `mem_cache`. Você também pode definir um cache temporário na memória RAM com a função `memoise::cache_memory` ou serviço de nuvem Amazon S3 com `memoise::cache_s3`.

 Note que ao usar o sistema de arquivos como local de armazenamento dos arquivos do cache, a memória do `memoise` persistirá entre sessões do R. Caso usar a alternativa de `memoise::cache_memory`, a memória existirá apenas para a sessão atual do R e, caso reiniciar a sessão, perderá todas as informações de cache salvas anteriormente.

```
library(memoise)

my_cache_folder <- cache_filesystem(path = 'mem_cache')
```

O próximo passo é dizer ao **memoise** que temos uma função chamada **sleeping_beauty**, e que queremos uma versão em cache. Chamaremos a nova versão da função de **mem_sleeping_beauty**.

```
mem_sleeping_beauty <- memoise(f = sleeping_beauty,
                                 cache = my_cache_folder)
```

Agora, vamos chamar a função com diferentes argumentos e verificar os tempos de execução resultantes com **tictoc**.

```
library(memoise)
library(tictoc)

tic('    sleeping_beauty:\t arg1 = 1, arg2 = 2')
out1 <- sleeping_beauty(1, 2)
toc()

tic('mem_sleeping_beauty:\t arg1 = 1, arg2 = 2')
out1 <- mem_sleeping_beauty(1, 2)
toc()

tic('    sleeping_beauty:\t arg1 = 1, arg2 = 2')
out1 <- sleeping_beauty(1, 2)
toc()

tic('mem_sleeping_beauty:\t arg1 = 1, arg2 = 2')
out1 <- mem_sleeping_beauty(1, 2)
toc()

R>     sleeping_beauty:  arg1 = 1, arg2 = 2: 1.003 sec elapsed
R> mem_sleeping_beauty:  arg1 = 1, arg2 = 2: 1.006 sec elapsed
R>     sleeping_beauty:  arg1 = 1, arg2 = 2: 1.002 sec elapsed
R> mem_sleeping_beauty:  arg1 = 1, arg2 = 2: 0.002 sec elapsed
```

A função **sleeping_beauty** é o código original que sempre levará cerca de um segundo para ser executado. Função **mem_sleeping_beauty** é a versão que memoriza a saída toda vez que a chamamos. Observe que, na primeira chamada para **mem_sleeping_beauty(1, 2)**, a execução demorou aproximadamente um segundo. Na segunda chamada com os mesmos argumentos de entrada, demorou muito menos de um segundo. Isso se deve à leitura dos arquivos em cache com as saídas salvas, em vez de executar o código R real no escopo da função.

Indo além, se mudarmos os argumentos de `mem_sleeping_beauty`, encontraremos a mesma dinâmica. Na primeira vez que faz uma chamada com o par de argumentos, ele o salva localmente. Na segunda chamada repetida, ele apenas carrega o arquivo armazenado em cache local:

```
tic('mem_sleeping_beauty:\t arg1 = 2, arg2 = 2')
out1 <- mem_sleeping_beauty(2, 2)
toc()

tic('mem_sleeping_beauty:\t arg1 = 2, arg2 = 2')
out2 <- mem_sleeping_beauty(2, 2)
toc()

tic('mem_sleeping_beauty:\t arg1 = 5, arg2 = 1')
out3 <- mem_sleeping_beauty(5, 1)
toc()

R> mem_sleeping_beauty:  arg1 = 2, arg2 = 2: 1.003 sec elapsed
R> mem_sleeping_beauty:  arg1 = 2, arg2 = 2: 0.002 sec elapsed
R> mem_sleeping_beauty:  arg1 = 5, arg2 = 1: 1.002 sec elapsed
```

Olhando para a pasta `mem_cache`, encontramos os arquivos reais com nomes enigmáticos:

```
mem_files <- list.files('mem_cache/')

print(mem_files)

R> [1] "575691a82fe395b6" "8d7f0cdd8e5335d3" "b6deeeae26541c85"
```

Esses são apenas arquivos *rds* com o conteúdo da saída da função, entre outras informações. Como fizemos apenas três chamadas exclusivas para `mem_sleeping_beauty`, existem apenas três arquivos com dados nesta pasta. Conforme novas chamadas, com novas entradas, são feitas, o número de arquivos de cache aumenta.

O armazenamento em cache é uma das melhores técnicas para melhorar a execução do código. É muito fácil de implementar - como vimos no exemplo anterior -, é muito barato, pois o espaço em disco tende a ser abundante e pode melhorar significativamente o tempo de execução do código. Um conselho final, se você combinar uma estratégia de cache com serviços de armazenamento de arquivos na nuvem, como Dropbox[8] e Google Drive[9], você poderá facilmente expandir os

---

[8]https://www.dropbox.com/h
[9]https://www.google.com/drive/

benefícios do cache para diferentes estações de trabalho. Em outras palavras, seu código R será executado muito mais rápido, independentemente de onde você estiver trabalhando.

13.2.4.1 Usando Processamento Paralelo (pacote `furrr`)

Por padrão, sempre que você está executando um script no R, apenas um núcleo do seu computador está sendo utilizado. No entanto, computadores modernos são equipados com pelo menos quatro núcleos ou mais para lidar com as demandas computacionais cada vez mais complexas dos sistemas operacionais atuais.

Processamento paralelo refere-se a prática de se utilizar mais de um núcleo de sua máquina para executar código. Em resumo, fornecemos ao computador um código para executar e ele mesmo se encarrega de dividir o código inteiro em pedaços que então enviados e resolvidos por cada núcleo do computador. O estágio final combina todos os resultados do código em um único objeto, geralmente uma `lista`. Dependendo do número de núcleos de sua máquina, **a paralelização do código pode resultar em um ganho de velocidade extraordinário**.

 Uma problemática importante que também deve ser levado em conta na paralelização de código R é o aumento do uso da memória RAM do seu computador. Saiba que, ao paralelizar, o R faz cópias dos objetos para cada núcleo e os armazena na memória RAM da máquina. Caso suas tabelas foram grandes e a memória limitada, o R não conseguirá criar as cópias dos objetos e um erro sobre a falta de memória será mostrado na tela. Como solução para este problema, tente diminuir o número de núcleos utilizados na execução do código, ou então instalar mais memória RAM no seu computador.

Antes de começar, entenda que nem todo código pode ser paralelizado. Os candidatos mais adequados são aqueles em que o problema de computação é de natureza **não recursiva**, ou seja, podemos dividi-lo em problemas menores e independentes sem perda computacional.

Um caso típico de análise de dados onde a paralelização funciona muito bem é a importação de um grande volume de dados de arquivos do computador. A ordem em que lemos os arquivos não faz diferença para o resultado final. Podemos tratar com segurança cada operação de importação como um processo independente. Vamos simular este problema de programação e resolvê-lo com programação paralela.

Primeiro, vamos escrever uma função que criará arquivos.

```
create_file <- function(n_obs, folder_to_save) {
  # Create files in the computer
```

```
  #
  # ARGS: n_obs - Number of observations in dataframe
  #       folder_to_save - Where to save files
  # RETURNS: True, if successful

  require(tidyverse)


  temp_df <- tibble(x = runif(n_obs),
                    y = rnorm(n_obs))

  temp_file <- tempfile(pattern = 'file', tmpdir = folder_to_save,
                        fileext = '.csv')

  write_csv(temp_df,
            file = temp_file)

  return(TRUE)
}
```

Assim, com a função concluída, é hora de chamá-la muitas e muitas vezes.

```
library(purrr)

n_files <- 1000
n_obs <- 10000
folder_to_save <- file.path(tempdir(), 'many files')

dir.create(folder_to_save)

pwalk(.l = list(n_obs = rep(n_obs, n_files),
                folder_to_save = rep(folder_to_save,
                                     n_files)),
      create_file)
```

Agora, lemos esses arquivos com duas estratégias: 1) código R sequencial, 2) usando computação paralela.

Antes de começar, precisamos configurar nossa máquina para computação paralela. Primeiro, devemos entender o número de núcleos disponíveis para nós. Fazemos isso com a função future::availableCores().

```
n_cores_available <- future::availableCores()
```

```
print(n_cores_available)
```

```
R> system
R>     16
```

A máquina na qual o livro foi compilado possui 16 núcleos disponíveis. Vamos usar 10 deles para resolver nosso problema. Como regra, **nunca use todos os núcleos da sua máquina**. Caso contrário, faltará núcleo para manter o sistema operacional ativo e você precisará reinicializar o computador à força.

Para executar de forma paralela o código original, usaremos pacote `furrr` (Vaughan and Dancho, 2021), o qual, convenientemente, segue a mesma notação do pacote `purrr` (veja o capítulo 8).

```
library(furrr)
library(tictoc)

# get files
my_files <- list.files(path = folder_to_save,
                       full.names = TRUE)

# setup for multicore
n_cores <- 10

# set the number of cores and type of parallel
plan(strategy = multisession, workers = n_cores)

tic('Sequential with pmap (1 core)')
l_out_1 <- pmap(
  .l = list(file = my_files,
            col_types = rep(list(cols()),
                            length(my_files)) ),
  .f = readr::read_csv
)
toc()
```

```
R> Sequential with pmap (1 core): 82.403 sec elapsed
```

```
tic(paste0('Parallel with future_pmap (',
           n_cores, ' cores)'))
l_out_2 <- future_pmap(
  .l = list(file = my_files,
            col_types = rep(list(cols()),
                            length(my_files)) ),
```

```
  .f = readr::read_csv
)
toc()
```

```
R> Parallel with future_pmap (10 cores): 18.051 sec elapsed
identical(l_out_1, l_out_2)
```

```
R> [1] TRUE
```

Observe que o ganho de velocidade não é dez vezes maior. Ao chamar outros núcleos do computador para resolver o problema, existe um tempo adicional de execução a ser reconhecido. O tempo real de execução do código para cada núcleo deve ser adicionado a um custo fixo de *overhead*. Além disso, observe como foi fácil configurar a versão paralela no trecho de código anterior. Precisamos apenas chamar `future::plan` para definir o tipo de plano e o número de núcleos, e usar função `furrr::future_pmap` ao invés de `purrr::pmap`.

Concluindo, a computação paralela funciona melhor quando você tem um grande problema que pode ser dividido em partes menores e independentes. A melhoria no tempo de execução, porém, não será necessariamente um múltiplo do número de núcleos em sua máquina. Sempre considere os custos indiretos do uso de vários núcleos de seu computador.

 No uso do pacote `purrr`, saiba que o mesmo limita e memória RAM por núcleo do computador em 500MB. Isso é mais que suficiente para a grande maioria dos caso porém, caso estiver tendo problemas com a insuficiência de RAM na execução de código paralelizado, podes aumentar o limite com o comando `options('future.globals.maxSize'` `= 1014*1024^2)`. Nesse caso, o limite foi aumentado para 1GB por núcleo.

13.3 Exercícios

Todas soluções de exercícios estão disponíveis em https://www.msperlin.com/adfeR.

01 - Considere o seguinte código:

```
library(tidyverse)
library(forecast)
library(BatchGetSymbols)

ticker <- '^GSPC'
df_prices <- BatchGetSymbols(tickers = ticker,
```

```
                    first.date = '2010-01-01')[[2]]
```

```
my_arima <- auto.arima(df_prices$ret.adjusted.prices)
summary(my_arima)
```

Use funcões Rprof e profvis para identificar o gargalo do código. Qual número da linha que está tomando maior tempo de execução?

02 - Use o pacote Rcpp para escrever e usar uma função em linguagem C++ que irá adicionar elementos dos vetores x e y, elemento por elemento. A saída deve ser outro vetor de mesmo tamanho e com elementos iguais a operação x + y. Use a função identical para testar se todos os elementos de ambos os vetores são iguais.

03 - Use o pacote tictoc para comparar o desempenho da função anterior com o operador nativo +, e uma versão baseada em loops com pré-alocação. Qual alternativa apresenta menor tempo de execução e por quê? A versão Rcpp vence a versão em loop?

04 - Use o pacote memoise para criar uma versão memorizada de Quandl::Quandl. Use a nova função para importar dados para o Índice de Preços ao Consumidor dos Estados Unidos (código 'FRED/DDOE01USA086NWDB'). Quanto de ganho de velocidade em porcentagem você obtém da segunda chamada para a versão memorizada?

Referências Bibliográficas

Armstrong, W., Eddelbuettel, D., and Laing, J. (2019). *Rblpapi: R Interface to Bloomberg*. R package version 0.3.10.

Bache, S. M. and Wickham, H. (2020). *magrittr: A Forward-Pipe Operator for R*. R package version 2.0.1.

Bollerslev, T. (1986). Generalized autoregressive conditional heteroskedasticity. *Journal of econometrics*, 31(3):307–327.

Brooks, C. (2014). *Introductory econometrics for finance*. Cambridge university press.

Chang, W., Luraschi, J., and Mastny, T. (2020). *profvis: Interactive Visualizations for Profiling R Code*. R package version 0.3.7.

Croissant, Y., Millo, G., and Tappe, K. (2021). *plm: Linear Models for Panel Data*. R package version 2.4-0.

Dahl, D. B., Scott, D., Roosen, C., Magnusson, A., and Swinton, J. (2019). *xtable: Export Tables to LaTeX or HTML*. R package version 1.8-4.

Dowle, M. and Srinivasan, A. (2020). *data.table: Extension of 'data.frame'*. R package version 1.13.6.

Dragulescu, A. and Arendt, C. (2020). *xlsx: Read, Write, Format Excel 2007 and Excel 97/2000/XP/2003 Files*. R package version 0.6.5.

Eddelbuettel, D., Francois, R., Allaire, J., Ushey, K., Kou, Q., Russell, N., Bates, D., and Chambers, J. (2021). *Rcpp: Seamless R and C++ Integration*. R package version 1.0.6.

Engle, R. F. (1982). Autoregressive conditional heteroscedasticity with estimates of the variance of united kingdom inflation. *Econometrica: Journal of the Econometric Society*, pages 987–1007.

Fama, E. F. and French, K. R. (2004). The capital asset pricing model: Theory and evidence. *Journal of economic perspectives*, 18(3):25–46.

Farnsworth, G. V. (2008). Econometrics in r.

Ferreira, P. C., Speranza, T., and Costa, J. (2018). *BETS: Brazilian Economic Time Series*. R package version 0.4.9.

Fox, J., Weisberg, S., and Price, B. (2020). *car: Companion to Applied Regression*. R package version 3.0-10.

Freitas, W. (2018). *bizdays: Business Days Calculations and Utilities*. R package version 1.0.6.

Garmonsway, D. (2020). *tidyxl: Read Untidy Excel Files*. R package version 1.0.7.

Gentzkow, M., Kelly, B. T., and Taddy, M. (2017). Text as data. Technical report, National Bureau of Economic Research.

Ghalanos, A. (2020). *rugarch: Univariate GARCH Models*. R package version 1.4-4.

Gillespie, C. and Lovelace, R. (2016). *Efficient R programming: a practical guide to smarter programming*. "O'Reilly Media, Inc.".

Gohel, D. (2021). *officer: Manipulation of Microsoft Word and PowerPoint Documents*. R package version 0.3.16.

Greene, W. H. (2003). *Econometric analysis*. Pearson Education India.

Grunfeld, Y. (1958). The determinants of corporate investment, unpublished ph. d. *D thesis, The University of Chicago*.

Gujarati, D. N. and Porter, D. C. (2011). *Econometria Básica-5*. AMGH Editora.

Hamilton, J. (1994a). *Time Series Analysis*. Princeton University Press.

Hamilton, J. D. (1994b). *Time series analysis*, volume 2. Princeton university press Princeton.

Hausman, J. A. (1978). Specification tests in econometrics. *Econometrica: Journal of the Econometric Society*, pages 1251–1271.

Henry, L. and Wickham, H. (2020). *purrr: Functional Programming Tools*. R package version 0.3.4.

Hsiao, C. (2014). *Analysis of panel data*. Number 54. Cambridge university press.

Hyndman, R. and Khandakar, Y. (2007). Automatic time series forecasting: The forecast package for r 7. 2008. *URL: https://www. jstatsoft. org/article/view/v027i03 [accessed 2016-02-24][WebCite Cache]*.

Izrailev, S. (2014). *tictoc: Functions for timing R scripts, as well as implementations of Stack and List structures.* R package version 1.0.

James, D. and Hornik, K. (2020). *chron: Chronological Objects which can Handle Dates and Times.* R package version 2.3-56.

Kleiber, C. and Zeileis, A. (2008). *Applied econometrics with R.* Springer Science & Business Media.

Leifeld, P. (2020). *texreg: Conversion of R Regression Output to LaTeX or HTML Tables.* R package version 1.37.5.

Maddala, G. (2001). Introduction to econometrics.

McLeish, D. L. (2011). *Monte Carlo simulation and finance,* volume 276. John Wiley & Sons.

Mirai Solutions GmbH (2020). *XLConnect: Excel Connector for R.* R package version 1.0.1.

Ooms, J. (2020). *writexl: Export Data Frames to Excel xlsx Format.* R package version 1.3.1.

Pena, E. A. and Slate, E. H. (2014). *gvlma: Global Validation of Linear Models Assumptions.* R package version 1.0.0.2.

Perlin, M. (2014). *fMarkovSwitching: R Package for Estimation, Simulation and Forecasting of a Univariate Markov Switching Model.* R package version 1.0/r5838.

Perlin, M. (2019). *GetTDData: Get Data for Brazilian Bonds (Tesouro Direto).* R package version 1.4.2.

Perlin, M. (2020a). *BatchGetSymbols: Downloads and Organizes Financial Data for Multiple Tickers.* R package version 2.6.1.

Perlin, M. (2020b). *GetDFPData: Reading Annual Financial Reports from Bovespa's DFP, FRE and FCA System.* R package version 1.5.3.

Perlin, M. (2021a). *GetBCBData: Imports Datasets from BCB (Central Bank of Brazil) using Its Official API.* R package version 0.6.

Perlin, M. and Kirch, G. (2020a). *GetDFPData2: Reading Annual and Quarterly Financial Reports from B3.* R package version 0.5.

Perlin, M. and Kirch, G. (2020b). *GetFREData: Reading Corporate Data of Public Traded Companies from B3.* R package version 0.5.

Perlin, M., Kirch, G., and Vancin, D. (2018). Accessing financial reports and corporate events with getdfpdata. *Available at SSRN 3128252.*

Perlin, M. S. (2020c). *simfinR: Import Financial Data from the SimFin Project*. R package version 0.2.2.

Perlin, M. S. (2021b). *GetQuandlData: Fast and Cached Import of Data from Quandl Using the json API*. R package version 0.1.0.

R Core Team (2020). *foreign: Read Data Stored by Minitab, S, SAS, SPSS, Stata, Systat, Weka, dBase, ...* R package version 0.8-81.

Raymond McTaggart, Gergely Daroczi, and Clement Leung (2019). *Quandl: API Wrapper for Quandl.com*. R package version 2.10.0.

Robinson, D., Hayes, A., and Couch, S. (2021). *broom: Convert Statistical Objects into Tidy Tibbles*. R package version 0.7.4.

Ryan, J. A. (2014). *IBrokers: R API to Interactive Brokers Trader Workstation*. R package version 0.9-12.

Ryan, J. A. and Ulrich, J. M. (2020). *xts: eXtensible Time Series*. R package version 0.12.1.

Sanchez-Espigares, J. A. and Lopez-Moreno, A. (2018). *MSwM: Fitting Markov Switching Models*. R package version 1.4.

See, G. (2012). *TFX: R API to TrueFX(tm)*. R package version 0.1.0.

Spinu, V., Grolemund, G., and Wickham, H. (2020). *lubridate: Make Dealing with Dates a Little Easier*. R package version 1.7.9.2.

Teetor, P. (2011). *R cookbook*. "O'Reilly Media, Inc.".

Thompson, K. (1968). Programming techniques: Regular expression search algorithm. *Communications of the ACM*, 11(6):419–422.

Trapletti, A. and Hornik, K. (2020). *tseries: Time Series Analysis and Computational Finance*. R package version 0.10-48.

Tsay, R. S. (2005). *Analysis of financial time series*, volume 543. John Wiley & Sons.

Tsay, R. S. and Wood, D. (2018). *MTS: All-Purpose Toolkit for Analyzing Multivariate Time Series (MTS) and Estimating Multivariate Volatility Models*. R package version 1.0.

Vaughan, D. and Dancho, M. (2020). *tibbletime: Time Aware Tibbles*. R package version 0.1.6.

Vaughan, D. and Dancho, M. (2021). *furrr: Apply Mapping Functions in Parallel using Futures*. R package version 0.2.2.

Wickham, H. (2009). *ggplot2: elegant graphics for data analysis*. Springer Science & Business Media.

Wickham, H. (2019a). *Advanced r*. CRC press.

Wickham, H. (2019b). *stringr: Simple, Consistent Wrappers for Common String Operations*. R package version 1.4.0.

Wickham, H. (2020a). *reshape2: Flexibly Reshape Data: A Reboot of the Reshape Package*. R package version 1.4.4.

Wickham, H. (2020b). *rvest: Easily Harvest (Scrape) Web Pages*. R package version 0.3.6.

Wickham, H. (2020c). *tidyr: Tidy Messy Data*. R package version 1.1.2.

Wickham, H. and Bryan, J. (2019). *readxl: Read Excel Files*. R package version 1.3.1.

Wickham, H., Chang, W., Henry, L., Pedersen, T. L., Takahashi, K., Wilke, C., Woo, K., Yutani, H., and Dunnington, D. (2020). *ggplot2: Create Elegant Data Visualisations Using the Grammar of Graphics*. R package version 3.3.3.

Wickham, H., François, R., Henry, L., and Müller, K. (2021a). *dplyr: A Grammar of Data Manipulation*. R package version 1.0.4.

Wickham, H., Hester, J., Chang, W., Müller, K., and Cook, D. (2021b). *memoise: Memoisation of Functions*. R package version 2.0.0.

Wuertz, D., Setz, T., Chalabi, Y., Boudt, C., Chausse, P., and Miklovac, M. (2020). *fGarch: Rmetrics - Autoregressive Conditional Heteroskedastic Modelling*. R package version 3042.83.2.

Wuertz, D., Setz, T., Chalabi, Y., Maechler, M., and Byers, J. W. (2018). *timeDate: Rmetrics - Chronological and Calendar Objects*. R package version 3043.102.

Xie, Y. (2021). *bookdown: Authoring Books and Technical Documents with R Markdown*. R package version 0.21.6.

Zeileis, A., Gruen, B., Leisch, F., and Umlauf, N. (2020). *exams: Automatic Generation of Exams in R*. R package version 2.3-6.

Zeileis, A. and Hothorn, T. (2002). Diagnostic checking in regression relationships. *R News*, 2(3):7–10.

Zeileis, A. and Lumley, T. (2020). *sandwich: Robust Covariance Matrix Estimators*. R package version 3.0-0.

Índice Remissivo

www.ingramcontent.com/pod-product-compliance
Lightning Source LLC
LaVergne TN
LVHW081510050326
832903LV00025B/1436